O Segredo de Hitler

Lothar Machtan

O Segredo de Hitler

A vida dupla de um ditador

Tradução

Kristina Michahelles

OBJETIVA

Editora Objetiva LTDA., rua Cosme Velho, 103
Rio de Janeiro - RJ - CEP: 22241-090
Tel: (21) 2556 7824 - Fax: (21) 2556 3322
www.objetiva.com.br

Projeto gráfico
Fatima Agra

Edição de texto
Sônia Peçanha

Revisão
Renato Bittencourt
Marilena Morais

Editoração
FA Editoração Eletrônica

2001

M149s
Machtan, Lothar
O segredo de Hitler / Lothar Machtan. - Rio de Janeiro: Objetiva, 2001

364 p. ISBN 85-7302-405-4
Tradução de: *Hitler Geheimnis*

1. Hitler, Adolf (1889-1945) - Biografia. I. Título
CDD 923

Sumário

INTRODUÇÃO

UM "PERSONAGEM INUMANO" COM QUALIDADES

Escrever sobre Hitler é um grande desafio. Embora sejam numerosos os estudos sobre a Alemanha nazista e seu ditador, é grande o mistério que ainda cerca a vida particular do *Führer*. Querer descobrir algo mais é aceitar o desafio de mergulhar numa análise profunda das pesquisas já feitas e ousar seguir por outros caminhos. É preciso ir de encontro aos tabus e procurar respostas para perguntas que nunca foram enfrentadas. Quais as motivações que levaram Hitler a escrever as páginas mais terríveis da história da humanidade? Quais eram suas crenças, seus afetos, seus desejos íntimos? Afinal, quem foi o homem Adolf Hitler.

Um demônio, um "monstro do século"?

Nenhum outro político da Alemanha está ligado a transformações tão profundas da história mundial e a crimes tão abomináveis quanto Adolf Hitler. Seu nome tornou-se sinônimo de guerra mundial e de holocausto. Mas que tipo de homem foi este criminoso do século? Que forças o moveram? Que ganho pessoal obteve com sua ascensão espetacular?

Quanto mais o tempo passa, mais distante fica a resposta. Efetivamente, os traços pessoais de Hitler parecem ter-se dissipado em uma "quimérica nebulosidade".[1] Quais seriam as causas disso? Ian Kershaw apontou recentemente numa entrevista qual seria, segundo ele, o motivo mais importante: "Subtraindo-se nele a política, resta pouco ou nada."[2] A seu ver, Hitler não tinha vida pessoal – era um "homem sem qualidades",[3] para quem a esfera pública era tudo. Será verdade? Além da pessoa pública, além da encenação para si mesmo e para o mundo, não haveria nada de pessoal que extrapolasse o âmbito das banalidades? John Lukacs, que tentou trazer um pouco de ordem para o caos da literatura sobre Hitler, chega a uma conclusão significativa: "Estamos longe de esgotar o assunto Hitler."[4] Uma confissão notável, principalmente considerando que poucas personalidades históricas atraíram tanto interesse para a pesquisa.

Naturalmente, hoje já se conhece bastante sobre a história do nazismo, a Segunda Guerra Mundial e os acontecimentos políticos no Terceiro Reich. Também já foram exaustivamente examinadas as circunstâncias socioeconômicas e culturais que favoreceram sua instalação. Isso vale tanto para as transformações avassaladoras na paisagem político-eleitoral da Alemanha por volta de 1930, como para as intrigas dos agentes do poder em torno do idoso presidente alemão von Hindenburg, às quais Hitler deveu sua nomeação como chanceler. O mesmo pode ser afirmado sobre a adesão moral e intelectualmente vergonhosa da elite tradicional ao autodenominado salvador da Alemanha. Já sabemos bastante sobre os mecanismos da ditadura do *Führer*, sobre a ideologia hitleriana e sobre a história cultural do nacionalismo alemão, da qual ela se originou. Os crimes do regime nazista são objeto da atenção não só de numerosos institutos de pesquisa e memoriais, mas também dos estudos do holocausto, que hoje constituem um ramo acadêmico independente. É com este novo ramo que se sente comprometido o perspicaz editor e crítico Ron Rosenbaum, a quem devemos o mais lúcido apanhado literário sobre as "tentativas (não-germânicas) de explicar Hitler".[5] Seu livro é explicitamente uma "busca da raiz do mal"[6] e sustenta, por isso, a "impossibilidade de se explicar" Hitler e examinar as circunstâncias concretas de sua vida.

Para quem tenta conhecer mais de perto a personalidade, o caráter e a existência de Hitler, restam, entre as publicações sérias, um punhado de obras biográficas tradicionais, alguns estudos com enfoques limitados, bem como os textos de uns poucos *outsiders* que tratam o tema de um ponto de vista psicológico, médico ou ainda jornalístico o que é extraordinariamente pouco! Além disso, muitas vezes, esses livros não tratam do próprio Hitler e sim das imagens que as pessoas fizeram e ainda fazem dele. Construídas principalmente com base em estereótipos, raramente a partir de informações historicamente fundamentadas, essas projeções de Hitler revelam muito sobre a sociedade que as concebeu, e pouco sobre as circunstâncias reais da pessoa em questão.

"Tirano maquiavélico" ou "plebeu antiburguês"?

Depois de os mortos da Segunda Guerra Mundial estarem enterrados, as ruínas removidas e pelo menos alguns dos responsáveis daquele desastre julgados e punidos, surgiu a pergunta óbvia: como foi possível acontecer tudo aquilo e quem foi, afinal, o homem que carregou a responsabilidade política? As duas disciplinas que se empenharam em buscar respostas para estas perguntas foram a história contemporânea e a ciência política.

Coube ao historiador inglês Alan Bulloch iniciar, em 1952, a pesquisa sobre Hitler, com o livro *Hitler. Eine Studie über Tyrannei (Hitler: um estudo sobre a tirania)*, uma biografia que ainda se mantém atual.[7] Bullock seguiu a tradição da literatura histórica anglo-saxônica cujo enfoque é o ser humano politicamente ativo. Ele teve acesso às volumosas fontes de dados reunidas durante os processos de Nuremberg, dos quais participou como consultor. Em seu livro, vemos um Hitler maquiavélico, disposto a destruir toda a Alemanha em nome do poder. Um ser que não era movido por dogmas, mas sim um tirano pelo puro prazer da tirania. Vemos um homem destituído de escrúpulo ou inibição, sem lar nem família, sem qualquer tipo de tradição, respeito a Deus e aos homens, alheio a todas as conquistas espirituais, que em termos intelectuais jamais ultrapassou um darwinismo social primitivo. Ele devia seu poder a duas aptidões extraordinárias: a habilidade retórica e o talento teatral. Hitler falava incessantemente a fim de manipular as emoções alheias. Isto era um complemento lógico de sua profunda repulsa por qualquer tipo de discussão, de sua desconfiança insuperável acerca dos intelectuais e de sua necessidade de derrubar seus inimigos. Além disso, Hitler possuía o dom, ainda conforme Bullock, de incorporar o papel que desempenhava e de tomar como verdadeiro aquilo que proferia num dado momento. Graças a esse tipo de "autodramatização"[8] ele convencia e conseguia esconder sua sede brutal de poder. Hitler encenava um mito em torno de sua própria pessoa, cultuava este mito cuidadosamente e o punha a serviço de seus objetivos pessoais. Enquanto agia desta forma, colheu sucessos brilhantes. Quando começou a acreditar de fato nesse mito, sua intuição falhou.

As qualidades políticas são, porém, apenas parte da personalidade multifacetada esboçada por Bullock. Ele também se refere a aspectos mais íntimos da vida de Hitler, como sua sexualidade. Bullock sustenta que Hitler se sentia perfeitamente à vontade na companhia de mulheres, mas que provavelmente teve sífilis ou era impotente. Não é só. Somos informados também sobre detalhes do seu cotidiano: os alimentos de que gostava (cozinha vegetariana) e que detestava (cozidos), sua insônia e seus problemas intestinais, sua rotina na propriedade de Berghof, em Berchtesgaden, suas predileções (Wagner, carros grandes e velozes, torta de creme, mulheres bonitas e burras, flores, cães, filmes leves de entretenimento, estudar plantas de construção, ouvir bajulações), seus desagrados (ser contrariado, recolher-se para dormir, álcool, trabalho regular e concentrado, fumaça de cigarro, arte moderna). Esses aspectos banais do gênero humano desmistificavam Hitler. Bullock não se dedicou apenas ao núcleo irracional da atividade do político, mas também ao seu mundo cotidiano, revelando, assim, um Hitler de carne e osso.

Mas até que ponto a imagem de Hitler feita por Bullock naquele tempo é convincente na perspectiva *atual*? Ele próprio observa: "Ninguém pode registrar a história de sua época ou de qualquer outra sem se basear em opiniões preexistentes, em opiniões que correspondem a seu modo de ser e ao âmbito das experiências pessoais."[9] De fato, Bullock alterou mais tarde parcialmente suas "opiniões preexistentes". Em sua biografia dupla *Hitler und Stalin: Parallele Leben (Hitler e Stalin: vidas paralelas)*, publicada em 1991, ele compreende o nazismo como uma ideologia comparável ao comunismo. *Mein Kampf (Minha luta)*[10] de Hitler, torna-se então um panfleto político,[11] e seu autor deixa de ser um tirano pelo prazer da tirania, alçado ao poder só pelo dom retórico e pelo talento histriônico.[12] A nova interpretação se fez necessária porque as pesquisas feitas até então comprovaram ser plausível que Hitler tivesse pelo menos algumas convicções verdadeiras, que seus seguidores também tivessem sido impulsionados por elas e não *apenas* seduzidos por uma demagogia bem engendrada. Bullock acatou os novos conhecimentos, mas não reviu sua forma de apresentar a personalidade de Hitler. Em debate recente com Ron Rosenbaum, ele interpretou a ideologia de Hitler como sendo "arma e escudo contra sentimentos de arrependimento e culpa, simplesmente contra tudo".[13] Para Bullock, o traço mais marcante do caráter de Hitler continua sendo a sede inescrupulosa de poder. Ele continua vendo-o como um tirano primitivo em termos mentais e emocionais,[14] embora passasse a atribuir-lhe também uma espécie de sentimento de auto-engano.

Quando Joachim Fest voltou a fazer de Hitler o objeto de uma grandiosa biografia, em 1973, 20 anos depois de Bullock, as circunstâncias políticas e o contexto social já tinham mudado sensivelmente. No cenário mundial, a Guerra Fria começava a ceder terreno para a política de distensão, e os estudantes de 1968 romperam radicalmente com padrões tradicionais de justificação da guerra e de seus horrores. As discussões políticas giravam em torno do papel da geração mais velha durante o Terceiro Reich, de sua culpa e responsabilidade. A classe média alemã foi colocada no banco dos réus para ser "questionada ideológica e criticamente", como se dizia na época. O livro de Fest, formalmente uma biografia clássica que muito se utilizou de padrões psicológicos (e não psicanalíticos) de interpretação, foi um empreendimento conservador. Desde o início, o autor foi alvo de críticas, já que não fazia parte da corporação dos historiadores, mas era um influente jornalista e editor. Seu ambicioso estudo, mais do que um tratado histórico no sentido estritamente acadêmico, era um gesto político, a tentativa de resgatar a honra da classe média alemã e, indiretamente, aqueles ideais humanitários e democráticos que formam o núcleo da cultura burguesa. O livro era a justificativa moral de um intelectual convicto alemão pós-Auschwitz.

Fest retratou Hitler como o representante não-burguês de um radicalismo revolucionário de direita, enfatizando sua habilidade com a mídia que lhe permitia captar o estado anímico do público e conduzir para o sucesso um partido como o nazista. Na visão de Fest, Hitler se alimentava do ressentimento dos fracassados, daqueles que, nas crises da República de Weimar, ameaçavam sucumbir. Teve sucesso porque as emoções daquela gente eram também as suas, ele que já vivera em albergue dos sem-teto e experimentara várias formas de decadência social. Hitler e o partido que criou eram vulgares, rudes, brutais. Seu talento histriônico conseguiu esconder essa rudeza durante algum tempo, mas, nos últimos anos da Segunda Guerra Mundial, ela ressurgiu sem disfarces. Hitler, o plebeu que nunca conseguiu verdadeiramente se apropriar da cultura e do humanitarismo burgueses, nutria profundos sentimentos contra a burguesia. Fest cunhou a expressão *Unperson*, "personagem inumano", que passou a ser largamente utilizada.

O Hitler plebeu concebido por Fest foi impulsionado por um radicalismo agudo e sempre extraía de tudo as conseqüências mais extremas possíveis. Foi esta sua "personalidade excessiva"[15] que tornou tão perigosa a versão alemã do totalitarismo de direita. Ao mesmo tempo, Hitler "admirava o mundo burguês",[16] sentindo uma inegável "necessidade de fazer parte" dele.[17] Assim, fingia interessar-se por Wagner, Nietzsche e arquitetura, sem realmente compreender nada disso. Fest divide com Bullock a convicção de que as duas grandes habilidades de Adolf Hitler foram o histrionismo e a retórica, mas enfatiza este aspecto. Fest sustenta que as aparições públicas de Hitler se caracterizavam por uma fantasia teatral exagerada, e que ele tinha um faro intuitivo para captar o estado psíquico, a expectativa e as necessidades emocionais de cada platéia, conseguindo sempre encontrar o tom certo.

Fest aponta que Hitler possuía as qualidades clássicas de um político. Era um talentoso estrategista capaz de reconhecer situações, avaliar interesses, descobrir fraquezas alheias, o que lhe servia para formar alianças. Tinha sangue frio, era astuto e estava sempre disposto a correr riscos. Como todos os populistas depois da Revolução de Outubro de 1917, tinha pânico do "terror vermelho" e era profundamente cético em relação ao processo geral da modernização. Ao contrário de seus concorrentes, foi capaz de desenvolver um programa a partir desse medo. A luta contra o judaísmo e pela conquista de espaço foram os objetivos centrais de sua política, e ele os perseguia coerentemente, tão logo passou a dispor dos meios de poder necessários.

Segundo Fest, a vida particular de Hitler era sombreada por uma carência afetiva crônica e um instinto sexual insatisfeito. As extáticas aparições públicas durante seu "auge" nos anos 20 e 30 eram uma espécie de ações sexuais compensatórias. Só mesmo a ligação com sua sobrinha Geli Raubal teria sido algo semelhante a um relacionamento humano mais profundo: "Embora soe estranhamente impróprio, ela foi seu único grande amor, repleto de sentimentos de interdição e uma sentimentalidade trágica."[18] Fest não desenvolve mais esta questão.

Fest pouco se aprofunda na vida particular de Hitler. Para ele, a pessoa de Adolf Hitler só importa na medida em que lhe fornece pistas para captar o espírito daquele período, a chamada "nostalgia da época". Por isso, concentra seu relato no período entre 1929 e 1941. Na realidade, isto contraria sua própria lógica, já que mais do que qualquer outro especialista, Fest enfatiza que a personalidade e as convicções de Hitler já estavam moldadas desde cedo, não tendo sofrido maiores modificações depois de meados dos anos 20.

Para evitar mal-entendidos, é bom frisar que devemos a Alan Bullock e a Joachim Fest as melhores biografias escritas sobre Hitler até hoje. Assim como Bullock, Fest tem plena consciência de sua importância como biógrafo de Hitler. O fato de ele ter publicado, depois de 20 anos de pesquisas sobre Hitler, uma nova edição inalterada do seu texto de 1973 demonstra o que sustentamos: que a contemporaneidade imbatível de Hitler "continua gerando uma enxurrada crescente de textos e investigações", mas que "grande parte deles não consegue acrescentar novas informações à imagem existente".[19] A historiografia não conseguiu produzir ensaios biográficos fundamentados e abrangentes como os de Bullock e Fest. Os retratos que pintaram são as imagens que temos de Hitler. No entanto, nenhum dos dois enxergou a pessoa como um todo, "apenas" o ditador.

Intencionalistas e funcionalistas

Nos anos 70, o mercado editorial foi literalmente inundado por obras sobre Hitler, dando origem à expressão "onda hitleriana". O grande interesse do público pela época do nazismo inspirava autores das mais diversas tendências, e nunca se debateu tão ardorosamente o fenômeno Adolf Hitler e suas causas. Este fervor foi asfixiado há cerca de 20 anos, quando começou a se delinear o monopólio interpretativo de duas escolas acadêmicas. Antes já havia surgido, com muita seriedade, um largo espectro de modelos de interpretação. Para esboçar um breve panorama, citemos os mais importantes: Hitler foi um homem bastante normal da classe média (Werner Maser); Hitler foi um "mistério" que não comporta outras explicações (John Toland); Hitler foi um extraordinário estrategista militar mal compreendido pelos ingleses, o que o levou ao suicídio (David Irving); Hitler foi um psicopata (Robert G. L. Waite); Hitler foi vítima de uma infância infeliz (Alice Miller e Erich Fromm); Hitler era obcecado pela idéia de vingar sua mãe, vítima de tratamento errado por parte de um médico judeu (Rudolph Binion).

Essas últimas interpretações de Hitler trazem para primeiro plano os chamados psicoistoriadores, em sua maioria freudianos convictos. Nos Estados Unidos, sua influência sobre o debate público não foi pequena e, de certa forma, continuam em voga até hoje.[20] Por algum tempo, também influenciaram os debates na Alemanha, mas sem a mesma repercussão obtida nos Estados Unidos. Quando nos aproximamos da figura de Hitler a partir do ângulo da teoria freudiana, o problema que se impõe é o fato de que um "diagnóstico à distância" nunca pode ser comprovado nem contrariado por fontes válidas. Os adeptos da abordagem puramente psicanalítica costumam brandir argumentos extremamente reducionistas, sem embasamento histórico, não distinguindo se Hitler era um "neurótico obsessivo ou histérico"[21] ou um "pervertido narcisista".[22] A falta de informações biográficas sobre Hitler permitiu aos analistas à distância apresentar suposições apoiadas em suposições. Por isto, foi fácil para a ciência histórica rebater a seriedade destas hipóteses, embora alguns pontos mereçam uma investigação mais profunda. Mas os historiadores já estavam envolvidos com outra abordagem: a crítica ideológica e a análise estrutural da sociedade. Entram em cena os "intencionalistas" e "funcionalistas".

Os intencionalistas levaram tão a sério a concepção de mundo de Hitler que a transformaram no centro de suas reflexões. Para eles, o nazismo era uma ideologia relativamente fechada, construída por Hitler a partir de diversas peças já existentes, e depois elevada ao *status* de um programa político. Visto assim, o Terceiro Reich não era mais do que a coerente concretização do ideário nazista. Por mais importante que seja esclarecer estes aspectos da história intelectual do partido, eles continuam desligados das circunstâncias de vida do seu protagonista mais fanático. Não se sabe até que ponto a concepção de mundo articulada por Hitler era autêntica, e se ele "levava suas idéias tão a sério como o faz a escola ideológica".[23]

Nesse ponto começa a crítica dos funcionalistas. Para eles, o que conta é o exercício do poder no nazismo, e não a adoção de programas de qualquer tipo. Expressões bastante disseminadas como "ditador fraco", cercado por um "sistema policrático" e "radicalização cumulativa" chamam a atenção para o fato de que os nazistas provocaram um enorme caos na administração do Estado desde 1933. As lides burocráticas, que proliferavam por toda parte, eram uma espécie de bolha de poder para vários altos funcionários do nazismo que gastavam tempo e energia para – até com o uso da força bruta – lutar por este poder. A situação foi-se agravando até chegar ao genocídio e, finalmente, à "queda" do sistema estruturalmente incapaz de sobreviver e condenado à autodestruição. Até aí é fácil acompanhar a posição funcionalista, não fosse um problema: a personalidade absolutamente indomável de Adolf Hitler, cuja supremacia continuou inconteste até o final amargo, apesar de todos os defeitos estruturais do sistema de dominação. Isto destoa do modelo. O que fazer para compatibilizar a figura do ditador com as teorias?[24]

O mentor da escola funcionalista, Hans Mommsen, enfatiza principalmente o culto à personalidade que começou na agremiação local do NSDAP (Partido Nacional Socialista dos Trabalhadores)[25] de Munique, foi ampliado por Goebbels e se tornou o próprio fundamento do poder hitleriano. De acordo com essa interpretação, Hitler se cercava de um pequeno grupo de seguidores cegamente dedicados, o que lhe permitiu, mesmo em um círculo mais restrito, preservar uma aura especial. Sua própria concepção de política era, no fundo, puramente propagandística, razão pela qual, conforme Mommsen, ele teria sido o responsável pelo caos administrativo, tendo dado início ao processo de radicalização que levou seu regime a naufragar. Resumindo, Hitler teria sido um farsante político,[26] que vivia do fato de os outros o superestimarem.

Não quero entrar no mérito das brilhantes exposições de Mommsen acerca do mito hitleriano como elemento central do domínio nazista e da importância do seu séquito, que sem dúvida constituem um grande avanço no conhecimento do assunto. O poder de Hitler foi um fator com o qual a política teve de se defrontar mais do que com qualquer outro. Não há dúvida de que Mommsen quer reduzir o papel da personalidade de Hitler a um patamar menor do que teve historicamente. Porém, simplesmente impingir o rótulo de "farsante" não resolve o problema. O fenômeno Hitler não pode ser compreendido com definições tão inexatas, que mais confundem do que explicam. Apenas revelam os limites de uma compreensão da História na qual por definição não existe lugar para indivíduos com personalidade forte. Em outras palavras: o que mais pode restar de uma personalidade que *a priori* perde o direito a traços individuais?

Um carismático sem personalidade?

Ian Kershaw se fez herdeiro de Mommsen e procurou conciliar intencionalistas e funcionalistas. Apresentou estudos importantes a respeito da opinião pública no Terceiro Reich e do mito hitleriano. Em seu exaustivo livro sobre Hitler, publicado em 1998, reúne habilmente quase tudo o que foi elaborado por meio século de pesquisas sobre a história política, econômica e social da República de Weimar e dos primórdios do nazismo. O forte de Kershaw está em sua análise do exercício do poder ou, para ser mais exato, do poder personalizado. Obviamente, ele se deixou fascinar por aquela "mística do poder" que certamente teve um de seus maiores triunfos ao longo da história na ditadura de Hitler. Para Kershaw, ela foi antes de tudo um produto da sociedade alemã, das esperanças e angústias transmitidas para Hitler por seus seguidores. Por isso, ele percebe Hitler como uma tela de projeção das expectativas nele colocadas. Até aqui, tudo bem. O problema da sua hipótese biográfica aparece quando ele começa a falar da "natureza carismática" de Hitler, pois o Hitler de Kershaw é tudo menos um carismático. Segundo Kershaw, Hitler não tinha personalidade: faltava-lhe "uma vida particular ou uma história fora da esfera dos acontecimentos políticos, dos quais ele faz parte".[27] Por esse motivo, explica Kershaw, não perderia tempo com investigações sobre a "personalidade de Hitler, ocupando-se diretamente com a essência do seu poder".[28]

Quando um historiador enfatiza tão categoricamente que a pessoa de Adolf Hitler era uma espécie de "embalagem vazia", e até mesmo um "buraco negro",[29] deve ter alguma outra intenção. O que pode ter movido Kershaw a fazer essa afirmação precipitada sem embasamento de fontes históricas, sendo apenas uma opinião subjetiva? Kershaw não tinha nenhum interesse verdadeiro na investigação da história da vida pessoal de Hitler. Preferia manter-se longe do Hitler pessoa física, porque este lhe parecia, após dez anos de estudos intensos, "mais horroroso do que antes".[30] Por este motivo, as passagens biográficas do seu livro não são muito interessantes. Quando se refere à pessoa de Hitler, lança mão de veredictos moralizantes e clichês. Causa estranheza que sua pesquisa tenha sido recebida como uma nova biografia de Hitler – pois não é. Nesse aspecto, Klaus Hildebrand teve toda razão ao constatar que Kershaw não tinha "nada de novo" a dizer sobre Hitler.[31]

Surgiram outras críticas sustentando que Kershaw não inclui em sua obra o aspecto privado nem o lado público do que ele descreve como a qualidade carismática de Hitler.[32] Um sucesso político tão fulminante de um "personagem inumano" só poderia ser explicado admitindo-se causas altamente patológicas. Isso vale tanto para Hitler como para a psique coletiva dos alemães daquela época. A hipótese de que a ascensão de Hitler foi uma "carreira louca"[33] é discutível. Mais convincente talvez seja a argumentação de Ludolf Herbst. Ele – também a partir de um distanciamento crítico em relação a Kershaw – aponta para a "personalidade *não*-carismática" de Hitler que, na verdade, deveu seu sucesso ao engenhoso jogo entre "a arte da encenação e uma política de carisma".[34] Herbst tampouco questiona a "falta de substância da pessoa particular do ditador",[35] afirmada por Kershaw.

A "biografia póstuma" de Hitler

É ao mesmo tempo ingênua e incorreta a voz corrente de que o ser inumano Hitler já foi destrinchado seguindo todas as regras da arte de dissecação, e que não resta mais nenhum canto na sua alma negra a ser analisado, como também nenhum detalhe da história da sua vida a ser iluminado. Ainda não sabemos muito sobre ele, vários enigmas permanecem. Dizendo isto de maneira mais direta: até hoje, a pesquisa histórica não evitou a formação de lendas em torno de Hitler, em parte porque ela ainda não tratou desta *persona ingratissima* além dos limites da ideologia e da política. Por causa da barbárie pela qual ele foi responsável, a figura histórica de Adolf Hitler transformou-se numa visão de horror. Por isto, ele continua sendo para as novas gerações o que era para muitos de sua época: um mistério.

Por que dar crédito ao discurso sobre a falta de substância desta insólita personalidade? É necessário mergulhar mais fundo no passado de Hitler para acabar com a adivinhação. Para tanto, convém começar pelo período de 30 anos em que ele ainda *não* era político. Na busca dos padrões de comportamento e das características que forjaram o perfil inconfundível de Hitler, este é o período mais fértil. Por que contar sua vida apenas a partir de um determinado ponto, sufocando-se qualquer possibilidade de compreensão histórica através de enfoques teleológicos (relacionando o fato com sua causa final)? Quando Hitler decidiu tentar sua sorte na política, ele já tinha alguma experiência de vida – uma biografia rica de acontecimentos. Talvez seja isto o que o tornou tão perigoso, talvez resida ali o segredo do seu sucesso.

Se quisermos reconstituir as experiências que o marcaram de forma tão decisiva, devemos começar com o ambiente em que vivia e com sua vida psíquica. Onde e como Hitler procurou – e possivelmente encontrou – aquilo que todo ser humano deseja: felicidade, amor, reconhecimento? Em seu caso, nada disto pode ser detectado nos relacionamentos com mulheres, casamento ou família. Mas algo deve ter existido para prover esta vida de um sentido emocional, de um *leitmotiv*, por assim dizer, antes da atividade política e paralelamente a ela. Por que não explicar os atos de Hitler por um emaranhado de motivações pessoais? Por que não procurar as molas propulsoras de sua maneira de agir que já existiam antes de ele pisar no palco da política?

Reações defensivas

Hitler é uma das figuras mais detestáveis da história, seus crimes homicidas são indesculpáveis, e não há nada que os legitime. Apesar disso, seria um equívoco ver nele apenas um monstro raivoso. Este homem tinha qualidades humanas importantes para seu modo de agir, e nós não podemos continuar distorcendo sua imagem, privando-o destas qualidades. Devemos reconduzi-lo a uma medida humana, examinando também – ou melhor, antes de tudo – sua vida psíquica, sobre a qual, ao longo dos anos, cristalizaram-se idéias que surgiram a partir de traumas causados pelo seu império de terror e não de informações comprovadas. As imagens caricatas que se originam aí revelam um ditador ainda mais monstruoso e incompreensível do que era de fato.

Um aspecto da vida de Hitler que foi omitido, talvez propositadamente, e que pode explicar seu passo rumo à vida política é sua homossexualidade. Esta questão permanece totalmente inexplorada, e é preciso finalmente investigá-la. Diversos acontecimentos, encontros e relacionamentos na vida de Hitler saltam à vista de tal maneira que não há como compreendê-los senão como parte de um contexto social puramente masculino. Quanto mais se examinar esse aspecto, mais convincente se tornará a conclusão. Neste livro, falarei sobre as emoções de Hitler – mas sem emocionalismo; tocarei em aspectos delicados de sua vida – mas sem sensacionalismo; citarei fontes que poderão provocar reações irritadas – mas sem abrir mão de criticá-las de forma neutra. Trata-se de descrever um determinado aspecto da vida de Hitler da maneira mais objetiva possível, tematizando um assunto que durante anos foi tratado como tabu.

Conseguir ultrapassar o Hitler de Auschwitz para chegar à história da vida de Hitler parece quase impossível, já que o esperado de um biógrafo é sempre uma explicação do Holocausto, do mal que Hitler encarnou e executou. Certo, Hitler não é um fenômeno histórico que se pode simplesmente descrever, tornar visível e pronto. Nada impede, porém, que se possa "historizar" sua pessoa em primeiro lugar e pesquisar a fundo seus segredos e desejos guardados a sete chaves.

Esse propósito, no entanto, encerra algumas dificuldades, e é possível prever principalmente uma reação: a acusação de se usar o problema da sua sexualidade para justificá-lo ou humanizá-lo de alguma forma. Diante disto, não é fácil perseguir um interesse puramente científico sobre como avaliar política e biograficamente a vida íntima de Hitler. No entanto, a tarefa mais importante do biógrafo é averiguar e interpretar *todos* os fatos relevantes para explicar um determinado contexto de vida. É também dever do historiador ultrapassar as fronteiras do pudor, pelo menos quando se trata de pessoas cuja vida pública não pode ser entendida sem se conhecer a vida particular. Silenciar sobre tópicos delicados significa abrir mão de importantes recursos para obter informações. Se, portanto, aqui se trata da sexualidade de Hitler, isso não acontece para relativizar sua culpa, mas para elucidar a relação entre história particular e política. Concluindo: o historiador pode e até mesmo *deve* comentar tudo isso.

Evidências crítico-históricas

O que deve fazer o historiador para obter um julgamento realmente fundamentado sobre a homossexualidade de Hitler? Em primeiro lugar, é decisivo provar que ele manteve ligações masculinas que se assemelhassem a relacionamentos amorosos, e/ou informar sobre possíveis atos sexuais com esses ou outros parceiros. Se faltarem indícios concretos, tudo não passará de suspeita. Os sinais nos quais se apóiam diagnósticos psicológicos feitos à distância são vagos demais para que possam ser considerados como provas verdadeiras. As poses de Hitler, seus gestos e sua mímica em fotografias e filmes, os acessórios (bigode, chicote etc.), seus traços efeminados, seu gosto artístico pelo atlético/monumental, seu óbvio prazer diante do corpo masculino, nada disso bastará para fornecer conclusões convincentes sobre sua homossexualidade. Afirmar o contrário significaria colocar "provas" duvidosas a serviço de um psicologismo duvidoso, e os padrões interpretativos colhidos por este caminho não passarão de meras suposições. Para chegarmos a conclusões confiáveis, precisamos de depoimentos escritos de testemunhas fidedignas, de fatos que informem sobre os relacionamentos homossexuais de Hitler e sobre os homens com os quais ele se envolveu. Somente apoiado em fontes seguras será lícito falar em provas conclusivas. No entanto, e isso deve ficar claro desde o início, não se deve exigir o impossível das fontes históricas, pois há lacunas que não podem ser preenchidas por evidências escritas. Essas lacunas existem e sempre existirão.

As fontes

As fontes são precárias, mas nem por isso se deve perder a esperança. Não admira que elas se revelem tão escassas. Até há bem pouco tempo, a homossexualidade era um dos maiores tabus da história ocidental, e esse tabu tem-se traduzido numa extraordinária falta de informações sobre o assunto. O caso de Hitler não é exceção. A maioria dos homossexuais só confiou ao papel um pequeno recorte de sua verdadeira vida sentimental. Até mesmo esses depoimentos fragmentados foram freqüentemente eliminados posteriormente por causa do estigma. Também há poucas informações transmitidas oralmente, pois durante grande parte do século XX os homossexuais foram considerados moralmente degenerados pela sociedade. Os discriminados costumavam abrir-se com um círculo restrito de pessoas. Com o perigo de difamação, os homossexuais estavam constantemente sob pressão psicológica.

Por isto, a principal dificuldade para quem pretende reconstruir a vida íntima de Hitler está ligada ao tabu da homossexualidade. Defrontamo-nos com um emaranhado de distorções, hipocrisia e fingimento, muito difícil de ser atravessado. Não existem provas "clássicas" que possam informar sobre a homossexualidade de Hitler – fotografias, cartas de amor ou diários.[36] Hitler vivia sob o constante temor de que alguma coisa que pudesse incriminá-lo fosse documentada e se tornasse pública. Por isso, evitava confidências por escrito.[37]

Em tudo o que se referia a sua vida particular, Hitler se revelou um verdadeiro mestre do sigilo. Seu amigo Ernst Hanfstaengl aponta sua "desconfiança permanentemente vigilante, assim que alguém tentava – consciente ou inconscientemente – rastrear seu passado, seu caráter, sua intimidade. Nestas ocasiões, ele se fechava ou fugia do assunto, fazendo comentários generalizantes".[38] Hitler era um gênio da simulação e foi insuperável na arte de omitir. Mesmo em conversas com os amigos mais íntimos, ele se preocupava em encobrir assuntos ligados à sua pessoa, a ponto de se poder falar em uma neurose de dissimulação. O dom mais destacado desse homem era saber mentir – e acreditar nas próprias mentiras. Até certo ponto, as origens desse comportamento estão em sua própria história pessoal, pois para aqueles que – inicialmente por pura necessidade – só conseguem sobreviver graças ao fingimento, a simulação e a deturpação dos fatos são uma espécie de segunda natureza. É exatamente isso que torna questionável a interpretação de seus comentários semi-oficiais sobre sexualidade, mulheres e casamento. Muitas vezes, esses comentários serviam propositadamente para desinformar, sendo elemento essencial da rede de camuflagem que ele tecia nos bastidores.

Os originais de depoimentos sobre a homossexualidade de Hitler feitos sob juramento durante processos criminais ou inquéritos policiais não se conservaram. Sabe-se que existiram documentos desse tipo, referentes aos seus anos de juventude (1910-1923). Mais adiante retomaremos este tema. Em relação aos "anos de luta", não há indícios de documentos com esse teor. Se existiram, com certeza, foram destruídos por Hitler e seus cúmplices.

O desejo de destruição de Hitler em relação a tudo o que se referisse à sua vida pessoal foi muitas vezes documentado. Ele fazia desaparecer o que podia, e seu alcance era longo, mesmo antes de 1933. Hitler subornou, exigiu lealdade, chantageou – até mesmo matou pessoas que sabiam demais. Seu comportamento sugere que ele pretendia eliminar todo rastro comprometedor, impedindo a qualquer preço que fosse "desmascarado". Para Hitler, não eram os crimes políticos – que ele até admitia abertamente – que poderiam pôr sua reputação em perigo, mas as revelações sobre sua vida privada. É pouco provável que ele temesse ser visto como "perdedor" por causa das circunstâncias adversas na primeira metade de sua vida. Desde meados dos anos 20, ele – apesar de seu passado questionável e sua atitude de "demagogo barulhento" – passava por um político profissional relativamente aceitável, cuja proveniência de um estrato inferior era fato perfeitamente conhecido. Ele tinha um segredo maior, um estigma que ameaçava marcá-lo para sempre: sua homossexualidade. Hitler tinha que viver de forma dissimulada para esconder sua inclinação sexual e defendeu esse segredo com unhas e dentes. Este foi um elemento existencial de sua vida política, seu ponto mais fraco na luta pela conquista e manutenção do poder, bem como pela garantia de sua glória póstuma. Portanto, Hitler apagou os rastros visíveis com as próprias mãos. Nisso, agiu como outros célebres homossexuais. A diferença está apenas na maneira organizada e inescrupulosa de erradicar qualquer risco de descoberta.[39]

E quanto aos eventuais cúmplices, os outros envolvidos e iniciados no segredo? Para começar, o número dos que realmente sabiam de alguma coisa sempre foi reduzido. Quase todos estavam mortos em 1945/46: alguns deles foram mortos a mando de Hitler (Ernst Röhm e seu grupo, o coronel Karl Mayr, o companheiro de guerra Hans Mend, o editor Fritz Gerlich, o chefe de polícia August Schneidhuber e o conde Helldorf), outros se suicidaram (Geli Raubal, Eva Braun, Walter Hewel, Philipp Bouhler, Martin Bormann, Heinrich Himmler, Hermann Göring), e outros ainda foram executados (Julius Streicher, Hans Frank).

As poucas pessoas que tinham informações e sobreviveram a Hitler mantiveram-se leais ao *Führer*, apesar do desmoronamento do regime nazista. Mesmo quando tudo já havia se acabado, continuavam sob a influência da obsessão de Hitler pelo sigilo. Alguns destruíram documentos reveladores e se calaram. Winifred Wagner é o melhor exemplo disso. Outros se esforçaram em suas memórias para amenizar, ainda que postumamente, certos aspectos da vida particular de Adolf Hitler. Albert Speer, Baldur von Schirach, Heinrich Hoffmann, Fritz Wiedemann e Heinz Linge estão entre estes. Freqüentemente, omitiram alguns aspectos ou incluíram outros, mas tais pequenas fraudes e omissões muitas vezes são falsificações históricas muito mais eficazes do que mentiras. Assim como, por exemplo, os comentários de Speer sobre a incapacidade de Hitler para cultivar sentimentos de amizade – um eufemismo sem igual! De qualquer forma, esses velhos seguidores escreveram e venderam suas memórias pelos mesmos motivos pelos quais antes serviram a Hitler: por interesse próprio – e naturalmente também por um desejo compulsivo de se justificar, pois a maioria destes confidentes tinha-se ligado ao Hitler *privado*, de modo que estavam pessoalmente comprometidos. Certamente sabiam muita coisa acerca dele, mas não queriam, e nem podiam, contar tudo. Talvez ainda se mantivesse inquebrantável o fascínio que Hitler exercia sobre eles. De qualquer forma, a camuflagem da sua vida real não se deve só a ele.

Ninguém da antiga *entourage* ousou relacionar Hitler com tendências homossexuais. Além de romper com um tabu, uma revelação pública desse tipo poderia ter significado, se não a morte, no mínimo a total desmoralização dos ex-"camaradas". Essa deve ter sido a razão pela qual seguidores famosos como, por exemplo, o príncipe Phillipp von Hessen ou o ajudante-de-ordens de Hitler, Wilhelm Brückner, mantiveram-se calados com a mesma obstinação dos menos ilustres, como Julius Schaub, Emil Maurice ou Ernst Schmidt.

Resta um pequeno grupo de testemunhas, contemporâneas de Hitler, que devem ser levadas a sério, e que se manifestaram de forma bastante inequívoca a respeito da vida sexual do *Führer*: August Kubizek, Kurt Lüdecke, Ernst Hanfstaengl, Rudolf Diels, Erich Ebermayer, Eugen Dollmann, Christa Schroeder e Hans Severus Ziegler. Todos foram unânimes em informar que Hitler não mantinha relações sexuais com mulheres. Alguns afirmam diretamente que ele era homossexual, outros confirmam este fato de forma velada. Esses dados são indícios, pistas, referências. A credibilidade dessas testemunhas será avaliada por uma análise crítica que há de ser aplicada com extrema severidade. Quais documentos são autênticos? Eles foram redigidos por alguém que sabia do que falava? Por que existem tais documentos? Como devem ser lidos? E que conclusões são permitidas?

Desmascaramento crítico das fontes

Essas perguntas constituem o centro deste trabalho que, de certa forma, pode ser visto como um desmascaramento crítico das fontes. Trata-se de verificar e interpretar de forma objetiva todas as fontes que possam fornecer indícios sobre a tendência sexual de Hitler. Cada informação deve ser minuciosamente checada e passar por rigoroso questionamento quanto à sua plausibilidade. O objetivo desta análise é reunir em uma seqüência de provas todas as fontes que resistem a uma avaliação rigorosa. Verificaremos que Hitler, apesar de todos os seus esforços, não conseguiu esconder por completo sua homossexualidade, pois existiram pessoas que, por motivos honestos ou não, em algum momento confidenciaram a terceiros o que sabiam.

Outro passo importante para fundamentar a tese deste livro é o exame das relações de amizade mais estreitas de Hitler. Ele sempre buscou a proximidade de determinados homens, aos quais se ligava durante longos períodos, e que mereciam toda a sua confiança.

A maior parte deles era homossexual ou, no mínimo, apresentava fortes inclinações homoeróticas. Chama a atenção o fato de que, depois de um certo período, Hitler terminava algumas dessas ligações abruptamente em circunstâncias bastante insólitas. Diferentemente do que se presumia até hoje, suas amizades com homens eram, na realidade, "amores entre homens", e a esse respeito podemos citar: August Kubizek, Rudolf Häusler, Ernst Schmidt, Dietrich Eckart, Ernst Röhm, Ernst Hanfstaengl, Emil Maurice, Rudolf Hess, Julius Schreck, Hans Severus Ziegler, Albert Speer e outros mais. Alguns relacionamentos eram firmes, outros mais descompromissados, e ainda havia os que não passavam de camaradagem ou eram de natureza mais erótica. Obter esclarecimentos sobre esses parceiros e amigos, sobre suas personalidades e sua proveniência social significa, ao mesmo tempo, obter informações sobre a pessoa de Adolf Hitler.

Já com mulheres, Hitler teve menos sorte. Ele comentava, jocosamente, que precisava de um "contraponto feminino para os meus instintos unilateralmente masculinos",[40] mas jamais tentou conquistar seriamente o amor de uma mulher. É verdade que fez algumas tentativas de aproximação, mas sem sucesso – pelo menos não chegou a manter um relacionamento pleno. Não é de admirar, já que seu objetivo era combater ou dissimular sua atração pelo mesmo sexo. A partir de 1927, como muitos homossexuais daquela época, ele cultivou essas ligações apenas como um disfarce.

Também são notáveis os sinais exteriores da vida de Hitler antes de 1933: as viagens constantes, as diversas "residências fixas" (Munique, Casa Wachenfeld perto de Berchtesgaden, Berlim), as numerosas visitas particulares a Weimar e Bayreuth, as incontáveis viagens secretas. Tudo isso aponta para uma vida dupla.

Logo no início de sua carreira política, Hitler se instalou no ambiente de seu séquito masculino. Ali sentia-se obviamente tão bem que continuou cultivando essa vida em grupo até o fim. Seus camaradas ficavam incondicionalmente à sua disposição e demonstravam um claro desinteresse em relação a mulheres. O fato de Hitler pressioná-los a se casarem não é estranho. A estrutura de clã desse grupo era uma garantia não só de sua firme coesão, como também de uma prevenção contra denúncias ou mesmo chantagens. Era um grupo unido pelo mesmo destino, pois todos tinham algo a esconder: uns, o desejo sexual; outros, negócios duvidosos. Hitler possuía o dom de atrelar seus seguidores mais íntimos cada vez mais ao seu próprio destino político. É aí que se revela um Hitler imbuído de "baixaria e mesquinhez", um "intrigante perpetuamente envolvido em extorsão e mentiras", mas que conseguia resistir a todos os contratempos, salvando a própria pele. A confiança que conseguiu irradiar mais tarde pode explicar ele ter escapado de forma tão extraordinária aos perigos de sua carreira política. O fato de que, entre 1930 e 1934, ninguém conseguiu seriamente colocar em dúvida sua integridade, realmente beira o milagre. Esta circunstância ele chamou depois de "fatalidade", "destino" de toda uma nação.

Albert Speer afirmou, em 1945, que a vocação política de Hitler originou-se, principalmente, da sua história particular, explicando seu otimismo pelo fato de ele "ter passado por muitas situações difíceis em sua vida que sempre terminaram bem". Com efeito, poucos políticos daquela geração devem ter participado de uma escola mais dura e disciplinada do que Adolf Hitler.

Sua persistência e os nervos de aço, dos quais gostava de se vangloriar, bem como sua capacidade de transformação podem ser atribuídos, em boa parte, à luta pela sobrevivência. Nesse sentido, sua inacreditável ascensão também está relacionada com sua condição homossexual.

Apesar de a vida particular de Hitler como *Führer* e chanceler, a partir de 1933, ter se tornado cada vez mais restrita, ele ainda conseguiu preservar espaços livres para si. Continuava fazendo visitas secretas, e o séquito agora o protegia mais do que antes. Mesmo depois de 1933, Hitler ainda podia levar uma espécie de vida dupla. Só precisava organizar um esquema diferente e mais elaborado.

Nota-se que não falta material para compor um quadro mais preciso da vida particular de Hitler. Basta analisar os fatos históricos objetivamente. Verificado todo o material disponível, se for comprovada a tese de que Hitler era homossexual, ainda assim não será fácil apresentá-la como verdade. Principalmente por a ditadura nazista representar um capítulo particularmente obscuro na história da repressão aos homossexuais. Como esse fato se coaduna com nossa tese?

Hitler sabia que existiam aspectos de sua vida que podiam ser desastrosos para seu carisma, razão fundamental do seu poder, e precisavam ser escondidos a *qualquer* preço. Quanto mais progredia sua ascensão política, quanto mais estava na mira dos refletores públicos, tanto mais crescia o risco de ser desmascarado como homossexual. Tudo isso se acentuou quando a SA,[41] comandada pelo antigo amigo de Hitler, Ernst Röhm, começou a reivindicar um naco do poder. Para Hitler, Röhm estava prestes a abrir a caixa de Pandora. Hitler temia uma conspiração, e Röhm sabia muito – demais! – sobre ele. Medo de denúncias sexuais, como também do risco de sua queda política e social fizeram com que o ditador indeciso lançasse mão da solução extrema: o assassinato. Desta mesma maneira, Hitler tentou apagar outras testemunhas da sua homossexualidade, uma medida para assustar possíveis chantagistas e informantes. Röhm brincou com fogo e Hitler aplicou o extintor antes que fosse tarde.

Hitler se sentia ameaçado e procurou reforçar a imagem da sua própria "pureza", com a brutal ofensiva contra homossexuais. Esta perseguição pública servia aos seus interesses particulares. Ele intimidou testemunhas, impediu extorsões e praticamente restringiu o homossexualismo ao seu mundinho particular. É óbvio que tudo isso também estava ligado a perturbações psíquicas, ou seja, à esquizofrenia.

Hitler se adaptou às convenções da sociedade, mas, apesar de todos os seus esforços, nunca conseguiu escapar da situação desgastante de precisar esconder sua homossexualidade a qualquer preço. Também não conseguiu se livrar do medo de ser espionado por aqueles que desejavam poder e influência no Terceiro Reich, ser chantageado ou humilhado publicamente por pessoas que, em termos de energia criminosa, eram semelhantes a ele.

Antes de qualquer outra interpretação, deve ser feita a discriminação das fontes. A predisposição homossexual de Hitler pode ser comprovada, como será demonstrado nos próximos capítulos. Entretanto, isso não é decisivo. Mais importante é compreender sua homossexualidade como um fato *histórico* e examinar o que isso significou no contexto concreto da época, quais as conseqüências desencadeadas por ele e que conclusões podem ser tiradas. Espero que assim se abra um novo horizonte sobre o fenômeno Hitler e a possibilidade de um exorcismo radical dessa figura tão crucial para o século XX. A vida de Hitler nunca foi interpretada como uma farsa que corria constantemente o risco de ser desmontada. Esta é a provocação deste livro.

Notas

1 Joachim Fest, Hitler. *Eine Biographie*, Munique, 1997, p. 13, prefácio da reedição.
2 *Frankfurter Allgemeine Zeitung*, 1/10/1998.
3 Ibid.
4 John Lukacs, *Hitler. Geschichte und Geschichtsschreibung*, Munique, 1997, p. 75.
5 Ron Rosenbaum, *Die Hitler-Debatte. Auf der Suche nach dem Ursprung des Bösen*, Munique/Viena, 1999, p. 11.
6 Recentemente, Robert Goldmann voltou a explicar esta "crença": ("Explicar racionalmente o grande crime dos anos 30 e 40 [...] fere a memória e desonra a história. Apesar de todas as tentativas para obter uma explicação, o acontecido permanecerá ininteligível. E justamente por causa desta ininteligibilidade esmagadora, ele poderá prevenir novas desgraças." *Frankfurter Allgemeine Zeitung*, 3/7/2000.)
7 Alan Bullock, *Hitler. Eine Studie über Tyrannei*, Kronberg, 1977 (Reedição da versão de Düsseldorf, 1967). O título da edição original em língua inglesa de 1952 é: *Hitler: A Study in Tyranny.*
8 Ibid., p. 358.
9 Ibid., p. VIII.
10 Livro escrito por Hitler, depois de ser preso em 1923, após uma tentativa de golpe de Estado, durante a detenção na fortaleza de Landsberg. Traz a essência da ideologia nazista. O primeiro volume foi publicado em julho de 1925, o segundo, em dezembro de 1926. Até janeiro de 1933, quando Hitler assumiu o poder, haviam sido vendidos 287 mil exemplares. (N.T.)
11 Alan Bullock, *Hitler und Stalin. Parallele Leben*, Berlim, 1991, p. 461.
12 Idem, p. 1258 e seg.
13 Rosenbaum, *Die Hitler-Debatte*, p. 285.
14 Bullock, *Hitler und Stalin*, p. 947.
15 Joachim Fest, *Hitler. Eine Biographie*, Munique, 2000 (3ª reedição da primeira edição de 1995), p. 19. Ver também: ibid. o segundo capítulo do sexto livro (páginas 724-769), que fala explicitamente sobre a "non-persona".
16 Ibid.. p. 5 e 29.
17 Ibid. p. 67.
18 Ibid. p. 467.
19 Ibid p. 13.
20 Comparar Rosenbaum, *Die Hitler-Debatte*, p. 211.
21 Douglas M. Kelley. *Twenty-Two Cells in Nuremberg. A Psychiatrist Examines the Nazi-Criminals*, Nova York, 1972, p. 235 e seg.
22 Bela Grunberger/Pierre Dessuant, *Narzissmus, Christentum und Antisemitismus*, Stutgart 2000, p. 451.
23 Rosenbaum, *Die Hitler-Debatte*, p. 263.

24 Como exemplo para essa tentativa, cito dois ensaios exemplares: Hans Mommsen, *Adolf Hitler in der Sicht von Gefolgsleuten und Zeitgenossen. Anmerkungen zur Hitlerismus-Debatte*, in: idem, *Von Weimar nach Auschwitz. Zur Geschichte Deutschlands in der Weltkriegsepoche*, Stutgart, 1999, páginas 73-91 (originalmente in: *Jahrbuch des Wissenschaftskollegs zu Berlin* 1983/84, Berlim, 1985, p. 229-246). Idem, *Hitlers Stellung im nationalsozialistischen Herrschaftssystem*, in: idem, *Von Weimar nach Auschwitz*, p.214-247 (originalmente in: Gerhard Hirschfeld/Lothar Kettenacker, *Der "Führerstaat": Mythos und Realität. Studien zur Struktur und Politik des Dritten Reiches*, Stutgart, 1981, páginas 43-72).

25 NSDAP *(Nationalsozialistische Arbeiterparte Deutschlands)* – Partido Nacional Socialista dos Trabalhadores Alemães ou partido nazista – assim foi rebatizado o Partido Operário Alemão (DAP), em 1920. Orienta-se pela doutrina do nacional-socialismo, formulada por Hitler, base do nazismo. (N.T.)

26 Mommsen, *Hitlers Stellung im nationalsozialistischen Herrschaftssystem*. p. 246.

27 Ian Kershaw, *Hitler*. vol. 1: 1889-1936, Stutgart, 1998; idem, Hitler, vol. 2: 1936-1945, Stutgart, 2000.

28 Ibid., p. 23.

29 *Frankfurter Allgemeine Zeitung*, 1/10/1998.

30 Entrevista na revista *Der Spiegel*, n. 34/2000, p. 63.

31 Klaus Hildebrand, *Nichts Neues über Hitler. Ian Kershaws zünftige Biographie über den deutschen Diktator*. In: *Historische Zeitschrift* 270 (2000), páginas 389-397.

32 Paul Matussek/Peter Matussek/Jan Marbach, *Hitler. Karriere eines Wahns*, Munique, 2000, especialmente p. 25.

33 Ibid., p. 9.

34 Ludolf Herbst, *Der Fall Hitler – Inszenierungskunst und Charismapolitik*. In: Wilfried Nippel (org.), *Virtuosen der Macht*, Munique, 2000, p. 172.

35 Kershaw, *Hitler*, vol. 1, p. 22.

36 Mesmo sobre assuntos fora da vida particular, como a atividade de governo de Hitler, existe carência de fontes autênticas. Comparar a introdução de Martin Moll para a sua edição *Führer-Erlasse* 1939-1945, Stutgart, 1997, p. 9.

37 Comp. Henry Picker, *Hitlers Tischgespräche im Führerhauptquatier*, Wiesbaden 1983, p. 117 e seg.

38 Ernst Hanfstaengl, *Zwischen Weissem und Braunem Haus. Memoiren eines politischen Aussenseiters*, Munique, 1970, p. 63.

39 Comparar a esse respeito, Ernst Deuerlein (org.), *Der Hitler-Putsch*, Stutgart 1962, p. 117; e ainda Anton Joachimsthaler, *Hitlers Weg begann in München 1913-1923*, Munique, 2000, p. 34 e seg. e p. 361; Harry Slapnicka, Hitler und Oberösterreich, Grünbach 1998, p. 102; *Der letzte Befehl*, in: IfZ Munique, ED 203 (Schaub), vol.2.

40 Hitler em conversa com Otto Wagener, cit. cf. Henry Ashby Turner (org.), *Hitler aus nächster Nähe. Aufzeichnungen eines Vertrauten*, Frankfurt a.M. 1978, p. 392.

41 A SA (Guarda do Exército) formava com a SS (Guarda Especial) e Gestapo (Polícia Política) o grupo de organizações paramilitares que implantou o terror na Alemanha do Terceiro Reich. (N.T.)

CAPÍTULO 1

A BUSCA FRUSTRADA DE UMA VIDA DE ARTISTA

O jovem Adolf Hitler considerava-se predestinado a exercer uma atividade nobre. Não queria se tornar funcionário público ou um empregado qualquer: queria ser artista. Apesar deste desejo, ele perambulou sem rumo dos 16 aos 25 anos – ou seja, entre 1905 e 1914, ele pode ser qualificado como um pseudoboêmio. Nossas informações acerca deste período da vida de Hitler são insuficientes. Quem quiser saber mais a respeito, vai-se deparar com inúmeras contradições, tentativas de encobrir os fatos e surpreendentes lacunas nas fontes históricas. Mesmo se reconstruindo alguns elos, a biografia do jovem Hitler permanece estranhamente obscura.[1]

Vamos ao que se sabe.[2] Não é muito, mas pelo menos os fatos conhecidos formam uma moldura que nos ajuda a nos orientarmos. Em junho de 1905, a mãe de Hitler, que enviuvara em 1903, vendeu a casa da família em Leonding. Mudou-se com seus dois filhos, Adolf e Paula, e a irmã Johanna Pölzl – a tia Hani –, para a cidade vizinha de Linz. Com 16 anos, o jovem Adolf ainda freqüentava a escola em Steyr, a 80 quilômetros de distância e ali passava a semana. Logo que recebeu o boletim escolar referente ao ano letivo de 1904/05, ele abandonou a escola sem completá-la e voltou a morar com a família. Foi nesta época, na segunda metade de 1905, que ele conheceu no teatro da cidade o jovem August Kubizek, aprendiz de tapeçaria de 17 anos. Entre os dois nasceu uma forte amizade.

Em maio de 1906, Hitler foi pela primeira vez a Viena, onde ficou pelo menos duas semanas. Um ano mais tarde, a família mudou-se de Linz para Urfahr, na outra margem do rio Danúbio. Nos primeiros dias de setembro, Hitler viajou novamente para Viena, a fim de tentar uma vaga na Academia de Belas-Artes. Passou na primeira fase dos testes, mas foi reprovado no exame prático de desenho no início de outubro. Desiludido, Hitler voltou para casa. Encontrou sua mãe, que sofria de câncer, já no estágio terminal da doença. Pouco antes do Natal, ela faleceu. Em fevereiro de 1908, depois de resolvidas as questões do espólio, Hitler, agora com 18 anos, mudou-se definitivamente para Viena, com uma herança de mil coroas e uma pensão mensal de órfão de 35 coroas.

Pouco tempo depois, August Kubizek, que começara a estudar música, seguiu o amigo e alugaram juntos um quarto na casa da senhora Zakreys, na Stumpergasse,[3] 31, no mesmo prédio em que Hitler já se hospedara, durante sua segunda estada em Viena. Conviveram por cerca de quatro meses, até Kubizek retornar à casa dos pais em Linz no final do ano letivo para passar o verão. Ele recebeu cartas e alguns cartões-postais de Hitler, o último deles no final de agosto, quando Adolf estava com a tia Hani em Waldviertel, no norte da Áustria. De volta a Viena em setembro, Hitler tentou novamente entrar para a Academia de Belas-Artes, mas não lhe permitiram sequer fazer a prova de desenho. No outono, August Kubizek também voltou à cidade para continuar seus estudos. Desta vez, procurou um lugar para morar sozinho. No dia 18 de novembro, Hitler deixou o quarto na Stumpergasse e mudou-se na condição de "estudante" para a Felberstrasse, onde morou durante nove meses, até 20 de agosto de 1909. Dois dias depois, Hitler, alegando ser "escritor", já morava em novo endereço, na Sechshauserstrasse 56, também próxima à estação Westbahnhof. No dia 16 de setembro de 1909, mudou-se novamente, para "endereço desconhecido".

Não há registros oficiais sobre onde Hitler passou os cinco meses seguintes. Antes de ingressar no alojamento masculino na Meldemannstrasse, no bairro de Brigittenau, no dia 9 de fevereiro de 1910, ele aparentemente não tinha pouso fixo. Por algum tempo, deve ter ficado no albergue de Meidling. É provável que ali tenha conhecido Reinhold Hanisch, cinco anos mais velho, com quem manteve estreito contato nos meses seguintes. Eles também mantinham uma espécie de relação comercial. Hitler pintava cartões-postais e quadros, e Hanisch tentava vender as obras do amigo. Pouco depois, apareceu um concorrente de Hanisch, Josef Neumann, um pequeno comerciante. Hitler e Hanisch se desentenderam por causa de um suposto desvio da renda obtida. A briga foi registrada na polícia em agosto de 1910 e resultou na prisão de Hanisch.

Na primavera de 1911, a situação financeira de Hitler mudou. Sua pensão de órfão foi transferida para sua meia-irmã Angela Raubal, que enviuvara. Por quase dois anos, Hitler precisou se sustentar sozinho. Só em maio de 1913, aos 24 anos, recebeu a herança paterna – um total de 820 coroas. Hitler deixou então Viena na companhia de Rudolf Häusler, quase cinco anos mais jovem, seguindo para Munique, onde alugaram um quarto na casa do alfaiate Popp, na Schleissheimerstrasse 34. Logo surgiram problemas. Antes de deixar a Áustria, Hitler não se alistara no Exército, e as autoridades austríacas acabaram por localizá-lo em Munique. Em janeiro de 1914, ele é interrogado pela polícia. Depois de algumas querelas burocráticas, teve de apresentar-se ao Exército em Salzburgo, mas foi considerado "fraco demais" para o serviço militar,[4] sendo liberado para voltar a Munique.[5] Em 15 de fevereiro de 1914, Häusler deixou o quarto que dividiam, mas continuou morando perto de Hitler até voltar para Viena, no começo de agosto.[6] Nesta mesma época, Hitler apresentou-se como voluntário de guerra em Munique.[7]

Naturalmente, todos estes dados policiais e registros judiciais informam pouco sobre Hitler, e nem mesmo os raros testemunhos escritos que existem sobre ele e seus amigos formam um conjunto confiável de informações. Dependemos dos relatos de alguns poucos contemporâneos, como, por exemplo, das memórias de August Kubizek, do ano de 1953, de uma série de artigos póstumos de Reinhold Hanisch, publicada em 1939, ou das declarações da senhora Popp, em 1934, durante uma entrevista. Mesmo esses testemunhos são problemáticos. Examinando mais a fundo suas origens, no entanto, pode-se afirmar que nenhum deles queria, conseguia ou podia dizer tudo o que sabia. Apesar dessa dificuldade de reunir documentos, não se deve desistir. Os contemporâneos de Hitler queriam dizer algo – mesmo que fosse o contrário da verdade histórica. Descobrir o que é a nossa tarefa. Apesar de coexistirem nas fontes históricas informações obscuras e distorcidas, e outras transparentes, é preciso analisar os dados e formar um quadro coerente. Acredito que seremos bem-sucedidos se incluirmos na nossa interpretação o mundo especial do qual supomos que Hitler fazia parte: o mundo dos homossexuais, naquela época, estigmatizado socialmente.[8] Sob essa perspectiva, os contornos difusos da sua juventude subitamente se definem, e o que antes parecia tão contraditório torna-se plausível.

"Gustl e Adi"

"A personalidade do meu amigo de juventude atravessa a minha vida inteira como um fio vermelho."[9] Com esta frase, August Kubizek expressou, em 1949, o que significou para ele sua ligação com Hitler. Quatro anos mais tarde, ele dedicou um livro inteiro ao assunto. Antes de chegarmos lá, é preciso saber um pouco mais sobre August Kubizek.

Ele nasceu em 3 de agosto de 1888 em Linz.[10] Logo que concluiu o segundo grau, começou a aprender o ofício de tapeceiro na loja do pai, mas a música era sua verdadeira paixão. A amizade com Hitler incentivou esta inclinação de tal modo, que em fevereiro de 1908, ajudado por Hitler, Kubizek obteve permissão dos pais para ir a Viena estudar música. No outono de 1911,[11] Kubizek concluiu esse curso com êxito. Foi diretor musical em vários teatros e, no dia 1º de setembro de 1914, pouco depois da eclosão da guerra, casou-se em Viena com uma violinista, com a qual viria a ter três filhos.[12] A convocação para o Exército interrompeu sua carreira abruptamente. Em 1918, quando quis voltar a praticar seu ofício, não havia mais cargos interessantes à disposição. Assim, o concurso para um cargo municipal na pequena cidade de Eferding, próximo a Linz, para onde sua mãe se mudara, veio a calhar. Embora não tivesse prática administrativa, Kubizek ganhou o posto, pois era o candidato ideal a "diretor artístico da agremiação musical, como também para cuidar dos assuntos culturais".[13] Em 1926, ele tornou-se secretário municipal. Três anos mais tarde, foi promovido a diretor musical do município, cargo que ocupou até 1945. Ainda assim, Kubizek sempre se sentiu mais músico do que funcionário público. Achava "compreensível que, como *artista*, eu seja freqüentemente algo generoso, pois, sendo músico, sou refém das minhas emoções".[14]

Em 1923, 15 anos depois de ver Hitler pela última vez, Kubizek teve sua atenção chamada para o antigo companheiro, ao encontrá-lo na primeira página da revista *Münchner Illustrierte*. Hitler alcançara certa fama e Kubizek lembrou-se dos cartões-postais, das cartas e desenhos que testemunhavam sua antiga amizade. Mas ainda não chegara o momento de tirar proveito desse passado. Por enquanto, bastava observar à distância a carreira de Hitler.[15] Só em 1933 Kubizek buscou um contato pessoal, enviando um telegrama de felicitações pela tomada do poder. Em sua carta de resposta – aliás, bastante neutra – Hitler mostrou estar bem a par da vida de Kubizek: mandou lembranças para sua mãe, mas não para o pai, que já havia falecido. E continuou: "Quando passar a época das minhas lutas mais pesa-

Hitler e seu amigo de juventude August Kubizek.
O desenho deve ser de 1905 e a fotografia, de 1907.

das, gostaria de ter a oportunidade de evocar pessoalmente a lembrança desses anos, que foram os mais felizes da minha vida."[16] Esse encontro não haveria de acontecer logo.

Na primavera e no verão de 1938, o interesse de Hitler pelo amigo de juventude cresce repentinamente. Em março, logo após a anexação da Áustria ao Reich alemão, três homens da SS[17] bateram à porta de Kubizek. Mais tarde, ele relatou que eles queriam apreender seus documentos referentes a Hitler, mas ele conseguiu se livrar "daqueles senhores insistentes".[18] Kubizek, no entanto, omitiu em seu livro que estava em apuros em 1938, depois de ter sido vítima de um processo punitivo e disciplinar.[19] É possível que esta notícia tenha chegado a Berlim. Seja como for, durante uma visita a Linz, Hitler arranjou tempo para encontrar-se com Kubizek. É provável que durante este encontro, seus problemas tenham sido mencionados. Kubizek precisava de auxílio e Hitler não se negou a ajudá-lo. Em suas memórias, Kubizek conta apenas que, como nos velhos tempos, Hitler discorreu sobre seus planos de reforma de Linz, escutou o relato da vida de Kubizek e prometeu financiar o curso de música dos seus filhos no conservatório de Linz.[20] Hitler estava visivelmente preocupado com o velho amigo. Em abril de 1938, convidou-o a visitá-lo no seu refúgio de Obersalzberg, e planejou ainda uma nova visita a Eferding.[21] Não sabemos se estes encontros chegaram a acontecer. O certo é que Kubizek esteve com Rudolf Hess, o confidente de Hitler, em Linz: "Senti imediatamente que aquela cordialidade era genuína e vinha do coração."[22] Vemos que o antigo amigo de juventude do *Führer* se tornara subitamente uma pessoa interessante. Faz sentido supor que isto estivesse relacionado com as acusações feitas na mesma época contra Kubizek.

Que acusações eram estas? Documentos do governo estadual da Alta Áustria (oeste da Áustria) revelam que, em maio de 1938, Franz Neuburger, secretário municipal de Eferding, um subordinado de Kubizek, acusara publicamente seu superior em um restaurante. Neuburger era um nazista confesso, que desde março de 1938 ocupava o cargo de diretor financeiro local do partido.[23] Aparentemente, isto o fazia sentir-se apto a enfrentar Kubizek, que não tinha filiação partidária. Provavelmente Neuburger contava capitalizar essa briga em favor de sua carreira política. Mas Kubizek defendeu-se e com êxito. Em outubro de 1938, Neuburger retirou suas afirmações difamatórias em uma "declaração de honra". Esses documentos existem, mas no texto que registra as acusações de Neuburger, alguns trechos foram riscados: "Declaro abertamente que Kubizek apropriou-se indevidamente de dinheiro. Kubizek tentou aliciar-me para o roubo. Kubizek é um [palavra rabiscada] funcionário incapaz [trecho rasurado]. Já tomei providências para que Kubizek não seja mais recebido pelo *Führer*." No texto em que renega estas acusações, Neuburger admite que não teve "motivo algum para fazer acusações e denúncias tão graves contra o Senhor Diretor Municipal Kubizek. As minhas observações nesta matéria devem ser atribuídas em parte a uma interpretação errada do movimento da contabilidade comunitária – a qual, aliás, estava em ordem do ponto de vista legal – e, por outro lado, à difamação mesmo".[24] Como se explica esta reviravolta? Teria algum amigo poderoso protegido Kubizek a tempo? O fato é que a ação foi sustada. Na primavera de 1939, Neuburger pediu para ser transferido.[25]

Tudo indica que, neste caso, o objetivo da acusação transcendia uma mera denúncia de apropriação indébita. Por que aqueles trechos no depoimento de Neuburger só foram riscados depois? Algumas declarações deviam ser tão delicadas que não podiam constar dos documentos oficiais. Hugo Wanivenhaus, vice-prefeito de Eferding, fez uma declaração em julho de 1938 diante do juiz da circunscrição que leva a pensar em chantagem: "Kubizek sempre foi a favor de seu opositor, e Neuburger, a rigor, deve-lhe toda sua existência." Segundo Wanivenhaus, ele ouviu Neuburger afirmar: "Destruirei Kubizek [...], profissionalmente, socialmente e em todos os aspectos." Neuburger devia ter algum trunfo nas mãos para falar assim. Wanivenhaus observou que havia "circunstâncias que são bem conhecidas e comentadas pelos moradores", mas que ele não pretendia detalhar "neste local".[26] Afirmou ainda que Kubizek já vinha sendo pressionado por Neuburger há dois anos.

É bem provável que esse fosse um caso clássico de denúncia sexual, que poderia lançar uma sombra sobre o passado de Hitler – coisa que Neuburger não podia sequer imaginar. Isso explicaria o súbito interesse da alta cúpula nazista por Kubizek, mais do que a mera acusação de apropriação de dinheiro público. Também merece destaque o fato de que, no verão de 1939, pouco depois desse caso, Hitler convidou seu amigo de juventude a visitar com ele o Festival de Bayreuth. Kubizek agradeceu efusivamente: "Meu *Führer*! Só o senhor pode compreender que sua cordial generosidade permite a concretização do maior sonho da minha vida [...]. Quão incomensuravelmente grande e maravilhosa é a sua missão, da qual o senhor já tinha plena consciência há 35 anos, e que se concretizou e se cumpriu. Inclino-me diante da grandeza inconcebível do meu *Führer*! [...] Saúdo-o, ó meu *Führer*, do fundo do meu coração emocionado e grato."[27]

Em 1940, houve mais um encontro em Bayreuth onde, pela última vez, passaram juntos algumas horas. Para Kubizek, foi novamente um acontecimento emocionante.[28] Ainda que não voltassem a se encontrar pessoalmente, Hitler nunca mais perderia de vista o antigo camarada.

Com isso, Kubizek alcançara alguma fama como "amigo de juventude do *Führer*". Possuía ainda documentos que testemunhavam esta amizade. Alguns órgãos oficiais do partido requisitaram-nos, mas Kubizek resistiu às pressões e só entregou parte deles. Em abril de 1940, filiou-se ao partido nazista[29] e foi nomeado "diretor de propaganda, diretor artístico e administrador local" da organização *Kraft durch Freude* (Força através da Alegria).[30] Por encomenda do partido, escreveu, em 1943, a primeira versão de suas memórias sobre Hitler. A promoção que obteve ainda naquele ano, por meio de uma autorização especial,[31] pode ter sido uma recompensa por isso. Kubizek também recebeu diretamente de Hitler 6.000 *Reichsmark* e uma ajuda mensal de 500 *Reichsmark*[32] – era muito dinheiro para a época.

Logo após o fim da guerra, Kubizek foi destituído pelas forças de ocupação e ficou preso por 16 meses.[33] Durante o processo de "desnazificação", foi considerado culpado. Graças a Franz Jetzinger – antigo político social-democrata[34] que pesquisava sobre os primeiros tempos de Hitler na Áustria e, desta forma, chegou até Kubizek em dezembro de 1948 – foi possível abrandar sua pena. Kubizek foi reempossado no cargo, sendo imediatamente aposentado.[35] Indiretamente, Kubizek mais uma vez tirou proveito de sua velha amizade com Hitler. A ajuda de Jetzinger foi uma espécie de retribuição pelas informações dadas por Kubizek para o seu livro sobre a juventude de Hitler. No outono de 1953, três anos antes de sua morte, Kubizek publicou seu próprio livro, *Adolf Hitler: Mein Jugendfreund (Adolf Hitler: Meu amigo de juventude).*

O Hitler de Kubizek

O que Kubizek imaginava ao resolver escrever um livro sobre sua ligação com Hitler? Ele não pretendia fazer um relato direto dos fatos, e sim uma versão romanceada, pois esta seria a única forma de apresentar o destino de seu amigo, "aquela pessoa ímpar".[36] Kubizek tinha um modelo concreto, o livro *Schwammerl: Ein Schubertroman (Schwammerl. Um romance sobre Schubert* – 1910), do escritor teuto-austríaco Rudolf Hans Bartsch.[37] Este livro fala do compositor Franz Schubert, dos sofrimentos causados pelo seu dom genial e exagerado, de sua vida cheia de altos e baixos, de seu amor exaltado e desesperado pelas mulheres e do afeto das amizades masculinas, às quais Schwammerl (apelido de Schubert) sempre recorria em busca de aconchego e consolo. Há um longo trecho em que o músico Franz Schubert e o artista plástico Moritz von Schwind sonham com uma ligação semelhante a um casamento.[38] Este romance escrito num tom meio adocicado, meio sentimental, contém passagens eróticas discretas, porém inequívocas.

Kubizek usou esse modelo porque queria enfocar outro Hitler, despindo-o da "máscara de monstro".[39] Desejava que seu amigo fosse visto como ser humano, mais do que isso, como uma "aparição ímpar na história do povo alemão", conforme deixou bem claro para Jetzinger: "Napoleão também acabou no exílio, embora fosse um dos grandes de sua nação. A verdade sempre acaba vencendo. Assim também haverá de acontecer com Adolf Hitler."[40] A fé de Kubizek em Hitler continuava inabalável, seu amor inquebrantável, apesar dos crimes que ele cometera. Kubizek carregava na alma um segredo sobre seu amigo de juventude e queria legar este segredo à posteridade. É este anseio que torna Kubizek uma importante fonte de informação.

"Desde o início, minha amizade com Adolf Hitler foi incomum",[41] conta Kubizek, qualificando-a até mesmo como "estranha".[42] De fato, seu livro narra uma relação atípica para jovens da pequena burguesia. São dois rapazes que descobrem sua afinidade no entusiasmo que sentem pela música de Richard Wagner, que vão juntos ao teatro, que passeiam por sua cidade natal, fazem longas excursões pelas belas paisagens da região. Apesar dos interesses que os unem, são muito diferentes. Enquanto Hitler assume uma postura professoral,

Kubizek, fascinado pela personalidade exaltada do amigo, contenta-se em ser o ouvinte paciente. Vê Hitler como alguém criativo, inteligente, ávido de conhecimentos, ao mesmo tempo que instável, impulsivo e irascível, bem de acordo com a imagem de uma natureza de artista que destoa das convenções burguesas. Kubizek descreve-se como alguém subordinado intelectualmente, mais tranqüilo, lealmente dedicado ao ídolo. Muitos aludiram a este desequilíbrio no relacionamento entre Hitler e Kubizek para concluir que não se tratava de uma verdadeira amizade. Segundo estas interpretações, o ingênuo Kubizek apenas servia como ouvinte para a insaciável eloqüência do egocêntrico Hitler.[43] O próprio Kubizek deu margem a esta interpretação ao falar do "caráter utilitário" daquela amizade.

A leitura atenta do livro de Kubizek leva, porém, à descoberta de algo que sempre foi convenientemente ignorado: um relacionamento pleno de emoções e baseado na reciprocidade. Apesar das diferenças, ambos buscam tenazmente a proximidade um do outro e encontram "afeto" e "profundidade", como Kubizek escreve literalmente. Ele descreve esta "aliança juvenil" de uma forma que nada deixa a dever a um relacionamento amoroso. Fala de uma intimidade genuína, de compreensão mútua e da grande capacidade de entender o outro. Observa que seu amigo, normalmente tão egocêntrico e dominante, "defendia seus pontos de vista com unhas e dentes", mas sabia ser, ao mesmo tempo, "tão atencioso, que volta e meia me envergonhava". Chega mesmo a afirmar: "Por Deus, ninguém nesta Terra, nem mesmo minha mãe, que me amava tanto e me conhecia tão bem, sabia expressar meus desejos mais ocultos tão bem quanto meu amigo." Aquela "camaradagem nascida nas idas ao teatro" transformara-se, em pouco tempo, em uma "amizade profunda, romanticamente transfigurada".

Ciumento, Hitler vigiava Kubizek, "porque não gosto que estejas com outros jovens, ou que fiques conversando com eles". Kubizek sustenta que Hitler nunca suportou a simples idéia de que "além da amizade com ele, pudesse mostrar interesse por outras pessoas". Para ele, "era preciso ter exclusividade total". Em fevereiro de 1908, quando Hitler viajou para Viena alguns dias antes de Kubizek, ele pressionou o amigo a segui-lo o mais rápido possível. "Espero ansiosamente receber a notícia da tua chegada. Escreva logo, para que eu possa preparar uma recepção festiva. Toda Viena te espera. Então, vem logo. Claro que vou te buscar." Para Kubizek, este cartão-postal revela o quanto Hitler sentia-se terrivelmente só em Viena sem sua companhia. "A palavra 'ansiosamente', na primeira frase, certamente é sincera. O fato de dizer 'Vem logo' e depois repetir 'Peço novamente que venhas logo!' prova o quanto ele ansiou pela minha chegada."

Ao escrever estas linhas, Hitler mal conseguia esperar que se concretizasse o que ele e o amigo sonhavam há tanto tempo: uma vida de artistas, cheia de realizações na cidade grande. Quando ainda estavam em Linz, ansiavam ganhar na loteria para que pudessem realizar o sonho de uma vida a dois. Imaginavam alugar juntos um apartamento e Hitler já o decorava em pensamento, com todos os detalhes. Hitler pretendia ser desenhista, enquanto Kubizek desejava explorar seu talento musical. Para o verão, programavam longas viagens: Bayreuth estava em primeiro lugar entre os destinos possíveis. Queriam formar um par. Para que "todos os tomassem por irmãos",[44] planejavam vestir-se com roupas iguais.

Em 1908, em Viena, Kubizek e Hitler tentaram tornar este sonho realidade. Demonstravam claramente sua ligação, usando sobretudos iguais e "chapéus pretos, de aba larga".[45] Desde os tempos de Linz, gostavam de ficar sozinhos num lugar às margens do Danúbio "que ninguém conseguia achar".[46] Uma ou outra caminhada mais longa os conduzia a lugares distantes, onde acabavam pernoitando.[47] Não era somente em contato com a natureza que Kubizek e Hitler sentiam suas almas vibrarem no mesmo tom, mas também durante os espetáculos de ópera a que iam com freqüência. Costumavam ainda assistir às apresentações dominicais dos Meninos Cantores de Viena na Burgkapelle, pois "Adolf gostava especialmente deste famoso coro de meninos".[48]

A narrativa de Kubizek assemelha-se, em vários aspectos, a relatos da época sobre amizades homossexuais. O sexólogo Magnus Hirschfeld, por exemplo, conta que casais homossexuais procuravam o recolhimento da natureza e o escurinho das apresentações operísticas.[49] Em Viena, as apresentações dos Meninos Cantores também exerciam especial atração sobre os homossexuais.[50] A literatura da época assinala que muitos homossexuais admiravam Richard Wagner e sua música;[51] daí Bayreuth[52] ser um conhecido ponto de encontro de homossexuais famosos.[53] Não sabemos até que ponto Kubizek e Hitler tinham conhecimento destes fatos, mas, sem dúvida, o fanatismo por Wagner era importante para sua relação. Os dramas musicais apresentados na Ópera de Viena marcaram sua amizade. Escreve Kubizek: "Firmamos nosso pacto juvenil no ambiente sagrado do Teatro Municipal de Linz, e o reafirmamos a cada apresentação na maior casa de ópera da Europa."

Kubizek conta que Hitler sentia "aversão física" a outras pessoas, revelando um "pavor constante" de "contatos físicos – só estendia a mão raramente e, mesmo assim, para poucos!". Diante disto, os contatos físicos que mantinha com Kubizek ganham maior importância. Segundo Kubizek, em momentos de grande afeto, Hitler segurava sua mão no que chamou de "toques afetivos".[54] Um destes momentos foi o feliz reencontro na estação Westbahnhof em Viena, em fevereiro de 1908, assim narrado por Kubizek na primeira versão de suas memórias: "Meu amigo já estava me esperando na plataforma, cumprimentou-me efusivamente com um beijo e levou-me logo para seu apartamento, onde eu devia passar a primeira noite."[55] Este trecho foi alterado eacabou sendo publicado assim: "Ele ficou evidentemente feliz com minha chegada e cumprimentou-me cordialmente com um leve beijo na bochecha, como era costume na época."[56] Em outro trecho de suas memórias, Kubizek é mais explícito. Durante uma caminhada nas montanhas, os dois amigos são surpreendidos por uma forte chuva. Refugiam-se em uma cabana abandonada e resolvem passar a noite juntos.

> Descobri grandes pedaços de linho cru na parte de cima da cabana, que eram utilizados pelos camponeses para trazer feno das montanhas. Estava com pena de Adolf – suas roupas de baixo completamente encharcadas, ele tiritava de frio, torcendo as mangas da camisa. Suscetível como era a qualquer resfriado, poderia acabar com uma pneumonia. Peguei um dos panos, abri-o sobre o feno e disse a Adolf para tirar a camisa molhada e a cueca e se enrolar nele. Foi o que ele fez.
>
> Nu, Adolf deitou-se sobre o tecido. Juntei as pontas e o envolvi firmemente. Depois, peguei um outro pano para cobri-lo. Torci nossas roupas, pendurei-as na cabana e também me enrolei com um dos linhos. Então me deitei ao lado dele. Para que Adolf não sentisse frio durante a noite, lancei um pouco de feno sobre ele e me cobri com outro tanto.

> Como estávamos sem relógio, não tínhamos noção das horas. Mas, naquela situação, bastava saber que estava bem escuro e que a chuva caía incessantemente. Um cachorro latia ao longe. Logo, devíamos estar próximos de alguma casa o que me tranqüilizava. Adolf, no entanto, parecia indiferente a tudo. Não fazia questão que houvesse mais alguém ali. Divertia-se com nossa aventura e aquele final romântico lhe agradava bastante. Afinal, estávamos bem quentinhos. [...]
>
> Ainda me lembro como foi difícil acordá-lo na manhã seguinte. Ele afinal levantou-se e foi até a porta para ver o tempo, o linho enrolado na cintura. Sua figura elegante e alta com o pano branco jogado por cima do ombro fazia lembrar um asceta hindu.[57]

Este trecho exaltado reflete bem o tipo de amizade que unia Hitler e Kubizek: o cuidado carinhoso com o bem-estar do outro, a proximidade física, a atração erótica, a necessidade de estar junto. Kubizek, inconscientemente, narrou uma relação romântica que ainda o comovia décadas mais tarde.

Por outro lado, Kubizek não menciona relações que houvessem mantido com moças. Certa vez, em Viena, recebeu a visita de uma das suas alunas de música: a "boa e velha senhora viu a moça bonita e surpresa, ergueu as sobrancelhas", conta ele. Logo, seguiu-se uma cena de ciúmes do amigo. Irado, Hitler repreendeu-o dizendo que o quarto que alugavam era pequeno demais para encontros com aquela "laia musical feminina". Não sossegou nem mesmo quando Kubizek lhe explicou que a moça não fora visitá-lo por "desgosto amoroso", mas para tirar uma dúvida que ficara das aulas.[58]

Segundo Kubizek, embora as mulheres se sentissem atraídas por seu amigo,[59] Hitler não experimentava nenhuma atração sexual por elas. "Por isto, era natural que Adolf ignorasse namoricos e flertes, e repelisse as tentativas de aproximação das moças. Tanto em Linz quanto em Viena, as mulheres se interessavam por ele, mas Adolf sempre conseguiu driblar estas tentativas de aproximação." Kubizek observa que por toda a vida Hitler se vangloriou dessa indiferença em relação ao outro sexo: "Isto ficou bem evidente nas minhas conversas posteriores com o *Führer*."[60]

Se alguma mulher representava papel importante na intimidade de Hitler e Kubizek, isto só se aplicava a suas mães. Para ambos, elas eram a principal referência psicológica além do amigo. Kubizek fala do "amor infinito de Hitler pela mãe", e da "harmonia d'alma única" que existia entre eles, principalmente nos difíceis meses que antecederam a morte de Klara Hitler. Kubizek mantinha uma ligação semelhante com sua mãe, à qual dedicava "todo o amor". É possível que as duas mães tenham percebido, compreendido e aceito a amizade especial que unia seus filhos. É o que sugere a cena na qual Kubizek se despede de Klara Hitler em seu leito de morte: "'Gustl', disse ela – que sempre me chamava de 'Herr Kubizek', mas naquele momento lançou mão do apelido que Adolf usava para mim – 'continue sendo um bom amigo para meu filho, mesmo quando eu não existir mais. Ele não tem mais ninguém no mundo.' Prometi, com os olhos cheios d'água."[61]

Jetzinger nos relata que Kubizek rejeitava "de forma enérgica e indignada"[62] qualquer insinuação sobre a orientação homossexual de Hitler. Seu livro é repleto de trechos destinados a dissuadir o leitor das óbvias suspeitas de que sua relação com Hitler ultrapassava os limites de uma amizade normal entre homens. "Decididamente não", diz Kubizek que garante poder "afirmar com toda convicção que Adolf era absolutamente normal, tanto do ponto de vista físico quanto sexual. Incomum, no caso dele, não era nem o aspecto erótico nem o sexual, e sim outros lados de sua índole."[63] Ninguém melhor do que Kubizek para saber que Hitler não era "normal" em "termos sexuais". Todas as suas explicações sobre o assunto indicam isto. Com certeza, Kubizek percebeu que suas narrativas precisavam de um contra-argumento forte, se não queria que causassem uma impressão indesejada junto ao leitor.

As tentativas de encobrir os fatos tornam-se bem evidentes quando Kubizek relata o episódio entre Hitler e Stefanie, filha de funcionários de Linz, da mesma idade que ele. Por sorte, Stefanie realmente existiu,[64] assim Kubizek podia apresentar um Hitler capaz de amar uma mulher, minorando o peso de sua própria relação. Não é à toa que Kubizek se alonga tanto no relato do romance com Stefanie. Entretanto, é justamente esta prolixidade que o torna inverossímil. Kubizek conta que ela foi tudo para Hitler, o grande amor de sua vida, "o único ser neste mundo de Deus que destoava da humanidade infame, um ser transfigurado de amor glorioso, e que deu sentido e conteúdo à sua sofrida existência".[65] Logo se tem a impressão de que tudo não passa de uma projeção de Kubizek – nada além disso. De fato, Hitler não se esforçou nem um pouco para se encontrar com a adorada. É óbvia a intenção de Kubizek de "heterossexualizar" Hitler.

Tampouco é verossímil a enfática afirmação de Kubizek de que Hitler viveu numa espécie de ascese monástica voluntária, em parte por ter medo de contrair doenças venéreas, resistindo soberanamente às tentações eróticas da cidade grande.[66] Ele dá um exemplo: ao procurar moradia para Kubizek logo depois de sua chegada a Viena, aconteceu uma cena notável com uma proprietária. Durante a conversa com esta senhora, "um movimento apressado soltou o cordão que amarrava o penhoar. 'Ó, perdão, senhores!', ela exclamou, fechando imediatamente o roupão. Aquele instante bastou para nos revelar que, por baixo do robe de seda, ela não trajava mais do que uma calcinha. Adolf enrubesceu, levantou-se, tomou-me pelo braço e disse: 'Venha, Gustl!'".[67]

Ao narrar este episódio, Kubizek não pretendia apenas ilustrar a integridade moral de Hitler. Ao mesmo tempo, procurava justificar o fato de, logo em seguida, os dois se mudarem para um quarto pequeno e apertado. Depois de inspecionar mais alguns apartamentos, Hitler acabou concluindo que seria melhor que morassem juntos: "Esta é a melhor solução para nós. Moramos num mesmo quarto, vamos estar sempre juntos e poderemos nos complementar um ao outro."[68] Mais uma vez, chama a atenção a maneira complicada de resolver as situações. Por que não decidiram logo dividir um quarto? Com a falta de moradia em Viena, naquela época, esta solução era a mais razoável. Além disso, desde Linz, eles sonhavam viver sob o mesmo teto. Parece que Kubizek quis inserir em sua narrativa uma história que afastasse qualquer suspeita de uma possível ligação amorosa entre ele e Hitler.

A mesma intenção parece tê-lo motivado a inserir outro episódio bastante elucidativo, revelando um Hitler que se escandaliza com a homossexualidade:

> Certa noite, na esquina entre as ruas Mariahilf e Neubaugasse, um homem bem vestido e com aspecto burguês nos abordou e fez perguntas sobre nossas vidas. Quando lhe dissemos que éramos estudantes – "o meu amigo estuda música", explicou Adolf, "e eu faço arquitetura" – ele nos convidou para jantar no Hotel Kummer. Pediu tudo o que

desejávamos comer. Depois de tanto tempo, finalmente Adolf podia se fartar com cremes e tortas. Contou-nos que tinha uma fábrica na cidade de Vöcklabruck e que não gostava de se relacionar com mulheres, porque elas só pensavam em dinheiro. Gostei quando ele falou sobre música, algo que ele prezava muito. Agradecemos o jantar, ele nos acompanhou até a rua e fomos para casa.

No quarto, Adolf me perguntou o que eu tinha achado daquele senhor. "Bem interessante!", respondi, "um homem culto com inclinações artísticas evidentes."

"E o que mais?", questionou Adolf, com uma expressão estranha no rosto.

"Não sei... O que você está querendo dizer?", perguntei, surpreso.

"Já que você não se deu conta de nada, Gustl, veja este cartãozinho!"

"Cartão?"

De fato, sem que eu percebesse, o homem havia passado um cartão para Adolf, convidando-o a visitá-lo no Hotel Kummer.

"Ele era homossexual", explicou Adolf secamente.

Assustei-me. Até então, nunca escutara aquela palavra e não conseguia imaginar algo de concreto em relação a ela. Adolf instruiu-me sobre o assunto. Ele considerava a homossexualidade um problema, uma perversão que devia ser combatida de todas as maneiras possíveis e procurava manter distância dessas pessoas com um escrúpulo quase medroso. O cartão de visitas do famoso fabricante de Vöcklabruck foi parar em nossa lareira.[69]

Obviamente, esta história teve o efeito contrário daquele que Kubizek pretendia. Por que aquele homem abordou logo a Kubizek e Hitler? Será que os dois causaram nele uma impressão promissora? Afinal, seu faro não estava tão errado assim: o ingênuo Kubizek achou-o "bem interessante". E por que Hitler tinha de "manter distância destas pessoas com um escrúpulo quase medroso"? Aliás, como é que Kubizek sabia disto? Será que estas abordagens eram freqüentes? Seja como for, a narrativa parece artificial demais para atingir seu objetivo.

Kubizek e Hitler passaram só quatro meses juntos em Viena. Depois, seus caminhos se separaram. O motivo permanece obscuro. Faltam explicações conclusivas. A versão de Kubizek não é muito convincente: depois de passar o verão com os pais, ele teria prestado o serviço militar em Linz, só regressando a Viena em novembro de 1908. Nesta altura, Hitler não estava mais morando no quarto que dividiram. O amigo desaparecera sem deixar rastros. Jetzinger, no entanto, contesta esta informação, argumentando que Kubizek só deve ter prestado o serviço militar em 1909, pois todos os que nasceram no seu ano só tiveram de se alistar um ano mais tarde.[70] Outro fato curioso é ele não ter recebido notícias de Hitler desde o final de agosto. Como dois amigos tão íntimos podiam ficar tanto tempo sem se comunicar? Tudo leva a crer que, já em setembro, Kubizek voltou a Viena, quando ocorreu alguma forma de separação. Mas por que todo esse mistério? Provavelmente, um fim deselegante não combinava com a imagem dessa amizade masculina, da "aliança juvenil".

O que aconteceu de verdade? Kubizek fornece algumas pistas ao falar dos momentos difíceis da relação. Conta que era comum ele e o amigo se desentenderem no dia-a-dia. Enquanto Kubizek freqüentava o conservatório pela manhã, Hitler dormia até tarde e se sentia incomodado com os estudos musicais do amigo – "aquele piano mal tocado". [71] Além disso, Kubizek observa que o interesse político de Hitler aumentara bastante em Viena, enquanto ele próprio não tinha o menor pendor para esses assuntos. "Sem dúvida", sublinha Kubizek, "nossos interesses distintos, que me tornavam um interlocutor cada vez mais inadequado para Adolf, foi uma das razões que o levaram a trilhar seus próprios caminhos."[72] Enquanto Kubizek se dedicava com afinco e interesse aos estudos musicais, Hitler perambulava pela cidade. Chegava a passar várias noites fora: "Só Deus sabe para onde ele ia, onde dormia, como se alimentava."[73] Na verdade, Kubizek não sabia o que Hitler – que, pelo jeito, estava em busca de novos contatos – fazia exatamente. O relacionamento se deteriorou cada vez mais, porque o sonho conjunto de uma vida de artista fracassou diante da incapacidade de Hitler.

Depois da separação de Kubizek, Hitler enfrentou dificuldades financeiras. Apesar de um empréstimo da tia Hani, em 1908, que o sustentou por alguns meses, ele dependia de fontes de renda adicionais, uma vez que o aluguel do seu novo apartamento na Felberstrasse "era maior do que o da senhora

Zakreys".[74] Depois dessa segunda locação em Viena, em setembro de 1909, não há registros sobre Hitler nos documentos oficiais por cinco meses. Ficou ele efetivamente sem moradia, como sugere Reinhold Hanisch,[75] ou teria encontrado abrigo junto a algum conhecido? Pode-se imaginar também que Hitler tenha saído de Viena naqueles meses, buscando sua sorte em outra parte. Não sabemos.

Viena

De 1906 a 1909, o tema da homossexualidade esteve em voga por causa de uma denúncia contra o príncipe Philipp von Eulenburg, amigo de Guilherme II, imperador alemão. Na revista *Zukunft* (*Futuro*), o editor Maximilian Harden acusara Eulenburg de desvios morais e de exercer uma influência malévola sobre o imperador. Neste caso, a denúncia sexual foi usada propositadamente como arma contra o adversário político, baseando-se na idéia de que os homossexuais eram inadequados para ocupar cargos públicos. Harden afirmava que a influência política de "pervertidos" ameaçava o interesse nacional da Alemanha. Não era só isto que estava em jogo. Harden era judeu o que provocava preconceitos de outra natureza. Nacionalistas radicais atribuíam o caso a uma "campanha difamatória judaica" que não maculava apenas a honra imperial, mas a de toda a nação alemã.

Ao longo dos vários processos judiciais, vieram a público mais e mais detalhes também sobre o período que Eulenburg passou em Viena como embaixador alemão entre 1894 e 1902.[76] O escândalo teve grande repercussão na mídia austríaca. O "telhado do vizinho [a Alemanha] pegou fogo",[77] clamou o *Oesterreichische Kriminal-Zeitung* (*Jornal Criminal Austríaco*). Com a atenção despertada para o caso, os austríacos começaram a examinar a questão mais de perto e constataram que em Viena – assim como em muitas outras grandes cidades européias – existia uma notável subcultura homossexual. O anonimato funcionava como escudo. Às vezes, os homossexuais vinham da província passar alguns dias na metrópole, a fim de usufruir a infra-estrutura existente para os casos amorosos entre pessoas do mesmo sexo (restaurantes, cafés, hotéis, casas de banho, zona de prostituição), sem serem reconhecidos.[78] Kubizek também constatou isso. Na Viena da passagem do século, sentia-se um "ambiente erótico a cada passo", escreve ele.[79] Já Stefan Zweig observa que a cidade se caracterizava por um "ar insalubre, sufocante, saturado de um abafamento perfumado".[80] Não admira que a prostituição florescesse tanto naquela estranha mistura de repressão moral e encantos sensuais.

Na escala da subcultura vienense, o mundo homossexual ocupava o último degrau. Seus freqüentadores conseguiram desenvolver uma refinada técnica de ocultar e esconder informações, o que, por sua vez, abria um mercado lucrativo para os chantagistas e profissionais da extorsão. Além disso, o interesse da opinião pública fez com que jornais sensacionalistas enfocassem com freqüência esse ambiente malvisto. Publicavam matérias sobre pontos de encontro como cafés e hotéis e informavam seus leitores

Caricatura com conotação anti-semita publicada pela revista cultural Jugend, *de Munique, sobre os esforços do sexólogo Magnus Hirschfeld para combater o tabu da homossexualidade.*
"Wolfgang, largue a minha mão! Dr. Magnus Hirschfeld está vindo aí!"

curiosos sobre os hábitos próprios dos homossexuais. Com indignação, falava-se de "disparates de pederastas",[81] bem como das "terríveis circunstâncias" que haviam transformado a bela cidade imperial em "uma pocilga, um eldorado para libertinos e chantagistas indesculpáveis".[82] Algumas cartas de leitores condenavam esta campanha de difamação e pediam justiça para os estigmatizados. Da mesma forma, o movimento pela emancipação dos homossexuais se esforçava por esclarecer a opinião pública.[83] O debate público começou a afrouxar o isolamento hermético do ambiente homossexual – o que era percebido pelos atingidos como extremamente constrangedor e ameaçador.

Ávido leitor de jornais, Adolf Hitler também se deixou contagiar pela excitação generalizada provocada pelo escândalo Eulenburg. Mais tarde, em *Minha Luta*,[84] ele explicaria que, durante o tempo em que vivia em Viena, acompanhava "todos os acontecimentos na Alemanha com ardoroso interesse". "Eu não aprovava a luta conduzida contra o rei Guilherme II naquela época." Ele ficou mesmo indignado com a forma pela qual a imprensa vienense "sublinhava suas dúvidas contra o imperador alemão com aparente preocupação, mas, a meu ver, com indisfarçável malícia. [...] O sangue me subia à cabeça."[85] Em outro trecho, ele se revolta contra o fato de que "antigas e ilustres personalidades da vida pública [...] eram de tal forma difamadas, que seus nomes ameaçavam transformar-se em emblema de vileza ou sordidez. É preciso analisar este jeito infame dos judeus de entornar de uma só vez [...] os baldes de lixo repletos de difamações e ameaças à honra sobre as vestes limpas para poder entender o perigo que representam estes bandidos da imprensa."[86] Hitler se refere de forma elogiosa ao jornal "anti-semita *Deutsches Volksblatt*", que se portava "bem mais corretamente [...] diante dessas questões"[87] do que a maior parte da imprensa vienense. De fato, esta publicação tomou abertamente o partido do imperador alemão, defendendo-o contra os ataques de Harden. "Maximilian Harden, aliás Isidor Witowski" – assim provocava o *Volksblatt* – seria o "porqueiro" da imprensa judaica vienense, que estava promovendo uma bagunça semelhante à dos porcos no chiqueiro quando lhes vertem a ração na manjedoura.[88]

Tais expressões fortes certamente encontraram solo fértil em Hitler que deve ter feito alguma associação entre sua própria orientação sexual e as acusações públicas contra o conselheiro homossexual do imperador alemão. Ele deve ter-se sentido pessoalmente atacado pelas revelações de Harden. Hitler não odiava apenas Harden, mas também sua principal testemunha, o sexólogo Magnus Hirschfeld: "O que este velho porco judeu oferece", praguejou ele mais tarde, "é um escárnio da mais baixa espécie contra o povo."[89] Até a década de 1920, Hitler atacou aqueles setores da opinião pública que condenaram Eulenburg moralmente e passaram para o lado de Hirschfeld: "Os mesmo mentirosos que antes não se cansavam de se indignar moralmente com Eulenburg nomeiam hoje Magnus Hirschfeld como defensor dos bons costumes."[90]

Sob a pressão do barulhento "caso" Eulenburg, Hitler se deixou levar por um sentimento que acabou desembocando em irados acessos anti-semitas. O profundo ódio a Harden e Hirschfeld pode ter sido a semente envenenada por ressentimentos pessoais para sua futura teoria conspiratória sobre o "judaísmo internacional". Esta é, entretanto, apenas uma especulação quando se busca algum elo entre a imagem do inimigo de seus anos vienenses e o anti-semitismo destruidor. Não há dúvida de que Hitler interiorizou um preconceito que foi ainda mais fortalecido pela leitura de textos racistas de terceira categoria.[91] "Eu próprio vislumbrei o perigo do judaísmo quando tinha 18 anos", disse ele mais tarde em um artigo de revista – em 1907, ano em que o escândalo Eulenburg estava mais visível.[92] Ele passou a usar o ódio contra o judaísmo para lutar contra seu medo de ser desmascarado. A delicada questão do homossexualismo foi ponto de partida e de referência para que se formassem suas opiniões sobre este assunto. Somente a partir do elo que ele mesmo construiu entre suas próprias dificuldades na sociedade e a atuação pública dos judeus é que Hitler acabou se deparando com escritos difamatórios anti-semitas, que se tornaram, para ele, um manancial de expressões. Sua obsessão cresceu ainda mais quando verificou o modo como o escândalo Eulenburg passou a ser utilizado contra os alemães: pelos estudantes italianos em Viena que, em sua luta pela igualdade de direitos, escarneciam dos colegas alemães com alusões à perversão sexual e ao comportamento efeminado;[93] ou pelos cabarés parisienses, que faziam troça sobre "a vice alemã". "Aqueles que se irritam com isso", escreveu a revista de arte vienense *Der Sturm*, "devem agradecer a Maximilian Harden. Não porque ele lançou uma fama injusta sobre os alemães, mas porque denunciou um abuso real que existe entre nós."[94]

Esta animosidade por questões sexuais crescia na mesma proporção que o nacionalismo exacerbado defendido por obscuros cientistas políticos, teóricos de raça e conspiradores na Viena da passagem do século. Assim, formou-se uma atmosfera repleta de preconceitos o que marcou o jovem Hitler.[95] Ele deve ter tido consciência do quanto era ameaçador o interesse pelo tema da homossexualidade. É bom que tenhamos em mente este pano de fundo, ao nos voltarmos agora àquele mundo no qual Hitler passou a se mover em fins de 1909, quando percebeu que fracassaria como artista.

Albergues masculinos: a família eletiva

No início do século XX, todos sabiam que os albergues municipais para os sem-teto não serviam apenas de refúgio para existências fracassadas, mas eram também freqüentados por homossexuais. Segundo Hirschfeld, nestes albergues os "episódios homossexuais eram tema constante das conversas, e não só na teoria".[96] Para alguns dos ocupantes do abrigo, o relacionamento homossexual compensava a falta de contato com mulheres. Outros ganhavam a vida prostituindo-se. Hitler passou mais de três anos em um ambiente assim. O albergue da Meldemannstrasse, relativamente moderno e confortável para os padrões da época, era um universo essencialmente masculino.[97] Cerca de 70% dos moradores tinham menos de 35 anos. Reinhold Hanisch, que conheceu Hitler neste abrigo, conta que ele não era um solitário: ao contrário, revelava uma habilidade notável para se relacionar com os outros moradores, construindo até um círculo de amizades.

Com quem Hitler se relacionou especialmente? Primeiro, com o próprio Reinhold Hanisch. Ele é a testemunha mais importante desse período da vida de Hitler. Quem era ele? Os poucos dados biográficos existentes revelam que Hanisch chegou a Viena com 25 anos, no outono de 1909. Antes, trabalhara como garçom em Berlim onde fora preso duas vezes por roubo. Em dezembro de 1909, voltou a servir como criado em Viena. Não há como saber se ele viveu no albergue masculino da Meldemannstrasse na primeira metade de 1910, como afirmou, ou se morou em outro lugar, como consta dos registros oficiais.[98] Seja qual for a verdade, não há dúvida de que ele freqüentava os albergues masculinos e conheceu Hitler no inverno de 1909/10. Os dois se tornaram amigos, mas logo houve uma briga, dando fim a essa amizade. É provável que Hanisch tenha retornado algumas vezes ao albergue masculino, com nomes falsos até 1913,[99] mas há também vários registros oficiais de mudanças de endereço em que ele aparece usando o nome verdadeiro.[100] Sua vida errática exigia que ele, volta e meia, se escondesse. Em agosto de 1913, Hanisch voltou para Gablonz, sua cidade de origem na Boêmia,[101] e serviu ao Exército austríaco de 1914 a 1917. Ficou noivo e retornou a Viena em julho de 1918, onde se casou ainda neste mês (dez anos depois, ele se divorciaria e, aparentemente, não teve filhos). Em 1923, Hanisch voltou para a prisão acusado de roubo.

No início da década de 1930, com a espetacular ascensão do partido nazista e de seu *Führer*, Hanisch tentou aproveitar-se de sua antiga amizade com Hitler. Não teve sucesso, ao contrário, colocou em risco a própria vida. Hanisch falsificou vários quadros e tentou vendê-los como sendo obras do jovem Hitler. Por isso, acabou sendo preso em 1932 e outra vez em 1933. Feiler, um nazista austríaco, foi encarregado pelo partido de obter quadros originais e falsificados do *Führer*, por intermédio de Hanisch. Feiler, que mantinha contato com Hitler, acabou denunciando Hanisch por traição, e ele voltou a ser preso. Não foram apenas as falsificações que atraíram a ira do poderoso ditador para Hanisch, mas também o fato de ele ter colaborado com biógrafos críticos de Hitler como Konrad Heiden e Rudolf Olden. Eles tiveram a atenção voltada para Hanisch em 1933, quando os jornais noticiavam o processo movido contra ele. Em novembro de 1936, Hanisch voltou a ser preso, supostamente por tentar negociar outras falsificações de obras de Hitler. Mais grave foi terem encontrado, em seu apartamento, dois manuscritos em que narrava o período em que conviveu com Hitler. Infelizmente, o conteúdo destes textos é desconhecido. Algum tempo depois de sua prisão, no dia 4 de fevereiro de 1937, Hanisch morreu aos 53 anos de idade. O médico legista diagnosticou parada cardíaca.[102]

Dois anos após a morte de Hanisch, foi publicada, nos Estados Unidos, uma série de três artigos assinados por ele, intitulada *I Was Hitler's Buddy (Fui amigo de Hitler)*. Não se sabe como o manuscrito chegou àquele país, nem em que originais se baseiam os textos publicados. Hanisch conta como conheceu Hitler – segundo ele, então totalmente abandonado – no albergue dos sem-teto, como o ajudou a conseguir dinheiro, como criaram seu próprio "negócio", depois de vários biscates infrutíferos. Fala das opiniões de Hitler sobre o mundo e sobre seus ideais políticos, bem como de sua relação com as mulheres. Neles Hanisch retrata um jovem que, embora lhe parecesse excêntrico e pouco confiável, chegou a ser, por uns tempos, um bom amigo.

Como avaliar essas informações? Hanisch afirma que ele e Hitler foram "amigos íntimos": "sabíamos tudo um do outro".[103] A informação é confirmada por Karl Leidenroth, ex-companheiro do albergue masculino, que nos anos 30 chegou a trabalhar com Hanisch. Leidenroth conta que Hanisch e Hitler mantinham "relações muito próximas", que seu relacionamento "pode ser descrito como amigável".[104] Por esta razão, Hanisch deve ter sentido bastante quando, no verão de 1910, surgiu Josef Neumann. Mais competente na venda de quadros, Neumann logo se tornou um concorrente também no plano pessoal.

Neumann, pequeno negociante, 31 anos, judeu e solteiro, morou no albergue da Meldemannstrasse do final de janeiro até meados de julho de 1910.[105] Segundo Hanisch, ele era um "comerciante" que "não temia nenhum trabalho".[106] Neumann era um homem bom que gostava muito de Hitler e era por ele estimado. Hitler o considerava um "verdadeiro amigo".[107] Em junho de 1910, Hitler avisou a Hanisch que ficaria uma semana fora do albergue,[108] para viajar com Neumann. Levava um total de 20 coroas no bolso. Para desgosto do traído Hanisch, que "não conseguiu encontrá-lo durante uma semana, Hitler visitou com Neumann as atrações turísticas de Viena e passou muito tempo nos museus".[109] Há poucos registros sobre o período em que Hitler ficou fora do albergue. Entretanto, não é nada verossímil que ele e seu companheiro tenham passado uma semana apenas em atividades de interesse cultural. O mais provável é que Neumann fosse para Hitler muito mais do que "apenas um bom amigo".[110]

É bem possível que a briga entre Hitler e Hanisch registrada na polícia não tenha sido motivada por dinheiro e sim por ciúme. Por muitos anos, Hitler sentiria as conseqüências deste desafeto. Até sua morte, Hanisch representou um perigo para Hitler. Graças aos contatos que mantinha com a imprensa estrangeira, Hanisch poderia, a qualquer momento, revelar segredos do *Führer* e ninguém tinha certeza do que ele seria capaz. É óbvio que a morte de Hanisch convinha ao *Führer*.[111]

Por que Hanisch não foi mais explícito em suas declarações? Por que evitou tocar no tema da homossexualidade? Hanisch, que já fora longe demais em seus relatos, não podia falar mais abertamente, sob pena de atingir a si próprio – sua biografia mostra o quanto ele era vulnerável. A qualquer momento, ele poderia ser destruído – Hanisch deve ter compreendido o recado de seus adversários. Foi, provavelmente, para se defender que Hanisch resistiu à tentação de uma denúncia homossexual, abordando, em vez disto, o tema "Hitler e as mulheres".[112] Terá sido um gesto de obediência ou uma ironia? Talvez as duas coisas – não há como saber.

Prostituição

Segundo Magnus Hirschfeld, albergues noturnos eram "ninhos da prostituição masculina".[113] Os que lá chegavam ambicionavam conseguir dinheiro fácil. No albergue da Meldemannstrasse, havia muitos que dependiam de biscates[114] para sobreviver – Hitler era um deles.

Desde a primavera de 1911, Hitler precisaria sobreviver da venda de seus cartões-postais, desenhos e aquarelas, mas parece que não foi este o caso. Existem duas informações contraditórias acerca de sua situação financeira naquela época. Um relato anônimo feito por um morador da cidade de Brünn – publicado em 1935 em tcheco[115] – revela que em 1912 Hitler ganhava mensalmente entre 20 e 40 coroas o que corresponderia a uma renda anual entre 240 e 480 coroas. Era impossível sobreviver na época com essa quantia.[116] Já Karl Honisch, companheiro do albergue masculino, relata que Hitler não enfrentou dificuldades financeiras. As declarações de Honisch, no entanto, foram feitas por encomenda do partido nazista, em 1939, e não é de admirar que ele tenha atestado a "estabilidade financeira" do ex-colega de albergue.[117] Honisch frisa que Hitler trabalhava bastante, produzindo um quadro por dia. Com isto, não apenas custeava sua vida, como ainda podia economizar para "a viagem para Munique".[118] O curioso é que, segundo os relatos de Kubizek e Hanisch, Hitler não tinha força de vontade e muito menos condições para trabalhar tão concentradamente. Logo, deve-se olhar com certo ceticismo as informações de Honisch. Se Hitler efetivamente era um homem sem problemas financeiros, deveria ter outras fontes de renda. Quais?

Uma possibilidade é que Hitler tenha tentado aproximar-se de homens de posse. Ambições artísticas não eram o fator mais importante em sua parceria com Hanisch para a produção e venda de quadros. Na verdade, o negócio abria novos caminhos. De acordo com Kubizek, em 1908, Hitler deixou de ter prazer com a pintura. Naquele ano, não pintou nem vendeu quadros.[119] Por que teria redescoberto este prazer ao conhecer Hanisch? Será que Hitler não queria deixar morrer seu talento? O mais provável é que a produção de cartões-postais e aquarelas preenchesse duas outras funções. Por um lado, representava uma fonte de renda, ainda que modesta; por outro, um modo discreto de manter contatos com potenciais pretendentes endinheirados. Desta maneira, Hitler e Hanisch podem ter encontrado um promissor caminho para a prostituição sem ter que se expor na zona do meretrício.

Não é apenas o contexto em que Hitler vivia que torna plausível essa ousada interpretação: há também os rumores que sempre correram sobre seu passado. Ernst Hanfstaengl, de quem voltaremos a falar mais detalhadamente, relatou, em 1942, ao Serviço Secreto Americano, que o albergue onde Hitler morou em Viena tinha "a fama de lugar procurado por homens mais velhos que buscavam jovens para divertimento sexual". É provável que, naquela época, Hitler tenha se aproximado desses "velhos faunos e jovens gigolôs".[120] Alguns anos antes, o chanceler austríaco Engelbert Dollfuss mandara reunir material contra Hitler que se referia, sobretudo, a esses tempos de Viena. Há informações de que, em 1934, Dollfuss passou o dossiê para seu amigo e aliado italiano Mussolini.[121] Terá sido coincidência que, poucos dias depois do assassinato de Dollfuss, o *Duce* tenha mandado sua imprensa acusar os líderes nazistas de "assassinos" e "homossexuais"?[122] Não foi. Poucas semanas antes, Mussolini qualificara Hitler como um "obsessivo sexual"[123] diante de um grupo de amigos, depois de seu primeiro encontro com o ditador.

Rudolf Häusler

"Desta forma, fui cada vez mais levando uma vida dupla. A razão e a realidade me mandavam cursar uma escola tão amarga quanto bendita na Áustria, mas o coração estava em outra parte."[124] De 1911 e 1912, nada se sabe sobre a vida de Hitler, além do que nos falam estas frases enigmáticas de *Minha Luta*. Só voltamos a ter informações com Rudolf Häusler, que chegou ao albergue em fevereiro de 1913, aos 19 anos, e logo se tornou amigo íntimo de Hitler.

Häusler tinha uma vida irregular, enigmática. Depois de uma temporada mais longa com Hitler em Munique, regressou a Viena quando eclodiu a guerra, em 1914. Até 1918, serviu como soldado na Itália e na Romênia. Casou-se em 1917 e, um ano mais tarde, nasceu sua filha. Depois da guerra, Häusler viveu com a família em Viena, onde trabalhou durante os anos 20 como comerciante e bancário. Em 1929, sua esposa morreu e Häusler não voltou a se casar. De 1933 a 1938, viveu na Tchecoslováquia, onde trabalhou como gerente de um hotel e numa fábrica de açúcar. Na primavera de 1938, voltou a Viena, onde ganhou um cargo importante na Frente Alemã Operária *(Deutsche Arbeitsfront)*. Há controvérsias sobre a data de seu ingresso no partido nazista. É provável que já fizesse parte dele des-

Rudolf Häusler, de quem Hitler se tornou amigo em Viena, em 1912. Em 1913, foram morar juntos em Munique.

de 1929. É praticamente certo, no entanto, que ele foi expulso em 1944. Aparentemente, algum acontecimento ocorrido durante sua permanência na Tchecoslováquia motivou esta expulsão. No entanto, as verdadeiras causas permanecem desconhecidas.[125]

Durante muito tempo, pouco se sabia sobre Häusler, falecido em 1973 em Viena. Seu nome foi citado em 1952 na *Neue Revue*, mas demoraria ainda 40 anos até que a historiadora Brigitte Hamann obtivesse novas informações com Marianne Koppler, filha de Häusler. Ela contou, por exemplo, que em 1933 seu pai esteve em Berlim durante seis semanas e tentou insistentemente falar com Hitler. Ao contrário do que aconteceria com Kubizek anos mais tarde, não lhe permitiram falar com seu antigo companheiro.[126] Häusler tornara-se *persona non grata*, sem que saibamos por quê. Seja como for, não foi apenas o casal Popp, senhorios de Hitler na época de Munique, que recebeu ordem estrita de calar sobre os antigos companheiros do *Führer*. O próprio Häusler permaneceu estranhamente silencioso sobre esta questão. Em um questionário da Frente Alemã Operária, ele informou em 1939: "Em 1911, conheci Adolf Hitler que me orientou em questões políticas, formando a base de minha cultura política e geral. Em 1912, ele me levou para Munique, onde moramos juntos e fazíamos alguns trabalhos eventuais."[127]

Segundo a narrativa de Marianne Koppler, Häusler nasceu em uma família de funcionários públicos vienenses de classe média. O pai era rígido e dominador, a mãe, amorosa e cuidadosa. Rudolf era conhecido como a "ovelha negra" da família. Por causa de uma "molecagem grosseira",[128] foi expulso do colégio, e no dia do seu 18º aniversário o pai o pôs para fora de casa. Häusler, que começara um estágio no comércio, estava na rua.

Provavelmente, Häusler e Hitler se conheceram nessa época. Não sabemos como evoluiu seu relacionamento nos meses seguintes. Em fevereiro de 1913, Häusler, então com 20 anos, mudou-se para o albergue masculino na Meldemannstrasse onde Hitler morava. Os dois se tratavam por "Adi" e "Rudi", freqüentavam juntos a ópera e, em pouco tempo, Häusler também se tornou fã ardoroso de Wagner. Ele nunca rompeu totalmente sua ligação com a mãe. Às escondidas, ela zelava pelo filho expulso de casa – cuidava da sua roupa, dava-lhe comida. Certa ocasião, Häusler apresentou-lhe o novo amigo. Como no caso de Kubizek, Hitler conseguiu convencer *Frau* Häusler da importância de uma mudança de ambos para Munique. Ela confiou-lhe o filho. O momento era propício para mudanças. Na primavera de 1913, Häusler terminara seu estágio e Hitler, graças à liberação da herança paterna, voltou a dispor de uma soma maior de dinheiro. Dessa forma, os dois amigos puderam recomeçar a vida em Munique. Viveram num quarto por quase nove meses. Ao fim deste período, Häusler estava farto da verborragia de Hitler, do seu temperamento colérico, da sua mania de ter sempre razão e procurou uma moradia própria.[129]

Na conversa com Marianne Koppler, Brigitte Hamann lhe perguntou sobre uma possível relação homossexual entre os dois amigos. Em seu livro, Hamann escreve que Häusler nunca mencionara para sua filha mais do que o "relacionamento amigável" que mantivera com Hitler. "A filha de Häusler 'não era capaz de imaginar' isto do seu pai, que podia sofrer de tudo menos de aversão a mulheres. Por outro lado, Marianne sabia que ele jamais lhe confessaria algo desta natureza",[130] mesmo que fosse verdade. A pergunta, portanto, nunca foi respondida.

São evidentes as semelhanças entre a relação de Hitler e Häusler e aquela que o uniu a Kubizek: a origem burguesa de Häusler, a mãe compreensiva, o entusiasmo por Wagner, os planos para um futuro em comum, o recomeço em uma nova cidade e, por fim, a incapacidade de conviver durante um período mais longo. Häusler, que ainda estava por ser moldado, oferecia a Hitler a oportunidade de voltar a tentar aquilo que fracassara de forma tão lastimável com Kubizek cinco anos antes. Isto explicaria também a fuga para Munique, metrópole artística que naquela época não tinha a mesma fama retrógrada da beata Viena.

Pseudoboemia em Schwabing

"Cheguei definitivamente a Munique na primavera de 1912. Senti-me tão bem na cidade que parecia que eu tinha passado anos ali."[131] Assim Hitler descreveu, em 1924, em *Minha luta* , sua chegada à Alemanha. Em um currículo, ele já apontara 1912 como o ano de sua mudança para Munique.[132] Por que apagar este último ano em Viena? Com certeza, convinha mais a uma biografia do *Führer* encurtar sua permanência na odiada "Babel de raças" que era Viena, estendendo a temporada numa cidade "genuinamente" alemã. Mas é bem possível que Hitler já estivesse em Munique em 1912, pelo menos temporariamente. Sua intimidade com a metrópole bávara deve ter nascido menos nos livros e mais no estudo dos ambientes homossexuais. Provavelmente, Hitler já examinara a cidade antes mesmo de deixar a Áustria, à semelhança do que fez em Viena, em 1906. Pelo menos é o que sugere a expressão escolhida por ele: ir para Munique "definitivamente".

Havia ainda outra razão importante para dar as costas a Viena: o risco do serviço militar. Hitler reagira com uma "ira desmedida" ao alistamento de Kubizek. Aconselhou-o a ignorar a convocação ou simular incapacidade física, na pior das hipóteses que "transpusesse as fronteiras secretamente".[133] O próprio Hitler estava firmemente decidido a não prestar o serviço militar. O motivo principal deve ter sido o pavor dos castigos draconianos com os quais o Exército imperial punia a "impudicícia com pessoas do mesmo sexo".[134] Este temor só pode ter-se fortalecido logo

Hitler ovaciona a mobilização do Exército alemão no dia 2 de agosto de 1914, na Odeonsplatz, em Munique.

depois que deixou Viena, quando o caso sensacionalista em torno do Coronel Redl, chefe do serviço secreto, ganhou as manchetes dos jornais no verão de 1913. É difícil imaginar que este escândalo não tenha motivado uma repressão maior contra aqueles soldados que se sentiam atraídos pelo mesmo sexo.[135] Hitler tinha todos os motivos para evitar o serviço militar na Áustria.

Naquele tempo, como bem expressou um observador da época, Munique era um "Eldorado para homossexuais".[136] Significativamente, Hitler e Häusler foram morar no bairro de Schwabing, mais do que qualquer outro identificado com a boemia. Inúmeros forasteiros esperavam encontrar lá sua sorte. Naquela colorida mistura populacional que "fez do bairro de Schwabing o movimento cultural de Schwabing", habitavam, como descreve Erich Mühsam, os tipos mais diversos: "Pintores, escultores, poetas, modelos, vagabundos, filósofos, líderes religiosos, subversivos, reformadores, sexólogos, psicanalistas, músicos, arquitetos, artesãs, filhas de boas famílias fugidas de casa, estudantes eternos, trabalhadores e preguiçosos, ávidos por vida e cansados da vida, cabeludos e bem-penteados".[137] Naquele "conjunto populacional de Sonderlingen",[138] criou-se uma espécie de contraponto ao rígido mundo *wilhelminiano* (do Imperador Guilherme II) – um submundo com autodenominados vanguardistas, que cultivavam, antes de mais nada, seus sentimentos antiburgueses e a vida de artista. Ali, a homossexualidade não era tão malvista quanto em outros lugares, principalmente quando aparecia nos trajes de um Oscar Wilde ou agindo como um discípulo de Stefan-George.[139] Havia numerosos e bem-conceituados círculos de intelectuais e de artistas que se reuniam nos cafés e bares de Schwabing.[140] É fácil imaginar o fascínio que esta "Munique reluzente" exerceu sobre Adolf Hitler de 1912 a 1913.

Assim como acontecera em Viena, Hitler não conseguiu estabelecer-se como artista. Só que agora, cinco anos depois de sua ligação com Kubizek, ele voltava a conviver com um amigo. São inverossímeis as declarações da proprietária Anna Popp que afirmou – provavelmente seguindo ordens – que seu inquilino seguia uma vida totalmente equilibrada. Segundo ela, Hitler era um estudante solitário e trabalhador, que lia e estudava de manhã à noite. Declarou ainda que Hitler se sustentava com a venda dos quadros que pintava[141] o que é mais do que inverossímil. Se artistas muito mais brilhantes não conseguiam sobreviver de sua arte na Munique daquela época,[142] como Hitler o conseguiria com seu modesto talento? Se Hitler não mentiu ao magistrado de Linz, ele não dedicava mais do que uma "fração" do seu tempo "para ganhar o pão" como "pintor autônomo". Como conseguiu chegar a uma renda anual de 1.200 *Reichsmark* com uma concorrência de mais de três mil artistas em Munique, permanece um mistério.[143]

Os relatos de contemporâneos que compraram quadros de Hitler em Munique entre 1913 e 1914 podem iluminar esta questão.[144] Por intermédio deles, tomamos conhecimento de que o jovem artista gostava de procurar lojas e bares para vender suas obras. Um certo Dr. Hans Schirmer, por exemplo, então com quarenta e poucos anos, conta que tomava um chope nos jardins da cervejaria Hofbräuhaus, quando notou um jovem "bastante maltrapilho", que perambulava por entre as mesas oferecendo um quadro. "Devia ser por volta das dez da noite quando percebi que ele ainda não havia conseguido desfazer-se do quadro. Pouco depois, ele se aproximou de mim e perguntei-lhe se queria vender-me o quadro. Estava profundamente sensibilizado com seu destino." Chegaram a um acordo quanto ao preço e como Schirmer estivesse sem dinheiro suficiente, combinaram para o dia seguinte uma visita de Hitler à casa do médico. Ali, voltaram a conversar, e Hitler propôs fazer outros quadros. Schirmer concordou, "embora minha situação financeira não fosse das melhores naquela época". Na mesma semana, Hitler entregou as obras prometidas, mais uma vez em sua casa. Conta Schirmer: "Novamente, percebi que ele lutava com dificuldade, mas era orgulhoso demais para aceitar presentes. Acho que ele acabou concluindo que eu não era rico e, por isto, não voltou mais."[145]

Esta narrativa revela um sentido mais amplo do comércio de quadros de Hitler. Em outras palavras, poderíamos dizer: estudante de arte pobre procura mecenas e oferece outros serviços. Para os homossexuais, a procura de um parceiro adequado não era fácil. Só existiam poucos lugares e possibilidades insuspeitas de conhecer alguém. Oferecer quadros representava um caminho que não trazia constrangimentos para senhores da sociedade. Permitia conhecer alguém mais de perto, numa conversa sem compromissos. Se a primeira impressão fosse positiva, marcava-se um encontro, de preferência, num ambiente com mais privacidade.[146] Quando os pretendentes eram mais bem aquinhoados do que o médico de Munique, este tipo de abordagem trazia vantagens para ambos os lados. Tudo indica que houve ligações deste tipo na vida de Hitler.

Um exemplo é o Dr. Schnell, fabricante de sabonetes e proprietário de uma perfumaria em Munique. Certo dia, lembra-se Schnell, um jovem pintor entrou na sua loja. "Provavelmente, escutou falar que eu patrocinara artistas pobres antes." Hitler vendeu-lhe um quadro e recebeu outras encomendas. Chama a atenção que, "muito tempo depois da tomada de poder", Schnell foi convidado por Hitler, já ditador, a encontrá-lo no hotel Vier Jahreszeiten – sem um motivo específico. "Hitler perguntou como eu estava, como estavam os quadros e ofereceu-se a me ajudar, caso eu precisasse de alguma coisa."[147] Por que o chanceler do Reich alemão demonstrou um interesse tão grande por um fabricante de sabonetes de Munique que, vinte anos antes, havia adquirido alguns quadros? Uma explicação possível é que, naquela época, Schnell lhe apresentou Ernst Hepp, então assessor de Justiça e futuro juiz no Tribunal de Contas do Reich. Hitler deve ter acreditado que Hepp, então com 36 anos, era seu tão ansiado parceiro e protetor.

Um funcionário do arquivo central do partido nazista, que em 1939 perguntou a Hepp e sua irmã Martha pelas aquarelas do *Führer*, soube que o "jovem artista" era freqüentemente convidado para jantar na casa da família. O assessor Hepp gostara de Hitler e estava "surpreso com o saber do jovem. Tinha prazer em conversar com ele e freqüentemente dava-lhe conselhos sobre seus problemas".[148] Hitler tinha o privilégio de acompanhar a família Hepp à sua casa de campo em Wolfratshausen. Hepp encomendou outros quadros de Hitler e recomendou as obras de seu protegido a conhecidos.[149] Diversas vezes, presenteou-o com entradas para óperas e concertos.[150] Especialmente importante é o fato de Hepp ter ajudado Hitler em seus esforços quase desesperados de conseguir servir ao Exército na Baviera.[151] Com sucesso. Quando Hitler foi mandado para a frente de combate, Martha abasteceu o protegido do irmão com "meias, roupas de baixo e todo o necessário".[152] Hitler agradeceu através de cartões-postais e de uma carta de 12 páginas para Hepp.[153] Ambos devem ter tido uma ligação estreita – só se pode especular qual era o grau da intimidade.

Também em Munique, Hitler sabia muito bem abordar homens e manter as ligações que iniciava daquela maneira. Aparentemente, estes homens gostavam dele, e não sentiam apenas piedade. Ele sabia cativar, era submisso, obsequioso, pertinaz. O êxito que obteve não deve ter sido causado apenas pela qualidade de seus quadros – como já foi mencionado, a oferta no mercado artístico de Munique era grande demais. Tudo indica que Hitler não apenas oferecia sua obra, mas também a si próprio. Os exemplos de Schirmer, Schnell e Hepp evidenciam que ele procurava preferencialmente homens de bem, cultos, bem aquinhoados financeiramente e com boa situação social. Não existe qualquer informação sobre relações com mulheres.

Como em Viena, Hitler não tinha nenhum objetivo existencial maior em Munique. Ia com freqüência ao café Grössenwahn (Megalomania) em Schwabing, onde talvez quisesse observar a cultura boêmia mais sofisticada, cujos representantes, no entanto, permaneciam inalcançáveis para ele[154] – com exceção do mitólogo Alfred Schuler, que naquela época já não era tão respeitado.[155] Ele se autodefinia como "propagandista erótico" do culto à suástica e à mãe[156] e também teria topado com um "jovem [...] chamado Adolf" em suas buscas de contatos homossexuais. É o que relata a figura-chave da boemia do pré-guerra, o professor de literatura Karl Wolfskehl,[157] e não há provas contra essa indicação. Ao contrário: é possível que por intermédio de Schuler – um anti-semita esotérico, arauto verborrágico do advento de uma nova era – Hitler tenha voltado a se aproximar dos ensinamentos daqueles sabichões racistas onde ele procurara sua verdade ideológica em Viena.[158]

Como já dissemos, Hitler estava bastante impressionado com o ambiente de Schwabing, onde se convencia de que não era o único excêntrico, o único "louco" do mundo. Naquele ambiente, parecia possível levar uma espécie de existência estética, na qual a diferença sexual podia ser vivida sem desvantagens. A única pergunta era quando e com quem Hitler encontraria o caminho certo para esta existência. A eclosão da Primeira Guerra Mundial ofereceu-lhe uma nova saída e, assim, a possibilidade de manter tudo em aberto. Hitler podia agora se deixar levar pelo clima de euforia com o qual os alemães enfrentavam um "mundo de inimigos". Temporariamente, os seus problemas particulares ficariam relegados a segundo plano.

Notas

1 Sobre a juventude de Hitler, comparar: Franz Jetzinger, *Hitlers Jugend. Phantasien, Lügen – und die Wahrheit*, Viena, 1956; Bradley F. Smith, *Adolf Hitler. His Family, Childhood and Youth*, Stanford, 1967; Anton Joachimsthaler, *Hitlers Weg begann in München*, Munique, 2000; Brigitte Hamann, *Hitlers Wien. Lehrjahre eines Diktators*, Munique/Zurique, 1997.

2 Os fatos aqui narrados correspondem às informações de Hamann e Joachimsthaler, baseadas nas fontes correspondentes.

3 Na língua alemã, as terminações *-strasse*, *-gasse*, *-platze*, e *-hof* indicam, respectivamente, rua, ruela, praça, hotel. Ao longo do texto, manteve-se a nomenclatura original, para se evitar redundância (N. da T.)

4 Laudo da comissão de investigação de 5/2/1914, de acordo com Jetzinger, *Hitlers Jugend*, p. 265.

5 Sobre a tentativa de Hitler de não servir o Exército, comparar ibid. páginas 253-272.

6 Ver Joachimsthaler, *Hitlers Weg*, p. 81, bem como reprodução do formulário de alistamento, ibid, p. 20.

7 Ibid, p. 105.

8 Neste caso, os trabalhos empíricos do sexólogo Magnus Hirschfeld foram um caso de sorte. Principalmente o seu estudo sobre o homossexualismo do homem e da mulher, publicado em 1914, elucida a situação dos homossexuais no início do século XX e nos permite uma visão esclarecedora sobre o seu ambiente sociocultural. Magnus Hirschfeld, *Die Homosexualität des Mannes und des Weibes*, Berlim, 1920 (2ª edição).

9 Cartão-postal de Kubizek para Jetzinger de 11/6/1949, em: OÖLA Linz, Zl. 2489/36-1956 (Jetzinger-Materialien), N. 64.

10 Quando não há outras indicações, esta breve biografia corresponde aos dados de Kubizek no epílogo de seu livro *Adolf Hitler. Mein Jugendfreund*, Graz/Göttingen, 1953.

11 Ver currículo de Kubizek, anexo à carta para Jetzinger de 16/8/1949, em: OÖLA Linz, Zl. 2489/36-1956, N. 64. Em seu livro, Kubizek informa ter terminado seus estudos em outubro de 1912 (p. 319).

12 Informação por escrito do arquivo municipal de Eferding, de 17/7/2000. Hamann, por sua vez, cita o dia 1º de agosto como data do casamento (p. 78). Não foi possível obter outros registros sobre a mulher de Kubizek e sobre a vida do casal.

13 Currículo de Kubizek. Anexo à carta para Jetzinger de 16/8/1949, em: OÖLA Linz, Zl. 2489/36-1956, N. 64.

14 Interrogatório na justiça municipal de Eferding em 4/7/1938, ver: OÖLA Linz, Panzerschrank, Akte Hitler-Kubizek.

15 Kubizek, *Jugendfreund*, p. 322 e seg.

16 Carta de Hitler para Kubizek de 4/8/1933, reproduzido ibid. p. 16.

17 Conferir nota 41 da Introdução.

18 Ibid, p. 333.

19 Informação verbal OÖLA Linz de 28/6/2000.

20 Ver Kubizek, *Jugendfreund*, p. 335.

21 Ver carta do ajudante de Hitler, Albert Bormann, para Kubizek, em 29/ 4/1938, em: OÖLA Linz, Zl. 2489/36-1956, N. 60. Aparentemente, Kubizek felicitou Hitler pelo seu 49º aniversário.

22 Kubizek, *Jugendfreund*, p. 336.

23 Ver BAB, BDC Franz Neuburger.

24 Declaração de honra de Franz Neuburger datada de 6/10/1938, em: OÖLA Linz, Landesregierung-Film 349, trecho GR 879.

25 Idem.

26 Interrogatório de 4/7/1938, em: OÖLA Linz, Panzerschrank, Akte Hitler-Kubizek.

27 De Kubizek para Hitler em 21/7/1939, in: BAB, NS 10/453; reproduzido por Beatrice Heiber/Helmut Heiber (org.), *Die Rückseite des Hakenkreuzes. Absonderliches aus den Akten des Dritten Reiches*, Munique, 1993, p. 72.

28 Ver Kubizek, *Jugendfreund*, p. 343 e seg.

29 Comparar BAB, BDC August Kubizek. Kubizek afirma que só entrou para o partido em 1942. Ver ainda em *Jugendfreund*, p. 348.

30 Comparar Hamann, *Hitlers Wien*, p. 80.

31 Ver relatório do governador do Reich Oberdonau ao ministro do Interior de 3. 5. 1943, in: BAB, BDC Reichskulturkammer/Bildende Künste Gerhardine Troost; citando Heiber (editor), *Rückseite des Hakenkreuzes*, p. 100.

32 Comparar carta de ministro Meissner para ministro das Finanças em 5/7/1943, in: BAB, R2/17752; ver Heiber (editor), p.101.

33 Comparar Joachimsthaler, *Hitlers Weg*, p. 326.

34 Para a biografia de Franz Jetzinger, ver: Harry Slapnicka, Oberösterreich. *Die politische Führungsschicht 1918-1938*. Linz, 1976, p. 140; Mühlviertler Bote, N. 12 de 27/3/1965; bem como informações do próprio Jetzinger em seu livro.

35 Ver Kubizek para Jetzinger de 25/3/1949 e Kubizek para Jetzinger de 16/8/1949, em: OÖLA Linz, fl. 2489/36-1956, N. 64.

36 Kubizek para Jetzinger em 3/6/1949, ibid.

37 Ibid.

38 Rudolf Hans Bartsch, *Schwammerl. Ein Schubertroman*, Leipzig ,1912, p. 110.

39 Kubizek para Jetzinger em 19/6/1949, em: OÖLA Linz, fl. 2489/36-1956, N. 64.

40 Kubizek para Jetzinger em 20/12/1948, em: ibid.

41 Kubizek, *Jugendfreund*, p. 10.

42 Idem, p. 22.

43 Esta tentativa de interpretação pode ser encontrada em Paul Matussek/Peter Matussek/ Jan Marbach, *Hitler. Karriere eines Wahns*, Munique, 2000, p. 119 e seg.

44 Todas as citações em Kubizek, *Jugendfreund*, páginas 305, 26, 180, 130, 29, 285, 183, 184 e 130.

45 August Kubizek, *Erinnerungen an die mit dem Führer gemeinsam verlebten Jünglingsjahre 1904-1908*, Linz e Viena, vol. 2: Viena (originais), 1943, em: OÖLA Linz, fl. 2489/36-1956,

p. 22. Kubizek afirmou expressamente para Jetzinger: "A tragicomédia com os sobretudos de inverno é fato" Kubizek para Jetzinger em 19/6/1949, em ibid. N. 64.

46 Kubizek, *Jugendfreund*, p. 39.

47 Ibid. p. 38 e seg.

48 Ibid. p. 195.

49 Ver Hirschfeld, *Homosexualität*, p. 689.

50 Ver cartas de leitores no jornal *Wiener Kriminal- und Detektive-Zeitung*, N. 45, 1907, p. 6.

51 Ver Hirschfeld, *Homosexualität*, p. 689.

52 Cidade onde Wagner criou um teatro com acústica revolucionária, financiado pelo rei Ludwig II, da Baviera.

53 Comparar Oskar Panizza, *Bayreuth und die Homosexualität*, in: *Die Gesellschaft*, N. 11, 1895, páginas 88-92.

54 Todas as citações em Kubizek, *Jugendfreund*, páginas 229, 203, 215 e 339. Outros trechos marcantes podem ser encontrados nas páginas 139, 305, 328, 333, 341 e seg. e 344.

55 Kubizek, *Jünglingsjahre*, 1943, p. 1.

56 Kubizek, *Jugendfreund*, p. 186.

57 Ibid., p. 271.

58 Ibid, p.194 e seg..

59 Ibid, p. 273 e seg.

60 De Kubizek para Jetzinger em 6/5/1949, em: OÖLA Linz, fl. 2489/36-1956, N. 64.

61 Todas as citações em Kubizek, *Jugendfreund*, páginas 165, 167, e 169.

62 Franz Jetzinger, *Das Hitler-Buch Greiners, ein Lügengewebe zur Verunglimpfung Hitlers* (Manuskript), em: OÖLA Linz, fl. 2489/36-1956, N. 146, p. 19.

63 Kubizek, *Jugendfreund*, p. 276.

64 Comparar Jetzinger, *Hitlers Jugend*, p. 143 e seg.

65 Kubizek, *Jugendfreund*, p.198.

66 Comparar ibid. p. 273 e seg.

67 Ibid., p.189.

68 Kubizek, *Jünglingsjahre* (1943), p. 2 e seg.

69 Kubizek, *Jugendfreund*, p. 283 e seg.

70 Comparar Jetzinger, *Hitlers Jugend*, p. 209 e seg.

71 Kubizek, *Jungendfreund*, p. 199; comparar também p. 239.

72 Ibid, p. 287.

73 Ibid, p. 210 e seg.

74 Jetzinger, *Hitlers Jugend*, p. 218.

75 Comparar Reinhold Hanisch, *I was Hitler's Buddy. Partes I-III*, in: *The New Republic*, Parte I, p. 239.

76 Comparar Samuel Igra, *Germany's National Vice*, Londres, 1945, p. 57.

77 *Illustrierte Oesterreichische Kriminal-Zeitung*, N. 30 de 11/11/1907 ("Sobre o processo Moltke-Harden").

78 Sobre a situação em Viena, comparar Magnus Hirschfeld, *Die Homosexualität in Wien*, na revista *Wiener klinische Rundschau*, vol. 15 (1901), p. 788-790; bem como o relato sobre "um austríaco" na mesma publicação, *Homosexualität*, p. 543 e seg.

79 Kubizek, *Jugendfreund*, p. 275.

80 Stefan Zweig, *O mundo de ontem, memórias de um europeu*, Frankfurt, 1947, p. 91.

81 *Illustrierte Oesterreichische Kriminal-Zeitung*, nº 17 de 12/8/1907.

82 *Illustrierte Oesterreichische Kriminal-Zeitung*, nº 23 de 23/9/1907.

83 Comparar : Hirschfeld, *Homosexualität in Wien*; Manfred Herzer, *Hirschfeld in Wien*, in: Capri. *Zeitschrift für schwule Geschichte* 24, 1997, páginas 28-38.

84 Hitler, *Mein Kampf*, p. 57 e seg.

85 Ibid., p. 93 e seg.

86 Adolf Hitler, *Mein Kampf*, Munique, 1930 (3ª edição), p. 57 e seg.

87 Comparar William A. Jenks, *Vienna and the Young Hitler*, Nova York, 1960, pág. 129. Jenks se refere a um artigo publicado no *Deutsches Volksblatt* de 27/10/1907.

88 Discurso durante evento do partido nazista em Munique em 18/10/1920, in: Eberhard Jäckel/Axel Kuhn (org.), *Hitler. Sämtliche Aufzeichnungen*, Stutgart 1980, p. 248.

89 Discurso durante evento do partido nazista em Munique em 17/2/1922, in: ibid., p. 577.

90 Ver também John Weiss, *Der lange Weg zum Holocaust. Die Geschichte der Judenfeindschaft in Deutschland und Österreich*, Berlim, 1998, p. 271 e seg.

91 Adolf Hitler, *Zehn Jahre Kampf*, *Illustrierter Beobachter* de 3/8/1929, in: Klaus Lankheit (coord.), *Hitler. Reden, Schriften, Anordnungen*, vol. III/2, Munique, 1994, p. 337, comparar também B. Uwe Weller, Maximilian Harden e *Die Zukunft*, Bremen 1970, p. 180 e seg.

92 Comparar Jenks, *Young Hitler*, p. 144. Estas discussões na universidade ocorreram em novembro de 1907.

93 Editorial *L'Amour à l'allemande*, in: *Der Sturm*, N. 23 de 4/8/1910.

94 Comparar detalhadamente Hamann, *Hitlers Wien*, p. 285 e seg.

95 Hirschfeld, *Homosexualität*, p. 501 e seg.; sobre a situação dos albergues de desabrigados ver também p. 715.

96 Comparar a descrição plástica em Emil Kläger, *Durch die Quartiere der Not und des Verbrechens*, Viena, 1908, p. 76 e seg. bem como Hamann, *Hitlers Wien*, p. 232 e seg.

97 Comparar Joachimsthaler, *Hitlers Weg*, p. 331.

98 Comparar Hamann, *HitlersWien*, páginas 248 e 542.

99 Comparar Joachimsthaler, *Hitlers Weg*, páginas 72 e 331.

100 Joachimsthaler indica o mês de agosto de 1912 como data do regresso à pátria (pág. 331). Hanisch, *Buddy*, parte III, na p. 300, indica o ano de 1913.

101 Comparar Hamann, *Hitlers Wiens*, p. 265 e seg.

102 Hanisch, *Buddy*, parte I, p. 240.

103 Declaração de Karl Leidenroth de 27/8/1935 ao tribunal de Viena, in: BAB, NS 26/64. Sobre a relação entre Hanisch e Leidenroth *versus* Hitler compare Hamann, *Hitlers Wien*, p. 248 e seg.

104 Comparar Joachimsthaler, *Hitlers Weg*, p. 332 e seg.

105 Hanisch, *Buddy*, parte II, p. 271 e seg.

106 Ibid., p. 271.

107 Comparar Hamann, *Hitlers Wien*, p. 245.

108 Hanisch, *Buddy*, parte I, p. 241. Joachimsthaler, *Hitlers Weg*, pág. 69, e Smith, *Adolf Hitler*,

pág. 138, afirmam que Hitler e Hanisch ficaram em um hotel, enquanto Hamann suspeita que Hitler foi com Neumann ao Waldviertel para visitar a tia Hani (p. 245).

109 A relação entre Hitler e Neumann não durou muito, porque já em julho de 1910 Neumann saiu de Viena rumo à Alemanha e aparentemente tentou convencer o amigo a acompanhá-lo. Compare Hanisch, *Buddy*, parte II, p. 272.

110 O editorial que abre a série de artigos de Hanisch na *New Republic* sugere que esta morte se deu em circunstâncias estranhas: "Algum tempo depois, a opinião pública foi informada – como era de se esperar – de que Hanisch morrera na prisão depois de uma súbita doença. Segundo a versão oficial, ele morreu em três dias de uma infecção da pleura", p. 239.

111 Comparar Hanisch, *Buddy*, parte III, p. 297.

112 Hirschfeld, *Homosexualität*, p. 502.

113 Comparar Hamann, *Hitlers Wien*, p. 232.

114 Comparar Brünner Anonymus, *Muj Prítel Hitler*, in: *Moravsky Ilustrovany Zpravodaj* (*Mährischer Illustrierter Beobachter*), N. 40, 1935, p. 10 e seg. Para crítica de fonte, compare Hamann, *Hitlers Wien*, p. 271 e seg.

115 Comparar Hamann, *Hitlers Wien*, p. 542.

116 Karl Honisch, *Wie ich im Jahre 1913 Adolf Hitler kennenlernte, Niederschrift vom 31. 5. 1939*, in: BAB, NS 26/27a; texto reproduzido também em Joachimsthaler, *Hitlers Weg*, p. 52 e seg.

117 Ibid.

118 Comparar carta de Kubizek para Jetzinger de 25. 4. 1949, in: OÖLA Linz, fl. 2489/36-1956, N. 64.

119 Ernst Hanfstaengl, *Adolf Hitler*, in: Franklin D. Roosevelt Library (Nova York), *Henry Field's Papers*, Box 44, p. 30.

120 Comparar *Die Erhebung der österreichischen Nationalsozialisten im Juli 1934. Akten der Historischen Kommission des Reichsführers SS*, Viena, 1965, p. 74. Há outra indicação sobre as pesquisas de Dollfuß em Fritz Thyssen, *I paid Hitler*, Londres 1941, p. 190 e seg.; bem como em Jetzinger, *Hitlers Jugend*, p. 289.

121 *Il Popolo di Roma* de 29. 7. 1934, segundo Jens Petersen, *Hitler – Mussolini. Die Entstehung der Achse Berlin–Rom. 1933–1936* Tübingen, 1973, pág. 363. ("Che cosa sono i signori nazisti? Assassini e pederasti.") Comparar tb. François Broche, *Assassinat du Chancellier Dollfuss*, Paris, 1977, pág. 167. Outra indicação nesta direção, mas sem citar fontes, em Igra, *Germany's National Vice*, pág. 66.

122 Citado cf. Giorgio Pini/Duilio Susmel, *Mussolini l'uomo e l'opera*, vol. III, Florença, 1954, pág. 299.

123 Hitler, *Mein Kampf*, p.135.

124 Comparar BAB, BDC Rudolf Häusler; Hamann, *Hitlers Wien*, p. 273 e seg., e, para o evento na Tchecoslováquia, pág. 608; Joachimsthaler, *Hitlers Weg*, p. 322 e seg.

125 Comparar Hamann, *Hitlers Wien*, p. 274 e seg.

126 Formulário do Partido Operário Alemão de 9/10/1913, segundo Joachimsthaler, *Hitlers Weg*, p. 80.

127 Hamann, *Hitlers Wien*, p. 566.
128 Comparar ibid., páginas 566-574.
129 Hamann, *Hitlers Wien*, p. 515.
130 Hitler, *Mein Kampf*, p. 138.
131 Carta de Hitler para Dr. Emil Gansser de 29/11/1921, reproduzida em Joachimsthaler, *Hitlers Weg*, 92p.
132 Kubizek, *Jugendfreund*, pág. 262 e seg.
133 Comparar Ernst Franz Weisl, *Kommentar zu den Militär-Strafprozess-Ordnungen*, Viena.
134 Comparar Georg Markus, *Der Fall Redl*, Viena/Munique 1984.
135 W. Marchand, *Die Knabenliebe in München! Münchens Homosexuelle. Sittenbild aus der Großstadt*, Munique, 1904, pág. 7. Com este livreto, o jornalista queria provar a multiplicação quase inquietante dos homossexuais em Munique" (prefácio), além de indicar as possibilidades limitades de intervenção policial (p. 12).
136 Erich Mühsam, *Namen und Menschen. Unpolitische Erinnerungen*, Berlim, 1977, p. 110 e seg.
137 Ibid., p. 112.
138 Boa descrição no conto autobiográfico de Leonhard Frank, *Links wo das Herz ist*, Berlim, 1955, p.17 e seg.
139 Ver tb. sobre o tema da boemia de Munique antes da guerra os respectivos trechos em David Clay Large, *Hitlers München. Aufstieg und Fall der Hauptstadt der Bewegung*, Munique 1998. Descrição dos critérios para fazer parte desta boemia em Elisabeth Kleemann, *Zwischen symbolischer Rebellion und politischer Revolution. Studien zur deutschen Boheme zwischen Kaiserreich und Weimarer Republik*, Frankfurt, 1985, páginas 13-23.
140 Comparar Heinz A. Heinz, *Germany's Hitler*, Londres, 1934, p. 56 e seg.
141 Comparar Paul Kutter, *Das materielle Elend der jungen Münchener Maler*, Munique, 1911, principalmente p. 15 e seg.
142 Dados e citações segundo carta de justificação de Hitler ao magistrado de Linz, janeiro de 1914, in: Jetzinger, *Hitlers Jugend*, p. 262 e seg.
143 Nos anos 30, o Arquivo Central do NSDAP se interessou ativamente pelos quadros do *Führer*, comprando-os dos respectivos donos e colecionando os relatos em que estes narram seus encontros com o artista. Comparar a respectiva documentação in: BAB, NS 26/25.
144 Memórias de Dr. Hans Schirmer de 14/8/1935, in: BAB, NS 26/30; reproduzido tb. em Joachimsthaler, *Hitlers Weg*, p. 84.
145 Ver o elucidativo texto de Stefan Heiss, *Die Polizei und Homosexuelle in München zwischen 1900 und 1933*, in: Michael Farin (org.), Polizeireport München (Ausstellungskatalog), Munique, 1999, páginas 194-207. A praça do Odeon era um ponto de encontro favorito dos homossexuais nos finais da tarde, bem como o Café Stefanie na Amalienstrasse (p. 198).
146 BAB, BDC Dr. Josef Schnell, aqui citado segundo Joachimsthaler, *Hitlers Weg*, p. 88.
147 Relato do diretor do Arquivo Central do NSDAP, Holtz, de 3/10/1939, in: BAB, NS 26/43.
148 Em fevereiro de 2001 deveria ser leiloado um quadro de flores de Hitler, que Hitler supostamente vendeu ao colega de Hepp em Munique, Ernst Doebner, compare *Frankfurter Allgemeine Zeitung* dos dias 15 e 16/2/2001, bem como o "relato" de Doebner, que a casa de leilões Bloss simpaticamente colocou à minha disposição. Comparar ainda Doebner:

HStA München, MF 32256 (Personalakte); Stadtarchiv München, Polizeimeldebogen.

149 Comparar *Neue Revue*, N. 46, 1952, p. 39 (série de artigos *Das war Hitler*).

150 Relatório do diretor local no arquivo central do NSDAP de 3/10/1939, in: BAB, NS 26/43; carta de Uetrecht para Reichsamtsleiter Schulte-Strathaus de 19/10/1939, in: ibid.

151 Relatório do diretor local no arquivo central do NSDAP de 3/10/1939, em: ibid.

152 Comparar carta de Hitler para Hepp de 5/2/1915, in: Jäckel/Kuhn (org.), *Sämtliche Aufzeichnungen*, p.69.

153 Comparar *Neue Revue*, N. 46, 1952, pág. 39. Para entender este mundo, compare com Hermann Wilhelm, *Die Münchener Bohème. Von der Jahrhundertwende bis zum Ersten Weltkrieg*, Munique ,1993.

154 Sobre Schuler, compare com a literatura sobre o assunto: Eduard Gugenberger, *Hitlers Visionäre. Die okkulten Wegbereiter des Dritten Reiches*, Viena, 2001, pág. 19-30; bem como Bernd-Ulrich Hergemöller, *Mann für Mann. Biographisches Lexikon zur Geschichte von Freundesliebe und mannmännlicher Sexualität im deutschen Sprachraum*, Hamburgo 1998, p. 64 e seg., *Zum milieugeschichtlichen Kontext* David Large, *Hitlers München*, p. 57 e seg.

155 Alfred Schuler, *Cosmogonische Augen. Gesammelte Schriften*, edição, comentários e prefácio de Baal Müller, Paderborn, 1997, p. 219.

156 Comparar Robert Boehringer, *Mein Bild von Stefan George*. Munique/Düsseldorf, 1951, p. 109.

157 Comparar Hamann, *Hitlers Wien*, p. 333.

CAPÍTULO 2

CAMARADA HITLER

Em setembro de 1948, uma carta registrada postada em Londres chegou às mãos do diplomata alemão Werner Otto von Hentig. Ela continha um "documento sobre Hitler" que só aterrissaria no Instituto para História Contemporânea de Munique quatro décadas depois, junto com outros documentos deixados por Hentig.[1] A carta que um certo Helge Knudsen enviou a Hentig junto com o documento não existe mais, e tampouco há outros indícios sobre a fonte. Estaria esta falta de pistas relacionada com a relevância do manuscrito? É provável, pois ele é, de fato, importantíssimo: Hans Mend, ex-companheiro de guerra de Adolf Hitler, ataca o ditador alemão de tal forma que até o leitor de hoje perde o fôlego.

Provavelmente, Hentig foi um dos "diplomatas alemães" que falaram ao historiador Werner Maser do "papel essencial" que o Protocolo Mend teve na resistência alemã contra Hitler. Estes diplomatas, no entanto, "não desejavam ser citados".[2] Há outra versão sobre esse documento que não foi devidamente levada a sério pela pesquisa histórica: uma cópia que o general bávaro Karl Kriebel mandou fazer nos anos 50. Ela chegou ao Arquivo Central da Baviera em 1986, e contém a seguinte anotação: "Em 13/8/1951, o Sr. Professor Schmid Noerr/Percha emprestou-me o protocolo anexo para meu conhecimento, observando que conheceu bastante bem Hans Mend. [...] Ele próprio, Schmid Noerr, conduziu o inquérito por ordem da Abwehr [serviço secreto militar chefiado pelo almirante Canaris], tendo checado e rechecado a veracidade do conteúdo através de várias perguntas. Disse ainda que ele era o único a possuir este auto, do qual também teriam tomado conhecimento Canaris e o coronel Beck [líder da resistência alemã], bem como alguns diplomatas estrangeiros."[3]

O filósofo e escritor Friedrich Alfred Schmid Noerr de fato participou ativamente do movimento de resistência, e em 1937/38 elaborou, por ordem de Beck, o "esboço de uma constituição do Reich alemão".[4] Quando publicou este "documento da resistência", em 1961, referiu-se também às conversas que manteve com diplomatas como Hentig e outros "grupos militantes da resistência" pouco antes da guerra.[5] Fecha-se o círculo. Sabemos agora que o valor histórico do Protocolo Mend não é pequeno. Pessoas com nome e posição a zelar tinham grande interesse em ratificar a credibilidade do documento e fazê-lo circular. É provável que se tratasse de um daqueles dossiês que o grupo de oposição da Abwehr fazia chegar ao seu "depósito de documentos da conspiração"[6] para, no caso da prisão de Hitler, poder processá-lo. "É preciso capturar Hitler vivo, examinar suas faculdades mentais e divulgar o resultado que, sem dúvida, deporá contra ele",[7] disse Helmuth Groscurth, que desempenhou um papel crucial nos planos de golpe de Estado de novembro de 1939. Quando Schmid Noerr entrevistou Mend em dezembro de 1939, sua intenção deve ter sido a de colher material incriminador contra Hitler.

Enfim, chegou o momento de se conhecer os principais trechos daquilo que Schmid Noerr conseguiu passar para a posteridade em forma de dossiê, depois do detalhado interrogatório a que submeteu Mend. O texto trata basicamente da vida de Adolf Hitler nos anos de 1914 a 1919. Foi a época em que Mend, então cavaleiro no Estado-Maior do Regimento List, conheceu muito bem o camarada Hitler, que também servia lá.[8] Trata especificamente dos amigos de Hitler, de suas particularidades e de sua homossexualidade. Segue um punhado de citações, que também podem ser lidas como uma espécie de síntese do relato da testemunha:

> Quando se apresentou como voluntário ao serviço militar em agosto de 1914, Hitler foi recusado por ser austríaco e por ser fraco fisicamente.

Naquela época, ele estava desempregado em Munique e, na verdade, queria ir para o Exército para ter o que comer. [...] Depois da recusa da junta médica, ele ficava à espreita em frente ao palácio de Wittelsbach, em Munique, numa hora em que sabia que o rei Luís costumava sair. Afinal, conseguiu esbarrar com o rei quando este saía com von Leonrod, seu ajudante-mor. Hitler barrou o caminho de Leonrod e o abordou, dizendo que era austríaco, mas não queria servir na Áustria, que havia se apresentado como voluntário em Munique e tinha sido rechaçado, por isso, suplicava o apoio de Sua Majestade para seu pedido. Leonrod anotou seu nome. Foi assim que Hitler, segundo seu próprio relato, chegou ao Regimento List.

Ao chegar à guerra como ordenança do regimento, Hitler nunca teve de lidar com armas, nunca passou do cargo de estafeta. No Estado-Maior, não ficou na frente de combate. A cada dois ou três dias, cumpria uma missão, o resto do tempo ele dedicava à pintura, fazia política e barulho. Rapidamente ganhou o apelido de "*der narrische Adolf*"(Adolf maluquinho). Desde o início, causou-me a impressão de ser um psicopata. Bastava alguém contradizê-lo para ter acessos de ira e jogar-se ao chão espumando. O soldado [Ernst] Schmid[t] (hoje mestre pedreiro em Garching, próximo de Munique), que já era amigo de Hitler, pois trabalhara com ele em obras, era seu queridinho. Além dele, Hitler gostava da companhia do soldado Tiefenböck (hoje proprietário de uma firma de carvão em Munique) e Wimmer (hoje condutor de bonde em Munique). Os três eram estafetas no Estado-Maior. Dentre seus amigos, o único que foi voluntariamente para o front foi o judeu Lippert (caixeiro-viajante, mais tarde funcionário de escritório da Casa Marrom,[9] (onde começou a trabalhar em 1934 e, segundo estou informado, está até hoje. Não foi enquadrado nas leis contra judeus).

O ajudante-de-ordens do batalhão no Regimento List era o tenente-coronel Gutmann, judeu, fabricante de máquinas de escrever em Nuremberg (hoje emigrado), a quem Hitler sempre recorria quando precisava de algum favor. Foi graças a Gutmann que Hitler recebeu indicação para ser condecorado com a cruz-de-ferro de I classe, no Natal de 1914. Aconteceu em Bezaillère, perto de Ypres. O coronel Engelhardt, do Regimento List, foi ferido numa batalha. De volta ao quartel, o coronel passou a ser cuidado por Hitler e Bachmann. Como

Hitler sabia apregoar suas ações com muito estardalhaço, conseguiu ganhar a simpatia do tenente-coronel Gutmann.

Neste meio tempo, já conhecíamos Hitler mais de perto. Observamos que ele nunca olhava para mulheres. Desde o início, suspeitamos que fosse homossexual, pois era conhecido como anormal. Era extremamente excêntrico, revelando até mesmo traços efeminados. Nunca tinha um propósito claro ou convicções firmes.

Em 1915, estávamos alojados na cervejaria Le Febre, em Fournes, onde dormíamos sobre feno. Hitler costumava passar as noites com "Schmidt", sua prostituta masculina. Certa vez, ouvimos um ruído no feno. Então, um de nós acendeu a lanterna e grunhiu: "Vejam só aquelas duas bichas." Eu próprio não me interessei muito por este assunto.

Hitler não conseguia deixar de fazer discursos demagógicos junto aos camaradas. Vivia se autoproclamando um representante do "proletariado consciente". Quando se sentia seguro, falava dos superiores como sendo "aquela laia de oficiais arrogantes", chamava-os de "'salteadores", "pilhadores da nobreza" ou "clã espoliador burguês". Repetia expressões como: "Estes porcos dormem em colchões de crina, e para nós dão sopa de carne de cavalo." [...]

No final de 1918, reencontrei Adolf Hitler. Esbarrei com ele na Marienplatz, em Munique, onde ele estava com seu namorado, o 'Schmidt'. Cumprimentou-me dizendo: "Então, *Schimmelreiter* [cavaleiro do cavalo branco], de onde você está chegando? Graças a Deus, as coroas reais caíram de podres. Agora, nós, proletários, também temos poder." Naquela época, Hitler morava no albergue dos desabrigados na Lothstrasse 29 em Munique. Mais tarde, depois de ter acampado durante vários dias na minha casa, Hitler, esfomeado, refugiou-se na caserna de Traunstein. Graças à sua cruz-de-ferro de I classe e sua habitual lábia, ele conseguiu o que queria, como haveria de acontecer muitas outras vezes no futuro. Hitler não deu muita importância à sua promoção a cabo, em 1915, quando o regimento List foi terrivelmente dizimado. Todos os outros sobreviventes, sem exceção, também foram promovidos. Chamava a atenção o fato de que alguém que combateu durante toda a Primeira Guerra, de outubro de 1914 até o fim, não tivesse recebido outras promoções.

Em janeiro de 1919, voltei a encontrar Hitler perto da banca de jornais da Marienplatz. Fiquei envergonhado com o estado em que encontrei o "Hitler vermelho". [...] De outra vez, eu estava com uma garota no Café Rathaus, quando entrou o "Adi" com seu amigo Ernst Schmid[t] [...]. Hitler me abordou: "Olá, *Schimmelreiter*, você sabe onde posso encontrar um lugar para dormir?" Fiquei com pena e convidei-os a passar a noite na minha casa. Minha garota reclamou: "Se você se dá com este tipo de gente, não fico mais com você."

Mais tarde, ouvi dizer que Hitler andava fazendo discursos públicos. Da primeira vez, fui ouvi-lo em Geislgasteig, incógnito, para não me encontrar com ele. Foi no início de 1920. Depois, fui ouvi-lo no circo Krone e em várias cervejarias. Pensei comigo mesmo: "É, Hitler já está falando de outro jeito. Adi, este cara vermelho, trocou de cor!".

Em janeiro de 1920, Hitler me procurou na Schleissheimer Strasse, onde eu morava, queixando-se de que não poderia voltar para casa. Perguntei-lhe por que, mas Hitler não quis me dizer. De qualquer jeito, não me interessava.

O soldado Hitler degustando uma apresentação musical da "Banda do Barulho", formada por camaradas.

"Pode dormir aqui", falei. [...] Ele ficou alguns dias comigo. [...] Pelo jeito, Hitler não podia continuar em Munique. Viajou até a casa de Jakob Weiss em Abens, na região de *Holledau [...]. Jakob levou-o para a casa de seus pais e o alimentou. Este vagar sem eira nem beira acabou levando Adolf Hitler até o general Epp. [...]*

Minha impressão de Adolf Hitler neste primeiro período em Munique após a guerra confirmou as incontáveis experiências que eu tivera com ele. Hitler me parecia um livro de milhares de páginas. Ele sempre teve duas caras. Era a hipocrisia em pessoa. Uma cara mostrava um homem zeloso e fanfarrão diante dos respectivos superiores e, se fosse o caso, também diante dos camaradas. Às vezes, durante as batalhas, ele estava descansando na retaguarda e mal ouvia falar de alguma conquista, se lançava alvoroçado entre as pessoas, gesticulando muito e gritando: "Vencemos! Mais uma vez, mostramos aos franceses (ou aos ingleses) como somos bons!". Bastava, entretanto, a perspectiva de um benefício para que ele se tornasse o denunciante bajulador junto aos superiores. Por isto, os camaradas se precaviam em relação a ele. [...] A outra cara de Hitler era a de um criminoso terrível e dissimulado. Sua atitude era a de um homem inescrupuloso que sabe se envolver em uma auréola. Desde que o conheço, sempre foi um grande – e mau – ator. Não se podia confiar no que dizia. Ele mentia a cada palavra e agia sempre ao contrário do que falara. [...]

Quando Hitler voltou a Munique, no inverno de 1918, tentou incessantemente conseguir um cargo de liderança junto aos comunistas. Embora agisse como um ultra-radical, não tinha espaço junto à direção do Partido Comunista. Como ele logo reivindicava uma posição de chefe, para não precisar trabalhar – este sempre foi seu grande objetivo – despertou a desconfiança dos comunistas, apesar de sua hostilidade contra todos os capitalistas. A partir de um certo momento, ele deve ter começado a desconfiar que estava sendo espionado pelos comunistas. Seja como for, por vingança, ele procurou a corporação paramilitar Epp, onde conquistou a confiança do general Epp por causa de sua cruz-de-ferro de I classe. Logo de início, Epp incumbiu-o de levantar o moral dos soldados, remunerando-o por isto. Em pouco tempo, passou a ser chamado de "oficial de instrução" e visitava diversos bares à noite. Certa

> ocasião, encontrou Anton Drexler. [...] Não demorou muito para Hitler ingressar no partido de Drexler, onde recebeu o número 1.512. Mas logo Hitler se incumbiu de destruir este partido. Chamou de "totalmente incompetente" o secretário de Drexler, um tal de Harrer, e afastou-o do seu caminho. Drexler, que odiava qualquer tipo de conflito, recuou por fraqueza. Assim, Hitler usou a velha tática do ladrão da qual lançaria mão tantas outras vezes com sucesso: fincar um pé na soleira e não desistir antes de conseguir entrar por inteiro. Hitler conseguiu destruir o partido de Drexler, e com sete homens abriu então seu próprio negócio.

O retrato que Mend fez de Hitler é direto e rude. Vamos resumir com outras palavras o que há de mais importante. Entre os 25 e 30 anos de idade, Hitler foi um inescrupuloso caçador de vantagens. Conseguiu insinuar-se no Exército da Baviera e foi bem-sucedido. Cuidava de seu serviço sem qualquer tipo de ambição guerreira, matando o tempo que lhe restava. De preferência, passava seu tempo com os amigos Tiefenböck, Wimmer e Schmidt, sendo que a ligação com este último era íntima. Com o fim da guerra, Hitler e Schmidt procuraram juntos uma moradia. Hitler só entrou para a direita ultra-radical depois de ter sido rechaçado por grupos de esquerda. Com a manha e a presunção que lhe eram particulares, mas também graças à "tática do ladrão", conseguiu chegar a líder partidário.

Se quisermos avaliar a verdade histórica desta afirmação, precisamos primeiro examinar os "fatos" informados. E a primeira pergunta a ser feita é: quem foi Hans Mend? O que motivou-o a acertar as contas com Hitler?

Hans Mend

Schmid Noerr qualificou Mend como um "saudável filho de camponês", que na Primeira Guerra Mundial foi um "cavaleiro famoso pela coragem, quase ousadia" e que na tropa tinha o apelido de *Schimmelreiter*.[10] Este é apenas um recorte muito pequeno da vida de Mend, que nem sempre foi fácil.[11] Nascido no dia 16 de março de 1888, perto da cidade de Rothenburg ob der Tauber, filho de uma família numerosa de pequenos agricultores, Johannes Mend desde pequeno se habituou ao trabalho duro. Mal concluiu o 2º grau, teve de se sustentar sozinho e empregou-se como criado e moço de estrebaria em casas ricas. De 1908 e 1911, serviu ao Segundo Regimento Bávaro dos Ulanos, para depois empregar-se no haras Waldfried, perto de Frankfurt, como preparador de cavalos. Com a mobilização para a guerra, apresentou-se como reservista, e de outubro de 1914 a agosto de 1916 fez parte do Regimento List como estafeta montado. É fato comprovado que, nesta época, conheceu o estafeta Hitler e mantinha com ele contato estreito. Até deixar o Exército, em dezembro de 1918, Mend foi enviado para outras partes da tropa. De volta à vida de civil, tentou sobreviver como comerciante de cavalos, mas fracassou. Em agosto de 1919, recebeu ordem de prisão de cinco meses por roubo e traição, mas aparentemente conseguiu liberdade condicional. Neste mesmo ano, Mend, já então pai de um filho natural, foi expulso da capital bávara. Não se sabe para onde foi em

Em seu livro propagandístico Adolf Hitler na guerra, *publicado em 1932, Hans Mend retratou o Führer como exemplo de soldado do* front.

seguida, mas é fato que em 1920/21 cometeu mais um "atentado" contra a propriedade privada em Nuremberg. Em 1921, o Juizado de Ansbach condenou-o a dois anos de prisão, e Mend ficou detido na penitenciária de Liebtenau até maio de 1923.

Foi então que a ascensão espetacular de seu camarada de guerra Adolf Hitler na direita populista da Baviera lhe ofereceu uma oportunidade inesperada. Mend com certeza percebeu que aquele político carreirista deveria estar bastante preocupado com as informações que tinha sobre os anos que passaram juntos na guerra. Portanto, logo que saiu da prisão, Mend procurou acompanhar todos os passos do chefe do partido nazista. A única informação de que se tem notícia sobre a retomada de contato é uma carta – cujo original não foi preservado – que Hitler escreveu em 28 de junho de 1923 para Mend.[12] Esta carta bem como outra remessa postal para o endereço de Mend em Stutgart, do dia 5 de julho de 1923, estão registradas no livro de saídas postais do secretário de Hitler, Fritz Lauboeck. Mais um indício significativo: Mend recebia quantias de dinheiro da ordem de 100 a 300 *Reichsmark*.[13] Hitler devia imaginar que só assim impediria seu antigo camarada de guerra de lhe causar problemas.

Mais tarde, Mend passou alguns anos como jóquei no exterior – primeiro em Amsterdã, depois em Bruxelas. Não conhecemos as razões que o levaram a isso – teria Hitler influenciado essa decisão? Uma temporada de quatro meses em um hospital de Würzburg até o início de 1930 é a próxima informação que se tem dele. Em seguida, passou meio ano em Stutgart, para finalmente voltar a morar em Munique, em novembro de 1930. Neste período, recebe nova condenação, desta vez por falsificação de documentos. Mend queria conseguir uma pensão por invalidez de guerra. É provável que Mend tenha então se dado conta de que existia um campo de atividade mais fértil, já que seu antigo camarada Hitler estava prestes a conquistar o poder político no Reich alemão e se encontrava no centro do interesse público. É fácil imaginar o que deve ter passado na cabeça daquele homem simples, porém valente, ao comparar seu próprio destino com o de seu antigo companheiro. Como podia Hitler, que não tinha feito muito mais do que ele na vida, experimentar subitamente uma ascensão tão fulminante? Que tremenda injustiça! Estes deviam ser os pensamentos de Mend ao final de 1930, quando conseguiu aproximar-se do grupo mais chegado a Hitler. Era um ambiente "selvagem", lembrou-se mais tarde, "pois o único objetivo do círculo mais íntimo em torno de Hitler era beneficiar-se ao máximo".[14] Mend, obviamente, não queria ficar para trás – ainda mais que sabia de coisas que poderiam atrapalhar a carreira de Hitler.

É surpreendente que Mend efetivamente tenha conseguido chegar até o *Führer* através da camarilha que cercava Hitler. A fonte desta informação é segura. "Antes da tomada do poder, ele foi seguidor do NSDAP", informa um dossiê da Gestapo: "naquele tempo, Mend também esteve com líderes do NSDAP e com o *Führer.*"[15] Pouco depois, Mend era visto no séquito de fiéis amigos que Hitler costumava reunir em seu bar preferido, o Café Heck. "Tive a impressão de que Hitler queria me ganhar para sua causa", diz Mend.[16] Que causa era esta? A resposta está em um texto de Mend publicado no outono de 1931 pela editora Huber, intitulado *Adolf Hitler na guerra, 1914-1918.*[17] Segundo as palavras do próprio Mend, foi o "ambiente em torno de Hitler que me induziu a escrever este livro".[18] É claro que lhe faltavam os requisitos básicos para desenvolver a tarefa. Se Mend mal sabia escrever, como poderia redigir um livro inteiro? É bastante óbvio que havia outros interesses em jogo: Hitler estava usando Mend. Isto se depreende do contexto político em que se insere o projeto do livro. Em 1931, o jornal social-democrata *Münchener Post* começara a investigar o tempo em que Hitler foi soldado e descobriu inúmeros aspectos desonrosos.[19] Era preciso, portanto, fazer uma contrapropaganda para alimentar, de forma verossímil, o mito do soldado do *front* criado por Hitler em *Minha luta.* Mend era a pessoa ideal para isso. Com a publicação das memórias de guerra de Hans Mend por uma editora formalmente independente de partidos (mas conhecida, desde os anos 20, como distribuidora de textos populistas),[20] o camarada incômodo não apenas passaria a ter uma fonte de renda, mas – e principalmente – seria "neutralizado" por um relato positivo sobre o período que passou junto com Hitler na guerra.[21] Um golpe certeiro: propaganda a favor do *Führer,* estratégia do "abraço" (parece carinhoso, mas imobiliza) e ação preventiva de uma só vez. Mend mordeu a isca e, a partir daí, ficou para sempre com o anzol na boca.

Não se sabe quem realmente redigiu de forma compreensível as anedotas e os episódios da época da guerra de que Mend se lembrava em 1930/31. O fato é que *Adolf Hitler im Felde (Adolf Hitler na guerra)* foi publicado e amplamente divulgado. Para isto, foi fundamental o forte controle que o Hitler NSDAP exercia sobre a mídia. Entre os grupos de esquerda, o pequeno volume foi logo qualificado como "publicação partidária oficiosa". Egon Erwin Kisch chegou mesmo a chamá-lo de "complemento militar" do livro escrito por Hitler.[22] É fácil resumir seu conteúdo tendencioso. Na verdade, o prefácio e a introdução já dizem tudo. Segundo o editor, o texto pretendia atingir todos aqueles céticos que queriam saber "onde o novo *Führer* [...] Adolf Hitler passou a Guerra Mundial, e que realizações tinha para mostrar". Apresenta Mend como um "camarada de sangue e de guerra, que lutou e sofreu lado a lado com Adolf Hitler". O texto deste "simples soldado" mostrava "ao povo alemão pequenos recortes dos anos em que Adolf Hitler lutou pela pátria". No texto original, Mend diz que "com este livro quero passar ao povo alemão a verdade nua e crua sobre Adolf Hitler como soldado da frente de combate. Na condição de camarada de armas, tive muitas vezes a oportunidade de ouvir suas opiniões sobre a guerra, de ver sua bravura e de conhecer suas brilhantes características. [...] Quero provar que, na guerra, ele sempre foi como é hoje: corajoso, destemido, valente". O recado central de Mend era o seguinte: "Todos aqueles que o conheceram na guerra confirmam que ele era um exemplo de batalhador" que "na função de ordenança de combate executou tarefas inacreditáveis em um cargo que encerrava riscos e alta responsabilidade".

Mend não pára aí. Afirma que Hitler também se notabilizara durante a Guerra Mundial no campo da política. Sua "saudável visão do mundo" já então se fundamentava na fusão entre nacionalismo e socialismo e, obviamente, na "libertação da raça germânica dos parasitas judeus, enviando estes exploradores do povo para a Palestina". Segundo Mend, em 1916, ele previu: "ainda vamos ouvir falar muito dele. É só esperar a hora". Apesar da derrota militar em novembro de 1918, Hitler "não tinha perdido a fé no povo alemão. Ele nos assegurava que queria doar sua vida e envolver-se totalmente para vingar a traição sofrida pelo povo alemão e por todos os que perderam a vida". Conclui: "Se cada alemão tivesse pensado e agido em prol do povo, cumprindo seu dever como soldado durante a guerra, como fez Adolf Hitler, [...] teríamos sido poupados desta paz humilhante."

Mend e seu *ghostwriter* não foram, entretanto, tão fiéis assim ao compromisso informal que assumiram com seus mandantes. Por um lado, carregaram nas tintas, o que até o leitor mais ingênuo percebia, nem sempre favorecendo seu herói. Por outro, cometeram algo que, já naquela época, beirava o sacrilégio. Referiram-se de forma bastante direta ao aspecto sórdido de Hitler, às suas manias e atitudes histriônicas – nestes trechos cômicos, seu retrato parece mais genuíno. Mend justificou ter tornado públicos estes detalhes porque, afinal, tinha em relação a Hitler "uma camaradagem que só o verdadeiro soldado conhece. Estávamos acostumados um ao outro como irmãos".

Eis um desses episódios narrados por Mend:

> Atrás das casas de Lavarie, alcancei Adolf Hitler e o estafeta Schmidt. Ficaram surpresos porque eu não estava montado no meu cavalo branco e fizeram piadinhas. Hitler fez uma reverência cômica, como um mestre-de-cerimônias diante de sua majestade. Para pôr fim àquela papagaiada, dei um golpe de esporas no meu cavalo e ele teria escoiceado Hitler com as patas dianteiras, se ele não tivesse pulado para o lado com a agilidade de um galgo. [...] Hitler e Schmidt [...] logo continuaram seu caminho. Ao passar por mim, Hitler gritou, tirando o elmo: "*Até a vista*, mestre cavaleiro". Eu berrei: "Corra, senão vou te cobrir de sujeira!".

Mend conta em outro trecho:

> No cômodo onde nos encontrávamos havia inúmeros ratos. Quando eles incomodavam durante a noite, Hitler passava o tempo pondo-os para correr com a espingarda. Certa vez, ao levantar-se subitamente, ele pisou com tanta força no meu pé que tive vontade de gritar. Irritado, joguei-lhe uma bota na cabeça. Hitler nem se moveu – nada o perturbava durante sua caça aos ratos. Também não reagiu nem mesmo aos apelidos dados pelos outros soldados. Por fim, deixei-o continuar caçando ratos.

Um Hitler debochado e irritante – esta era uma de suas facetas. A outra revela seu jeito boêmio, mesmo durante a guerra. Conta Mend: "Nos dias mais tranqüilos, quando não havia o que fazer, cada um passava o tempo como queria. [...] Adolf Hitler se ocupava principalmente com literatura e pintura. Fazia ótimas caricaturas de tipos judeus vienenses." "Discorria com a desenvoltura de um professor" sobre seu "assunto predileto", a história da arte alemã.

Também chama a atenção no texto de Mend a menção recorrente à amizade estreita que unia Hitler e Ernst Schmidt. Na última cena de seu livro, ele encontra o casal em 1919, na Rathausplatz de Munique: "Hitler estava à procura de um lugar para dormir." Se levarmos em conta que Mend em vários trechos qualifica Hitler como tendo horror a mulheres, isto é mais do que uma provocação.[23]

Com todos estes detalhes, Mend estava no melhor caminho para ridicularizar o *Führer*. Teria feito isto calculadamente, por esperteza ou por burrice? Segundo o próprio Mend e Max Amann, amigo íntimo do *Führer*, Hitler se mostrou bastante irritado com o livro.[24] É, portanto, surpreendente que ele não tenha tentado desmentir Mend. Com certeza, Hitler percebia que agir assim seria muito arriscado. Agora que ele tinha influência política, sua vida privada e seu passado poderiam passar a ser negociados publicamente. As informações de que Mend dispunha se tornariam facilmente objeto da curiosidade pública e seriam perigosas para ele. Enquanto a imprensa inimiga achava que o livro era apenas uma apologia feita para revelar "Hitler como herói na guerra",[25] não havia tanto problema. Seja como for, o jornal *Völkischer Beobachter* recomendou as memórias de Mend como "o melhor presente de Natal para os seguidores de Hitler".[26]

Hitler distanciou-se do Schimmelreiter o que só acarretou novo infortúnio para ele. A estréia como "escritor" jogara mais lenha na fogueira da vaidade de Mend. Sendo assim, ele deve ter ficado indignado quando se sentiu repentinamente preterido por Hitler, com quem, pouco tempo antes, compartilhava as mesas dos bares. Mend com certeza acreditou que suas memórias serviriam de trampolim para uma nova carreira. Subitamente, tudo ficou diferente.

Mend não sabia agir com perspicácia, era apenas um fanfarrão que caíra em desgraça. Resolveu armar uma confusão e, no dia 8 de outubro de 1932, aconteceu o inevitável. O amigo traído postou-se diante de Hitler em seu bar preferido, o Café Heck, e protagonizou uma cena barulhenta: "Escuta, Adolf", berrou. “Por que não me cumprimenta mais? Será que você já se esqueceu de quem o apoiou? Afinal, a quem você deve o fato de estar aqui agora? Vamos falar sobre isto mais tarde, seu monstro, seu asno! Amanhã te mando isto por escrito. Mas vou te dar um conselho, Adolf, não me irrite!”[27] De fato, a ameaça de Mend não foi apenas uma encenação – ele armou um escândalo de verdade. No dia seguinte, o jornalista Fritz Gerlich, maior inimigo de Hitler na imprensa,[28] publicou em sua revista *Der Gerade Weg* (O Caminho Reto) uma carta aberta de Mend para Hitler. Desta forma, o caso assumia ares de uma manobra clássica de extorsão. Sem meias palavras, Mend escreveu: “Se eu tivesse revelado tudo aquilo que propositadamente omiti em meu livro, certamente Hitler não seria visto como um grande herói. Aconselho-o a não ascender para esferas mais elevadas. Seria muito mais útil para ele e seu partido que se lembrasse do que foi antes.”[29] Alguns meses mais tarde, Mend explicou que escrevera a “carta no mesmo tom que costumava usar com Hitler antigamente”.[30] Este tom possivelmente marcou a comunicação entre os dois antes, mas usando-o agora publicamente Mend feria uma regra elementar do *demi-monde.* Foi o sinal para a guerra. Uma guerra que Mend jamais poderia vencer.

A esta altura, uma denúncia sexual – que parece ter sido a ameaça velada de Mend – já não seria capaz de derrubar Hitler. Primeiro, ela poderia ser simplesmente desqualificada como “campanha sórdida de inimigos da pátria”. Mais adiante, voltarei a este assunto, ao falar do caso Röhm. Depois, Mend não era uma figura importante e seria fácil provar alguns de seus deslizes, ou seja: sua credibilidade poderia ser rapidamente posta em xeque. Assim, o tiro de Mend saiu pela culatra ao tentar desmentir suas próprias memórias da guerra, vendidas em todas as livrarias nazistas. Ele fora longe demais e não sabia como voltar. A repercussão que a sua carta aberta provocou na imprensa da oposição aos nazistas deve ter fortalecido nele esta impressão. Embora os ataques contra Hitler fossem saudados com satisfação, Mend não era considerado um aliado e não foi bem recebido. Objeto da chantagem, Hitler simplesmente mostrou seus nervos de aço e esperou.

Esta situação fez com que Mend recuasse para a defensiva, como leva a crer sua declaração na imprensa, datada de dezembro de 1932.[31] Ainda há resquícios de bravata quando ele afirma que seu “texto original” fora “bastante modificado pelo editor em favor do partido” ou quando informa que Hitler, como estafeta na guerra, não fez muito mais do que o estritamente necessário.

De forma geral, mantém um tom bem contido, dando a impressão de que só procurara a opinião pública "por estar indignado com o comportamento desleal de Hitler", e porque "a *entourage* de Adolf Hitler conseguiu me manter longe dele, embora ele me tenha reafirmado sua amizade por carta". Mend considera que não merecia ser rechaçado de tal forma, uma vez que "sempre apoiei e protegi meu antigo camarada de guerra Adolf Hitler de forma altruísta, mesmo quando corria risco de vida". Este era o recado central de suas tentativas bastante confusas de justificar-se. Mend já não falava de aspectos "conscientemente omitidos" do passado de Hitler.

O futuro ditador podia respirar aliviado – o que obviamente não o impediu de começar a fechar o cerco em torno de Mend. "Passei a me sentir constantemente vigiado", declarou Mend em 1939, referindo-se a cartas anônimas ameaçadoras e outras tentativas de intimidação com que subitamente se viu confrontado a partir do ano-novo de 1932. O pior ainda estava por vir com a chegada de Hitler ao poder. É Mende quem conta:

> Na noite de 9 de março de 1933 — dia da tomada da Prefeitura [em Munique] — eu dormia profundamente quando de repente, a porta se abriu. Acordei e vi dois revólveres apontados para mim. Ainda deitado, gritei: "O que vocês querem, bandidos?". Resposta: "Nenhuma palavra a mais, senão estouramos teus miolos." Eu: "Vocês não podem fazer isso." Na penumbra, distingui duas pessoas em uniformes do partido. Então, entrou um terceiro à paisana e me disse calmamente: "Schimmelreiter, você vem conosco." Vesti-me, sempre com os dois homens em uniforme da SA com o revólver apontado atrás de mim. Um deles era Kugler, que mais tarde foi para a direção do Reichstag, o outro Groll, que também ocupava um cargo importante no partido. Levaram-me até o carro. Perguntei: "Casa Marrom?". O homem à paisana respondeu: "Não, chefatura de polícia." Quando chegamos, fui recebido pelo conselheiro do governo Beck, que mais tarde foi transferido para a Gestapo. Ele mandou me prender numa solitária e disse apenas: "Fica quieto." Hitler soube da minha prisão por acaso. Segundo me contaram, soltaram-me na Quaresma por ordem direta dele. O tempo todo, fiquei em total isolamento na prisão.[32]

Sabemos que, no caso Mend, nada acontecia sem a ordem expressa de Hitler. Mend foi preso "por ordem do ajudante pessoal do *Führer*, Brückner".[33] É interessante notar que o objetivo da perseguição ao chantagista não era destruí-lo fisicamente, e sim subjugá-lo por gestos de intimidação e demonstrações de benevolência. Ele devia compreender que só Hitler poderia salvá-lo, mas que uma intervenção do *Führer* pressupunha lealdade, até mesmo submissão. Mend entendeu logo o recado. A prova é a carta arrependida com a qual solicitou a Schwartz, diretor do Tesouro, ser readmitido no partido, poucos dias depois de ser solto. Nesta carta, declara que "difamação e fofocas" interferiram em sua relação com Hitler e causaram "o rompimento de nossa mútua amizade e camaradagem". Mend "repele qualquer responsabilidade neste assunto", mas se dispõe "a desmentir [sua carta aberta] a qualquer momento". Apesar de ter ficado preso durante três meses, ele escreve que "seguindo um chamamento interior, coloco-me inteiramente a serviço do meu camarada de guerra Adolf Hitler e de sua obra, sendo o último que deixaria de apoiá-lo em sua pesada responsabilidade perante o povo alemão".[34] Afirma ainda que teria "queimado muito material comprometedor",[35] o que certamente fez seguindo ordens superiores.

Apesar disso tudo, Mend não voltou a ser aceito no partido, muito menos foi recebido por Hitler ou seu ajudante-de-ordens. Ele era apenas tolerado e continuava sendo vigiado. "É uma situação inédita: querem, de repente, expulsar-me do partido. Insisto em meus direitos", chegou a escrever em julho de 1933 a Schwarz. Entretanto, reintegrá-lo ao partido estava fora de cogitação depois do seu deslize. Por algum tempo, Mend tentou diversas vezes aproximar-se de Hitler e pediu a seu ajudante-de-ordens que levasse suas cartas pessoalmente ao *Führer*, pois "sendo seu camarada de guerra mais próximo, tinha certeza de que me receberia". Mend queria aproveitar este encontro para esclarecer de uma vez por todas que fora "vítima de denúncias por parte de pessoas que queriam ganhar dinheiro com minhas experiências com Hitler".[36] A ilusão de ser oficialmente reabilitado, ainda mais com a intervenção do próprio Hitler, acabou definitivamente em março de 1935, quando Wiedemann, o ajudante-de-ordens de Hitler, informou-lhe oficialmente que sua visita não era desejada. Este aviso foi precedido por uma ordem interna de Amann para "não receber o cavaleiro Mend", porque o *Führer* "se recusara a falar com ele". "Considero Mend um completo bandido", acrescentou Amann.[37]

Poderíamos pensar que, depois de ter sido rechaçado de forma tão dura, Mend estivesse liquidado. Mas 1934 e 1935 parecem ter sido os anos mais estáveis da sua vida. Entre 1930 e 1933, ele se mudara oito vezes em Munique. Desta vez, alugou um apartamento respeitável na Nymphenburger Strasse, onde morou durante vários anos.[38] Parece que também mantinha uma acomodação em Berg, próximo do lago de Starnberg, onde trabalhava na administração do castelo. Conforme declaração de um funcionário municipal, Mend andava "sempre bem vestido, não trabalhava, e eu me perguntei várias vezes do que ele vivia".[39] Já sabemos a resposta: tinha seu livro sobre Hitler, que apesar de ter desagradado ao *Führer* foi republicado em 1934 pela editora nazista Schelte e certamente rendeu uma boa soma em direitos autorais. No mesmo ano, Mend escreveu outro livreto, que foi adotado por todas as escolas alemãs de ensino médio e superior "como livro didático, por encomenda da direção do Reich", de acordo com o que Mend escreveu ao seu irmão, orgulhoso.[40] Ele deve ter sido uma boa fonte de renda. As memórias de Mend sobre Hitler também foram adaptadas para rádio e parece que houve um projeto para transformá-las em filme.[41] Além disso, Mend começou a negociar obras de arte. Para ser mais exato: passou a comercializar os quadros, as gravuras e os desenhos de Hitler, que, como se sabe, eram muito bem cotados no mercado em meados dos anos 30. Entre seus clientes estavam Baldur von Schirach, Otto Dietrich, Julius Schreck e outros nazistas ilustres. Em novembro de 1935, ele tentou usar os quadros que queria vender para refrescar a memória de Hitler e se fazer lembrar. A resposta que Hitler mandou lhe dar foi incisiva: "não desejamos comprar os quadros".[42] Com essa atitude, Mend deve ter despertado velhas desconfianças, pois Hitler não podia gostar do fato de que um sujeito tão inconstante como Mend estivesse negociando sua produção artística da época da guerra. Mend simplesmente sabia demais.

Havia outra ameaça: Mend possuía muitas fotos de Hitler e como vendedor de obras de arte certamente poderia tirar bom proveito delas. Testemunhas relataram que estas fotos mostravam Hitler em posições desfavoráveis e é provável que muitas em suspeita proximidade com alguns camaradas.[43] Para os negócios de Mend, elas funcionavam como uma espécie de propaganda, uma prova de sua antiga camaradagem de guerra com o *Führer*. Em fevereiro de 1958, uma testemunha que viu as fotos contou: "Mend disse naquela época que a Gestapo estava atrás dele e que Hitler queria as fotos de qualquer maneira."[44] Mend caíra novamente na teia dos cúmplices de Hitler. Depois de dois anos de tranqüilidade, a desgraça voltava a rondá-lo.

O próprio Mend relatou o seguinte: "No verão de 1936, eles quiseram me pegar. Fui para o banco dos réus por uma acusação totalmente falsa e fabricada. Quem comandou os trabalhos foi um tal de Welt. Segundo Weiss, conselheiro criminal da Gestapo, que antes fora membro do Partido do Povo da Baviera e era um velho conhecido meu, Welt chegou à sede da Gestapo e disse a meu respeito: 'Vamos liquidar este daí.' O procurador Seiler fez a acusação. Mais tarde, confessou-me: 'Depois daquilo, não consegui mais comer.'"[45]

O que aconteceu de fato? Não sabemos em detalhes, pois os processos desapareceram – o que constitui um forte indício sobre a importância do assunto. Mend alega ter sido preso de repente, ao se apresentar à polícia, atendendo a uma convocação. Em sua ausência, a Gestapo vasculhou minuciosamente suas casas de Munique e de Berg, a fim de apreender documentos. Mend foi condenado a dois anos de prisão. Mais tarde, ao ser informado por seu advogado sobre a invasão domiciliar, procurou descobrir detalhes por intermédio de seu senhorio. Queria saber se tinham levado as gravuras e "outras coisas do *Führer*" que estavam em seu poder. Preocupava-se principalmente com as cartas de Hitler, "que de forma alguma podem chegar a mãos não autorizadas". "Será que estes documentos, insubstituíveis para mim, também foram apreendidos?"[46] Sim, tinham sido apreendidos, assim como o relógio que ganhara do *Führer* — Mend jamais voltaria a vê-los. Quando seu advogado tentou reaver estes objetos, a polícia estadual de Munique informou: "as fotografias etc. foram confiscadas por ordens superiores da polícia federal em Berlim. A devolução está fora de questão".[47] Na mesma época, também o livro de Mend foi "recolhido e destruído por ordem da Polícia Secreta de Berlim de comum acordo com a chancelaria do *Führer*".[48]

Podemos supor que, em 1936, Mend foi vítima de uma ação planejada há muito tempo e ordenada pessoalmente por Hitler. O objetivo era aniquilá-lo com uma denúncia que não apenas o levaria à prisão, mas também o destruiria moralmente: pedofilia. No dia 27 de outubro de 1936, a acusação resultou em pena de prisão de dois anos e meio e perda da honra, ou seja, perda de seus direitos de cidadão, por três anos. Durante toda sua vida, Mend defendeu-se contra esta acusação e creio que podemos acreditar nele. Principalmente porque sabemos com que falta de escrúpulos o regime nazista lançava mão de processos sobre delitos contra a moral pública para difamar adversários incômodos.[49] Aparentemente tudo corria como um processo penal legal, mas, na verdade, não era a Justiça, e sim o próprio Hitler quem ditava o veredicto. Foi o que aconteceu com Hans Mend, apesar de até mesmo o promotor ter pedido como pena somente a prisão.[50] A idéia era utilizá-lo como exemplo. Poucas semanas depois do julgamento, Mend foi levado ao médico judicial Dr. Vogel. Em 16 de dezembro de 1936, Dr. Vogel divulgou um laudo confirmando que Mend era um "psicopata que sucumbe a seus impulsos sexuais".[51] Mend teve de ficar meio ano na casa de detenção de Straubing, na Baixa Baviera, e finalmente passou um período "em observação" no departamento psiquiátrico da prisão de Stadelheim, em Munique. O objetivo era provar de forma "científica" que a veia criminosa de Mend representava um alto risco para o público, e que, por isso, ele poderia ser preso preventivamente a qualquer momento. No dia 14 de dezembro de 1937, foi expedido um destes pedidos de prisão preventiva:[52] Mend foi levado, primeiro, para o campo de concentração Brual Rhede, e depois para o campo de Esterwegen. Só em 24 de dezembro de 1938, ou seja, exatamente dois anos depois do início da pena, sua tortura foi temporariamente interrompida. Ele ficou em liberdade condicional até o dia 24 de dezembro de 1942, quando pôde voltar para Munique.

O que os nazistas fizeram com esse homem? Rotularam-no como um tarado abominável, levando-o a perder a honra e toda a sua integridade moral. Classificaram-no como um terrível criminoso que a qualquer momento poderia pisar em falso e voltar a ser preso. E por que essa repressão violenta, estes métodos de intimidação marciais? Apenas para dar uma lição a um fanfarrão insignificante? Pouco provável. Apesar da fragilidade da sua fanfarronice, Mend tinha um poder que Hitler temia: ele conhecia um passado não resolvido. Este passado poderia surgir de repente nas atitudes imprevisíveis do Schimmelreiter. Hitler sentiu-se perseguido. Não estaria o velho camarada brincando com fogo? Como Hitler via em Mend uma fonte de perigo constante, deu o golpe preventivo: o confisco das cartas, das fotos e dos quadros, para acabar definitivamente com o temor de passar por novos constrangimentos provocados pelo antigo camarada de guerra. Ao mesmo tempo, ao estigmatizar Mend como um tarado, destruía totalmente sua credibilidade.

É provável que Mend tenha entendido isto quando voltou para Berg, em janeiro de 1939, retomando seu trabalho como gerente de fazenda. Ao menos, ele não estava totalmente arruinado. No outono de 1939, foi advertido pela polícia federal por ter feito "declarações contra o regime".[53] Em dezembro de 1939, entregou suas informações secretas a um adversário do regime, como mencionamos anteriormente. O que pode ter motivado Mend a dar este passo suicida? Certamente seu ódio contra Hitler e também a habilidade de Schmid Noerr, que possivelmente convenceu-o da iminente derrubada do ditador. Ou será que foi a coragem do desesperado que não tem mais nada a perder e que, por isto, ousa avançar? Seja como for, diante dos fatos narrados, as declarações de Mend ganham credibilidade. Mend arriscou mais do que os possíveis benefícios que ele esperava obter, e chegou mesmo a pôr sua vida em perigo. "O destino decidirá", disse ele para seu senhorio, pouco antes de deixar a prisão. "Afinal, estive tantas vezes diante da morte. Fiquei embrutecido."[54]

Mend começou a fazer mais menções à tendência homossexual de Hitler, a partir do momento em que a Justiça nazista o colocou sob vigilância. "Ele contou isto para mim e para muitos outros", relatou o teólogo e historiador da arte Dr. Herbert Paulus, natural de Starnberg. "Tudo aquilo reforçou minha aversão ao sistema nazista, pois vi que ele não estava exagerando."[55] Obviamente, em 1940 havia muito mais seguidores do sistema nazista do que adversários. Havia também pessoas incumbidas de vigiar constantemente o "psicopata". Entre eles, sem dúvida, estava o prefeito de Berg, Karl Laux, também dirigente local do partido. Ele sabia que seus companheiros de partido procuravam um motivo para voltar a levar Mend à "prisão, por razões de segurança".[56] Por isso, não causa surpresa o fato de Laux ter denunciado Mend em setembro de 1940 por ter "insultado grosseiramente o *Führer*". A testemunha, uma tal de Eva König, já tinha informado o fato em Munique a um "camarada de partido mais antigo".[57] Novamente a ratoeira se fecha: Mend foi detido sob a acusação de diversos atentados contra o pudor (desta vez, contra mulheres) e condenado pelo tribunal especial de Munique a dois anos de prisão.[58] No dia

14 de fevereiro de 1942, um comunicado seco da casa de detenção de Zwickau para a procuradoria de Munique informa a morte de Mend.[59] Este, provavelmente, imaginara seu fim dois anos antes, quando cumpria prisão preventiva e escreveu para sua namorada: "Vejo o meu fim, estou incomodando demais."[60]

O advogado de acusação teve de mandar as atas desse último processo ao ministro de Justiça do Reich,[61] o que demonstra o grande interesse de Hitler no caso Mend. Este interesse justifica-se: a questão central do novo processo era a pergunta "por que o *Führer* não se casa?". Impossível esclarecer se foi Mend quem lançou a pergunta, como afirmou Eva König, ou se ela o provocou intencionalmente, como sustenta Mend. O que interessa é a resposta de Mend.[62] Ele disse que sabia muito bem, pois poucos haviam conhecido o *Führer* tanto quanto ele. Disse que o viu nu várias vezes e não constatou nenhuma deformação dos órgãos sexuais, mas que ele não tinha nenhum interesse por mulheres por ter a mesma orientação de Röhm. Quando lhe perguntaram como sabia disto, Mend respondeu que, no alojamento, ficava na cama de beliche abaixo da de Hitler. Para a Justiça, não havia dúvida de que Mend estava qualificando o *Führer* de homossexual, e que "nem mesmo por ser um ex-camarada de guerra do *Führer* intimidava-se de atacá-lo de forma tão desavergonhada".[63] Só em 1958, Eva König revelou que Mend dissera mais uma coisa: "Quando tomavam banho [disse Mend sobre o comportamento de Hitler na guerra] ficavam pulando nus. Então, Hitler fazia um monte de coisas com eles, e passeava com eles à noite."[64] Na mesma época, Schneider, que trabalhara com Mend, contou o seguinte: "No alojamento [...] ele [Mend] e outros passaram graxa de sapato no 'peru' de Hitler, enquanto este dormia."[65] Esta era uma forma especialmente rude de estigmatizar os camaradas homossexuais, mas que, aparentemente, era praxe nas condições extremas do *front*.

É interessante conhecer alguns hábitos comuns durante a Primeira Guerra Mundial para inserir estes acontecimentos contados por Mend em um contexto histórico.[66] Naturalmente, a convivência de camaradas na guerra sempre encerra aspectos libidinosos. Com a proximidade da convivência física, mesmo entre soldados heterossexuais, a fronteira da homossexualidade era rapidamente ultrapassada. Existe uma forma "conscientemente erótica" da camaradagem de guerra, que, segundo Magnus Hirschfeld, "não era rara" na Primeira Guerra Mundial.[67] A vida homossocial no *front* se prestava bem para dissimular relações homossexuais. Mesmo no caso de uma denúncia, o castigo geralmente era reduzido. Freqüentemente, havia comunidades homossexuais. Por que, então, o cabo homossexual Hitler não devia seguir sua orientação, já que tinha certeza de que os camaradas silenciariam?

Cabe aqui indagar o que se sabe sobre Hitler durante a Primeira Guerra.[68] Ele gostava de ser soldado, mas não mostrava especial interesse pela carreira militar. Desempenhou sua função de estafeta e ordenança junto ao comando do regimento do Estado-Maior a contento de seus superiores, mas recusou ofertas de promoção. Aparentemente, considerava seu regimento uma pátria, até mesmo uma família, da qual não queria se separar de maneira alguma. Como foi poupado das batalhas na linha de frente, não sofreu ferimentos graves. Geralmente, desenhava – o alojamento e os camaradas – ou fazia poesias. Escrevia poucas cartas: excetuando-se seus camaradas, não havia mais ninguém que lhe fosse caro. É fácil entender psicologicamente por que o serviço militar aparentemente o satisfazia. Assim como ocorrera antes, no albergue masculino, ele tinha a sensação de estar sendo aceito, de fazer parte da comunidade. Entretanto, seu bem-estar quase suspeito numa situação de guerra deve ter tido outras razões. Uma delas talvez tenha sido a amizade com Ernst Schmidt, que merece uma análise mais profunda.

Ernst Schmidt

Durante cinco anos, do verão de 1914 ao verão de 1919, Adolf Hitler e Ernst Schmidt foram amigos inseparáveis. Com ninguém mais Hitler se relacionou durante tanto tempo. Não há outra pessoa que tenha vivenciado a metamorfose de Hitler — do artista fracassado sem preferências políticas ao político profissional da direita radical — como este camarada Schmidt, que só veio a falecer em 1985. Saberíamos muito mais se algum historiador tivesse pesquisado este personagem, se algum editor o tivesse estimulado a escrever suas memórias ou algum arquivista se ocupado de seus papéis. Infelizmente, isto não aconteceu. Em Garching, onde foi prefeito durante vários anos, não há nem mesmo uma pasta com documentos sobre ele. O que sabemos é apenas o que se segue.[69]

Nascido a 16 de dezembro de 1889, em Wurzbach, na Turíngia, Ernst Schmidt foi um entre vários filhos de uma numerosa família de moleiros. Depois de terminar o 2º grau (1896 a 1904), aprendeu o ofício de pintor e, em 1907, fez seu exame profissionalizante. Segundo relato próprio, seu período de aprendiz foi passado "em 1912 em diversas regiões da Alemanha; em 1913 na Suíça, na França e, da primavera de 1914 até a eclosão da guerra, em Bolzano".[70] Embora tivesse de se alistar, não prestou o serviço militar antes de 1914, o que pode ser explicado pelas temporadas passadas no exterior.

Não sabemos onde e quando Schmidt conheceu Hitler. Talvez o aprendiz de pintor de Wurzbach tenha sido vizinho de quarto de Hitler na Schleissheimer Strasse 34, em Munique, em 1914,[71] mas não há certeza sobre isto. A única coisa certa é que Schmidt ingressou no Exército da Baviera no dia 6 de agosto de 1914, no mesmo dia em que Hitler, e que foi enviado para o Regimento List em 7 de setembro. Desde o primeiro dia de quartel, Schmidt ficou junto de Hitler. A partir de outubro de 1914, ambos servi-

Hitler e seu amigo "Schmid" (Ernst Schmidt): entre 1914 e 1919, uma forte amizade uniu os dois estafetas.

ram na frente ocidental. Há informações de que, ali, desempenharam tão bem uma missão conjunta que já a partir de novembro de 1914 assumiram a função de ordenanças de defesa. No sistema militar, esta função dava-lhes mais liberdade do que outras. Segundo Schmidt, estavam "sempre juntos",[72] e dividiam até o mesmo alojamento. Formavam uma dupla, tanto nas missões de guerra, levando ordens do regimento até a brigada ou o batalhão, como fora do serviço, na retaguarda.

Todos os estafetas se davam bem, declarou Ernst Schmidt a um jornalista em 1933, "mas três entre nós eram especialmente ligados: Hitler, Bachmann e eu. Eu sentia uma atração especial por Hitler".[73] O grupo de estafetas de Fournes, onde Hitler ficou mais tempo durante a guerra, parece ter sido especialmente unido. Balthasar Brandmayer se refere – sem ser pejorativo – à "gangue de estafetas", na qual seu amigo Adi tinha papel de destaque.[74] Hitler jamais se esqueceria dos camaradas Jacob Weiss, Franz Wimmer, Max Mund, Josef Inkofer e Brandmayer. O mesmo vale para seus dois principais superiores, o chefe das ordenanças Karl Lippert e, principalmente, o escrivão do regimento, Max Amann. Dentro dessa estrutura, Hitler conviveu bem com o serviço militar, que ele havia rejeitado até 1914. No primeiro momento, sua pressa em se alistar como voluntário no Exército da Baviera, em agosto de 1914, servira apenas para antecipar-se a uma transferência para a Áustria. À medida que ele descobriu que as incômodas regras da sociedade burguesa podiam ser dribladas na situação especial da guerra, deve ter percebido como o dia-a-dia de soldado lhe oferecia uma vida mais agradável. Foi lá que descobriu o que mais tarde chamaria de "a maravilhosa essência da comunidade masculina",[75] sua comunidade de sobrevivência.

O quanto Hitler dependia desse contexto ficou claro quando ele, Bachmann e Schmidt foram feridos no dia 5 de outubro de 1916. Hitler e Bachmann foram para o hospital de Beelitz, e Schmidt foi levado para Brandenburgo. Recuperados, reencontraram-se em Munique com outros dois estafetas, Max Mund e Franz Wimmer. O Natal de 1916 foi comemorado no quartel e estavam todos ansiosos para saber se poderiam voltar juntos ao seu regimento no *front*. Hitler fez de tudo para evitar uma promoção. Em outubro de 1916, ao ser ferido, implorou de joelhos ao ajudante Fritz Wiedemann para ficar no regimento. Em Munique, em janeiro de 1917, repetiu o pedido de ser reintegrado ao 16º Regimento Bávaro da Infantaria de Reserva, por ser "seu desejo mais ardente" voltar a ficar com os "antigos camaradas".[76] Assediou o segundo-sargento Amann de forma semelhante. Impossível mostrar com mais clareza a importância que esta comunidade de soldados tinha para ele. O mesmo sentimento se evidencia na correspondência que manteve com o "querido parceiro" Brandmayer, do qual ele se lembrava com "tanta freqüência" que escreveu três cartões no decorrer de uma única semana: "espero rever-te logo, meu camarada e parceiro".[77] Finalmente, Hitler alcançou seu objetivo: em março de 1917, voltou para o seu regimento, sua "família eletiva".

É provável que esteja aí a chave para a pergunta que permanece até hoje sem resposta: por que Hitler continuou sendo um simples cabo durante toda a guerra? Mesmo não tendo talento especial para o campo de batalha, sua subserviência deveria ter-lhe rendido uma promoção. Aparentemente, houve propostas neste sentido,[78] mas parece que Hitler não quis aceitá-las. Como sargento, mais cedo ou mais tarde, teria de abrir mão de tudo aquilo que o fazia sentir-se tão bem: Ernst Schmidt, seus outros "leais parceiros", a vida relativamente protegida na retaguarda e, principalmente, a aceitação de sua tendência homossexual, que provavelmente teria de esconder como sargento. Sem dúvida, Hitler mergulharia numa crise existencial, e isto explica o quase desespero com que reagia aos esforços do segundo-sargento de promovê-lo.

Egon Erwin Kisch – que também foi estafeta na Primeira Guerra Mundial – percebeu, em 1933, que havia algo errado na carreira militar de Adolf Hitler. "Ele foi cabo durante quatro anos. Todo soldado sabe que ser cabo é uma fase transitória, um degrau antes do nível de segundo-sargento. Existem milhares de soldados rasos que servem na infantaria e nunca conseguem chegar a cabo, mas um cabo que, durante quatro anos de serviço no *front*, não chega a segundo-sargento é meio suspeito. Ou ele tenta esquivar-se de ter que comandar uma esquadra, ou não se sente capaz disto. [...] Esta permanente não-promoção do cabo salta ainda mais à vista se ele realmente ganhou a cruz-de-ferro de I classe, pois, além de uma anotação no seu livro de soldado, não existe nenhum outro registro disto, nem a solicitação, nem o diploma, nem o comunicado. Hitler [...] não faz qualquer referência à ação de guerra que o fez merecer esta cruz."[79]

Até hoje não se sabe por que Hitler ganhou a cruz-de-ferro de I classe em 1918. A versão mais verossímil foi apresentada em 1961. Segundo ela, o oficial do Estado-Maior Sigmund Gutmann, judeu, acenou para Hitler com a possibilidade desta distinção depois que ele cumpriu com sucesso uma missão arriscada, mas teve dificuldades em cumprir sua promessa. Conforme relato de Gutmann, ele se esforçou neste sentido durante mais de dois meses junto ao comandante da divisão.[80] Segundo um comunicado de 1933, Hitler esperou quase três anos pela outorga.[81] Mais do que a eventual hesitação dos superiores de Gutmann, que talvez achassem a proposta injustificada, a razão da demora deve ser o fato de que tal distinção conferida a um cabo era impensável sem uma simultânea promoção para segundo-sargento.[82] E Hitler não queria ser promovido. Devem ter existido documentos a respeito desse assunto, e Hitler bem sabia por que seria melhor fazê-los desaparecer ou modificá-los.[83] O caso era estranho. Aparentemente, o setor de propaganda do partido nazista teve dificuldades em explicar este assunto de forma mais ou menos plausível.[84]

Voltemos a Hitler e Schmidt. De 30 de setembro a 17 de outubro de 1917, eles passaram juntos as férias. Em Bruxelas, Colônia, Leipzig e Dresden, visitaram atrações turísticas. Hitler seguiu então para Berlim, onde passou seu tempo indo a museus, enquanto Schmidt foi para Wurzbach, sua aldeia natal.[85] Data desta época a única correspondência de Hitler para Schmidt, que se tornou pública, um cartão-postal assinado. "Lembranças do teu A. Hitler."[86] É muito pouco, se considerarmos a longa e íntima amizade.

Durante a guerra, Hitler conversou muito com Schmidt sobre arte e arquitetura, seus assuntos preferidos. Também deve tê-lo presenteado com desenhos e aquarelas e é provável que o tenha retratado, assim como fez com outros camaradas. Schmidt gostava destes temas, era exatamente a faceta de "artista" de Hitler que mais o impressionava. Quando Hitler falava do futuro profissional e do seu desejo de investir em suas habilidades artísticas depois da guerra, Schmidt o apoiava.[87] Ignaz Westenkirchner, outro camarada, também se lembrou mais tarde que Hitler pretendia se tornar artista e costumava dizer: "Para sobreviver até o exame, precisarei vender os meus quadros. Quem sabe, também viro um daqueles barulhentos profissionais, os políticos."[88] Schmidt confirmou ao historiador Werner Maser que, até o final da guerra, Hitler não decidira ainda se iria se tornar pintor ou político.[89] Se optasse pela política, que partido escolheria? Schmidt era profissional autônomo, por isto, devia ser receptivo a temas como reforma social e marxismo. A política, entretanto, não desempenhou um papel tão importante na relação dos dois amigos quanto a estética.

Terminada a guerra, no dia 7 de novembro de 1918, Schmidt foi para Munique, onde duas semanas mais tarde encontrou Hitler. Este voltara à Baviera com "amargas preocupações" depois de uma temporada no hospital militar de Pasewalk, na Pomerânia.[90] Os dois sem-pátria e sem-emprego "cimentaram sua velha amizade", segundo as palavras de Schmidt, e planejaram enfrentar juntos a confusa conjuntura.[91] Eram dois fracos que tentavam amparar-se mutuamente. Depois de trabalharem na prisão de Traunstein por uma curta temporada, conseguiram sobreviver com alguns biscates, até o final de janeiro de 1919. De qualquer maneira, o dinheiro que ganhavam permitiu que fossem algumas vezes à ópera: "Comprávamos os ingressos mais baratos, mas isto não era um problema. Hitler se deliciava até a última nota, ficava completamente embevecido e esquecia tudo ao seu redor."[92] Nem mesmo nos tempos mais extremos de revolução e contra-revolução[93] a ópera perderia a sua força mágica como entorpecente e mecanismo de fuga. Hitler também procurava manter contato com artistas de renome em Munique, como Max Zaeper, com quem deixou vários dos seus trabalhos para avaliação. Ainda em 1919, ano da Revolução, Hitler não abandonara o sonho de se tornar artista. Tudo estava em aberto. Ele continuava sem rumo, tanto na vida política quanto na vida profissional.[94]

Em 1919, Hitler ainda se agarrava àquela instância que, com um soldo de 40 marcos, podia ajudá-lo a garantir pelo menos a sobrevivência: o Exército. Daí surgiria uma oportunidade fabulosa. No dia 7 de março de 1919, Hitler conheceu o capitão Röhm, "em um porão, onde quebrávamos nossas cabeças para descobrir como enfrentar o movimento revolucionário".[95] É bem provável que isso signifique que Hitler estava sendo contratado para servir de informante ao oficial Ernst Röhm, então chefe do Estado-Maior do líder paramilitar Epp. Havia pouco tempo, Epp começara a recrutar combatentes bávaros através de uma campanha de panfletagem.[96] Outra fonte confirma esta atividade de informante, dizendo que Hitler foi contratado pelo serviço de informações dessa associação paramilitar, passando a receber instruções de Röhm.[97] Há indícios de que, na primavera de 1919, Hitler rondava com suspeita proximidade os conselhos de soldados de Munique.[98] Dois meses mais tarde, foi aceito para trabalhar na comissão de dispensas e de investigação do Segundo Regimento de Infantaria, criada logo após a vitória da contra-revolução. Ali, sua função era examinar as idéias políticas dos camaradas que seriam dispensados. Sem uma recomendação de Röhm, ele não teria conseguido este emprego.

Pouco depois, Hitler trabalhou novamente como informante, desta vez na divisão de informações do comando do grupamento IV do *Reichswehr* (ministério da Defesa do Reich), sob a chefia do capitão Karl Mayr. Este logo reconheceu suas especiais habilidades neste campo e lhe ordenou que denunciasse camaradas e oficiais em quem não se podia confiar politicamente.[99] Também ali, Hitler se revelou inescrupuloso. O dinheiro e a aceitação social eram para ele mais importantes do que a ética. Na literatura disponível sobre Hitler, nunca se questionou o que ele tinha para oferecer a este oficial do Estado-Maior em troca de tanta proteção. Em sua biografia, Mayr não dá mostras de ter sido altruísta. Em 1928, ele, friamente, qualificou Hitler

Mesmo depois de sua ascensão para "Führer *e chanceler do Reich*", *Hitler continuou mantendo contato pessoal com Ernst Schmidt, como mostra esta fotografia de 1932 do álbum de Eva Braun.*

de "um indivíduo que recebia subsídios mensais para fornecer informações ininterruptamente".[100] O comandante descreveu corretamente seu subalterno: Hitler mostrou-se bastante aliviado pelo fato de Mayr ter-lhe oferecido uma nova "pátria".[101] Agia com submissão. Estamos diante de um chefe de serviço secreto inescrupuloso, interessado apenas no sucesso, que depois da queda do império queria a qualquer preço a vitória da contra-revolução.[102] Só existem duas possibilidades: ou Mayr tinha motivos pessoais para ajudar Hitler, ou o considerava um talento natural para a espionagem e a denúncia. O mesmo vale para a relação com Röhm: o capitão, já naquela época um adepto dos aspectos homoeróticos da vida militar,[103] apoiou Hitler de forma extraordinária.

Enquanto Hitler apostava na conquista de novos cargos no Exército, o pintor Schmidt procurava trabalho em Munique. No dia 12 de abril de 1919, deu baixa do Exército e em 28 de abril alugou um quarto na Implerstrasse, onde morou durante apenas um mês. Em junho de 1919, mudou-se para a Schleissheimer Strasse 43, o mesmo prédio em que o ex-amigo de Hitler, Rudolf Häusler, morou nos anos 1913/14.[104] Schmidt e Hitler viam-se diariamente, faziam juntos as refeições e paseavam nos finais de tarde. O quartel era para Hitler apenas uma referência onde encontrava abrigo de vez em quando. Ali, aparentemente, não tinha um grupo de amigos.[105]

No outono de 1919, Hitler apostou todas as fichas num futuro profissional na política, mas não avisou seu melhor amigo sobre esta mudança de rumo[106] — até porque, provavelmente, estavam em jogo novos relacionamentos masculinos. A busca de Hitler por uma vida de artista fracassara, agora começaria a investir na vida de político, e isto significava, em última análise, separar-se de Schmidt.

No dia 1º de março de 1920, pouco depois de Hitler conquistar um cargo importante na direção do partido, Schmidt ingressou no Partido Operário Alemão (*Deutsche Arbeiter Partei*). Ele estava disposto a seguir Hitler também neste campo. Ainda se encontravam, menos no novo apartamento de Hitler na Thierschstrasse e mais no bar do partido, a lendária cervejaria Sterneckerbräu. Schmidt também participou da festa do 31º aniversário de Hitler, em 20 de abril de 1920. No verão de 1922, ele se mudou para a cidade de Garching an der Alz, a cem quilômetros de Munique. Terminava a relação, mas não a amizade. O contato pessoal com Hitler nunca acabou. Schmidt o visitava regularmente, mesmo em maio de 1924, quando ele esteve detido na prisão de Landsberg. Também se manteve leal ao amigo na política: saiu do sindicato social-democrata e fundou, na primavera de 1924, um grupo local do Bloco Populista (*Völkischer Block*), depois transformado no NSDAP. Quando Schmidt ingressou no partido no dia 1º de maio de 1925, Hitler agradeceu-lhe pessoalmente, presenteando o "querido e leal camarada de guerra" com um exemplar de uma edição especial de *Minha luta.*[107] No livro, Hitler cita o amigo nominalmente – se bem que com o nome de "Schmidt Ernst".

A partir de 1926, Schmidt dirigiu o partido NSDAP em Garching. Em 1931, ingressou na SA, onde chegaria a *Sturmführer,* um cargo de liderança. Em 1932, quando a "lenda de herói" de Hitler na época do *front* virou objeto de acalorados debates públicos e processos jurídicos, Schmidt ajudou o amigo com declarações favoráveis sob juramento.[108] Tudo indica que, nessa época, ele esteve freqüentemente em Munique. Numa foto de Eva Braun datada de 1932, vemos Schmidt ao lado de Hitler na Osteria Bavária, o restaurante predileto do *Führer* – Hitler estava prestes a tomar o poder. Como chanceler do Reich, Hitler recompensaria generosamente sua lealdade e seu silêncio, ajudando Schmidt em termos financeiros e profissionais.

Em 1928, ou seja, quase aos 40 anos, Schmidt fez a prova de mestre,[109] mas somente três anos mais tarde viu-se em condições de tornar-se autônomo em Garching. Num primeiro momento, ele mal sobrevivia do ofício de pintor, mas depois de 1933 sua situação econômica melhorou rapidamente. Em 1934, ele já tinha sete funcionários e construiu uma casa própria. Possuía um carro, o que, nos anos 30, era o maior sinal de prosperidade. Schmidt deveu tudo isto à proteção de seu agora poderoso amigo.[110] Em 1933, ele tornou-se vice-prefeito de Garching, o que lhe assegurava novas vantagens, não só no campo material. No dia 9 de novembro de 1933, depois da marcha comemorativa na Feldherrnhalle, pela vitória nazista e tomada do poder por Hitler, encontrou-se com o *Führer* na Casa Marrom em Munique. Em 1934, quando recebeu o Distintivo Dourado do Partido, teve uma sessão de fotos com Hitler no Chiemsee.[111] Nos anos seguintes, foi visto com freqüência na chancelaria do Reich. O fato de o ditador se preocupar tanto com o antigo camarada de guerra não era tanto fruto dos seus sentimentos, e mais de um cálculo frio: Hitler queria comprometer o amigo incondicionalmente e ter total certeza de sua discrição. Por isso, Hitler incluía Schmidt em suas encenações públicas. Assim ocorreu em 1937, quando o jornal *Illustrierter Beobachter* fez uma grande matéria sobre "Adolf Hitler e seus camaradas do *front*" e publicou a seguinte declaração de Schmidt: "Se o *Führer* me convocasse para uma missão especial, largaria a profissão e tudo o mais e o seguiria."[112]

Esta missão surgiu em junho de 1940: pouco antes do armistício com a França, Hitler visitou antigos cenários de guerra na companhia de Schmidt e Max Amann.[113] Schmidt deve ter compreendido a ambiciosa ação de propaganda em torno desta visita como sua maior recompensa pública, e esta era a intenção de Hitler. Em comparação com aquilo, a nomeação para prefeito de Garching, no ano seguinte, e para a direção máxima do partido, em 1942, tinham bem menos brilho.

O prefeito Schmidt foi preso pelos americanos em 28 de maio de 1945, sendo transferido uma semana mais tarde para o campo de trabalho de Dachau. Só seria libertado três anos mais tarde. Continuou fiel a Hitler mesmo com a derrocada do Terceiro Reich. Ao ser interrogado por militares americanos em 1945, Schmidt afirmou que, já em 1914, vislumbrara o "gênio" de Hitler. Acrescentou que, na esfera privada, Adolf Hitler era um grande homem.[114] Mesmo mais tarde, segundo amigos, jamais disse algo "sobre Hitler que pudesse desaboná-lo".[115]

Ao examinar os mais de trinta anos de amizade entre Hitler e Schmidt, em especial o período entre 1914 e 1918, tudo favorece o relato de Hans Mend, que via nesta amizade uma relação amorosa. Ainda mais considerando que na vida do soldado Schmidt, bem como na vida do soldado Hitler, não existem indícios de relações com mulheres. Mesmo depois da guerra, as mulheres não interessavam a Schmidt. Ele ficou solteiro até 1935, quando, com quase 47 anos, casou-se com Elisabeth Obermüller, vinte anos mais moça. Não tiveram filhos, e é bem provável que o casamento fosse uma farsa, pois aparentemente Schmidt precisava se precaver. É o que se depreende de uma declaração num processo de 1948, ao se referir a Philipp Oberbuchner como um "fofoqueiro que não deve ser levado a sério, que me escreveu cartas anônimas com conteúdo odioso". Schmidt desistiu de uma acusação.[116] Ele deve ter tido seus motivos.

Schmidt devia ser bem parecido com August Kubizek, o amor de juventude de Hitler. Um laudo de avaliação do partido nazista de 1934 indica um traço de sua personalidade que sugere isto: "Ele confia menos em si do que poderia."[117] Esta insegurança tornava Schmidt – como antes Kubizek – receptivo à estratégia de sedução de Hitler. Schmidt também se interessava por arte e literatura, como revelava a bem fornida estante de seu apartamento, conforme constatou o jornalista inglês Heinz, com grande surpresa, em 1933. Havia Goethe, Schiller, Shakespeare e muitos outros autores clássicos,[118] um tipo de leitura pouco comum para um pintor de origem humilde. A julgar pelas poucas entrevistas e declarações escritas, Schmidt também sabia expressar-se muito bem. Salvo algum engano, Schmidt e Hitler eram dois autodidatas ambiciosos que não se sentiam atraídos apenas por sua orientação homossexual. Obviamente Hitler era a personalidade dominante que encontrara em Schmidt um companheiro receptivo. O velho sonho da vida de artista e de uma relação íntima com um parceiro afim deve ter novamente despertado. Fora exatamente isto que Hitler tentara com Kubizek e Häusler. Schmidt foi a terceira tentativa de realizar este sonho, só que, desta vez, o rompimento se deu simultaneamente com uma ascensão promissora para Hitler. Schmidt e Hitler continuaram ligados pela lealdade. A relação amorosa durou alguns anos, mas a amizade foi até a morte. Schmidt jamais teria pensado em "entregar-se" a si mesmo e Hitler.

Foi Hans Mend quem revelou o segredo do grande amor entre Hitler e seu "Schmidl", movido por uma mistura curiosa de burrice e esperteza, inveja e frustração, ousadia e indignação. Os outros camaradas de guerra não o fizeram, até porque, para a maioria deles, a ascensão de Hitler a *Führer* e chanceler do Reich trouxera conseqüências bastante favoráveis. Quase todos os que o conheceram de perto na guerra foram beneficiados a partir de 1933. Foram recompensados por não causarem constrangimentos ao poderoso ditador com aquilo que sabiam. Seria uma tarefa interessante analisar o grupo dos que assumiram o compromisso de silenciar mediante uma recompensa.[119] Mend, no entanto, não se sentia impelido a calar. No protocolo que registra suas lembranças, está aquela frase já mencionada sobre a vida de Hitler e que não deve ser menosprezada, indicando que Hitler teve uma relação sexual com Ernst Schmidt. Vista no contexto da história deste protocolo, a frase ganha uma importância que praticamente a torna uma evidência.

Falta mencionar que, nos anos 70, apareceram documentos sobre Hitler originados nos arquivos do Serviço de Segurança de Himmler que continham outros detalhes sobre sua vida sexual durante os anos de Exército. De acordo com estes documentos, que teriam sido obtidos por um escritor britânico de um ex-funcionário em 1916/17, na França, Hitler posou nu, para um oficial homossexual chamado Lammers, que na vida civil era artista plástico em Berlim, e em seguida foi para a cama com ele. Em 1939, este oficial declarou que o cabo se divertiu tanto quanto ele e que os desenhos ainda existiam.[120] Como os documentos e os desenhos não foram encontrados em nenhum arquivo, essa informação não pôde ser checada, podendo ser qualificada como fofoca. Entretanto, não se deve julgar apressadamente, pois ela se insere no contexto, bem como a informação prestada por Hermann Rauschning ao serviço secreto norte-americano de que houve um processo contra o cabo Hitler e um oficial por causa de práticas sexuais.[121] Tudo isto é possível. Só aqueles que não admitem as coisas interditadas desdenham tudo como sendo pura especulação.

Do Exército à política

Vamos resumir os fatos: as experiências de agosto de 1914 constituíram mais um despertar pessoal do que político para Hitler. De repente, parecia que o passado insatisfatório dava lugar a um futuro com esperanças: a chance de escapar às pressões da moral burguesa, das convenções sociais e do mercado de trabalho. Por isso, Hitler "desejou" tanto participar da "luta de 1914", como ele mesmo diz, vivenciando-a como a "libertação das más sensações da juventude".[122] A escolha do vocabulário é reveladora: não era a "batalha dos povos" que o fascinava. Era a tão desejada catarse pessoal, a perspectiva de uma mudança em sua vida e, obviamente, de ter um soldo para sobreviver e estar numa comunidade de amigos.

A derrota da Alemanha tomou-lhe novamente sua "pátria eletiva", fazendo com que Hitler voltasse a se encarar. O que fazer? As transformações e a radicalização da vida pública ofereceram-lhe uma nova possibilidade: a política. Até então, Hitler nunca tivera verdadeiras convicções políticas. O que ele trouxera de Viena era mais uma confusa coleção de ressentimentos. Sentia-se mais próximo das "pessoas de origem baixa". Até o início de 1919, era uma espécie de socialista sentimental. Não tinha posições firmes, ao contrário, sua tendência revolucionária não passava de uma atitude exterior, não era uma convicção política racionalmente trabalhada. Conseqüentemente, ele procurou tirar vantagens das duas frentes: a esquerda socialista e a direita nacionalista. Quando Hitler decidiu ser político profissional no campo da direita nacionalista alemã, não tinha a menor idéia do que estava falando. Na sua visão, a política era um meio de elevar sua auto-estima. Para isso, usava qualquer instrumento, desde os discursos anti-semitas recheados de ódio até o vocabulário contra-revolucionário tomado emprestado do nacionalismo radical.

Quando, em 1920, Hitler finalmente ganhou o aplauso do público e começou a desencadear tempestades de entusiasmo, aproveitou-se instintivamente desta situação. "A ambição é o último refúgio dos fracassados", disse Os-

Caricatura sobre as tentativas fracassadas de Hitler de calar aqueles que duvidavam de sua atitude heróica duante a guerra. Nesta caso, a charge se refere ao processo que Hitler moveu contra o jornal social-democrata Hamburger Echo, *em 1932.*

car Wilde certa vez. A habilidade retórica de Hitler foi o talento que lhe trouxe o primeiro êxito verdadeiro de sua vida. Agora, ele fazia as coisas "com paixão".[123] Ele percebia como sua capacidade de ser convincente o destacava do anonimato da massa e o tornava a esperança da platéia. Além disso, teve a sorte de encontrar os homens "certos", como Röhm ou Mayr – homens que não só se aproveitaram dele, mas o estimaram, apesar de suas esquisitices, e o apoiaram em seu processo de politização. Por outro lado, Hitler estava disponível para envolver-se e mobilizava seu talento histriônico, a habilidade para mentir e cumprir as expectativas nele colocadas, se possível, até superá-las. Este talento já tinha sido aperfeiçoado. Sua experiência de vida deve ter aumentado muito como reação à humilhação e ao estigma – o que, no início, deve ter sido horrível. Agora ele podia tirar proveito desses comportamentos e dessas características. Havia outra coisa que o mobilizava fortemente. Ele escolheu o caminho da política naquele mundo confuso da República de Weimar, porque alguma coisa pela qual sempre ansiara se tornava subitamente acessível para ele: o respeito social, ser aceito como "homem de verdade", o que significava, quem sabe, uma perspectiva de reabilitação social.

Hitler acreditava ser isto possível sem que ele tivesse de romper radicalmente com seus hábitos ou tornar notória sua orientação sexual. O melhor exemplo é o flerte com o capitão Ernst Röhm. Hitler percebeu que deveria apostar em Röhm e não em Mayr, ou seja, naquele que, com seu talento de organização e aptidão militar, poderia ajudá-lo a alcançar o poder real, conseguindo-lhe combatentes – soldados, e não membros de partido. Terá sido por acaso que Hitler escolheu o homossexual Röhm? E terá sido por acaso que ele caiu na teia de Hitler? Provavelmente, não. A "biografia sexual" que fez Hitler entrar na política passou a indicar o rumo de toda a sua carreira.

A questão sexual também levou Hitler a desenvolver determinada característica a que ele deve em grande parte seu rápido sucesso na política: a capacidade de mentir bem. Hitler foi provavelmente o maior mentiroso que já pisou a arena da política. Isto não deve ser compreendido de forma pejorativa, pois Hitler mentia para sobreviver. Com suas mentiras, encontrou um meio de atenuar as dúvidas que o atormentavam. Este talento vem associado a duas outras características: uma enorme desconfiança e uma especial capacidade de omitir fatos. Os homossexuais do início do século XX tinham de lançar mão destes subterfúgios para se defender de perseguições e do estigma social, daí saberem mentir especialmente bem.[124] A intolerância e a falta de liberalidade da sociedade não lhes deixava outra escolha, senão procurar alcançar a maestria na arte da dissimulação. É o que deve ter acontecido também com Adolf Hitler, só que, em 1919/20, ele percebeu que as características desenvolvidas inicialmente por instinto de sobrevivência poderiam ser bem aplicadas na vida política.

As habilidades de Hitler se adequavam, pois, perfeitamente a seu novo campo de atuação. Na agitação política, ele encontrara um meio para liberar seus sentimentos represados e os preconceitos acumulados, sendo que o público funcionava como a caixa de ressonância perfeita, de dar inveja a qualquer político. Segundo avaliação de um contemporâneo, seu sucesso devia-se à "sua capacidade de transmitir emoções, à sua convicção profunda".[125] Seu êxito inacreditável tinha outro motivo: a identificação total com o destino político da Alemanha, que Hitler encarnava como ninguém. Ninguém poderia compreender melhor do que ele a vergonha que o Reich alemão, humilhado e impotente, vivenciou em 1918/19. Esta vergonha o abalou profundamente, pois reproduzia num nível mais elevado, o da política, o dilema básico de sua vida pessoal. Foi essa identificação que lhe permitiu expressar de forma tão verossímil seu "amor inabalável" pela Alemanha, bem como seu desprezo pelos "traidores da pátria". Com esta combinação única de indignação e empatia, Hitler atingiu todos os alemães que não conseguiam conformar-se com a derrota de seu país. A eles, Hitler prometeu restabelecer a honra da nação e punir seus detratores. Sua mensagem foi bem recebida, dando cada vez mais segurança ao fanático combatente dos sentimentos baseados no *Deutschland über alles* (Alemanha acima de tudo).

Aos poucos, Hitler ganhava a certeza de que mostraria a todos aqueles que nunca o tinham levado a sério onde tinha chegado. Ele teve sucesso porque se entregou totalmente à política, talvez o último caminho possível para fugir de seu dilema pessoal. Estava disposto a tudo. O destino cruel da Alemanha de 1918/19 foi uma boa oportunidade, pois a luta pela revisão do tratado de Versalhes transformou-se simultaneamente em luta pelo seu futuro pessoal. De certa forma, tomou a nação como refém para conseguir escapar para sempre de seu estigma pessoal. Neste particular, o anti-semitismo, num primeiro momento, era apenas um meio para chegar ao fim. Quando, em 1922, seu antigo protegido Alfred Schuler o questionou sobre esta forma de ação,

Hitler teria respondido: "Dê-me uma outra palavra de ordem para que eu possa ganhar as massas."[126] Sua salvação estava na política radical nacionalista e ele fez de tudo para ascender. Um *outsider* como ele não teria outra chance.

O fato de Hitler ter conseguido, a partir de 1921, lançar mão de instrumentos políticos genuínos de agitação e propaganda para aumentar sua influência, alcançando a maestria neste particular, corrobora o diagnóstico já esboçado. Sua ambição ardente obrigava-o a ser uma revelação, de preferência a maior – senão na arte, então na política. Logo ele compreendeu que, para isto, precisava ter objetivos ideológicos, estruturas de organização, determinados rituais, além de instrumentos do poder – formais e informais.

Notas

1 Este texto foi retirado do conjunto de documentos de Hentig, espalhados pelo Arquivo do Ministério das Relações Exteriores, o Arquivo Federal de Koblenz e o Instituto para História Contemporânea de Munique, e pode ser encontrado na parte de Escritos de Testemunhas (*Zeugenschrifttum*) deste mesmo Instituto em Munique sob o n. 2.397.

2 Werner Maser, *Adolf Hitler. Legende, Mythos, Wirklichkeit* Munique, 1971, páginas 456 e 139. Maser só tem informação oral sobre o documento.

3 Arquivo Histórico Nacional, Munique, Departamento IV, HS 3231.

4 Ver Susanne Meinl, *Nationalsozialisten gegen Hitler*, Berlim, 2000, p. 278 e seg. respectivamente p. 428.

5 Friedrich Alfred Schmid Noerr, *Dokument des Widerstandes – Entwurf einer Deutschen Reichsverfassung*, em: *Voran und beharrlich*, vol. 33/34, 1961, p. 36.

6 Meinl, *Nationalsozialisten*, p. 228.

7 Citação segundo Heinz Höhne, *Canaris. Patriot im Zwielicht*, Munique, 1976, p. 370. Comparar também com Christian Hartmann, *Halder. Generalstabschef Hitlers 1938-1942*, Paderborn, 1991, p. 162 e seg.

8 De outubro de 1914 a junho de 1916, como cavaleiro no Regimento List, Mend esteve bastante próximo dos outros estafetas desta unidade, entre os quais estava Hitler, desde outubro de 1914. Nos anos 1918/19, ambos se reencontraram em Munique.

9 Sede do NSDAP em Munique, que ficava na Briennerstrasse 45. (O nome derivava da cor dos uniformes do partido).

10 *Mend-Protokoll*, em: HStA München, Abt. IV, HS 3231.

11 A tentativa seguinte de reconstruir a vida de Mend apóia-se, principalmente, no respectivo material encontrado no Arquivo da Cidade de Munique, Staatsanwaltschaften, números 9.959 e 34.513, bem como Kriegsstammrollen 13.184/6046 e 3.040/737, em: Arquivo Histórico, Munique, Dep. IV.

12 Em 27/10/1938, Mend qualificou esta carta em um bilhete para seu senhorio como "documento insubstituível" para ele, em: BAB, NS 26/64.

13 Comparar BAB, NS 26/9 e 10.

14 *Mend-Protokoll*, in: HStA München, Abt. IV, HS 3231.

15 Comunicado da direção de polícia de Munique ao promotor no tribunal especial de Munique de 31/12/1940, em: StA München, Staatsanwaltschaften, N. 9.959. Compare também a liminar impetrada pelo advogado de Mend, Roder, de 8/1/1941 (ibid.), em que diz: "Ele se encontrava quase diariamente com o *Führer* no Café Heck durante sua temporada em Munique, e o *Führer* o tratava de 'você'."

16 *Mend-Protokoll*, em HStA München, Abt. IV, HS 3231.

17 A editora, que existe até hoje em Diessen, não se dispôs a colaborar para esclarecer a gênese desta publicação.

18 Declaração à imprensa de Mend de 1/12/1932, em: *Der Gerade Weg* N. 49 de 4/12/1932.

19 Comparar o artigo *Kommandierender von Hitlers Gnaden*, in: *Münchener Post*, 8/1/1931.

20 Comparar Georg Franz-Willing, *Ursprung der Hitlerbewegung 1919-1922*, Preußisch Oldendorf, 1974, p. 68.

21 O mesmo ocorreu com Balthasar Brandmayer, camarada de guerra de Hitler, que publicou o seu livro *Meldegänger Hitler* junto à editora Franz Walter Verlag de Munique, na mesma época em que o livro de Mend. Neste caso, o objetivo também era o de utilizar um testemunho autêntico para fins políticos. Faz sentido que as últimas páginas do volume contenham propaganda para cartões-postais nazistas e brinquedos.

22 Comparar *Hamburger Echo* N. 55 de 29/2/1932; bem como Egon Erwin Kisch, *Gesammelte Werke* (Obras completas), vol.7, Berlim, 1992 (4ª edição), pág. 299 e seguintes.

23 Todas as citações do livro de Hans Mend, *Adolf Hitler im Felde*, Diessen, 1931, p. 77 e seg., 61 e seg., 100, 113, 118, 172, 186 e 191.

24 Comparar com a declaração à imprensa de Mend de 1/12/1932, em: *Der Gerade Weg*. N. 49 de 4/12/1932, bem como a carta de Amann para Wiedemann de 26/3/1935, em: BAK, NS 10/173.

25 Editorial "*O herói de guerra Hitler*", em: *Münchener Post* N. 235 de 10/10/1932. Compare também o suplemento semanal *Echo der Woche* da revista social-democrata de Hamburgo *Echo* de 13/3/1932, em que Mend é qualificado como "testemunha própria de Hitler" e "companheiro de Hitler".

26 Comparar *Völkischer Beobachter* de 25/11, 3/12 e 10/12/1931.

27 *Mend-Protokoll*, em: HStA München, Abt. IV, HS 3231.

28 Sobre Gerlich, comparar Hans-Günther Richardi/Klaus Schumann, *Geheimakte Gerlich/Bell*, Munique, 1993, páginas 28-51.

29 *Der Gerade Weg*, N. 41 de 9/10/1932.

30 Mend para Franz Xaver Schwarz de 8/7/1933, in: BAB, BDC Hans Mend.

31 Declaração à imprensa de Mend de 1/12/1932, in: *Der Gerade Weg* N. 49 de 4/12/1932.

32 *Mend-Protokoll*, em: HStA München, Abt. IV, HS 3231.

33 Comunicado da direção de polícia de Munique ao promotor no tribunal especial de Munique em 31/12/1940, em: StA München, Staatsanwaltschaften, N. 9.959.

34 Mend para Franz Xaver Schwarz de 8/7/1933, in: BAB, BDC Hans Mend.

35 *Mend-Protokoll*, em: HStA München, Abt. IV, HS 3231.

36 Mend para Reichsleiter Bormann em 15/3/1935, in: BAK, NS 10/173. Esta carta se refere a uma correspondência do verão de 1934 que não ficou preservada sobre o mesmo assunto.

37 Carta de 26/3/1935, em: ibid. O nome de Mend era conhecido no grupo que cercava Hitler, como mostra uma carta de Wiedemanns para Amann de 22/3/1935 (ibid.), em que diz: "Contaram-me diversas coisas sobre Mend..."

38 Comparar documentos sobre Hans Mend no Arquivo da Cidade de Munique.

39 Transcrição do inquérito de Franz Schneider de 15/1/1958, in: StA München, Staatsanwaltschaften, N. 34513.

40 Hans Mend para Michael Mend em 22/1/1934, propriedade particular de Jürgen Kamleiter, a quem quero agradecer o recebimento de uma cópia.

41 Veja autos do inquérito Hans Mend de 27/10/1938, em: BAB, NS 26/64.

42 Schaub para Amann em 9/12/1935, in: BAK, NS 10/172.

43 Ver carta de Dr. Paulus para o Tribunal de Starnberg de 28/7/1957, in: StA München, Staatsanwaltschaften, N. 34513.

44 Autos do inquérito de Rosl Braunschweig de 5/2/1958, in: ibid.
45 *Mend-Protokoll*, em: HStA München, Abt. IV, HS 3231.
46 Cópia de uma carta de Mend ao seu senhorio Dr. Göringer de 27/10/1938, in: BAB, NS 26/64.
47 Cópia de carta do advogado Hermann Alletag para Mend de 3/11/1938, in: ibid.
48 Comunicado da direção de polícia de Munique ao promotor no tribunal especial de Munique, de 31/12/1940, in: StA München, Staatsanwaltschaften, N. 9959. Compare também a carta da livraria Koehler & Volckmar de Leipzig ao Arquivo Central do NSDAP de 1/6/1938, in: BAB, NS 26/64.
49 Comparar o estudo de caso de Hans-Günther Hockerts, *Die Sittlichkeitsprozesse gegen katholische Ordensangehörige und Priester*, Mainz 1971.
50 Comparar o currículo manuscrito de Mend para o advogado Dr. Rasch do tribunal de Munique de 12/1/1941, in: StA München, Staatsanwaltschaften, N. 9.959.
51 *Kriminalbiologisches Gutachten* (Laudo criminal-biológico) de Dr. Riedl de 14/2/1941, in: ibid.
52 Comparar carta da direção da Gestapo em Munique à promotora no tribunal especial de Munique de 14/11/1941, in: ibid.
53 Ibid.
54 Cópia de uma carta de Mend ao seu senhorio, Dr. Göringer, de 27/10/1938, in: BAB, NS 26/64.
55 Dr. Paulus ao tribunal de Starnberg de 28/7/1957, in: StA München, Staatsanwaltschaften, N. 34513.
56 Autos do interrogatório de Eva König de 24/2/1958, in: ibid.
57 Comunicado do posto de polícia de Aufkirchen ao conselho municipal de Starnberg de 24/9/1940, in: StA München, Staatsanwaltschaften, N. 9959. O conteúdo é confirmado pelas declarações da funcionária pública Rosl Braunschweig em 5/2/1958 durante seu interrogatório: ela se "lembrava que Eva König tinha uma participação escusa neste assunto", in: StA München, Staatsanwaltschaften, N. 34513.
58 Sobre detalhes, comparar StA München, Staatsanwaltschaften, N. 9959.
59 As circunstâncias da morte de Mend nunca foram elucidadas. Depois da guerra, a procuradoria de Munique, após breve investigação, considerou o caso sem perspectiva de solução. Mas está registrado que "não existe documento oficial sobre a morte de Mend". (Nota do posto criminal de Fürstenfeldbruck à procuradoria de 21/6/1958, in: StA München, Staatsanwaltschaften, Nr. 34513.)
60 Mend à sua governanta Betty Heinzl, 15/12/1940. Esta carta manuscrita aparentemente também foi confiscada pela direção da penitenciária e foi anexada ao processo (ibid.).
61 Carta prioritária do promotor no tribunal especial de Munique à penitenciária, de 18/3/1941, in: ibid.
62 Segundo declarações das diversas testemunhas, in: StA München, Staatsanwaltschaften, N. 9959.
63 Justificativa do veredicto, de 11/3/1941, in: ibid.
64 Autos do interrogatório de Eva König de 24/2/1958, in: StA München, Staatsanwaltschaften, N. 34513.
65 Autos do interrogatório de Franz Schneider de 15/1/1958, in: ebd.

66 Comparar Magnus Hirschfeld (org.), *Sittengeschichte des Ersten Weltkriegs*, Berlim, 1929; bem como H.C.Fischer/E.X.Dubois, *Sexual Life During the World War*, Londres 1937, pág. 288 e seg.

67 Hirschfeld, *Sittengeschichte*, pág. 219.

68 Comparar a descrição mais densa disponível até agora sobre este período da vida de Hitler em Anton Joachimsthaler, *Hitlers Weg begann in München 1913-1923*, Munique, 2000, páginas 98-197. Infelizmente, a interpretação não está de acordo com as fontes coletadas de maneira trabalhosa.

69 As indicações seguintes nas entrevistas de Schmidt citadas por Heinz A. Heinz, *Germany's Hitler*, Londres, 1934, pág. 97 e seg.; bem como na revista *Neue Revue*, N. 47, 1952 (série de artigos "Este foi Hitler"); também HStA München, Abt. IV, Kriegsstammrolle 3071 e 4424/157; StA München, Spruchkammer, Karton 1643.

70 *Bericht über meine politische Tätigkeit* de 31/7/1948, in: StA München, Spruchkammer, Karton 1643.

71 Comparar os documentos sobre Rudolf Häusler im Stadtarchiv München, onde se encontra o nome "Schmidt".

72 Schmidt em entrevista ao *Illustrierter Beobachter*, seqüência 15, abril de 1937, pág. 527. Comparar também Balthasar Brandmayer, *Meldegänger Hitler*, Munique, 1933 (2ª edição), pág. 86 e seg.; bem como Mend, *Hitler im Felde*, p. 39, 82 e 141.

73 Heinz, *Germany's Hitler*, p. 98.O voluntário de guerra nascido em 1895, que em maio de 1917 foi enviado à frente oriental por razões misteriosas, posa nas fotos como rapaz ingênuo, aparentemente dependente de Hitler e Schmidt. Possivelmente, ele era o mesmo Baumann mencionado por Mend em *Hitler im Felde* na página 163 e que servia o médico do regimento, Riehl, "do qual Hitler era muito amigo".

74 Brandmayer, *Estafeta*, página 100, respect. 78.

75 Discurso de Hitler de 4/6/1939, segundo Max Domarus (org.), *Hitler. Reden und Proklamationen 1932-1945*, vol. II/2, Wiesbaden, 1973, p. 1205.

76 Friedrich Wiedemann, *Der Mann, der Feldherr werden wollte. Erlebnisse und Erfahrungen des Vorgesetzten Hitlers im I. Weltkrieg und seines späteren Persönlichen Adjutanten*, Velbert, 1964, p. 28 e seg.

77 Citado segundo Eberhard Jäckel/Axel Kuhn (org.), *Hitler. Sämtliche Aufzeichnungen*, Stutgart, 1980, p. 78 e seg.

78 Comparar Joachimsthaler, *Hitlers Weg*, pág. 158. A atitude submissa de Hitler em relação aos oficiais do regimento não foi apenas relatada por Mend. Compare também Edgar Stern-Rubarth, ... *Aus zuverlässiger Quelle verlautet ... Ein Leben für Presse und Politik*. Stutgart, 1964, pág.133 e seg.; Walter C. Langer, *Das Adolf-Hitler-Psychogramm*, Viena/ Munique/Zurique, 1973, pág. 137.

79 Egon Erwin Kisch, *Es gilt, Hitler zu begreifen*, publicado primeiramente em: *Das Blaue Heft* (Paris) de 15/7/1933; citado segundo a mesma fonte, *Gesammelte Werke*, vol. 10, Berlim, 1993 (2ª ed.), p. 356 e seg.

80 Compare IfZ München, ZS 1751; comparar também *Nürnberger Nachrichten* N.178 de 4/ 8/1961.

81 Comparar *Deutsche Allgemeine Zeitung* de 3/8/1933 ("Wie Hitler das E.K. I erwarb).

82 Compare Friedrich Percyval Reck-Malleczewen, *Tagebuch eines Verzweifelten*, Stutgart, 1947, pág. 75, que cita um "oficial conhecedor da prática das condecorações".

83 Compare Joachimsthaler, *Hitlers Weg*, p. 110.

84 Em sua tese de mestrado, Hauke Hirsinger fez um apanhado das contradições: *Hitler im Ersten Weltkrieg. Fakten und Legenden*, Bremen, 2001.

85 Compare John Toland, *Adolf Hitler*, Bergisch Gladbach, 1977, p. 98, citando declarações pessoais de Ernst Schmidt.

86 Cit. cf. Jäckel/Kuhn (org.), *Sämtliche Aufzeichnungen*, p. 82.

87 Compare Maser, *Adolf Hitler*, p. 108.

88 *Neue Revue*, N. 47, 1952, p. 37.

89 Compare Maser, *Adolf Hitler*, p. 149.

90 Adolf Hitler, *Mein Kampf*, Munique, 1930 (3ª edição), p. 225.

91 Heinz, *Germany's Hitler*, p. 101 e seg.

92 Ibid., p. 103.

93 Em 1919, houve uma tentativa de constituir, na Baviera, um regime comunista, que acabou derrubado por tropas contra-revolucionárias. Essa cadeia de acontecimentos marcou profundamente o ambiente político (N.T.)

94 A respeito disto, vale a pena contar um caso. Sempre disposto a se confraternizar com todo aquele que fosse mais ou menos simpático com ele, Hitler se alimentou durante uma semana em fevereiro 1919 num sítio próximo de Bad Reichenhall, pertencente a um jovem camponês com o qual dividiu durante uma noite um quarto no hotel da estação. Este lembrou o fato em uma carta ao "querido *Führer*" em 1937, com o pedido de uma breve visita, "depois que estivemos já tão próximos na vida". O leitor imaginará que o poderoso ditador não deve ter levado a sério esta carta. Errado. Hitler não ignorou o pedido, embora, por motivos de agenda, adiasse o encontro "para o próximo ano". Carta para e do camponês Josef Neumeier de 14/7, 25/9 e 4/10/1937, in: BAK, NS 10/370. Como se depreende disto, Hitler quisera originalmente visitar o camarada de guerra Tiefenböck, que, no entanto, não estava em casa.

95 Foi o que disse Hitler em um discurso de 7/3/1931 para homens da SA em Munique (Relatório policial), in: Constantin Goschler (org.), *Hitler. Reden, Schriften, Anordnungen*, vol. IV/1, Munique, 1994, p. 229.

96 Ver Katja-Maria Wächter, *Die Macht der Ohnmacht. Leben und Politik des Franz Xaver Ritter von Epp (1868-1946)*, Frankfurt, 1999, p. 56 e seg.

97 Comparar Klaus Bredow, *Hitler rast. Der 30.Juni. Ablauf, Vorgeschichte und Hintergründe, Saarbrücken 1934*, p. 5. Este livreto, assinado com pseudônimo, foi escrito por um jornalista que tinha excelentes conhecimentos internos do movimento nazista.

98 Comparar com fontes citadas em Joachimsthaler, *Hitlers Weg*, pág. 210 e seguintes.

99 Ver detalhes em Ernst Deuerlein, *Hitlers Eintritt in die Politik und die Reichswehr*, pág. 177 e seguintes.

100 Comparar com o artigo apócrifo "*I was Hitler's Boss*", in: Current History, vol.1, N. 3, novembro de 1941, páginas 193 a 199, aqui pág. 193. Há indícios de que este texto se baseia em uma entrevista conduzida por Otto Strasser no exílio, na França, com Mayr, a qual Strasser depois modificou em um texto autobiográfico, "retocando" alguns trechos.

101 Mayr, em *Münchener Post*, em 13/11/1928.

102 Karl Rohe mostra que Mayr permaneceu sendo uma figura polêmica, mesmo quando se envolveu com a associação social-democrata "Reichsbanner". Karl Rohe, *Das Reichsbanner Schwarz Rot Gold*, Düsseldorf, 1966, principalmente páginas189 e 349.

103 Segundo a (futura) biógrafa de Röhm, Eleanor Hancock, *Ernst Röhm and the Experience of World War I*, in: *The Journal of Military History*, vol. 60 (1996), pág. 56 e seguintes.

104 Compare documentos militares de Rudolf Häusler, bem como de Ernst Schmidt, no Arquivo da Cidade de Munique.

105 Ver Heinz, *Germany's Hitler*, pág. 107; comparar tb. "*I was Hitler's Boss*", in: *Current History*, N. 3, novembro de 1941, pág. 194.

106 Schmidt em depoimento para Maser, *Adolf Hitler*, pág. 160.

107 Heinz, *Germany's Hitler*, pág. 98; bem como Fritz Demmel, *Geschichte und G'schichten aus der Gemeinde Garching a.d. Alz* , Garching, 1999, pág. 295.

108 Compare os documentos no processo de Hitler contra a revista *Echo* de Hamburgo, em março de 1932, in: StA Hamburg, 213-4 LG-Rechtsprechung, D 1933-2.

109 Segundo a tradição alemã de qualificação profissional, o aprendiz de algum ofício deve fazer uma prova para tornar-se mestre e poder, assim, exercer a profissão. (N. T.)

110 Comparar. Joachimsthaler, *Hitlers Weg*, pág. 143.

111 Maior lago da Baviera (N.T.).

112 Seqüência 15, abril de 1937.

113 Comparar Joachimsthaler, *Hitlers Weg*, pág. 143 e parte ilustrada depois da página 96.

114 Autos de inquéritos, in: StA München, Spruchkammer, Karton 1643.

115 Segundo Demmel, *Garching*, página 295.

116 StA München, Spruchkammer Karton 1643.

117 Segundo Demmel, *Garching*, pág. 294.

118 Comparar Heinz, *Germany's Hitler*, pág. 97 e seguinte.

119 Algumas indicações podem ser encontradas em Joachimsthaler, *Hitlers Weg*, pág. 143 e seguintes. Insuficiente para nosso questionamento é Gerd R. Ueberschär/Winfried Vogel, *Dienen und Verdienen. Hitlers Geschenke an seine Eliten* Frankfurt, 1999.

120 Comparar David Lewis, *The Secret Life of Adolf Hitler*, Londres, 1977, p. 52 e seguintes.

121 Compare Langer, *Hitler-Psychogramm*, p. 140.

122 Hitler, *Mein Kampf*, p. 176 e seguintes.

123 Ibid., p. 235.

124 Comparar Hans von Tresckow, *Von Fürsten und anderen Sterblichen. Erinnerungen eines Kriminalkommissars*, Berlim, 1922, pág. 112, 135; bem como Karl-Heinz Janßen/Fritz Tobias, *Der Sturz der Generäle. Hitler und die Blomberg-Fritsch-Krise 1938*, Munique, 1994, pág. 107.

125 Observação do jornalista Karl Tschuppik em 1927, em um artigo para *Tagebuch*, reproduzido em: Wolfgang Weyrauch (coord.), *Ausnahmezustand. Eine Anthologie aus "Weltbühne" und "Tagebuch"*, Munique, 1966, pág. 295 e seguintes.

126 Citado segundo Gerhard Plumpe, *Alfred Schuler, Chaos und Neubeginn* (Alfred Schuler, caos e recomeço) Berlim, 1978, página 179.

CAPÍTULO 3

ESTAÇÕES PRIVADAS DE UMA VIDA PÚBLICA

Em setembro de 1919, ao ingressar no Partido Operário Alemão, Adolf Hitler era uma folha em branco em termos políticos. Menos de três anos depois, já era *o* maior símbolo das esperanças do movimento nacionalista alemão e exercia uma influência considerável sobre a política do Estado Livre da Baviera. Em novembro de 1923, ele pôde mesmo arriscar um golpe de Estado contra o governo do Reich. Esta ascensão impressionante não tinha apenas causas estruturais. Ela não teria acontecido, não fossem determinados homens que apoiaram Hitler, fazendo-o avançar no momento certo e para o lugar certo. Quem eram estes protetores? O que os movia?

Ernst Röhm

A partir de março de 1919, o capitão Röhm passou a participar ativamente da vida de Adolf Hitler. Ele presenciou seu primeiro discurso público, em outubro, durante uma manifestação do Partido Operário Alemão, na cervejaria Münchener Hofbräukeller.[1] Ernst Röhm ficou tão encantado com esta aparição que não só passou a apoiar o jovem agitador em suas ambições políticas, como pouco tempo depois também se filiou àquele partido. Já na primavera de 1920, Adolf Hitler participava dos encontros secretos de um grupo de conspiradores da direita radical chamado *Eiserne Faust* (Punho de Ferro), coordenados por Ernst Röhm, que agora protegia Hitler com todas as suas forças.[2] Desta forma, o horizonte de Hitler ampliou-se rapidamente. Na casa de Röhm, transitavam representantes importantes do Exército, bem como de corporações paramilitares.[3] Não havia em toda Munique quem tivesse contatos tão bons e cujo apoio tivesse tanto peso. Para Hitler, foi um feliz acaso que logo este homem investisse no seu futuro. Ele percebeu esta chance e abraçou-a. O ambiente festivo que cercava o grupo de conspiradores veio ao encontro do talento de autopromoção histriônica de Hitler. Em pouco tempo, as pessoas decisivas já tinham uma impressão favorável a seu respeito. Seu maior trunfo era a simpatia que Röhm nutria por ele.

Durante a Primeira Guerra Mundial, Ernst Röhm fez carreira como oficial do Estado-Maior, e com o desmoro-

O oficial do Estado-Maior Ernst Röhm, aos 31 anos, com Hitler, em 1919.

namento do Império passou a ser ajudante do general Franz Xaver Ritter von Epp,[4] líder de sua corporação livre.[5] Com as tropas de Epp, participou em abril/maio de 1919 da derrubada da República de Conselhos de Munique,[6] e permaneceu um inimigo ferrenho da jovem Democracia de Weimar. Como Epp foi encarregado de comandar a infantaria estacionada na Baviera, Röhm também recebeu uma posição estratégica na hierarquia político-militar. Mas o relacionamento entre os dois entrou em crise em 1921, quando Röhm passou a responder ao comandante do ministério da Defesa na Baviera, Otto von Lossow. "O general von Epp", disse Röhm mais tarde, "ficou incomodado com o fato de eu passar a colaborar com a nova autoridade. Devia achar que eu queria afastar-me gradativamente de sua influência e passou a tratar-me com frieza."[7]

Existem sinais que sugerem um relacionamento homoerótico entre Röhm e Epp,[8] e Hitler, mais tarde, deixou escapar que a homossexualidade de Röhm tornou-se notória pela primeira vez em 1920.[9] Terá sido um acaso que ele, o desconhecido cabo Adolf Hitler, tenha despertado em 1919 o interesse do general von Epp, vinte anos mais velho e solteirão empedernido? O fato é que o general gostou tanto dele que logo o encaminhou para o quartel como "oficial de instrução".[10] No final de 1920, a ligação entre eles era tão forte que o agora já oficial-comandante da *Reichswehr*[11] entregou ao novo líder político recursos provenientes de seu fundo secreto para fins partidários – gesto que, mais tarde, explicaria como tendo sido um "assunto puramente particular".[12] O eixo Röhm-Epp não apenas favoreceu Hitler no plano particular, mas lhe trouxe grandes vantagens políticas. Estes dois militares dispunham de acessos ao poder que agregavam valor considerável ao "político" Hitler, que até então tinha, como único recurso, seu carisma de orador e ator.[13]

Hitler teria sido ingênuo se não tivesse reconhecido as oportunidades que Röhm lhe abria. Por intermédio dele, conheceu potenciais membros e soldados para o partido – afinal, nenhum lugar melhor para recrutá-los do que nos batalhões das corporações livres. Segundo expressão do próprio Hitler, eram "jovens cheios de iniciativa, habituados à disciplina e orientados, desde o serviço militar, pelo princípio de que 'nada é impossível, tudo é viável – basta querer'".[14] Hitler efetivamente conseguiu impor-se como portador das esperanças políticas naquele ambiente nacionalista/militar. Röhm deve ter ajudado daí o líder de corporação Gerhard Rossbach estar certo ao afirmar, tempos depois: "Foi Röhm quem calçou as botas militares neste homem inteligente, meigo, porém louco [...] e o colocou em marcha."[15] Caso não tivesse capacidade para adotar uma atitude guerreira e militar, imitando perfeitamente a de Röhm, Hitler dificilmente teria conseguido convencer os "leais camaradas", a ingressar no partido.[16] Os líderes da União Guerreira Alemã (*Deutscher Kampfbund*) de 1923, uma aliança das chamadas Associações Patrióticas de Luta (*Vaterländische Kampfverbände*), jamais teriam se submetido ao comando de um ex-cabo de 34 anos, não tivesse Hitler sido instruído e apoiado incondicionalmente por Röhm.

Os modos de soldado de Röhm, mistura de general do Estado-Maior e oficial de tropa, impressionaram Hitler profundamente. Eles tinham a mesma idade, mas Röhm seguia firmemente seu caminho, tendo chegado a declarar publicamente que encarava o mundo exclusivamente de um "ponto de vista militar". Ele também defendia sem concessões seu objetivo político, que consistia em "conquistar para o soldado alemão do *front* a parte que lhe cabe na direção do Estado, e abrir espaço para o espírito de luta do *front* também na política". "Os fofoqueiros devem calar-se. Só os homens decidirão. Desertores políticos e mulheres histéricas de ambos os sexos devem ser afastados, pois só perturbam e prejudicam quando o lema é lutar",[17] afirmava Röhn, num desprezo declarado contra tudo o que era feminino e não-militar.

Esta ideologia se deve, em grande parte, ao mais influente teórico do movimento juvenil *Wandervogel* (Andarilho), Hans Blüher. Num ensaio polêmico, Blüher interpretou esta mentalidade como "fenômeno erótico".[18] Ele se referia à função cultural do afeto entre amigos, característico do convívio nas agremiações masculinas. Segundo Blüher, só este tipo de ambiente era capaz de gerar aquelas "heróicas criaturas masculinas" que, graças a seu carisma eroticamente fundamentado, tornam-se líderes fortes e atraem contingentes de seguidores militantes. Publicado em 1925, o artigo panfletário *Freundesliebe oder Homosexualität* (Amor entre Amigos ou Homossexualidade)[19] do médico Karl-Günther Heimsoth, amigo íntimo e colega de corporação de Röhm, revela até que ponto as idéias de Blüher tinham permeado os grupos populistas da época – e como era fácil o *eros inter homines* ser carregado de valores racistas e ser usado contra a "inferioridade do feminismo e do semitismo". "A contraparte prejudicial do herói másculo é o efeminado", um produto do "feminismo homossexual", isto é, daquele movimento que, de forma vergonhosa, "reduz a homossexualidade à mera satisfação de necessidades sexuais individuais". Ao impregnar com a ideologia do "eros alemão" as inclinações homossexuais, não apenas se estabelecia uma clara fronteira em relação ao odiado "papa da homossexualidade", Magnus Hirschfeld, mas também se pagava um tributo ao homoerotismo como contribuição à construção de um Estado popular sobre valores masculinos.

Posteriormente, Blüher relacionou sua teoria com Hitler: "Hitler leu *O papel do erotismo* e admitiu que devia existir alguma coisa assim [um heroísmo homoerótico].[20] Em outro trecho, afirma que "Hitler obviamente conhecia muito bem meus livros e sabia que seu movimento era um movimento masculino, baseado nas mesmas forças do *Wandervogel*".[21] Apesar de essas afirmativas de Blüher parecerem uma simplificação, Ernst Röhm e a filosofia das corporações revelam que estas referências existiram de fato e que foram importantes para o cunho militante do movimento nazista. O fato de um homem como Heimsoth depois manter contato estreito[22] com diversas futuras estrelas do nazismo não foi mera coincidência. Enfim: erotismo e sexualidade entre homens carregados de ideologia foram as pedras angulares da cultura fascista das agremiações masculinas no período pré-1933.

Este era, pois, o mundo em que Röhm vivia, cujos ideais valorizava e procurou concretizar na sociedade pós-revolucionária alemã através de uma luta sem escrúpulos e até mesmo brutal contra os valores e representantes da cultura democrática. Estas fantasias militantes de masculinidade contrastam com sua veia artística. Como mostram suas memórias publicadas em 1928, Röhm era bem articulado e deve ter sido também um bom orador. Sobretudo, amava a música. Um contemporâneo narrou como conheceu Röhm em 1924, em um castelo em Wolmirstedt, na Turíngia: "Quase todas as noites, Röhm tocava piano durante esta temporada tranqüila. Tínhamos um maravilhoso piano de cauda no salão daquele castelo, e como ele era um grande wagneriano, tocava principalmente trechos de óperas como *Siegfried* e os *Mestres Cantores*. Tinha predileção por Wagner e era um entusiasmado fã de Bayreuth."[23] O próprio Röhm conta: "Seguindo minha especial inclinação e veneração, tive a sorte de ser repetidamente hóspede na casa Wahnfried em Bayreuth. Pude deleitar-me com o efeito das criações sonoras daquele mestre alemão por excelência em perfeita consagração e beleza."[24] Embora normalmente rude, Röhm sabia ser delicado e carinhoso no trato pessoal, como revelam as cartas ao seu protegido, o estudante de artes plásticas Martin Schätzl.[25]

A forma de Röhm lidar com sua orientação homossexual é ilustrada por um artigo publicado em 1932, intitulado "Nazismo e inversão" o qual, se não for de sua autoria, deve ter-se inspirado nele.[26] Trata-se de uma homenagem ao homoerotismo, cujas raízes estão fincadas no ideário de Blüher. O autor, desconhecido, chega a afirmar – sem nunca ter sido desmentido – que "esta não é apenas uma opinião pessoal minha, mas compartilhada pela elite e até pelo *Führer*".

O texto começa explicando que "a essência de um relacionamento amoroso homossexual" não é o "*coitus per anum, per os ou inter femora*". Em seguida, ressalta a importância da intimidade, que não interessa a ninguém: "Amamos o *eros* criador; mas não lutamos pelo *eros coitando*, sem por isso desprezá-lo. Ao compreender o instinto sexual como elementar, cremos que parte de sua força pode ser sublimada. Nem por isto podemos ser considerados repressores. Não se deve fazer alarde do que se passa entre quatro paredes." O mote principal do artigo era a importância de se cumprir o dever como soldado e camarada. De resto, tudo deveria ser permitido na intimidade, desde que não fosse exposto ao público. Este era, digamos, o lado moral da questão. E o aspecto pessoal?

"Acredito ser homossexual", confessou Röhm a seu amigo Heimsoth em 1929, "mas só descobri isto em 1924. Lembro-me de uma série de sentimentos e práticas homossexuais até na infância, mas também tive relações com muitas mulheres, embora nunca com prazer. Também contraí gonorréia por três vezes, o que interpretei como castigo pelo meu comportamento desnaturado. Hoje, todas as mulheres me causam horror; especialmente as que me perseguem com seu amor – e que, infelizmente, são numerosas. Por outro lado, tenho imenso afeto pela minha mãe e pela minha irmã."[27]

Existem indícios de que Röhm noivou antes da guerra, mas obviamente esta ligação fracassou logo.[28] Ele entrou para o mundo puramente masculino das trincheiras e das corporações livres, onde não precisou mais esconder suas tendências homoeróticas. Não sabemos com quem e quando Röhm "descobriu realmente" sua homossexualidade. Há indícios de que manteve um relacionamento homossexual mais duradouro, já no início dos anos 20, com seu protegido Edmund Heines.[29]

Outras fontes indicam que ele só se deu conta da sua inclinação durante os meses em que esteve detido em Stadelheim, em 1923/24.[30] Seja como for, Röhm se aceitava do jeito que era, e chegou a confessar que "não estava infeliz" com a sua homossexualidade, "quem sabe, até orgulhoso".[31] De modo geral, ele parece ter sido bastante liberal nestas questões. Assim, por exemplo, tornou-se público, mais tarde, seu envolvimento com garotos de programa em meados dos anos 20, bem como seu aberto engajamento pela abolição do parágrafo 175 (de 1871 que considerava crime o homossexualismo e que foi reforçada em 1935, sob o regime nazista, a ponto de considerar até mesmo pensamentos homossexuais como crime passível de até dez anos de prisão e, em casos graves, punido por emasculação).[32]

Também chama a atenção o ímpeto antiburguês de Röhm. Ele adorava fazer o papel de "terror burguês": "Como sou uma pessoa imatura e má, sinto-me mais atraído pela guerra e pela agitação do que pela pacata vida burguesa." Costumava polemizar contra a dupla moral burguesa: "Nada mais mentiroso do que esta dita moral da sociedade, este conceito esfarrapado. Aviso logo que não faço parte dos bonzinhos, nem tenho ambições de tornar-me um deles. Não quero ser 'moralmente correto', pois a vida me ensinou que não se pode esperar grande coisa desta 'moral'.[...] Na guerra, nunca julguei os soldados por critérios morais, e sim pela sua bravura."[33]

Quando Röhm e Hitler se conheceram, o jovem de 32 anos tinha boa aparência: as fotografias daqueles anos não mostram o corpulento Röhm de pescoço largo, como revelam as imagens dos anos 30, e sim um oficial esbelto e bastante atraente. As profundas cicatrizes no seu rosto devem ter sido vistas pelos camaradas e amantes não como defeito físico e sim como prova de valentia. Basta lembrar que as cicatrizes eram consideradas sinais de distinção entre os membros das ligas estudantis. Hans Frank, ex-camarada de corporação de Röhm, apresenta a seguinte descrição: "Até então, eu pensava que a homossexualidade fosse característica de homens efeminados, fracos, parasitas. Mas Röhm era o protótipo do soldado audaz e corajoso, e, com suas cicatrizes de guerra no rosto e a postura enérgica e decidida, aparentava ser um homem másculo. Seus olhos azuis sempre brilhavam alegres e claros. Além disso, era um camarada fiel e abnegado e um oficial altamente qualificado, de comportamento seguro."[34] Kurt Lüdecke, um colaborador de Hitler dos primeiros anos de Munique, também lembrava de Röhm como "a imagem viva da própria guerra". Ao mesmo tempo, esse homem mostrava "uma cortesia extraordinária e completamente instintiva". "Eu gostava de seu olhar franco e do firme aperto de mão".[35] Assim Röhm, figura central do movimento paramilitar, era visto por seus "companheiros de luta": um brutamontes e, ao mesmo tempo, um homem "culto", com carisma. Isto revela que as causas para o sucesso de Röhm não devem ser procuradas apenas na sua disponibilidade para aplicar inescrupulosamente a força bruta.

Algumas fontes sugerem que Ernst Röhm e Adolf Hitler se relacionaram sexualmente. É o que indica, por exemplo, o general von Bredow, no diário que publicou fora da Alemanha, em 1934.[36] Não se deve excluir totalmente a hipótese de um relacionamento desse tipo. Sem dúvida, Hitler e Röhm passavam juntos algum tempo fora do serviço, porque sem isso dificilmente se explicaria a amizade e a intimidade que havia entre eles. Entretanto, considero improvável que tenham mantido um relacionamento amoroso. Nas memórias do confidente de Hitler, Ernst Hanfstaengl, encontramos a afirmação de que, por volta de 1923, "a amizade entre Hitler e Röhm" teria se aprofundado, dando margem a rumores. O próprio Hanfstaengl descartou esses boatos como "fortemente exagerados".[37]

Hitler reconheceu o talento de Röhm para o planejamento e a organização, e percebeu que encontrara alguém que tinha autoridade suficiente para manter um grande número de soldados sob controle. Quando Röhm lutava, demonstrava uma "masculinidade" que Hitler gostava de copiar. Observando Röhm, ele rapidamente aprendeu como conciliar um porte másculo com uma inclinação homoerótica. Em pouco tempo, Hitler sabia ostentar esta "masculinidade" com tanta convicção que enganava até mesmo os soldados mais valentões.

"Uma amizade sincera me ligava a Hitler", escreveu Röhm em suas memórias. Mesmo quando houve a ruptura entre os dois, em 1925, ele sentiu-se obrigado a "falar com franqueza, de camarada fiel para amigo". Qual foi a causa desse conflito? Eles haviam tirado conclusões diversas do fracassado golpe de novembro de 1923. Quando Röhm saiu da prisão, em abril de 1924, Hitler o nomeou comandante da SA. Nesta posição, Röhm fundou o *Frontbann*, uma reedição da antiga União Guerreira dos anos anteriores ao golpe. Hitler compreendeu logo que, nas novas condições da República de Weimar, a reedição desta estratégia das corporações livres levaria a um beco sem saída em termos políticos. Por isso, em 1924, ele separou novamente a SA do *Frontbann* – e Röhm, que exigia categoricamente para o movimento nazista "o primado do soldado diante do político", sentiu-se traído. As opiniões dos dois sobre a tática política a ser adotada eram antagônicas, de modo que, na primavera de 1925, seus caminhos se separaram. Foi uma separação sem intrigas e sem litígios em público. Mesmo nos anos seguintes, Röhm nunca atacou seu ex-protegido. Pelo contrário, em 1928 reforçou expressamente sua "ligação com o arauto da luta política, Adolf Hitler". [38] Röhm continuou leal a Hitler, e seu relacionamento pessoal com ele permaneceu intacto.[39]

Dietrich Eckart

Além da amizade com Röhm, o ingresso na política em Munique fez Hitler dedicar-se a outro homem, já mais velho: o boêmio Dietrich Eckart. Bávaro típico, ele desempenhava tão bem o papel de leão-de-chácara quanto o de intelectual. Em Hitler, encontrou um admirador, mas também um discípulo que acreditava poder moldar, incentivar e finalmente enviar ao debate público para defender seus objetivos, que eram mais filosóficos do que políticos.

Para descobrir o que fez Hitler, aos trinta e poucos anos, sentir-se atraído por este escritor duas décadas mais velho convém examinar um artigo que, de acordo com fontes confiáveis, provocou um acesso de ira em Hitler com conseqüências gravíssimas para o autor.[40] Por ocasião dos 75 anos de Eckart (então já falecido), em 1943, o jornal *Frankfurter Zeitung* ousou publicar um retrospecto de sua personalidade e de sua vida que ia frontalmente contra as lendas criadas pelos nazistas sobre o antigo mentor de Hitler.[41] Ali se revela um homem "que, depois de diversas aventuras, sempre renovava seus esforços para tornar seu nome [...] publicamente reconhecido". Um homem que sofreu "dura rejeição" como autor teatral e cujas condições de vida foram, durante anos, "muito sofridas": "Um lugar qualquer nos fundos de um prédio em Berlim servia-lhe de abrigo, e às vezes pernoitava num banco do Tiergarten."[42] De fato, não foi exatamente uma carreira exemplar, e mesmo seus passos anteriores foram problemáticos: depois de começar a estudar medicina e interromper o curso, depois de "brigas e badernas" com os companheiros de corporação estudantil e de um malsucedido tratamento de desintoxicação para curar-se da dependência de morfina, Eckart, em 1893, procurou sua sorte inicialmente no jornalismo, até que, finalmente, a morte do pai resolveu suas dificuldades financeiras. "Com a herança, o jovem Eckart viaja pelo mundo; vai a Leipzig, onde mantém uma casa aberta, reunindo artistas, músicos e pintores. Depois de uma breve temporada em Berlim, [...] muda-se para Regensburg. É um homem livre e independente, embora seu fígado lhe cause problemas, mas vive conforme suas inclinações, suas vontades, sem incomodar ninguém." Quando, em 1899, o dinheiro acabou, Eckart regressou a Berlim, onde viveu durante uns dez anos com uma mão na frente e outra atrás. Sua adaptação da peça *Peer Gynt*, de Ibsen, trouxe-lhe algum sucesso no palco, se bem que, num primeiro momento, "a desgraça tornasse a cair sobre o orgulhoso" e o autor teve de se defender de severas críticas. Por fim, seu amigo e mecenas, o diretor-geral do teatro Königliches Schauspielhaus, conde Hülsen-Haeseler, conseguiu um adiantamento para que o poeta polêmico pudesse fazer uma nova peça teatral. Ele trabalhou nisto durante o outono de 1913, num sanatório em Blankenburg. Daí mudou-se em 1915 para Munique, mais especificamente para o bairro de Schwabing. Ali, a derrota vergonhosa do império impulsionou Eckart para a arena política, durante o inverno de 1918/19. Foi quando ele "conheceu Adolf Hitler".

É fácil imaginar por que este perfil de Eckart no *Frankfurter Zeitung* despertou a ira do ditador. O texto deve ter-lhe parecido como um relato de sua própria trajetória: a obsessão de viver como "artista"; a dependência da ajuda alheia; a predominância da aparência sobre a essência; o desejo compulsivo pelo reconhecimento e a obrigação de justificar-se; a vontade quase indomável de se auto-afirmar; e finalmente a mudança abrupta da arte para a política. Como artista, Eckart experimentou exatamente o que o jovem Hitler sonhava. Por isto, este se sentiu estreitamente ligado ao homem de Schwabing – que também vivia à margem da sociedade, que também era possuído pela convicção de ser superior aos outros e que tinha sobrevivido. Desta forma, Eckart deve ter lhe parecido uma espécie de avalista para a sua auto-imagem.

Os caminhos do boêmio "clássico" e do pseudoboêmio cruzaram-se na Munique politicamente confusa do pós-guerra. O que ainda faltava ao mais jovem, o outro possuía em demasia: auto-estima, segurança em público, bons relacionamentos, carisma. Mas Hitler também tinha o que oferecer, como Eckart percebeu à primeira vista. Não apenas possuía um grande talento oratório, perseverança e força de vontade, como também capacidade e vontade de aprender, além de ser grato pelo apoio que recebia. Hitler era um talento promissor, um grande sucesso de público. Eckart sabia que ele próprio não seria capaz de empolgar as massas.

Desta aproximação instintiva nasceu uma grande amizade. Mais tarde, Eckart admitiu que se sentiu "atraído pela

Amigo e "padrinho ideológico" de Hitler: o escritor anti-semita Dietrich Eckart, no início dos anos 20.

sua [de Hitler] maneira de ser, e minha relação com ele tornou-se mais íntima".[43] Hitler também ficou fascinado desde o primeiro encontro. Um dos motivos, que ainda exaltava dez anos depois, foi a forma do "crânio fantástico deste alemão [...]. Uma testa imponente, olhos azuis, a cabeça parecendo a de um touro. Além de tudo, uma voz com um timbre maravilhosamente honesto".[44] Tornaram-se mais próximos em 1921, quando Eckart mudou-se para a Thierschstrasse, a poucas casas do modesto apartamento de Hitler. Eckart passou a chamar o amigo mais jovem entusiasticamente de "meu Adolf".[45] Hitler, por outro lado, admirava Eckart, via nele um ídolo, uma "estrela-guia".[46] O afeto de Eckart o lisonjeava. Como se sentia inferior em muitos aspectos, ser cortejado por um suposto grande escritor não só fazia-lhe bem, mas literalmente o enchia de orgulho.

Hitler costumava acompanhar Eckart nas atividades de lazer. Vagar pela cidade ao lado do poeta *bon vivant* agradava a Hitler, que sentia necessidade de recuperar o tempo perdido. Eckart era um histriônico que gostava de farras e de aparecer. Irradiava charme e simpatia, mesmo fora do âmbito da política: nos restaurantes, nas adegas e cervejarias[47] de Munique, durante o carnaval de Schwabing[48] ou na esfera íntima, Eckart estava sempre em evidência. Às vezes, iam juntos por alguns dias para Berchtesgaden.[49] Hitler confidenciou à sua secretária que a amizade com Eckart "foi uma das coisas mais agradáveis que aconteceram durante os anos 20".[50]

Quanto à natureza deste relacionamento, convém ressaltar um detalhe que não é mencionado no artigo do *Frankfurter Zeitung*: Eckart nutria um declarado desprezo por mulheres. A isso se referiu – por ingenuidade ou intencionalmente – Alfred Rosenberg em 1927, quando reuniu os escritos de Eckart em um pequeno volume.[51] "Sei que [...] toco em um ponto profundamente trágico da vida de Eckart", escreve Rosenberg. "Ele enxergava como traço essencial da mulher uma inclinação para a futilidade, negando-lhe a capacidade e a vontade de compreender realmente o sentido profundo das coisas. Apesar de uma certa polidez em relação às mulheres, ele nutria uma antipatia particular por elas e explicava isto como 'sinal de nossa época feminina'." A maneira como Eckart se referia em suas peças teatrais à natureza da mulher, utilizando palavras como covardia, transigência, astúcia, voluptuosidade, traição, segundo Rosenberg, tinha "motivos psicológicos" que deviam ser procurados no âmbito de sua vida pessoal. Além disto, Eckart via na "falta de masculinidade um traço de decadência" e, por isso, advertia contra o fortalecimento "do instinto feminino-lírico de homens instáveis".[52]

Diante do exposto fica mais claro entender por que Eckart combatia Magnus Hirschfeld com um ódio quase patológico. Um de seus famigerados panfletos de 1922 o rotula como "o apóstolo da sodomia", que pretende "arrastar o vício ainda mais para o meio da rua e envenenar profundamente a juventude", enquanto "o proletariado deve fornecer rapazes de programa aos insaciáveis patifes judeus da Galícia". Eckart queria ver "estraçalhado o crânio" deste "porco velhaco".[53] Quem espuma de raiva e lança tantas expressões violentas torna-se suspeito. Ainda mais porque Eckart era o oposto de um apóstolo moralista. Tudo indica que ele atacava Hirschfeld por se sentir pessoalmente ameaçado nos seus esforços em prol de uma revolução sexual.

Ao condenar o "instinto lírico-feminino" no homem, Eckart parecia combater uma parte de si mesmo. Aos 27 anos, ele confiou o seguinte poema a um amigo de juventude: "Muitas vezes tu me viste absorto em sonhos profundos, viste-me a lutar, a resistir, a guerrear; / viste-me a jubilar, ébrio de amor; / viste a minha vida jovem manchada de ódio / [...] / fiel a mim, na verdade, nunca fui, / somente num sentido: de amar-te sempre fielmente."[54] Esses versos permitem suspeitar o que um grande confidente de Eckart, Guido Karl Bomhard, talvez quisesse dizer ao escrever, muito tempo após a morte do amigo, que "teria receios de entregar fatos/informações que o [Eckart] pudessem colocar sob um foco errado". Referindo-se ao seu próprio relacionamento com o escritor, acrescentou que, para falar sobre ele, teria de tocar em fatos muito íntimos, que somente naturezas boêmias podem se dar ao luxo de viver."[55] Esta revelação é coerente com rumores de que o único amigo e confidente de Eckart entre os diretores teatrais alemães, o conde Georg von Hülsen-Haeseler, seria homossexual.[56] Hülsen-Haeseler manteve-se inabalavelmente fiel ao malsucedido Eckart. Sem ele, Eckart jamais teria conseguido se realizar como autor teatral.[57]

Somando todas estas informações, não admira que Eckart não tenha sido um marido fiel e atencioso. Já tinha 45 anos quando se casou com Rose Marx, uma viúva rica de Blankenburg. Segundo Rosenberg, foram os "relacionamentos masculinos" de Eckart que, em poucos anos, destruíram o casamento, que terminou sem filhos.[58] O pedido de divórcio data de 1920, ano em que Eckart e Hitler se conheceram. Os documentos sobre este processo se perderam.

Desde o inverno de 1919/20, Eckart e Hitler tornaram-se inseparáveis, e não só em assuntos políticos. Eckart se sentia "de fato intimamente ligado [...] a Hitler", conforme reporta seu amigo, o poeta Bomhard, afirmando ainda que "o relacionamento de Eckart com Hitler foi profundo e verdadeiro". [59] A respeito deste relacionamento, o próprio Hitler disse: "Naquela época [...] eu ainda era uma criança."[60] Com isto, Hitler quis se referir ao seu despreparo estilístico em comparação com o "tão espirituoso escritor" Eckart. Esta frase talvez revele melhor do que qualquer outra como ele deve ter-se sentido na época diante do amigo mais velho e em muitos aspectos superior a ele.

Eckart facilitou o acesso de Hitler aos círculos da alta sociedade de Munique e Berlim, que trouxeram inúmeros benefícios em termos sociais e financeiros ao político em início de carreira. O acesso a esta camada social, por cuja aceitação ele ansiara durante tantos anos, aumentou sua auto-estima. Eckhart lhe ensinou boas maneiras, melhorou seu estilo na expressão escrita e fez com que cuidasse mais da aparência.[61] Com ele, Hitler aprendeu a dominar as conversas tanto em ambientes populares como nos salões da alta sociedade. Eckart foi extremamente útil para que ele se impusesse dentro do partido. Contribuiu de forma essencial para que, no verão de 1921, Hitler recebesse poderes ditatoriais junto ao comando do NSDAP. Pouco depois, defendeu ostensivamente o chefe do partido contra críticos que ele enfrentava dentro do próprio NSDAP, que se queixavam do estilo de vida pouco transparente de Hitler. Disse poder jurar, baseado em seus "profundos conhecimentos", que o caráter de Hitler era impecável: "Impossível ser mais altruísta, abnegado, disposto a sacrifícios e correto."[62] Em contrapartida, Eckart foi incumbido de ser o redator principal do jornal do partido nazista, o *Völkischer Beobachter*.[63] Este foi o ponto culminante da atuação simbiótica deles no campo da política: Eckart como mentor espiritual de um movimento totalmente concentrado na pessoa de Hitler, cuja "força de atuação, energia e paixão" eram propagadas por Eckart de forma eloqüente. Até 1922, Eckart via a si próprio e a Hitler como uma unidade política e parece ter sido reforçado nesta crença por seus adversários.[64] Inicialmente, Hitler não teve problemas em aceitar o papel de coadjuvante nesta sociedade. Em algum momento, entretanto, isto mudou.

Em termos de visão de mundo, Eckart dava o tom. Sua biógrafa Margarete Plewnia comprovou que o anti-semitismo de Hitler se radicalizou sob sua influência. Mais precisamente, ela disse que Hitler só em 1920 fundamentou sua tentativa de rotular os judeus como "destruidores da Alemanha" em uma "série de argumentos" copiados dos panfletos difamatórios de Eckart que notabilizaram o poeta no mundo político a partir de 1919.[65] De um modo geral, pode-se creditar a Eckart a autoria intelectual de quase todas as idéias políticas que Hitler desenvolveu até os meados dos anos 20.

Pela forma como tentavam proteger-se mutuamente, é possível concluir o que Hitler e Eckart significavam um para o outro. No verão de 1922, Eckart admitiu numa reunião que não hesitaria em "puxar um revólver" para proteger Hitler contra qualquer agressão policial.[66] Quando Eckart foi intimado em 1923 pela procuradoria do Estado por difamar o presidente do Reich, Hitler apresentou-se imediatamente ao ministro-presidente da Baviera, Eugen von Knillig, exigindo por escrito o "cancelamento da voz de prisão".[67]

Excepcional nesta relação deve ter sido o fato de conseguirem combinar o aspecto político com seus anseios íntimos. Tanto para Eckart como para Hitler, a política foi o instrumento ideal para uma auto-realização originalmente concebida como *artística*. A amizade com Eckart fez renascer o velho sonho do casal de artistas. Quando, depois dos distúrbios revolucionários, o teatro Schauspielhaus de Berlim reapresentou o *Peer Gynt* de Eckart, ele levou seu novo amigo para a capital do Reich.[68] Eckart também descrevia apaixonadamente para Hitler a maravilhosa atmosfera de Bayreuth, onde outrora vivera como crítico.[69] Logo, o teatro e a ópera devem ter ocupado um lugar de destaque em sua amizade. Eckart apresentou Hitler a várias personalidades da vida cultural como, por exemplo, em 1920, ao ex-diretor geral do teatro Königliche Hofbühnen em Munique, Clemens von Frankenstein, que na época habitava a famosa mansão Lenbachvilla. Um observador maldoso conta que Hitler, ao visitá-lo, "feliz e, ao mesmo tempo, inibido com o convite", equipou-se "com polainas, chicote, pastor-alemão e chapéu de caça". Respondeu com gratidão aos "comentários amavelmente frios do dono da casa" para, finalmente, passar a "monopolizar a conversa", pregando como se fosse um "padre do Exército".[70] Infelizmente não constam informações sobre o assunto da conversa, mas fica evidente o esforço da jovem estrela em ascensão na política para causar boa impressão – não só nas cervejarias, como também nos círculos mais elevados.

Tudo indica que Hitler ainda precisava trabalhar sua imagem. Pelo menos é o que sugerem alguns relatos. O comandante de corporação Gerhard Rossbach, assim descreve o Hitler daquela época: "Frágil, mas querendo parecer forte; não muito culto e desejando ser universal; um boêmio que precisava se transformar num militar, caso quisesse realmente exercer influência sobre os soldados. Um homem inseguro quanto ao seu potencial e, por isto, dominado pelo complexo de inferioridade diante de todos aqueles que já tinham se realizado de alguma forma ou o estavam ultrapassando. Impetuoso e inseguro, ao mesmo tempo, muitas vezes rude quando sentia suas limitações."[71] Se essa descrição procedia, Hitler realmente tinha muito a aprender e a exercitar. Embora já tivesse absorvido muita coisa de Röhm, ainda estava longe de se sentir senhor da situação.

Isto fica evidente, por exemplo, no seu encontro com o presidente da Associação Pan-Germânica (*Alldeutscher Verband*), Heinrich Class, em Berlim, em dezembro de 1920. Relata-se que Hitler desempenhou o papel do fiel discípulo diante do político nacionalista, beijando-lhe as mãos e deixando uma forte impressão de "subserviência".[72] O próprio Class escreve em suas memórias: "Este homem era um político selvagem que tinha a necessidade de enfatizar aquilo que estava dizendo, mesmo diante de um único interlocutor, através da força da voz e dos gestos." Depois de 15 minutos, ele entendeu claramente que "estava lidando com um completo histérico". Mas Class percebeu também que estava diante de "um homem que representava uma novidade na vida política do nosso povo", alguém que, pela simples crença em si próprio e na força de sua convicção, destacava-se do papel de um chefe de partido comum.[73]

Hitler aprendeu rapidamente a encobrir suas fraquezas e a passar a imagem de um político experiente. Já no decorrer do ano de 1922, Eckart tornou-se dispensável como mentor de Hitler. Ele, agora, queria caminhar com os próprios pés, e tudo indica que tenha conseguido. Quando o editor da *Deutsche Rundschau*, Rudolf Pechel, voltou a Munique no outono de 1922, depois de vários meses de ausência, ele ouviu falar por todos os lados que Hitler se tornara "megalomaníaco".[74] Até mesmo observadores externos da paisagem política registraram uma mudança em Hitler. Um deles foi o cônsul-geral britânico em Munique, William Seeds, que ainda em maio de 1922 desqualificara Hitler como sendo insignificante. Em novembro, no entanto, enviou um relatório para Londres alertando que o papel de Hitler já excedia o de um "agitador esquisito e engraçado" e que muitos viam nele um Mussolini alemão, sendo que sua popularidade superava, há algum tempo, a do lendário general von Ludendorff.[75] Foi no rastro desta ascensão[76] que Hitler parece ter-se separado de Eckart. Ele se tornara um hábil ator do palco político, calculista, com muitas faces diferentes. Sabia controlar suas emoções, bem como usá-las em proveito próprio. Suas ligações com o mundo político já eram suficientes. Não precisava mais da ajuda de Eckart.[77]

Permaneceu um certo afeto em relação àquele a quem deveu parte considerável de seu sucesso. A separação aconteceu aos poucos, com diversas cenas de ciúmes e ofensas mútuas. O primeiro passo foi dado por Eckart, que respondeu ao distanciamento de Hitler com um flerte com uma mulher trinta anos mais jovem, ciente do quanto isso iria magoar e até ofender Hitler.[78] Hitler não reagiu logo. Ajudou o amigo perseguido pela Justiça em seu jogo de esconde-esconde na região montanhosa de Berchtesgaden, onde chegou a visitá-lo pessoalmente em abril de 1923, depois de uma incômoda caminhada. Obviamente, Hitler estava preocupado com o fugitivo, e Eckart mostrou-se "muito emocionado" com a visita inesperada.[79] Ainda não se podia falar em deterioração do relacionamento.

Tudo mudou em maio de 1923, conforme relatou Ernst Hanfstaengl mais tarde ao serviço secreto americano.[80] No início de junho de 1923, Hanfstaengl visitou Hitler e Eckart na região montanhosa de Berchtesgaden. Numa conversa a sós, Eckart queixou-se de Hitler, que não aceitava mais críticas e estaria no caminho certo para se tornar um megalomaníaco. O que mais irritava Eckart era o "exibicionismo de Hitler": chicote na mão, passava o dia inteiro rondando a dona da pensão, *Frau* Büchner, falando incessantemente com aquela "vaca burra". Às vezes, exaltado, chegava a se comparar a Jesus Cristo. Durante uma caminhada com Hitler, Hanfstaengl teve de ouvir suas reclamações em relação a Eckart – um velho senil, que, apesar da idade, estava apaixonado por uma moça trinta anos mais jovem, "aquela Annerl", queixou-se Hitler. Eckart estava indeciso e não sabia o que queria. Schopenhauer teria feito dele um "incrédulo" que só desejava o "Nirvana". Segundo Hanfstaengl, Hitler xingou Eckart várias vezes de velho burro, e o principal motivo de sua ira era a afeição do amigo pela jovem.

No decorrer da primavera de 1923, os caminhos de Eckart e Hitler se separaram definitivamente.[81] Eckart estava realmente "farto" da política do partido, mas continuava a acreditar piamente no "seu Adolf", apesar de todos os desentendimentos. "Acredite se quiser: Hitler é o homem do futuro", afirmou a um amigo em dezembro de 1923, pouco antes de sua morte.[82] Sua última obra foi *Conversa a dois com Adolf Hitler*[83] – uma tentativa do poeta de erguer um monumento literário a Hitler. A dedicatória com que Hitler elogia Eckart, em 1925, ao final de *Minha luta*, qualificando-o como "um dos melhores", indica que ele ainda nutria afeto pelo antigo companheiro. Este afeto é também revelado numa observação que Hitler fez no mesmo ano, depois de visitar a casa de Goethe, em Weimar: "Sabe, o Dietrich Eckart escreveu poemas tão bonitos quanto os de Goethe."[84]

Ernst Hanfstaengl

Em março de 1923, diversas pessoas que conviviam com Hitler notaram que ele passou a se relacionar com muita intimidade com um certo Ernst Hanfstaengl que até então figurava como uma espécie de "relações-públicas" nas mesas de bar do chefe do partido. Hanfstaengl logo avançou para o *status* de amigo íntimo de Hitler.[85] Poucos anos mais tarde, este homem ganhou visibilidade como coordenador de imprensa estrangeira do *Führer*. Mais adiante voltaremos a falar desta carreira, que levou Hanfstaengl por um breve período para o centro do poder de Hitler. Mencionemos agora apenas que um membro da equipe de Goebbels reconheceu em Hanfstaengl alguém que "tinha coragem de ser autêntico mesmo perto de Hitler". E mais: "Hitler gostava deste Hanfstaengl, quanto a isto não há dúvida."[86]

Não dispomos de muitas informações sobre a vida deste filho de uma renomada família de negociantes de arte de Munique, nascido em 1887, mas existem documentos sobre alguns momentos de sua trajetória. De 1905 a 1909, Hanfstaengl morou em Harvard, apesar de só ter concluído o curso básico do colégio real de Munique.[87] A temporada nos Estados Unidos deve ter sido, antes de tudo, uma fuga de problemas escolares, cujos motivos desconhecemos. Em Harvard, estudou, "entre outras matérias, psicologia, literatura inglesa e alemã, história da arte e da música". Um colega de estudos afirmou mais tarde que Hanfstaengl sempre "buscou as pessoas certas", mas, apesar disto, nunca conseguiu ser aceito nos círculos fechados da universidade.[88] Em 1909, retornou a Munique para prestar serviço militar como voluntário durante um ano. Em seguida, no final do verão de 1910, voltou a estudar no exterior: Viena, Grenoble, Londres, Paris e Roma. No final de 1911, assumiu a direção do Salão de Arte dos Hanfstaengl em Nova York, onde "conseguiu [transformar] nossas salas de venda em ponto de encontro de renomados artistas e fãs da arte [...]". Até a Primeira Guerra Mundial, sentia-se muito bem neste ambiente. Os círculos de Manhattan por onde transitava tinham em comum o desprezo pela "hipocrisia moral anglo-saxônica", pela "falsa moral puritana"[89] – um de seus grandes amigos nesta época era o estudioso de literatura e *bon vivant* Hanns Heinz Ewers.

Depois da Segunda Guerra Mundial, Hanfstaengl tentou minimizar a importância deste relacionamento.[90] A segunda esposa de Ewers não tolerou essa atitude, como mostra uma carta indignada: "Estou tão ciente quanto você, sobre a amizade de muitos anos que o uniu a HHE [Hanns Heinz Ewers]. Se você hoje nega esta amizade, está sendo hipócrita e mentiroso. Conheci você através de HHE em 1919, em Nova York. Já naquela época o relacionamento entre vocês era bastante amigável. Mais tarde, na Alemanha, você se hospedou numerosas vezes em nossa casa. Durante vários anos, estivemos muito ligados [...], *pois HHE era seu amigo!*".[91] Em sua resposta, Hanfstaengl admitiu para a "querida Josephine" que sem dúvida Ewers fora um amigo "alemão caloroso, corajoso, dotado de patriotismo e de uma natureza verdadeiramente artística", por quem realmente se sentiu atraído.[92] Seja como for, vale a pena, para os nossos fins, lançar um olhar mais detido neste amigo íntimo de Hanfstaengl dos tempos de Estados Unidos.[93]

Ewers obteve alguma fama no início do século XX, com criações literárias não-convencionais, como seu livro *cult* intitulado *Alraune*, e com um estilo de vida alternativo. Mantinha amizades com artistas, políticos e ocultistas e transitava em círculos homossexuais. Tinha fama de ser um esnobe extravagante que costumava viajar para países distantes e dependia de álcool (absinto) e de drogas (mescalina) para se manter produtivo. O seu drama *Deserdado* discute as preocupações, aflições e tentações dos homossexuais com uma franqueza rara para a Alemanha daquela época. Antes da Primeira Guerra Mundial, Ewers já era famoso por tratar com maestria de assuntos delicados.

Em 1914, mudou-se para Nova York, onde se tornou amigo de Hanfstaengl. Eles levavam uma vida desregrada e, no meio em que viviam, o sexo e as drogas tinham papel importante. Ewers descreveu esta época em seu romance *Vampir* (1919), que para alguns era uma "selva imoral de caminhos movediços sexualmente patológicos" e, para outros, uma "divina comédia e sátira ao mesmo tempo".[94] Na alta sociedade descrita nesta obra, o jovem Hanfstaengl se sentia em casa.

Foi Ewers quem, em 1920, "intermediou" uma esposa para o amigo ainda solteiro, aos 33 anos: Helene Niemeyer, filha de um comerciante teuto-americano. O interesse inesperado desta jovem o salvou do abismo, escreveu Hanfstaengl à mãe.[95] Decidiram casar-se da noite para o dia. Hanfstaengl raramente se referia à sua atraente

O "animador" de Hitler em Munique: Ernst Hanfstaengl, filho de uma família de editores, aos 36 anos.

esposa, com quem viveu quase 16 anos – quando falava dela, não o fazia de forma carinhosa. Ergon, filho do casal, confirma hoje que não havia uma relação afetiva entre os dois, acrescentando que a mãe desde cedo pensava em se divorciar.[96]

No verão de 1921, Hanfstaengl e sua mulher voltaram para a Alemanha com Egon, então com seis meses, e tentaram recomeçar a vida em Munique. Foi mais difícil do que imaginaram, pois Edgar, irmão de Hanfstaengl, recusou-se a aceitá-lo como sócio na empresa familiar. Os dois irmãos não se davam – Edgar considerava Ernst incapaz e sem iniciativa. Sem alternativa, Ernst passou a buscar outras possibilidades profissionais. Começou como escritor, voltando-se também para a produção de filmes, escrevendo roteiros com amigos. Paralelamente, fez cursos de história na Universidade de Munique, onde se inscreveu em outubro de 1921. Graças às suas economias da temporada nos Estados Unidos, sobrevivia razoavelmente bem.

Antes de 1922, Hanfstaengl não tinha ambições políticas. "Eu era um artista", escreveu uma década depois. "Era músico ou escritor, mas, por Deus, não era político."[97] Subitamente, ele rendeu-se à política, ou melhor: a um determinado político. Em novembro de 1922, Kurt Lüdecke, de olho nas economias de Hanfstaengl para financiar o "movimento", teria apresentado este homem esguio de rosto comprido a Hitler.[98] Em pouco tempo, Hanfstaengl conseguiu ganhar sua confiança. Muitos membros do NSDAP passaram a ver nele um típico integrante da "camarilha" – pessoas que cercam o chefe para tentar influir nas suas decisões.[99] "Em 1923, todo mundo sabia que ninguém era mais ouvido por Hitler do que E. Hanfstaengl", escreveria a *Münchener Post* alguns anos mais tarde.[100] Esta aproximação impressionantemente rápida não deve ter tido motivos políticos. Hitler já era o poder e estava firmemente decidido a conduzir o movimento populista segundo seus ideais. Como poderia Hanfstaengl servir-lhe em termos políticos?

Hanfstaengl ficou fascinado com a "luminosidade dos olhos" de Hitler, "suas mãos delicadas e sua articulação verbal". Segundo Hanfstaengl, nas aparições públicas, Hitler era "um homem de enorme energia psíquica", que com a "brasa" da sua linguagem exercia um "fascínio" inacreditável. Afirma que também no trato pessoal Hitler era "sedutor, tinha uma espontaneidade" que lhe agradava muito. Aos olhos de Hanfstaengl, Hitler não era "nada vaidoso", era "cordial sem ser exigente, humilde e não era auto-suficiente".

Em pouco tempo, Hitler não queria prescindir da presença deste rebento de classe média algo fora dos padrões, e Hanfstaengl passou a desempenhar papel especial para ele. "Eu [Hanfstaengl] gostava de ironizá-lo e devo ter sido o único próximo a ele a quem permitia uma certa dose de ironia."[101] O jeito peralta e excêntrico de Hanfstaengl, que enervava os outros,[102] aparentemente não incomodava a Hitler – ao contrário, era justamente o que o atraía. Em Hanfstaengl, como escreveu em abril de 1925, ele conheceu "um homem cujo fanatismo se divide entre o amor ao movimento e o ódio contra os inimigos do mesmo". Hitler acrescentou ainda: "Para mim, ele se tornou um amigo pessoal."[103]

A partir de janeiro de 1925, Hitler passou a visitar Hanfstaengl regularmente no pequeno apartamento na Gentzstrasse, no bairro de Schwabing. Os dois viam-se quase diariamente, e o interesse comum por arte, música e história fazia com que nunca se entediassem. Hitler também gostava de brincar com o pequeno Egon. Provavelmente, sentia-se parte da jovem família. Qualquer casal "normal" teria considerado estas visitas invasivas, mas este não era o caso dos Hanfstaengl, que, apesar de morarem em um apartamento relativamente pequeno, tinham prazer com a presença de Hitler. Helene Hanfstaengl gostava dele declaradamente. Décadas mais tarde, ainda elogiava sua voz "expressiva e vibrante,"[104] que também enfeitiçara seu marido, que se dizia tocado pelos seus "efeitos sonoros únicos".

Às vezes, Hanfstaengl e Hitler se encontravam no apartamento particular deste último na Thierschstrasse, ou iam ao cinema à noite. Quando visitavam membros do partido fora de Munique e ficavam de um dia para o outro, não era raro dividirem o mesmo quarto. Costumavam fazer caminhadas, "passear por ruas tranqüilas até o campo de Oberwiesenfeld".[105] Hitler "sabia ser encantador e [...] desenvolvia grandes raciocínios". Muitas vezes, provou ser "mestre na arte de representar", especialmente quando imitava outras pessoas como se fosse um artista de cabaré, provocando acessos de riso em Hanfstaengl.

Hitler adorava quando Hanfstaengl, com seu "temperamento bastante impetuoso", tocava entusiasticamente, no velho piano no quarto mobiliado da Thierschstrasse, "floreios de Liszt e baladas românticas". "Hitler gritava, entusiasmado: 'Isso, Hanfstaengl, está maravilhoso!'"[106] Obviamente, Hanfstaengl obtinha mais sucesso com Hitler tocando Wagner: o prelúdio dos *Mes-*

tres Cantores ou *Morte de Amor* de *Tristão e Isolda*. "Assim era. Tive que tocar para ele centenas de vezes, e ele nunca se enfadava", pois "aquilo lhe fazia bem fisicamente", tão bem que Hitler "arrulhava de prazer". Com sua música, Hanfstaengl lhe proporcionava o "relaxamento" pelo qual ansiava.[107] Por isto, "ele vivia me chamando para que eu fosse tocar piano" e, "embora me desagradasse que ele dispusesse do meu tempo tão soberanamente, lá ia eu até a Thierschstrasse".[108]

Tudo isto mostra que, num primeiro momento, as questões políticas eram menos importantes para a relação entre Hanfstaengl e Hitler, ainda que não fossem totalmente insignificantes. Com seu livro *Hitler – Liederbuch (Cancioneiro de Hitler)*, por exemplo, de 1923/24, Hanfstaengl quis dar a sua contribuição à propaganda populista – o que deve ter lisonjeado Hitler. Todos os clichês da retórica de Hitler estão ali reunidos, da conspiração do judaísmo ao "declínio da Alemanha" até a "ressurreição" do Reich sob o signo da suástica. Os textos, recheados de expressões racistas, afirmavam que só "o remédio Hitler" poderia "salvar" a Alemanha.[109] Sem dúvida, o rebento de família burguesa que vivera tanto tempo no país da liberdade se transformara, em pouco tempo, em um verdadeiro nazista. Seus poemas recomendavam Hitler não apenas para a massa como também para a elite culta de Munique. Mesmo no curso do historiador Hermann Oncken, Hanfstaengl, então líder estudantil do partido nazista, fazia "propaganda para Hitler de forma laboriosa e efetiva".[110]

Hitler e Hanfstaengl tinham, antes de tudo, uma relação de amizade, o que não excluía que este último também imaginasse conquistar alguma vantagem profissional, já que estava "convencido de que suas [de Hitler] qualidades geniais o levariam ao auge do poder".[111] Na imprensa de oposição, Hanfstaengl já era tratado como o "ministro das Relações Exteriores" informal de Hitler,[112] apesar de Alfred Rosenberg imaginar que este cargo estivesse sendo reservado para ele. Logo, os atritos não tardariam a acontecer.

Hanfstaengl se incomodava com o "clima de conspiração e intriga" que envolvia as atividades do amigo, e isto acabou por conturbar o seu relacionamento: "Hitler [...] levava uma vida nas trevas; nunca se sabia exatamente onde ele estava. No fundo, era um boêmio que não tinha raízes em parte alguma."[113] Os colaboradores de Hitler na liderança do NSDAP criticavam seu chefe pelo mesmo motivo: "Sentimos falta de uma vontade sua de manter um contato mais estreito com seus colaboradores." Diziam que Hitler era "inatingível" e não tinha tempo para assuntos importantes do partido, que ele aparentemente levava longe demais sua necessidade de "descansar rodeado de amigos artistas e belas mulheres", dando "margem a rumores" que poderiam prejudicar o partido.[114] *Frau* Reichert, a locatária de Hitler, chegou a chamá-lo de um "verdadeiro boêmio", ao conversar com Hanfstaengl.[115] Tudo isto dá a entender que Hitler levava uma vida dupla à qual nem os amigos mais íntimos tinham acesso. Por que Hitler fazia tanta questão do mistério? O que estava por trás disto?

Dossiês secretos

Os dossiês sobre Hitler com que a polícia de Munique preencheu seis volumes certamente nos poderiam dar uma resposta. No entanto, logo depois de tomar posse como chanceler do Reich, Hitler mandou confiscá-los.[116] Um pequeno substituto para esta perda irreparável pode ser o que nos foi transmitido por Eugen Dollmann sobre os documentos secretos do cofre particular do general Otto von Lossow, do ministério da Defesa do Reich[117]

O jovem estudante Eugen Dollmann, filho de uma velha amiga de Lossow, estava entre os convidados da festa de Natal de 1923, no ministério da Guerra da Baviera. Depois do jantar, o anfitrião levou a seu gabinete um grupo de amigos para falar sobre o fracassado golpe de Hitler e justificar sua resistência enérgica àquela ação. Segundo o relato de Dollmann, Lossow teria dito literalmente: "Desde que dizimei o golpe, vivo recebendo cartas ameaçadoras de nazistas velhos e jovens. Meus oficiais recebem xingamentos e cusparadas por toda parte. Mas nunca haverá de acontecer nada com nenhum de nós. Felizmente, aprendi na China e na Turquia como me defender contra difamações e intimações de Braunau.[118] Desde o dia 9 de novembro, Hitler e seus seguidores sabem muito bem que qualquer atentado contra minha pessoa ou contra meus oficiais provocaria um escândalo de dimensões européias.[119] Ainda tenho bons amigos no mundo, e Adolf sairia perdendo neste jogo, assim como perdeu no dia 9 de novembro." Segundo Dollmann, neste instante, "o general tirou da gaveta um inquérito policial com relatórios secretos e depoimentos sobre a vida particular do senhor Adolf Hitler a partir do momento em que retornou a Munique depois da guerra – todos eles da delegacia de defesa dos bons costumes (Sittenamt), da direção da Polícia na Ettstrasse". Todos os presentes compreenderam imediatamente "a arma perigosa que Otto von Lossow guardava desde os anos de seu maior poder em Munique". Com voz cortante, o general passou a ler alguns dos depoimentos:

> "Eu, Michael, 18 anos, encontrei-me na noite do dia ... 19 de dezembro... na Rosenheimer Landstrasse com um homem de aspecto jovem, que me convidou para jantar e para passar a noite com ele contra pagamento. Como estava desempregado há meses e minha mãe e meus irmãos passavam fome, acompanhei este senhor até a sua casa. No dia seguinte, fui embora." Assinado: Michael ... – Outro: "Ao passear, um homem se aproximou de mim. Fui com ele ao cinema e depois ele quis me levar para o seu quarto, e me deu comida e cigarros. Como eu lhe dissesse que fui um soldado fanático e adoraria ter-me tornado sargento, ficou durante horas me falando de um novo Exército alemão, e me pediu que eu fizesse propaganda entre os meus companheiros para uma nova associação militar fundada por ele. Falava muito, mas não queria que eu fumasse em seu quarto. Passei toda a noite com ele e..." Assinado: Joseph... 22 anos. Mais: "Eu Franz... aprendiz, conheci em um bar perto da universidade um senhor que falava com sotaque austríaco e me contou muita coisa sobre Viena. Ao perceber que eu me interessava pelas suas explanações, começou a me explicar a necessidade de uma reunificação da Alemanha com a Áustria. Perguntou-me se eu estava disposto a colaborar com este objetivo. Quis me emprestar livros e revistas sobre o assunto e, por isto, fomos até sua casa. Como era tarde e não havia mais bonde, ele me convidou a pernoitar, e eu aceitei... Este senhor se chama Adolf Hitler; ele usava uma capa clara e uma das suas características é uma mecha de cabelo que vive caindo em sua testa." Assinado: Franz...

Lossow teria citado ainda outros jovens que contavam a mesma história: foram convidados por um certo Adolf Hitler para jantar em pequenos restaurantes e adegas em Munique, que ele queria conversar sobre política, dizendo que a Alemanha e o mundo pertencia a eles, os jovens. Invariavelmente, ficava tarde, "e os jovens do pós-guerra, que só encontravam miséria e fome em suas casas, estavam dispostos a dormir ao lado de Adolf Hitler, o bom amigo que não se cansava de prometer-lhes ajuda".

Dollmann continua o relato dizendo que von Lossow terminou a leitura dos depoimentos policiais com a seguinte explicação: "Com a ajuda de pessoas de confiança, ele fez Hitler saber que este material já fora levado para o exterior. Caso ele, Lossow, ou seus oficiais fossem atacados, os documentos seriam imediatamente publicados pela imprensa internacional. Além disso, aconselhava os presentes enfaticamente a silenciar sobre este assunto para o seu próprio bem." Efetivamente, até o ano de sua morte, em 1938, von Lossow residiu despreocupadamente em München-Schwabing e no lago de Starnberg, enquanto seu companheiro político, o comissário de Estado bávaro von Kahr, foi assassinado em julho de 1934 no rastro do caso Röhm.

O fato de von Lossow ter sido poupado chama a atenção, pois existem várias provas do ódio de Hitler contra o "traidor".[120] "Lossow, Kahr e Seisser são todos grandes *Scheisser* (merdas)" era um refrão popular nas mesas de bar dos nazistas.[121] Teria sido coerente vingar-se deste homem em junho de 1934 da mesma forma que ocorreu com Kahr ou Seisser.

Não se deve menosprezar o que o escritor Peter Martin Lampel afirmou em suas memórias – nunca publicadas – *Niemandes Knecht (Criado de ninguém)* sobre a vida particular de Hitler durante os anos de sua ascensão.[122] Falou que a homossexualidade de Hitler "não era estranha para muitos de nós, velhos integrantes das corporações livres de Munique". Por exemplo, a ligação de Hitler com o jovem Edmund Heines, que, depois de seu assassinato, em 1934, assim como Röhm, passou a ser rotulado pela máquina de propaganda de Goebbels de "homossexual depravado". "Por isto, não fiquei surpreso", prosseguiu Lampel, quando seu bom amigo Magnus se referiu "confidencialmente a dois depoimentos originais que ele havia guardado a sete chaves e que continham afirmações de dois rapazes de 17 ou 18 anos dos primórdios da SA, incluindo as fotografias deles. Hirschfeld também me falou dos detalhes. [...] Estes autos revelavam claramente a posição de Hitler, em assuntos bem pessoais". Hirschfeld teria enviado estes documentos "por um mensageiro especial" para Moscou. Lampel estava "absolutamente convicto" de que estas declarações de Hirschfeld eram corretas, e ainda no início dos anos 50 acreditava que "ainda existem suficientes testemunhas vivas".[123]

Assim se entende por que Hitler, como escreve Hanfstaengl, mantinha "separados os diversos grupos de conhecidos [...]. Ele não contava para ninguém onde havia estado ou para onde ia, e tampouco os punha em contato entre si". Segundo Hanfstaengl, Hitler jamais teria conseguido "encontrar aquele homem que lhe pudesse trazer a salvação naquela 'terra de ninguém' sexual em que vivia".[124] Será verdade?

Terá sido por acaso que Hitler, no início dos anos 20, encontrou e seduziu homens que podiam lançá-lo rapidamente para posições mais altas? Certamente não. Os relacionamentos com Ernst Röhm e Dietrich Eckart, protagonistas de dois mundos diversos, mostram que o homoerotismo não tinha fronteiras definidas. Através dele, Hitler se equiparava com os amigos em muitos aspectos superiores, além de estabelecer uma relação de confiança com eles. Sem o apoio incondicional de Röhm e Eckart, Hitler provavelmente teria fracassado. Eles reconheceram que Hitler era um "talento" e lhe abriram o caminho. Num primeiro momento, Hitler contava apenas com dois trunfos para sua carreira política: a retórica agressiva e a habilidade de se mostrar como salvador político, o melhor representante possível do ideal do *Führer*. Todo o resto eram impulsos e estímulos externos. Concluindo: sem conhecer certos aspectos da vida íntima de Hitler, dificilmente se compreenderá sua carreira política.

Notas

1 Comparar Ian Kershaw, *Hitler*, vol. 1, 1889-1936, Stutgart, 1998, p. 185 e 200.

2 Ernst Röhm, *Die Geschichte eines Hochverräters*, Munique, 1934 (6ª ed.) p.115.

3 Comparar Peter Longerich, *Die braunen Bataillone. Geschichte der SA*, Munique, 1989, p. 15.

4 Sobre a biografia e a carreira militar deste filho de um artista plástico que jamais se casou, ver Katja-Maria Wächter, *Die Macht der Ohnmacht. Leben und Politik des Franz Xaver Ritter von Epp, 1868-1946*, Frankfurt, 1999, p. 79 e seg. Este livro só menciona *en passant* a relação com Röhm.

5 No século XIX, as corporações livres (*Freiborps*) eram agremiações estudantis. Depois da guerra, evoluíram para uma espécie de milícias paramilitares que idealizavam o romantismo da vida do soldado. Organizadas militarmente, com princípios e uniformes próprios, atraíam adolescentes em busca de aventuras e ex-combatentes. (N.T.)

6 República dos Conselhos de Munique: tentativa de instituir na Baviera um sistema comunista. Durou de janeiro a maio de 1919, sendo, enfim, aniquilada por tropas contra-revolucionárias (N.T.)

7 Röhm, *Hochverräter*, p. 158. Ver também Wächter, Epp, p. 87 e seg.

8 Sobre este tema e as idas a Bayreuth de Röhm e Epp, ver detalhes no novo livro de Brigitte Hamann sobre Winifred Wagner.

9 Comparar Otto Wagener, *Hitler aus nächster Nähe. Aufzeichnungen eines Vertrauten 1929-1932*, editado por von Henry A. Turner, Frankfurt, 1978, p. 197. Sobre o advogado de Röhm, Walter Luetgebrune, comparar Ernst von Salomon, *Der Fragebogen*, Hamburgo, 1951, p. 449.

10 Comparar *Mend-Protokoll*, em: HStA München, Abt. IV, HS 3231.

11 Forças militares do Reich alemão entre 1919 e 1935, comandadas pelo presidente do Reich. Com forte espírito anti-republicno, depois de 1935, passa a se chamar Wehrmacht.

12 De Epp para o general von Möhl em 16/2/1922, in: BAK, N 1101/92; cit. segundo Wächter, Epp, p. 92.

13 Comparar Longerich, *Bataillone*, p.15 e seg.

14 Adolf Hitler, *Mein Kampf (Minha luta)*, Munique, 1930 (3ª ed.), p. 391.

15 Gerhard Rossbach, *Mein Weg durch die Zeit. Erinnerungen und Bekenntnisse*, Weilburg, 1950, p. 215.

16 Hitler, *Mein Kampf*, p. 391.

17 Röhm, *Hochverräter*, p. 9 e seg. e p. 313.

18 Para detalhes, comparar Ulfried Geuter, *Homosexualität in der deutschen Jugendbewegung. Jungenfreundschaft und Sexualität im Diskurs von Jugendbewegung, Psychoanalyse und Jugendpsychologie am Beginn des 20. Jahrhunderts*, Frankfurt, 1994.

19 Publicado em *Der Eigene*, N. 10, 1925, p. 415-425, fonte dos trechos aqui citados.

20 Hans Blüher, *Die Rolle der Erotik in der männlichen Gesellschaft. Eine Theorie der menschlichen Staatsbildung nach Wesen und Wert*, Stutgart, 1962, p. 28.

21 Hans Blüher, *Werke und Tage. Geschichte eines Denkers*, Munique, 1953, p. 256.

22 Comparar com o livro branco sobre os assassinatos do dia 30 de junho de 1934, a "noite alemã de São Bartolomeu", Paris, 1934, p. 124.

23 Entrevista com Friedrich Karl Freiherr von Eberstein de 1975, in: IfZ München, ZS 539.

24 Röhm, *Hochverräter*, p. 356.

25 Este trecho de carta de 1929 está em: StA München, Staatsanwaltschaften, N. 28791/41.

26 Anonymus, *Nationalsozialismus und Inversion*, in: Mitteilungen des Wissenschaftlich-humanitären Komitees, n. 32, jan/mar 1932, p.340-345. Os trechos citados encontram-se nas páginas 341, 343 e 345.

27 De Röhm para Heimsoth em 25/2/1929, in: *Mitteilungen des Wissenschaftlich-humanitären Komitees*, n. 33, abr/ago 1932, p. 394.

28 Ver entrevista com o general Ritter von Hörauf em 10/11/1951, in: IfZ München, p. 70.

29 Comparar Konrad Heiden, *Adolf Hitler, das Zeitalter der Verantwortungslosigkeit. Eine Biographie*. Zurique, 1936, p. 237. Ver tb. Heinz Höhne, *Mordsache Röhm, Hitlers Durchbruch zur Alleinherrschaft 1933-1934*, Reinbek, 1984, p. 80.

30 Entrevista com o general Ritter von Hörauf em 12/11/1951, in: IfZ München, ZS70.

31 Röhm para Heimsoth, em 25/2/1929, in: Mitteilungen dês Wissenschaftlich-humanitären Kommittees, n. 33, abril/agosto de 1932, p. 394.

32 Comparar *Münchener Post* n. 147 de 30/6/1931; Röhm, *Hochverräter*, p. 269.

33 Röhm, *Hochverräter*, p. 362 e seg. e p. 267 e seg.

34 Hans Frank, *Im Angesicht des Galgens. Deutung Hitlers und seiner Zeit auf Grund eigener Erlebnisse und Erkenntnisse*, Munique-Gräfelfing, 1953, p. 88 e seg.

35 Kurt G. W. Ludecke, *I Knew Hitler. The Story of a Nazi Who Escaped the Blood Purge*, Nova York, 1937, p. 245.

36 Estes escritos atribuídos ao general Ferdinand von Bredow foram publicados em 1934 no jornal tcheco *A verdade*, n. 7-36, em Praga, pelo emigrante social-democrata Emigranten Helmuth Klotz, ao qual nos referiremos no próximo capítulo. Ver as cópias da série de artigos em IfZ München, ED 86 (Bredow), vol. 7. Ainda naquele mesmo ano, estes escritos foram também publicados em Londres e Nova York sob o título *The Berlin Diaries*.

37 Ernst Hanfstaengl, *Zwischen Weißem und Braunem Haus. Memoiren eines politischen Aussenseiters*, Munique, 1970, p. 97.

38 Todos os trechos citados em Röhm, *Hochverräter*, páginas 340, 349 e 348.

39 Comparar anotação no diário de Joseph Goebbels de 15/5/1928 depois de uma visita a Munique, onde encontrou Hitler e Röhm em grande felicidade, in: Elke Fröhlich (org.), *Die Tagebücher von Joseph Goebbels. Sämtliche Fragmente*, vol. I/1, Munique, 1987, p. 224.

40 Comparar Margarete Plewnia, *Auf dem Weg zu Hitler. Der "völkische" Publizist Dietrich Eckart*, Bremen, 1970, p. 113 e seg.

41 *Frankfurter Zeitung* n. 150 de 23/3/1943. O artigo assinado "hk" (Herbert Küsel) tinha como título *Dietrich Eckart, nascido em 23 de março de 1868*.

42 Bairro de Berlim com muitas áreas verdes. (N.T.)

43 Autos do inquérito policial de Eckart em 15/11/1923, in: BAB, NS 26/2180.

44 Hitler em seu artigo "*10 Jahre Kampf*" (Dez anos de luta) para o jornal *Illustrierter Beobachter*, de 3/8/1929.

45 Relato do amigo de Eckart, Fleischhauer, em carta ao funcionário Ruttke do arquivo do NSDAP, em 7/4/1938, in: BAB, NS 26/1311.

46 Hitler em seu elucidativo texto de 16 e 17/1/1942, in: Werner Jochmann (org.), *Adolf Hitler. Monologe im Führerhauptquartier 1941-1944*, Munique, 1980, p. 208.

47 Comparar. Hans Hinkel, *Einer unter Hunderttausend*, Munique, 1938, p. 69.

48 Comparar os escritos de Franz Xaver Bauer, in: BAB, NS 26/2183.

49 Comparar Ludecke, *I Knew Hitler*, p. 122 e seg.

50 Christa Schroeder, *Er war mein Chef. Aus dem Nachlaß der Sekretärin von Adolf Hitler*, org. de Anton Joachimsthaler, Munique, 1985, p. 65.

51 Alfred Rosenberg (org.), *Dietrich Eckart. Ein Vermächtnis*, Munique, 1928.

52 Ibid., p. 16 e seg.

53 Segundo Richard Linsert, *Kabale und Liebe. Über Politik und Geschlechtsleben*, Berlim, 1931, p. 296 e seg. É surpreendente ler que, em manifestação de 18/10/1920, Hitler se referiu ao "porco judeu" Hirschfeld, a quem responsabilizou pela "morte espiritual de milhares de alemães", acrescentando que "o povo precisa se ajudar sozinho e fazer justiça com as próprias mãos". Citação segundo *Hitler als Parteiredner im Jahre 1920*, in: VfZ, vol. 11 (1963), p. 323.

54 Cit. segundo Rosenberg (org.), *Vermächtnis*, p. 15.

55 De Guido Karl Bomhard para Philipp Feldl em 2/8/1935, in: BAB, NS 26/1307.

56 Para detalhes, comparar Hans-Günther Reichel, *Das Königliche Schauspielhaus unter Georg Graf von Hülsen-Häseler 1903 – 1918*, Berlin (West) 1962, páginas 3, 34 e 89-94.

57 Sobre a amizade entre ambos ver a troca de correspondência parcial in: BAK, Kleine Erwerbungen, Nr. 124.

58 Rosenberg (org.), *Vermächtnis*, p. 18.

59 De Bomhard para Feldl em 2/8/1935, in: BAB, NS 26/1307.

60 Jochmann (org.), *Monologe*, p. 208.

61 Ver Hermann Wilhelm, *Dichter, Denker, Fememörder. Rechtsradikalismus und Antisemitismus in München von der Jahrhundertwende bis 1921*, Berlim, 1989, p. 105 e seg.

62 *Völkischer Beobachter* N. 61 de 4/8/1921 (*Der Gaunerstreich gegen Hitler*).

63 Comparar Plewnia, *Weg*, p. 78.

64 Comparar o artigo de Eckart *Enthüllungsdelirium der Post* na edição do *Völkischer Beobachter* N. 81 de 26/10/1921.

65 Ver Plewnia, *Weg*. A crer na informação verbal de Hermann Esser de que Hitler conheceu Eckart já no outono de 1919 (ibid páginas 66 e 128), é lícito acreditar que Eckart foi o "mentor intelectual" da carta de 16/9/1919 na qual Hitler expõe pela primeira vez seu "Anti-semitismo da razão". Documento original in: HStA München, Abt. IV, Gruppenkommando 4, vol. 50/8, *Aufzeichnungen*, p. 88.

66 Cit. segundo *Münchener Post* n. 177 de 1/8/1922, "*Der getreue Eckart*".

67 Cit. Segundo memórias inéditas de Gustav Ritter von Kahr de 1928, in: HStA München, NL Kahr, N. 51, p. 1177.

68 Comparar Henry Picker, *Hitlers Tischgespräche im Führerhauptquartier*, Wiesbaden, 1983, p. 108 e seg.

69 Ibid., p. 116.

70 Friedrich Percyval Reck-Malleczewen, *Tagebuch eines Verzweifelten*, Stutgart, 1947, p. 23 e seg.

71 Rossbach, *Mein Weg*, p. 215.

72 Comparar Alfred Kruck, *Geschichte des Alldeutschen Verbandes 1890 – 1939*, Wiesbaden, 1954, p. 192.

73 BAK, NL 659 Claß, FC 1734 N, Manuskript, p. 8f.

74 Rudolf Pechel, *Deutscher Widerstand*, Erlenbach-Zürich, 1947, p. 280.

75 Cit. segundo Detlev Clemens, *Herr Hitler in Germany. Wahrnehmung und Deutung des Nationalsozialismus in Großbritannien 1920 bis 1939*, Göttingen, 1996, p. 47.

76 Detalhes em Kershaw, *Hitler*, vol. 1, 230p.

77 Comparar as memórias inéditas de Gustav Ritter von Kahr, in: HStA München, NL Kahr, n. 51, p.1166a/1167.

78 Segundo observou Kurt Lüdecke, o humor de Eckart oscilava entre generosidade e ciúmes, conforme diz em *I Knew Hitler*, p. 123.

79 Jochmann (org.), *Monologe*, p. 203 e seg.

80 O trecho seguinte, segundo o memorando de Ernst Hanfstaengl, *Adolf Hitler* de 1942, in: Franklin D. Roosevelt Library (Nova York), Henry Field's Papers, Box 44, 34pp.

81 Ainda em sua edição de 24/3/1923, o *Völkischer Beobachter*, n. 49, elogiava Eckart como "precursor e mentor espiritual do movimento nacional-socialista", por ocasião de seu 54º aniversário.

82 De Bomhard para Feldl em 2/8/1935, in: BAB, NS 26/1307.

83 Publicação póstuma de 1924 em Munique sob o título de "*Der Bolschewismus von Moses bis Lenin*".

84 Citado segundo Baldur von Schirach, *Ich glaubte an Hitler*, Hamburgo, 1967, p. 24.

85 Ver Ludecke, *I Knew Hitler*, p.119.

86 Friedrich Christian Prinz zu Schaumburg-Lippe, ... *Verdammte Pflicht und Schuldigkeit... Weg und Erlebnis 1914 – 1933*, Leoni am Starnberger See 1966, p. 273 e seg.

87 As explanações seguintes sobre a trajetória de Hanfstaengl depois de seu serviço militar in: HStA München, Abt. IV, OP 32067; sobre seu doutorado in: Archiv der Ludwig-Maximilians-Universität München, O N prom 1927/28; bem como informações de seu filho Egon Hanfstaengl ao autor.

88 Hans von Kaltenborn, *Fifty Fabulous Years. 1900-1950*, Nova York, 1950, p. 51.

89 Hanfstaengl, *Aussenseiter*, 7p.

90 Comparar com o perfil de Hanfstaengl no artigo "*Ich habe gewarnt*" (Eu adverti), na Badische Illustrierte Woche n. 50 de 1/12/1951.

91 De Josephine Ewers para Haenfstaengl em 15/12/1951, in: Heinrich-Heine Institut Düsseldorf, Teil-Nachlaß Josephine Ewers.

92 De Hanfstaengl para Josephine Ewers em 19/12/1951, in: ibid.

93 Detalhes sobre a biografia de Ewers em Wilfried Kugel, *Der Unverantwortliche. Das Leben des Hanns Heinz Ewers*, Düsseldorf, 1992.

94 Cit. ibid., p. 247.
95 Carta de 12/5/1920, segundo David George Marwell, *Unwanted Exile. A Biography of Ernst "Putzi" Hanfstaengl*, Ph.D., Nova York, 1988, p. 60.
96 Entrevista do autor com Egon Hanfstaengl em Munique em 21/10/2000.
97 Ernst Hanfstaengl, *Wie ich Adolf Hitler kennenlernte*, in: Der Freiheitskampf, N. 293 de 21/10/1934.
98 Ver Ludecke, *I Knew Hitler*, p. 94.
99 Carta de Gottfried Feders para Hitler em 10/8/1923, citado segundo Oron James Hale, *Gottfried Feder calls Hitler to Order: An Unpublished Letter on Nazi Party Affairs*, in: The Journal of Modern History, vol. 30 (1958), p. 360.
100 *Münchener Post* N. 260 de 11/11/1930 (*Eine Rückendeckung für Hitlers Außenbeziehung. Wer ist Ernst Hanfstängl?*).
101 Todas as citações nas memórias inéditas de Hanfstaengl (1956), in: BSB, NL Hanfstaengl, Ana 405/47.
102 Ver as impressões de diplomatas e jornalistas americanos citados por Philip Metcalfe, *Berlin 1933. Das Jahr der Machtergreifung*, Stutgart, 1989, 43p.
103 Hitler para Rosenberg de 2/4/1925, in: Archives du Centre de Documentation Juive Contemporaine Paris, document LXII – 1.
104 Segundo as notas de Helene Niemeyer, antes Hanfstaengl, escritas em 1939/40 e colocadas à minha disposição por seu filho Egon.
105 Todas as informações e citações em Hanfstaengl, *Aussenseiter*, p. 84, p. 111 e seg. e 124.
106 Memórias inéditas de Hanfstaengl (1956), in: BSB, NL Hanfstaengl, Ana 405/47.
107 Memórias inéditas de Hanfstaengl (1956), in: BSB, NL Hanfstaengl, Ana 405/47. Ver tb. Schroeder, *Chef*, p.189 e seg.
108 Hanfstaengl, *Aussenseiter*, páginas 54 e 81.
109 *Cancioneiro de Hitler 1924*, Munique, 1924; exemplos: *"Hitler-Lied"*, *"Deutsche voran"* e *"Die, Hitler-Medizin"*.
110 Eugenio Dollmann, *Roma Nazista*, Milano 1949, p. 25f. (tradução para o alemão, pela qual agradeço ao meu amigo René Ott).
111 Memórias inéditas de Hanfstaengl (1956), in: BSB, NL Hanfstaengl, Ana 405/47.
112 *Münchener Post* n. 260 de 11/11/1930.
113 Memórias inéditas de Hanfstaengl (1956), in: BSB, NL Hanfstaengl, Ana 405/47.
114 Carta de Gottfried Feders para Hitler de 10/8/1923, cit. segundo Oron James Hale, *Gottfried Feder Calls Hitler to Order: An Unpublished Letter on Nazi Party Affairs*, in: *The Journal of Modern History*, vol. 30 (1958), 360p.
115 Memórias inéditas de Hanfstaengl (1956), in: BSB, NL Hanfstaengl, Ana 405/47.
116 Ver processo em StA München, Polizeidirektion München, N. 10082.
117 Dollmann, *Roma Nazista*, p. 26.
118 Cidade natal de Hitler na Áustria. (N.T.)
119 A edição do *Münchener Post* n. 13 de 15/1/1924 se refere a possíveis planos de atentado.
120 Comparar, além das memórias inéditas de Hanfstaengl (1956), in: BSB, NL Hanfstaengl,

Ana 405/47, principalmente o ensaio inédito *Die Wahrheit zum 9. November 1923* (A verdade sobre o dia 9 de novembro de 1923) de Jobst von Lossow, sobrinho do general da Reichswehr, in: HStA München, Abt. IV, HS 3388; bem como Joachim Fest, *Hitler. Eine Biographie*, München 2000, p.326.

121 Depoimento da sobrinha-neta de Lossow, Hermann, em entrevista ao autor em Ammerland, em 14/11/2000.

122 Sobre a biografia deste velho combatente de corporação livre, ver Günter Rinke, *Sozialer Radikalismus und bündische Utopie. Der Fall Peter Martin Lampel*, Frankfurt, 2000. Memórias inéditas de Lampel in: Staats- und Universitätsbibliothek Hamburg, NL Lampel, NK 432.

123 Lampel, *Niemandes Knecht*, p. 416, in: ibid.

124 Memórias inéditas de Hanfstaengl (1956), in: BSB, NL Hanfstaengl, Ana 405/47.

CAPÍTULO 4

Esforços Amorosos Frustrados

Quando Hitler foi detido em novembro de 1923, dois dias depois da fracassada tentativa de golpe, ele estava mergulhado em uma crise existencial. Poucos meses depois, todas as dúvidas que o atormentavam faziam parte do passado, e Hitler experimentava uma ressurreição. A prisão no castelo de Landsberg o transformou. Ao ser libertado antes do tempo, em dezembro de 1924, lançou-se com entusiasmo e autoconfiança na continuação de sua carreira política. Hitler estava convencido de que só ele era capaz de imprimir o rumo e estabelecer os objetivos do partido dos populistas. Isto pressupunha uma mudança de estratégia, cujos fundamentos ideológicos apresentou em *Minha luta*.[1] No lugar da postura de "velho revolucionário", ele começou a propagar o caminho legal rumo ao poder, o que exigia uma mudança geral em sua imagem. Era necessário que o movimento e o *Führer* aparentassem ser menos bizarros e mais sérios. Em 1930, este objetivo foi atingido. O partido NSDAP já era conhecido como força política relativamente fechada – como o "partido de Hitler".[2]

Nestes anos de ascensão, Hitler conseguiu arregimentar novos combatentes para sua "comunidade de luta". O mais importante deles, em termos políticos, certamente foi Joseph Goebbels, que, além de admirador incondicional de

Hitler, era tão demagógico quanto ele. Goebbels estava em Berlim, preparando o terreno para o partido e ficava pouco tempo em Munique. Portanto, foi com três outros homens que Hitler teve contatos mais intensos durante aqueles anos.

Uma fotografia de 1932 mostra dois destes confidentes mais íntimos com Hitler:[3] Rudolf Hess, seu secretário particular desde 1925, e Julius Schreck, seu motorista desde 1928. Nessa fotografia falta apenas o antecessor de Schreck, Emil Maurice – por motivos que explicarei depois. Hess, Schreck e Hitler, os três trajando chapéus da moda, estão num declive de um dique do Mar do Norte e miram relaxadamente a câmera de Heinrich Hoffmann. Não se nota qualquer traço de distanciamento em relação ao *Führer*. Tem-se a impressão de que os três amigos passavam juntos horas agradáveis. Assim era a relação de Hitler com Hess, Schreck e Maurice: baseada na certeza da solidariedade e lealdade recíprocas.

Estes "relacionamentos profissionais" não podiam de forma alguma sugerir ligações homossexuais. Não é por acaso que nos anos que se seguiram a Landsberg, começam a aparecer mulheres na vida de Hitler. Mas é preciso cuidado. As informações existentes não são exatas, e há muitas lendas em relação ao assunto. Uma coisa é certa: Hitler esforçava-se para ter contato com mulheres. É preciso enfocar isto, de um ponto de vista que não coloque as "mulheres de Hitler" no centro da interpretação, e sim os "homens de Hitler".

Rudolf Hess

No dia 25 de dezembro de 1924, Hitler caminhava ansioso de um lado para o outro no apartamento de Ernst Hanfstaengl, suspirando: "Ah, o meu Rudi, o meu Hesserl. [...] Não é terrível que ele ainda esteja preso?".[4] Hanfstaengl não gostava de ouvir isto. Estava com ciúmes.

Rudolf Hess foi liberado da prisão nove dias depois de Hitler e a partir de então não saiu mais de seu lado. Começava um tempo que – não só para Hess – foi "uma bela vivência humana": dividiam "alegria e sofrimento, preocupação e esperança, ódio e amor, todas as manifestações da grandeza, bem como os pequenos sinais de fraqueza humana que tornam as pessoas dignas de serem amadas".[5] A amizade, iniciada em 1924, durou até a morte de Hitler.

Muitos viram em Hess uma pessoa "sensível e meiga",[6] com traços marcantemente femininos. Em pouco tempo, ganhou apelidos como "*Fräulein* Hess" (Otto Strasser), "*Fräulein* Gusti" (Ernst Hanfstaengl), "Paula preta" (Ernst Röhm).[7] Em 1934, Otto Strasser – "com pleno conhecimento das conseqüências jurídicas" – acusou Rudolf Hess, "diante do povo alemão e da opinião pública mundial, de ser homossexual e de cometer atos sexuais desnaturados", invocando para isto até mesmo o testemunho da própria esposa.[8] Kurt *Lüdecke*, no entanto, depois de um encontro com "*Fräulein* Hess", não conseguiu entender, por que ele ganhara um apelido tão maldoso. Hess, àquela altura já o "substituto do *Führer*", lhe parecia "a masculinidade personificada". Como tantos outros, Lüdecke sentiu Hess inacessível e admite que este não o encarou nem uma única vez.[9]

Não era tão simples desvendar a natureza daquele homem introspectivo e calado. Mais esclarecedor é o auto-

Hitler com seus "discípulos preferidos", Rudolf Hess e Julius Schreck, em 1932.

retrato feito por Hess em 1923, numa carta à sua futura mulher Ilse Pröhl: "Acho que sou uma mistura estranha, o que dá origem àquelas tensões que tornam minha vida tão difícil de tempos em tempos. Hoje, sinto necessidade de harmonia, de trabalhar recluso, de não ouvir nada sobre política e brados de guerra, nostalgia de um ambiente culto, com Mozart, piano e flauta; amanhã, da marcha através de tempestade e poças d'água, das multidões, discursos para as massas, debates acalorados, desprezo por tudo o que ontem ainda me dava prazer. Hoje, sou meigo ao extremo; amanhã, rude, arisco e ruidoso. Não consigo me entender. Serão nervos exaltados ao extremo? Haverá algo em mim que procura uma saída? Não sei dizer."[10] Revela-se aqui um tipo semelhante a Ernst Röhm: uma natureza de soldado "combatente" com talentos artísticos. Uma alma dividida, como a que Hess descreve também em Hitler: "Aquele homem aparentemente rude é meiguíssimo por dentro."[11] E ainda: "Que estranha mistura de superioridade fria e madura de homem com jeito de moleque!"[12] Obviamente, a amizade entre Hess e Hitler era um caso típico de afinidade eletiva.

O que sabemos sobre a vida de Hess antes de ele encontrar Hitler? Filho de comerciante, nascido em 1894, passou a infância na cidade portuária de Alexandria, no Egito. Aos 13 anos, os pais o enviaram para um internato na cidade de Bad Godesberg. Três anos mais tarde, foi para a Suíça, onde fez um curso de comerciário, para iniciar um estágio em Hamburgo em outubro de 1913. Em agosto de 1914, alistou-se como voluntário de guerra. No início de 1919, aos 24 anos, depois de deixar o serviço militar, mudou-se para Munique. Na verdade, ele queria estudar economia, mas logo se engajou no movimento da direita radical por intermédio de seu camarada de guerra e amigo Max Hofweber. Foi Hofweber quem introduziu Hess na sociedade anti-semita Thule.[13] Hess participou de atos de sabotagem contra a República dos Conselhos e de sua derrubada através de um golpe militar. As relações pessoais construídas durante estes meses foram decisivas para o resto de sua vida. Conheceu Dietrich Eckart, Ernst Röhm e Karl Mayr, bem como o geopolítico e professor universitário Karl Haushofer. De maio a outubro de 1919, Hess serviu ao líder de corporação livre von Epp e deve ter ocorrido nessa época seu primeiro encontro com Hitler.[14]

Segundo Ilse Hess, a vida de seu marido foi determinada por "dois pólos: a universidade e o partido, sendo que o primeiro era representado pelo amigo paternal Haushofer, o outro, por Adolf Hitler".[15] Hess tornara-se muito amigo de Karl Haushofer, 25 anos mais velho.[16] Costumavam conversar noite adentro na casa de Haushofer e também gostavam de viajar juntos. "Ele é uma pessoa maravilhosa",[17] entusiasmou-se Hess em carta aos pais, enquanto Haushofer dedicou ao "jovem amigo Rudolf Hess" um hino que lembra o poeta alemão Stefan George: "Com o brilho dos teus olhos, festivamente claros – / abriste portões fechados! / Assim como se desenha na paisagem escura / o pôr-do-sol em uma fonte...".[18] Ilse Hess chegou a admitir que durante muito tempo sentiu ciúmes de Haushofer, que parecia ter "tomado conta" de seu namorado.[19]

Não era só a ligação com o seu "Karli"[20] que preenchia o tempo de Hess: seu trabalho com e para Hitler também o absorvia. Oficialmente, ele só ingressou no NSDAP no dia 1º de julho de 1920, mas, desde o início daquele ano, já se movia na órbita do partido. Ajudou a montar seu "serviço de informações" e se ocupava de questões de organização. Mais importante do que isto: sentia-se especialmente próximo de Hitler. "Ele se tornou um bom amigo", informou Hess a uma prima em abril de 1921. "É uma pessoa maravilhosa!"[21] Em agosto, esta amizade provocou críticas do próprio partido, desaprovando o estilo de vida de Hitler: "Você passa muito tempo com Dietrich Eckart e o jovem Hess no bar Fledermaus' isto não é bom para você!"[22] Hess declarou ao jornal *Völkischer Beobachter*, que conhecia Hitler "muito bem", que há mais de um ano e meio "via-o quase todos os dias" e, assim, podia garantir que eram injustas as acusações de vadiagem que lançavam contra ele.[23] Em carta ao ministro-presidente da Baviera, Gustav Ritter von Kahr, na qual defende o amigo, Hess escreve: "Conheço *Herr* Hitler bastante bem, pois conversamos diariamente e somos muito próximos."[24]

Podemos supor que a ligação entre Hess e Hitler já era bem íntima no início da carreira política deste último. De acordo com Ilse Hess, ali "operavam forças quase mágicas".[25] O capitão Karl Mayr relatou mais tarde que Hess provocava Hitler emocionalmente e que este traduzia sua excitação em agitação política. Antes de discursos importantes, o líder do partido ficava recluso durante alguns dias com Hess, e este conseguia "de alguma forma" pôr Hitler naquele estado furioso com que ele se "dirigia [...] às multidões".[26] Ninguém superava Hess no entusiasmo por aquela "personalidade de líder que sabia conduzir a batalha sozinho". "A essência de Hitler é pura vontade."[27] Através destas fórmulas, Hess transformou Hitler em um culto político já em 1921. Além disso, graças à sua origem burguesa, seu *status* militar e a seus modos, ele conquistara a confiança de personalidades influentes, o que lhe permitiu fazer bons contatos para Hitler. Para Karl Mayr, Hess chega a ser "o primeiro e mais bem-sucedido mentor" do futuro líder partidário.

Em 1921/22, quando Hitler se aproximou mais de Dietrich Eckart e Ernst Hanfstaengl, Hess foi temporariamente relegado a segundo plano. Voltou a estudar e cursou por alguns meses a Escola Técnica Superior de Zurique.[28] Nesta época, sua relação com Ilse Pröhl também se intensificou.[29] No outono de 1923, enquanto o golpe de Estado era preparado em Munique, Hess encontrava-se na casa de campo dos pais, na região de Fichtelgebirge. Poucos dias antes do golpe, recebeu ordem de Hitler para ir imediatamente para a capital da Baviera. Assim, na noite de 9 de novembro, Hess estava ao lado de Hitler. Fracassado o golpe, Hess fugiu para a Áustria, mas voltou secretamente para Munique, encontrando abrigo na casa de seu amigo Haushofer. Em meados de maio, apresentou-se às autoridades e, pouco depois, foi levado para a prisão de Landsberg.

Ali, reencontrou-se com Hitler – o "tribuno", como o chamava agora. Em pouco tempo, tornou-se seu principal aliado. Junto com o líder do Kampfbund[30] Hermann Kriebel e o líder da Associação Oberland,[31] Friedrich Weber, ficaram alojados na chamada ala dos generais. Emil Maurice atuava como um intermediário entre os "generais" e os "criados". Os relatos posteriores de outro preso, Hans Kallenbach, dão uma idéia do tipo de gente que estava atrás dos muros da prisão. Era uma comunidade de combatentes cujo ambiente oscilava entre o albergue masculino e um cassino de oficiais. Não havia qualquer sinal de depressão ou arrependimento, mas torneios esportivos e noites alegres entre camaradas. De forma geral, os golpistas se deliciavam com o conforto da "casa de detenção". Em carta à sua mãe, Rudolf Hess exulta com a "instalação de banho quente, sempre à nossa disposição em nosso banheiro exclusivo"[32] que era utilizada freqüentemente e com prazer.[33] Algumas atitudes dos presos faziam o diretor da instituição intervir de vez em quando: "Nudismo não deve ocorrer fora do vestiário. Os bons costumes devem ser cultivados, principalmente considerando que há vários homens dividindo o mesmo espaço."[34]

Os meses em Landsberg não foram um castigo para Hitler, já que ele podia descansar e relaxar. "O tribuno está com um aspecto excelente", escreveu Hess para sua namorada, informando que Hitler fazia ginástica e nadava. Continua Hess: "Como ele não toma álcool, com exceção de um pouco de cerveja, está bem de saúde, sem o estresse habitual, com muitas horas de sono, ar fresco e um estado de espírito que é tudo menos depressivo. Ao contrário! Não lhe faltam planos para o futuro."[35]

De fato, Hitler atravessava um bom momento, e Kershaw tem toda razão ao afirmar que "data desta época a fé quase mística em si próprio e a convicção de ter sido predestinado à missão de salvar a Alemanha".[36] Foi Rudolf Hess quem levou Hitler a acreditar nesta vocação, que o ajudou a assumir o papel de "*Führer* do povo alemão".

A primeira parte de *Minha luta* nasceu em Landsberg, também a partir do diálogo com Hess. Neste livro, Hitler não apenas fixou seu programa político à luz de sua concepção do mundo, como construiu a idéia de seu passado como preâmbulo de sua missão. Com Hess, ele pôde testar suas mentiras, verificar se eram convincentes, antes de colocá-las no livro e enfrentar a opinião pública. Ao mesmo tempo, este confidente influenciou toda sua orientação ideológica. O princípio do "espaço vital", por exemplo, originou-se em seu amigo Haushofer, que ia com freqüência a Landsberg para discutir com os detidos.[37]

Pouco a pouco, Hitler e Hess foram delineando seus papéis. Hitler era o *Führer*, e Hess, o fiel "Hagen",[38] disposto a servi-lo até a morte. Entre os dois havia grande intimidade: Hess passou a compreender Hitler melhor do que ninguém, bem como "a vida interior do tribuno, sua opinião sobre as mais diferentes questões, toda a sua maneira de ser. [...] Há uma ilimitada confiança recíproca uma compreensão mútua".[39] Portanto, faz sentido ele ter recusado na primavera de 1925 a proposta de um cargo de assistente de Haushofer para se tornar assessor pessoal de Hitler, apesar do salário mais baixo. Para Joseph Goebbels, Hess era o protótipo do ajudante perfeito: "Calmo, agradável, inteligente, reservado: um secretário particular."[40] Ele cuidava da agenda e da correspondência, acompanhava Hitler em viagens, ocupava-se de refeições e hospedagem. Ambos passavam muito tempo juntos no retiro do Obersalzberg[41] e, em 1926, numa pequena casinha de madeira à beira da floresta, nasceu a segunda parte de *Minha luta*.[42]

Aparentemente, a amizade selada em Landsberg entre Hitler e Hess prosseguiu nos anos seguintes. Mesmo a decisão de Hess, em dezembro de 1927, de finalmente casar-se com sua noiva de muitos anos não levou a qualquer desavença. O próprio Hitler o aconselhou a dar este passo. No dia do casamento, Hess encontrou o amigo "trêmulo e pálido", como escreveu à sua mãe. De tão agitado, Hitler não conseguira comer nada e só se acalmou "depois do fim da festa.[43] Mesmo que o matrimônio não tenha sido mais do que o início de uma farsa, esta reação revela o quanto a decisão do amigo o abalara.

Embora Hess tenha algumas vezes utilizado palavras carinhosas para se referir a sua esposa Ilse, "companheira

Hitler e Rudolf Hess no refúgio de Obersalzberg, em Berchtesgaden, provavelmente em 1929.

nas idéias e nos sentimentos", ela não foi para ele mais do que um "bom camarada". Hess costumava citar Schopenhauer, dizendo que tinha pescado a única enguia perdida em um saco cheio de cobras.[44] Não admira que Ilse Hess, posteriormente, tenha se queixado de ter aproveitado o casamento "tanto quanto uma noviça",[45] e de ter usufruído os "prazeres do casamento" tanto quanto uma aluna de colégio de freiras.[46] Embora Hitler não tivesse nada a temer, conta-se que nutria profunda repulsa por esta mulher. Ficava especialmente indignado, segundo um confidente, com a ambição de Ilse de dominar o marido, a tal ponto que ela "perdeu a própria feminilidade", tornando-se uma "mulher máscula".[47] É interessante que fossem justamente os traços masculinos de seu comportamento que incomodavam a Hitler, não os femininos. Estes últimos, como ele sabia, não encantavam Hess.

Goebbels também quis tornar-se amigo de Hitler, depois de tê-lo conhecido. Embora o considerasse um "cabeça quente", estava convicto de que Hitler tinha "bom coração", como ficou claro depois de um discurso de Goebbels na cervejaria Bürgerbräukeller de Munique: "No final, Hitler abraçou-me", recorda Goebbels em seu diário, confessando que ficou comovido até às lágrimas. Goebbels escreve que Hitler era "brilhante", mesmo quando estava diante de uma platéia pequena. "Ele enlouquece a gente", afirmou Goebbels, concluindo: "Eu o amo."[48]

Antes, em Landsberg, Hess também se deixara arrebatar pelos acessos sentimentais de Hitler. Quando seu "tribuno" começou a narrar um episódio de seu tempo de guerra e se pôs a "soluçar", Hess também foi acometido de forte emoção: "Estou mais subjugado do que nunca. Amo-o!".[49]

"Ele gostava de mim como de mais ninguém",[50] acreditava Goebbels. Hitler tentou passar este mesmo sentimento a outros. Ele sabia seduzir, encantar e fazer com que seus companheiros se sentissem úteis. Ele conhecia o desejo humano de reconhecimento, o mesmo que o empurrara para a política, e procurou de todas as maneiras saciar essa necessidade entre os seus amigos. Percebeu que só assim poderia receber de volta algo de que ele próprio dependia para existir: dedicação total e fé incondicional em sua missão.

Havia homoerotismo nesses relacionamentos? No caso de Hess, sem dúvida alguma. Sua mulher contou que eram "as idéias e as recomendações" dos escritores Hans Blüher e Gustav Wyneken, "que nos ocupavam".[51] A obra em dois volumes de Blüher, *Die Rolle der Erotik in der Männlichen Geslischaft (O papel do erotismo na sociedade masculina)*, publicada em 1917 e em 1919, era como uma bíblia para muitos. Wyneken, diretor de escola, suspeito de pedofilia, publicou, em 1921, um texto para se defender, intitulado *Eros*, no qual falava de "amor entre rapazes" e "erotismo platônico".[52] Na essência, Blüher e Wyneken diziam a mesma coisa: "não há felicidade maior para o jovem [...] do que encontrar o homem em que pode confiar. O homem que entende sua nostalgia, que lhe abre seu coração e que o deixa participar de sua vida, que se torna símbolo de uma existência mais elevada e divina".[53] Nos primeiros anos do movimento *Wandervogel* (Andarilho), conta Blüher, era possível escutar "verdadeiros gritos de nostalgia do homem amado". Modificar o mundo através de "ações criativas", segundo Blüher, significava inspirar-se pelo "Eros" que existe no "herói e no semideus".[54]

Não sabemos até que ponto Hess se ocupou com estas teses, mas elas podem ter-lhe dado apoio – ele que confessava "não consigo me entender",[55] – abrindo-lhe a possibilidade de aceitar e usar de forma positiva suas inclinações homoeróticas. Seja como for, Hitler se tornou seu "herói e semideus", "um dos últimos ideais verdadeiros [...] deste mundo."[56] Hitler nunca se esqueceu disto. Em uma carta ao marido de 1954, Ilse Hess fala de uma conversa que teve com Erich Kempka, último motorista de Hitler. Este lhe contou uma "conversa bastante curiosa" que teve com o *Führer* em 1945, pouco antes do final da guerra. Durante esta conversa, Hitler comentou "num tom um tanto nostálgico, algo resignado, um pouco irônico, mas com afeto ilimitado que, em todos aqueles anos, conseguiu colocar na História de forma indelével pelo menos *um* idealista puro" – Hess.[57]

Hess serviu Hitler com uma dedicação extrema e imutável até seu vôo espetacular para a Inglaterra. Houve, entretanto, um distanciamento no relacionamento pessoal, a partir de 1930. Hitler se encontrava diante de tarefas para cuja solução Hess pouco ou nada podia contribuir. Seus caminhos se separaram. Por isto, o dia 30 de janeiro de 1930, foi para Hess um momento especial: o já chanceler do Reich destacou-o em meio à multidão reunida e o conduziu até o seu quarto de hotel.[58] Com este gesto, Hitler sublinhou simbolicamente a velha intimidade, e não havia dúvida de que o novo ditador premiaria o fiel amigo pelos serviços prestados. Em abril de 1933, Hitler fez de

Hess seu "substituto" e, alguns meses mais tarde, ministro, mas não voltaram a viver a mesma intimidade de outrora. Mesmo assim, Hess proclamava publicamente: "conheço o *Führer* e seus pensamentos como mais ninguém".[59]

Hitler, Emil Maurice e Geli Raubal: um triângulo amoroso

"A seriedade pomposa de Hess às vezes me irrita", teria comentado Hitler com Heinrich Hoffmann, no verão de 1927. Por mais que prezasse o jeito introvertido de seu discípulo predileto, às vezes queria simplesmente que Hess fosse mais entusiasmado. Bem diferente era Emil Maurice, o valentão exaltado, de quem Hitler começou a gostar cada vez mais.

Emil Maurice nasceu em 1897, perto de Eckernförde, no norte da Alemanha, e aprendeu o ofício de relojoeiro antes de ir para Munique no outono de 1917. Começou a fazer política depois da Primeira Guerra Mundial, na qual fora soldado por alguns meses. Em 1919, ingressou no partido de Hitler e, em pouco tempo, já era o diretor do "departamento de ginástica e esportes" – em outras palavras, era o responsável pela segurança do ginásio. Algumas vezes ao longo de 1921, foi motorista de Hitler, logo, um de seus mais próximos colaboradores.[60] Julius Schaub confirma que ele fazia parte do pequeno grupo de iniciados. Depois da guerra, Schaub identificou Maurice como aquele "que mais sabia sobre Hitler até 1925".[61] Comandando a "tropa de choque de Hitler", Maurice participou do golpe em novembro de 1923. Foi condenado e ficou preso em Landsberg de abril de 1924 até o final de janeiro de 1925.[62]

Ali, atuava como intermediário e confidente do *Führer*, cuidava de sua correspondência, passava a limpo o manuscrito de *Minha luta*.[63] Assim como Hitler e Hess, Maurice não sofreu nos meses de prisão. Ao contrário: em uma fotografia daqueles dias, a disposição do jovem salta à vista. Maurice está atrás de Hitler e ambos sorriem para a câmera. Chama a atenção a maneira cuidadosa de se trajar, o que se repete em outras fotografias em que Maurice está próximo de Hitler. Quando eles passeavam, freqüentemente usavam "calças de couro, camisas de linho branco e um traje típico azul-claro com botões de chifre de veado".[64] Eram trajes pouco comuns para não-bávaros. Em 1926, ao ver seu chefe com estes "trajes de alpinista", Goebbels limitou-se a comentar: "Está bem engraçado."[65] Pelo visto, o nórdico motorista Emil Maurice agradava a Hitler nesta indumentária.

Hitler e Maurice provavelmente tornaram-se amigos íntimos na prisão de Landsberg. Hitler o chamava de "Maurizl" ou "Mosel", e para este o *Führer* era simplesmente "meu querido Hitler" – tratamento algo ousado para um empregado oito anos mais jovem e sem méritos políticos especiais. Em carta de janeiro de 1925, Maurice pede ao líder do partido que o receba um dia depois da sua libertação, conforme promessa anterior: "Espero um feliz reencontro em liberdade, seu E.M."[66] Nos anos após a prisão, Hitler permitiu que seu motorista participasse intensamente de sua vida. Maurice tinha a chave do apartamento de Hitler na Thierschstrasse, cuidava de sua roupa e de muitas coisas do dia-a-dia.[67] Mas Maurice também não temia brigas,[68] algo que Hitler sempre lembraria quando pensava no "bravo Maurice".[69] Sua desenvoltura como motorista também encantava Hitler, fanático por automóveis. Costumavam "voar em velocidade máxima", lembrou Rudolf Hess mais tarde. "Maurice, o compressor! – e lá íamos nós."[70]

Hitler e "Mosel" (Emil Maurice) na prisão de Landsberg, 1924.

Maurice também tinha um lado romântico e artístico, como se pode observar na fotografia aqui reproduzida, em que ele aparece segurando um alaúde. O talento de Maurice para alegrar o ambiente ficou na lembrança de muitos que conviveram com ele em Munique. A filha de Heinrich Hoffmann, Henriette, conta que, durante os passeios, Maurice "tirava o violão da mala do carro, sentava-se sob uma árvore e cantava músicas folclóricas irlandesas que todos acompanhavam". Para ela, Maurice era "um homem sensível, não um lutador ambicioso".[71] Deve ter sido esta mistura de valentia e sensibilidade que tanto atraía Hitler.

Assim como Hitler, Maurice também exercia atração sobre mulheres, com a diferença de que não repelia o interesse do outro sexo. Em suas memórias, Hans Kallenbach fala de um romance que atravessava os muros da prisão de Landsberg, durante os meses que lá passaram. Todas as noites, o "amante apaixonado" trocava sinais com uma jovem que morava numa das casas vizinhas.[72] As brincadeiras incessantes de seus companheiros fizeram com que "até o *Führer* ficasse sabendo do doce segredo do belo Emil que se desvencilhou do assunto com um sorriso condescendente".[73]

Por que "condescendente"? Talvez Hitler sentisse ciúmes de seu "belo Emil" ou invejasse sua tendência bissexual, sua relação lúdica com o outro sexo. Se Hitler também fosse assim, teria sido poupado de muitas situações constrangedoras, como a que ocorreu na noite do *réveillon* de 1924/25. Durante uma festa na casa de Heinrich Hoffmann, uma de suas funcionárias – uma jovem atraente – chamou Hitler, abraçou-o e beijou-o ardentemente. "Nunca vou esquecer a expressão de espanto e de terror de Hitler", escreveu Hoffmann. Um silêncio constrangedor dominou a sala. "Hitler estava assustado e sem jeito como uma criança, mordiscando os lábios para dominar a irritação." Pouco depois, foi embora, confuso.[74] Sua relação com o outro sexo sempre foi juvenil e imatura. Já em Landsberg, os funcionários observavam a indiferença de Hitler em relação a moças e mulheres.[75]

Este homem que beirava os quarenta e queria dominar a Alemanha precisava solucionar esta questão, não só porque estava na ribalta, mas também por razões de auto-estima. Quem sabe, ao observar Maurice, tenha acreditado que poderia agir da mesma maneira. Para ter certeza, precisava de apoio e ânimo – o que Maurice não negava. "Muitas vezes, seguíamos as meninas, e eu era a sua sombra", conta ele.[76] Quando viajava com o chefe para fora de Munique, era sua tarefa "ficar com as moças enquanto Hitler tinha reuniões", contou a Christa Schroeder, secretária de Hitler. "Ficávamos com elas e conversávamos. Hitler também dava dinheiro para as jovens, sem pedir nada em troca."[77] Maurice lembra também que Hitler e ele visitaram algumas vezes a Academia de Belas-Artes de Munique "para admirar os modelos que posavam nus".[78] O que Hitler pretendia com tudo isto? Talvez quisesse vencer seu imenso constrangimento, mas estes esforços isolados não eram suficientes.

Seja como for, Hitler buscou contato com diferentes mulheres nos anos que se seguiram à prisão de Landsberg – inicialmente, filhas de famílias que visitava socialmente,[79] depois Ada Klein, funcionária do jornal *Völkischer Beobachter*. De acordo com Christa Schroeder, ele se encontrou com Ada várias vezes nos anos de 1925 e 1926, e – o que é sintomático – no apartamento de Emil Maurice. No entanto, conta Christa Schroeder, "nunca houve intimidades".[80] Mas quando Hitler conheceu a jovem Maria Reiter, de 16 anos, no outono de 1926, em Berchtesgaden, foi diferente.[81] Embora não se possa acreditar em tudo o que esta "amante de Hitler" disse em 1959 à revista *Stern*, ela não inventou o caso entre os dois. De fato, ambos se encontraram freqüentemente em 1926/27. Hitler a chamava de "Mimi", "Mizzi" ou "Mizerl", eles se correspondiam e trocavam presentinhos. É bem verdade que as declarações de amor de Hitler eram rebuscadas demais, com um tom artificial. Pareciam tiradas de um romance barato ou de um manual para namorados de primeira viagem.[82] "Criança amada, tu não sabes o que significas para mim e como gosto de ti." Se ela quisesse compreendê-lo melhor, devia enfrentar a leitura de *Minha luta*, recomendava Hitler: "Lê os livros e me compreenderás melhor." Seria isso paixão?

Por algum tempo, Hitler alimentou em *Fräulein* Reiter a esperança de que se casaria com ela, até que, ao longo de 1927, seu afeto pela "criança amada" acabou. Já se tornara evidente que aquela ligação jamais poderia ser uma relação amorosa. Certo dia, o motorista Maurice levou o casal para um passeio numa floresta. Enquanto Maurice permaneceu discretamente sentado no carro, Hitler e Mizerl seguiram até uma clareira. Ali, Hitler posicionou sua companheira diante de um pinheiro alto: "Ele me virou para a esquerda e para a direita. Recuou alguns passos e me olhou, como um artista observa um modelo. [...] 'Que belo quadro', disse. Depois, abraçou-me com força e murmurou: 'Mimizinha, querida, bela garota, desculpe, mas preciso fazer isto.' Segurou-me pelo pescoço e beijou-me. Não sabia o que fazer." Como Hitler poderia saber o que fazer, se não havia desejo? Só mesmo o artifício de fingir ser um artista plástico o ajudara a beijá-la.

Outra moça a quem Hitler chegou a fazer a corte foi Lotte Bechstein, filha de sua protetora Helene Bechstein. Quando seu futuro marido lhe perguntou por que não tivera mais intimidade com Hitler, ela respondeu: "Ele não sabia beijar."[83] Hitler não devia mesmo saber beijar mulheres, pois era por demais fixado no mesmo sexo, e só racionalmente se forçava a fazer um jogo heterossexual. Todas as tentativas de iniciar um relacionamento amoroso com mulheres falharam.

Hitler acreditou poder resolver esta questão quando, na segunda metade do ano de 1927, apareceu em Munique sua sobrinha Angela Raubal, apelidada de Geli. Até hoje, o relacionamento entre ele e a filha de sua meia-irmã, também Angela Raubal, é assunto polêmico.[84] Em minha opinião, qualquer tentativa de interpretação deve incluir Emil Maurice como figura-chave, pois se tratava de um triângulo amoroso.

Não se sabe ao certo quando Hitler e sua sobrinha se encontraram pela primeira vez. É provável que tenha sido no verão de 1924, quando sua meia-irmã foi visitá-lo na prisão de Landsberg com seus dois filhos, Geli, de 16 anos, e Leo. Hitler e Geli só devem ter mantido um contato maior em 1927, quando ela fez uma excursão a Munique com sua turma de escola e visitou o tio famoso com seus colegas. Naquele mesmo ano, concluiu a escola em Linz e mudou-se para Munique no outono. Antes de inscrever-se no curso de medicina e se mudar para um quarto próximo à universidade,[85] Geli viajou pela Alemanha com Hitler, sua mãe e uma amiga. Neste episódio, é elucidativa uma carta de Rudolf Hess, que se agregou ao grupo "para prestar um favor ao tribuno". Segundo ele, Hitler pediu sua ajuda "para não ter que desfilar com aquele 'bando de mulheres'". Estiveram em Dresden e Berlim, foram à ópera e ao teatro. Sobre Geli, Hess escreveu: "a pequena sobrinha do tribuno [...] era uma bela e esguia moça de 19 anos, sempre alegre e espirituosa como o tio, que mal podia enfrentar sua agilidade mental". Segundo Hess, Hitler estava "convencido de que ela se casaria antes de completar o segundo semestre, opinião, aliás, compartilhada por outros, incluindo a própria sobrinha".[86]

A sobrinha de Hitler apaixonou-se por Maurice. Não sabemos se a recíproca era verdadeira. Uma carta que a apaixonadíssima Geli escreveu a seu "amado Emil" no Natal de 1927 revela que Hitler não queria aceitar o relacionamento. Dois dias antes do Natal, ele repreendeu a jovem e ameaçou mandá-la de volta para a casa da mãe em Viena. Geli escreveu a Maurice: "Sofri como nunca sofri antes na vida, mas era preciso acontecer e foi melhor para nós dois. Sinto que estes dias haverão de nos unir para sempre." O fato de Hitler não proibir terminantemente o caso amoroso deve-se, em boa parte, à interferência de Ilse Hess. Segundo Geli, Hitler pediu "que esperemos dois anos. Pensa comigo, Emil, dois longos anos em que só poderemos nos beijar de vez em quando, e sempre sob a supervisão do T[io]

Angela Raubal, sobrinha de Hitler: a mulher entre ele e Emil Maurice.

A[dolf]. Você precisa trabalhar para que possamos nos casar, e até lá só poderemos nos ver na presença de outros". Geli pede que o amor entre os dois permaneça "totalmente secreto". Apesar de tudo, Geli se confessava "feliz por poder ficar contigo. Afinal, vamos nos ver com freqüência, e muitas vezes a sós, como me prometeu o tio A. Ele é um encanto".[87]

Segundo Geli, a senhora Hess era "a única pessoa que sabe que tu me amas de verdade". Hitler provavelmente percebia melhor o que ocorria, pois conhecia seu amigo Maurizl e não acreditava que ele tivesse intenções sérias. Mesmo assim, acabou aceitando o jogo, tornando-se até "muito simpático". Um *modus vivendi* havia sido encontrado para todos. É fácil entender a motivação de Hitler se analisarmos o que ele tinha a ganhar com esta solução. Ele não precisava abrir mão de Geli nem de Maurice, mantendo o comando para dirigir a relação dos dois segundo sua conveniência.

Era impossível este triângulo amoroso perdurar por muito tempo. Nos meses seguintes, houve uma ruptura profunda entre Maurice e Hitler. De acordo com informações posteriores prestadas por Maurice, seu chefe o demitiu no Natal de 1927 "por causa de um atrito de ordem pessoal".[88] Segundo Maurice, Hitler não aprovava seu noivado.[89] Maurice acrescenta que o amor ciumento de Hitler pela sobrinha o atiçou contra ele. "Ele a amava, mas era um amor estranho, não assumido."[90] Estas afirmações, no entanto, estão totalmente em desacordo com o que Geli diz em sua carta. Não há nada nela que indique que Hitler se consumia de ciúmes e amor pela sobrinha. O que, então, provocou a briga? Será que o conflito entre os dois homens tinha mesmo a ver com Geli Raubal? Talvez menos do que se acreditou até agora.

Em abril de 1928, Maurice entrou na Justiça para receber de Hitler três mil *Reichsmark* por conta de salários devidos. A Justiça lhe deu ganho de causa e Hitler foi condenado a pagar, ainda que apenas 500 *Reichsmark*.[91] Isto não resolveu o caso para Maurice. Ele lançou mão de outros meios para pressionar Hitler. Segundo Otto Strasser, Geli lhe contou que presenciara uma acalorada discussão entre Maurice e Hitler. "Você jamais voltará a pisar nesta casa", berrou Hitler. "Se você me despejar, vou contar tudo ao *Frankfurter Zeitung*!", retrucou Maurice furioso.[92] Efetivamente, Maurice decidira lançar mão da chantagem. O caso "Mimi Reiter", que ele estimulou deliberadamente, é um claro indício dessa decisão.

Em 1927, a direção do partido recebeu cartas anônimas acusando Hitler de pedofilia. Posteriormente revelou-se que a autora era uma certa Ida Arnold, amiga de Maurice, que uma tarde, convidara Mimi para um café e conseguira extrair dela informações valiosas. Hitler se sentiu encurralado e exigiu de Maria Reiter uma declaração registrada em cartório confirmando que ele não teve "qualquer ligação" com ela,[93] o que equivalia a uma mentira juramentada. Naqueles dias do verão de 1928, Hitler se sentia desamparado. Obviamente, vinha sendo pressionado. O que poderia ser mais perigoso para o líder do partido do que revelações sobre detalhes de sua vida íntima? E quem saberia mais sobre ela do que Emil Maurice?

Seja como for, Hitler tanto temia que seu problema com mulheres viesse a público que estava preparado para um embate nos tribunais. Encontrou um aliado importante em Walter Buch, supremo juiz do partido, a quem convocou ao seu apartamento no início de julho de 1928, para dar-lhe uma missão "em caráter particular". Buch se comprometeu "pela sua honra" a silenciar sobre esta missão secreta. Salvo algum erro, Hitler estava sendo ameaçado por um processo de escândalo – um processo que ameaçava revelar máculas em sua vida particular. O juiz do partido convidou Geli e Hitler para passar uma temporada em sua casa e assim ajudá-los a "enfrentar aquele momento de decepção".[94] Eles preferiram viajar para o norte da Alemanha, onde passaram "lindos dias" em Hamburgo e na ilha de Helgoland em companhia de Joseph Goebbels.[95] Esta pequena distração não ajudou Hitler a superar seus problemas. No outono de 1928, Buch estava "muito preocupado" com a "misantropia" de Hitler. Compreendia o fato de que "as amargas decepções com pessoas nas quais o senhor confiou deixaram-no neste estado de espírito ao longo dos últimos meses", mas lhe aconselhou a separação, não a vingança. "O senhor não deve carregar o peso de pessoas que quebraram a sua confiança, que lhe mentiram (mesmo que isto tenha acontecido sob o manto da submissão)." Alertou-o ainda que "a confiança no *Führer*" só se fortaleceria "se as pessoas entenderem que ele é forte o suficiente para afastar de seu convívio pessoas fracas e sem caráter, ainda que tenham muitos anos de bons serviços prestados".[96]

Estas palavras cifradas podem não esclarecer as verdadeiras causas do conflito, mas revelam a forma dramática como as coisas evoluíram. Aparentemente, os companheiros de Hitler tiveram de usar toda a sua influência para deter o furioso líder do partido e evitar que ele cometesse atos irracionais. Os esforços para segurar Hitler devem ter funcionado, pois no final do ano a briga foi resolvida sem escândalos públicos, processos ou derramamento de sangue. Mesmo assim, os ânimos ainda estavam exaltados. É o que se depreende de uma anotação no diário de Goebbels em outubro, depois de um encontro com o governador regional Karl Kaufmann. Goebbels escreve que Kaufmann lhe contou "coisas loucas sobre o chefe. Ele e sua sobrinha Geli e Maurice. A tragédia chamada mulher. É para se desesperar? Por que devemos sofrer tanto por causa de mulheres? Acredito piamente em Hitler. Compreendo tudo – verdade ou não".[97] Nem Goebbels, portanto, sabia como interpretar esta "loucura". Ele acreditou que se tratava de uma luta entre dois homens por uma mulher, o que devia convir a Hitler. O drama da separação de Hitler e Maurice poderia ter detonado informações que precisavam ser mantidas em estrito segredo, mesmo para os colaboradores mais próximos.

No dia 1º de agosto de 1928, Hitler, na condição de ex-patrão, redigiu uma excelente carta de referência para Maurice.[98] Aparentemente ele já era um "proscrito" – vivia "totalmente recluso" e precisava reconstruir sua vida.[99] No entanto, não devia estar passando necessidades, pois logo abriu uma relojoaria em Munique, mesmo tendo passado anos a fio sem trabalhar no ramo e não possuindo o certificado de mestre. Para isso, deve ter precisado de um bom capital inicial. Quem mais além de Hitler pode ter-lhe dado esta injeção financeira? Otto Strasser afirma que Maurice recebeu um "cala-boca" de 20 mil *Reichsmark*.[100] O fato é que Maurice sumiu do mapa. Não saiu do partido,[101] mas afastou-se totalmente de Hitler.

E Geli Raubal? A jovem perdeu o noivo, mas foi "recompensada" por Hitler. Desde o final de 1928, ela tornou-se sua companheira constante. Passaram a ser vistos juntos fazendo compras, indo à ópera, ao cinema, ao teatro. Hitler matriculou-a em aulas de canto. Ela o acompanhava em suas viagens e até mesmo em lugares freqüentados só por homens, como a roda de amigos no Café Heck. No outono de 1929, mudou-se para um quarto na casa de Hitler na Prinzregentenplatz. Sem dúvida, Hitler gostava deste faz-de-contas de vida de casal e Geli era uma companhia agradável, como achavam quase todos em seu grupo. Hess sempre gostou dela. Para Julius Schaub, ela era "uma criança grande de quem todos gostam, cheia de vida e desinibida".[102] Hitler apreciava seus modos e fazia questão de exibir a jovem a seu lado "em todo lugar" para "impressionar [...] os camaradas do partido".[103] Hanfstaengl chega a afirmar que Hitler, durante algum tempo, "comportou-se como um rapazola apaixonado".[104] Não se sabe o que de fato aconteceu entre ele e Geli. É, no entanto, mais do que improvável que Hitler tenha chegado a intimidades com a sobrinha. Christa Schroeder, por exemplo, tinha certeza de que Hitler "não manteve relações sexuais com ela".[105]

Seja como for, Hitler controlava cada vez mais esta jovem alegre e cheia de iniciativa, até manipular sua vida inteiramente segundo seus interesses. Consta que ele teria dito para Hoffmann: "Certo, amo Geli e poderia casar-me com ela, mas o senhor conhece a minha posição e sabe que meu destino é permanecer solteiro. Por isto, reservo-me o direito de fiscalizar seu círculo de amizades masculinas até o dia em que apareça o homem certo. O que Geli sente hoje como limitador é, na verdade, uma sábia precaução. Estou firmemente determinado a cuidar dela para que não caia nas mãos de um aventureiro ou de um mau-caráter."[106] Isto está de acordo com o que Christa Schroeder concluiu a partir das conversas com Hitler: ele pensava "educar Geli para uma vida compartilhada".[107] De qualquer maneira, a sobrinha atraente era exatamente a mulher que Hitler precisava para resolver o problema da sua reputação. Esta ligação deu margem a fofocas – era o que ele queria.

O problema é que Hitler planejou tudo sem levar em conta os desejos da própria Geli, que não considerava aquela uma perspectiva de vida aceitável, pelo menos, não a longo prazo. O que inicialmente lhe agradava foi-se transformando em dissabor, em gaiola dourada. Geli queria ser mais do que mera peça num jogo de representação. "Nos anos que passou com Hitler, tornou-se introspectiva e séria", escreve Henriette von Schirach.[108] As conseqüências são conhecidas: depressões, tentativa de fuga e, finalmente, a morte prematura com uma bala do revólver de Hitler. Até hoje, todas as tentativas de reconstruir o que aconteceu com a jovem de 23 anos em setembro de 1931 fracassaram por falta de provas. No campo moral, no entanto, não restam dúvidas: Hitler usou outro ser humano para afastar um problema pessoal insolúvel. Sem o menor escrúpulo, não se importou com o risco de sua vítima sucumbir ao longo deste processo.

Cerca de um ano e meio depois que Geli Raubal deu cabo de sua jovem vida, seu ex-noivo Emil Maurice reapareceu subitamente. Após a tomada do poder pelos nazistas na primavera de 1933, voltou a servir ao "querido Hitler". Posteriormente, justificou esta tentativa de reaproximação dizendo que fora ameaçado e perseguido por Himmler, naquelas semanas.[109] Isto pode ser verdade, pois havia muitas questões pendentes em relação ao *Führer* de 1928 que o chefe de polícia de Munique queria resolver. Maurice conta que, preocupado, dirigiu-se pessoalmente a Hitler. Felizmente, este lhe "estendeu as mãos em sinal de concórdia", dizendo: "Mosel, fui injusto contigo naquela época."[110] Contudo, para obter tal "graça", Maurice teve de dar provas de coragem e confiabilidade. No dia 9 de março de 1933, dia da tomada do poder na Baviera, ao lado de Max Amann e escoltado por uma tropa da SA, ele tomou de assalto a redação da revista *Gerader Weg*, publicada por um inimigo de Hitler, Fritz Gerlich. "Onde está Gerlich, aquele porco?", teria berrado Amann insistentemente. Ao achar a vítima, socou-a brutalmente no rosto.[111] Quatro dias depois deste "feito" na revista, ele recebeu confirmação de próprio punho de Hitler de que seria nomeado conselheiro da cidade de Munique.[112] Fotografia oficial de 1933 mostra Maurice trajando orgulhosamente o uniforme da SS, o colar de conselheiro pendurado no pescoço.[113]

Além desta demonstração de fidelidade, houve a sangrenta prestação de contas com Röhm, oportunidade em que Maurice pôde colocar definitivamente à prova sua lealdade a Hitler.[114] Em reconhecimento pelos seus "méritos na derrocada da revolta dos criminosos",[115] tornou-se líder de estandartes da SS. Com isto, afastou a mácula de traidor, e ele e o *Führer* reataram sua amizade. Hitler o convidou, em outubro de 1934, para uma excursão a Landsberg. Maurice também participou das homenagens pelo aniversário do golpe de Hitler. Uma foto daquele ano mostra Maurice durante a cerimônia, na primeira fila, bem atrás de Hess e Hitler.[116] Terminada a guerra, ficou comprovado que os dois homens não só tinham feito as pazes como voltaram a ser amigos. Os documentos do processo de "desnazificação" de Maurice revelam que ele sempre foi "acompanhante" de Hitler em Munique.[117] Seu advogado admitiu que, depois de 1933, a presença de Maurice em Munique, "agradava ao *Führer*".[118]

A partir de então, Hitler não deixou mais de apoiá-lo. Em 1935, Maurice decidiu casar-se com uma estudante de medicina 14 anos mais nova e Hitler participou da festa do noivado. "Ele foi extremamente delicado", lembrou-se Hedwig Maurice mais tarde. "Não falo de uma delicadeza aprendida, mas daquela que vem do coração."[119] Anunciou-se ostensivamente que o *Führer* oferecera sua casa para a festa de casamento,[120] mas teve de cancelar esta oferta na última hora. Pouco depois, visitou os recém-casados em seu novo apartamento, dando-lhes mil *Reichsmark* de presente.[121]

Este casamento também teve alguns aspectos menos agradáveis. Antes de contrair matrimônio, Maurice, como membro da SS, teve de apresentar sua árvore genealógica. Nela, os pesquisadores de Himmler encontraram um ancestral judeu, o que automaticamente excluiria o "não-ariano" da organização. Hitler discordou, defendendo que "neste caso excepcional", Maurice e seus irmãos poderiam ficar na SS, por Maurice ter sido "o seu primeiríssimo companheiro, e porque ele e seus irmãos e toda a família Maurice serviram com rara coragem e lealdade durante os iniciais e difíceis meses do movimento".[122]

Chama a atenção as mudanças no tratamento dispensado por Hitler a Emil Maurice ao longo de uma década: afeto, raiva, comprometimento, perdão, proteção. Existem duas explicações para este vaivém. Ou Hitler jamais deixou de amar o seu "galgo" apesar de todas as decepções e irritações, ou o temia tanto que lhe pareceu mais razoável corrompê-lo do que liquidá-lo. Provavelmente, mais uma vez a verdade está no meio do caminho.

As mulheres de Hitler: Magda Quandt e Leni Riefenstahl

A morte de Geli Raubal, em 1931, foi uma catástrofe para Hitler. O problema da sua relação com mulheres, que tinha ficado em segundo plano por conta de sua ligação com a sobrinha, voltou a incomodá-lo. Num primeiro momento, não havia solução à vista, pelo menos que pudesse ser passada para o público interno e externo com alguma credibilidade. Esta situação ameaçava o salto sensacional em sua carreira que foram as eleições de setembro de 1930 para o *Reichstag*, parlamento alemão na época do Reich. Como autoridade pública, não podia deixar os companheiros de partido e os adversários políticos sem resposta para a pergunta sobre os motivos de sua solteirice. Hitler, cuja aura era feita, em boa parte, da auto-sugestão, precisava enfrentar o problema para não ter de assumir o fracasso.

Vejamos de que maneira ele se apresentou nos meses depois do trágico fim de sua "namorada-sobrinha" às mulheres de quem obviamente gostava (e vice-versa), que eram atraentes e livres e tinham vontade de se relacionar. Podemos citar, em primeiro lugar, Magda Quandt, e, em seguida, Leni Riefenstahl. Ambas poderiam ter-se casado com Hitler em 1931/32 – se ele quisesse. Mas ele não só não queria, como encenou este não-querer de tal forma que funcionou como paliativo para a opinião pública.

Magda Quandt, secretária particular e amante do chefe de propaganda, Goebbels, aproximou-se de Hitler no outono de 1931. Ficou de tal maneira "entusiasmada e encantada" com as aparições públicas do líder do partido que, em meados de outubro, se apresentou a ele em seu quartel-general de Berlim, o Kaiserhof.[123] Os sentimentos desencadeados em ambos durante este encontro permitem pensar em um relacionamento mais íntimo entre eles.[124] Magda confessou a Leni Riefenstahl que foi tomada por um grande amor, "apaixonando-se" pelo *Führer*: "Só concordei em casar-me com o Dr. Goebbels depois de entender que Hitler não amará nenhuma outra mulher além de Geli, sua sobrinha, cuja morte jamais superará, depois dela, como sempre diz, amará apenas a 'sua' Alemanha".[125]

Pela primeira vez, surge uma justificativaque se tornaria peça importante da estratégia de camuflagem de Hitler: sua incapacidade de amar depois da morte da sobrinha. Esta afirmativa está em franca contradição com o fato de que, apenas quatro semanas depois do suicídio de Geli Raubal, o inconsolável Hitler já estava disponível para o jogo de sedução. Este jogo deve ter durado mais tempo do que se pode deduzir a partir das poucas informações disponíveis. O triângulo amoroso Quandt-Goebbels-Hitler fora maquinado pelo então chefe do Estado-Maior da SA, Otto Wagener, por ordem de Hitler. Kurt Lüdecke fala de um comentário revelador de Magda Quandt. Ela teria dito que, na festa de seu casamento, no dia 19 de dezembro de 1931, Hitler foi "o padrinho" ("the best-man"), e Goebbels "apenas" o noivo. Isto combina com a observação de que, meio ano mais tarde, Hitler considerava o apartamento dos Goebbels em Berlim como sua "segunda casa", onde se sentia muito confortável.[126]

No início de 1932, aos 43 anos, Hitler finalmente estava aonde sempre quis chegar. Tinha o afeto, a admiração e o carinho de uma mulher charmosa, sem qualquer compromisso. Além disso, ao ajudar Goebbels a contrair um casamento com o qual Magda Quandt talvez nunca tivesse concordado, ajudara a tornar feliz um de seus mais importantes colaboradores.[127] Ao mesmo tempo, podia usar a morte de Geli como pretexto para sua incapacidade de amar outra mulher e até mesmo para o fato de haver "superado a necessidade da posse física de uma mulher".[128] Sete anos antes, ele tentara convencer Rudolf Hess com outra explicação – a de que evitava "inclinações mais fortes em relação a seres femininos para não se expor a perigos, até mesmo à morte".[129]

Mas Hitler não seria Hitler se não tentasse extrair algum benefício político desta situação pessoal em 1931. A morte de Geli Raubal representou a oportunidade de enriquecer o mito autoconstruído de salvador político do povo alemão com mais uma faceta: a de que a Alemanha era a verdadeira e única noiva pela qual devia se sacrificar. Num primeiro momento, esta pode ter sido a manifestação da dor – talvez, até certo ponto verdadeira – pelo suicídio da sobrinha. Porém, quanto mais encenava esta peça lacrimejante para os outros, mais nítidos se tornavam seus aspectos artificiais e forçados.[130] A dramática atitude de tristeza virou manobra de despiste, camuflagem para a mentira de que não haveria mais nenhum outro amor possível para ele além do amor pela Alemanha.

Em suas memórias, Leni Riefenstahl narra um encontro com Hitler na praia de Horumersiel, no Mar do Norte.[131] O episódio permite entender a natureza daquele mito que, em última instância, baseava-se na resistência interna de um homossexual com fantasias heterossexuais. Uma cálida noite de verão perto do mar no final de maio de 1932 foi o pano de fundo romântico para a cena que Leni Riefenstahl relata:"Hitler estava bastante relaxado e falou de sua vida pessoal e de coisas que o interessavam, como arquitetura e música. Falou sobre Wagner, o rei Luís e Bayreuth. Depois de ter falado durante algum tempo, de repente sua expressão e sua voz se transformaram. Entusiasticamente, disse: 'Mais do que qualquer outra coisa, eu me realizo na minha missão política. Sinto em mim a vocação de salvar a Alemanha, e não posso me eximir dela.' [...] Estava escuro, e eu não conseguia nem enxergar as pessoas que estavam atrás de nós. Caminhávamos mudos, lado a lado. Depois de um intervalo, ele parou, fitou-me longamente, abraçou-me devagar e me puxou em sua direção. [...] Olhou-me excitado. Ao perceber como eu resistia, largou-me imediatamente. Afastou-se um pouco. Então, vi como levantou as mãos e disse, em tom de evocação: 'Não posso amar nenhuma mulher antes de completar a minha obra.'"[132] Mesmo que Leni Riefenstahl – que obviamente procurava agradar a este homem em ascensão[133] – não tivesse reagido de forma tão fria quanto quer fazer crer, é assim que devemos imaginar o comportamento de Hitler em relação a mulheres apaixonadas: posar de Don Juan, para depois revelar que sua realização amorosa estava interditada em nome de uma missão mais elevada. Sua repulsa em tocar mulheres fez Hitler elaborar um método altamente sugestivo para aparecer como homem apto a amar, pelo qual as mulheres podiam se sentir atraídas. Este artifício teatral proporcionou-lhe ganhos incomensuráveis em termos de auto-estima. E o truque enganou mais de uma pessoa.

A morte de Geli tornou-se um álibi convincente até mesmo para seus companheiros. Em uma conversa particular com Hitler em agosto de 1932, Lüdecke tentou descobrir os motivos do fracasso de um possível casamento com Magda Quandt. Hitler observou que, com Geli, fora

Eva Braun em um de seus "papéis", que ela desempenhava com outras roupas também para e com Hitler.

"o homem mais feliz do mundo".[134] Lüdecke, pelo jeito, não sabia que o caso com Magda ocorrera quatro semanas *depois* da morte de Geli, e ficou totalmente desarmado, principalmente quando Hitler começou a chorar. Outro exemplo: ao ser informado de que uma "moça de baixa estirpe" – a filha do governador Karl Weinrich – se tornara a mais recente paixão de Hitler, Goebbels escreveu, surpreso, em seu diário, em outubro de 1932 – "Como deve ser grande a nostalgia de Hitler por uma mulher."[135]

O próprio Hitler se encarregava de difundir essa imagem: "Sim, gosto de flores, mas isto não é motivo para eu me tornar jardineiro", costumava dizer para explicar sua distância das mulheres.[136] Com estas declarações algo enigmáticas, ele queria propositadamente provocar especulações. Numa conversa com Kurt Lüdecke, ele se referiu a "histórias escandalosas de mulheres" em que Lüdecke estaria metido e das quais ouvia falar volta e meia. A respeito disso, comentou que era melhor "ter mulheres do que homens".[137] Hitler logo percebeu que só tinha a lucrar com rumores sobre seu envolvimento com mulheres. Neste sentido, aproveitou-se dos numerosos contatos que fez durante os anos de 1932/33, até ficar farto e começar a se esquivar dos esforços dos alcoviteiros. "Não tenho nada contra mulheres", teria dito a Leni Riefenstahl no final de 1933, "adoro ter belas mulheres à minha volta, mas não suporto quando querem me impor alguma coisa."[138] Depois da tomada do poder, já podia se dar ao luxo de reduzir a quantidade de suas conquistas ostensivamente colocadas à mostra.

Julius Schreck, "companheiro" de Hitler

O que aconteceu na manhã do dia 19 de maio de 1936 no cemitério de Gräfelfing, perto de Munique, mais parecia uma cerimônia de Estado. Toda a elite nazista estava reunida para prestar a última homenagem a Julius Schreck, motorista de Hitler, que acabara de falecer. Não deve haver exemplo igual de honras prestadas a um chofer. Mas não era um simples funcionário que estava sendo enterrado. Hitler depositou pessoalmente a primeira coroa, dedicada ao "meu fiel colaborador e querido camarada". Ao chegar, seu rosto denotava "a comoção de um homem que perdeu seu camarada, companheiro de uma vida longa, repleta de lutas",[139] como escreveu o jornal *Völkischer Beobachter*. A morte deste companheiro deixou Hitler tão emocionado que, logo após o breve discurso de Heinrich Himmler, teve que deixar o cemitério.[140]

O próprio Hitler não se pronunciou durante a cerimônia, e nos dias seguintes permaneceu calado. Só voltou a ser visto em público em 30 de maio. As declarações de seus colaboradores mais íntimos revelam aquilo que Hitler não sabia ou não podia dizer: quão dura havia sido para ele a perda deste "brutamontes com coração meigo". Rudolf Hess, por exemplo, escreveu que "Schreck tinha um amor ilimitado pelo *Führer*" e que "se preocupava incansavelmente com Hitler, que tinha nele confiança máxima".[141] Ao discursar junto ao túmulo, Himmler também evocou o talento de Schreck para "adivinhar cada desejo, cada pensamento do *Führer*".[142]

Julius Schreck tinha pouco mais de 30 anos quando faleceu subitamente, vitimado por uma infecção.[143] Ingressou na corporação livre de Epp em maio de 1919[144] e, no

Enterro com "honras de Estado" para Julius Schreck, motorista particular e amigo de Hitler, em 1936.

início de 1923, fundou a "tropa de choque Hitler" junto com Josef Berchtold.[145] A folha corrida de Schreck junto à polícia registra diversos delitos cometidos naqueles anos, de estelionato a invasão de domicílio, difamação e até agressão física. Depois do fracassado golpe de novembro, fugiu para a Áustria, mas foi preso na fronteira no início de 1924 e condenado a um ano e três meses de prisão. Em 1925, Schreck comandou a criação da Stabswache,[146] renomeada depois como Schutzstaffel (SS), da qual foi o primeiro comandante.[147] Em abril de 1926, quando Berchtold, antigo líder da tropa de choque, voltou do exílio austríaco, Schreck foi afastado da função de uma hora para a outra. A direção superior da SS acreditava que ele não tinha "o necessário talento de liderança e capacidade de organização, e tampouco carrega um nome que garanta fazer da SS uma tropa de elite do movimento".[148]

Isto não impediu Hitler de transformar Schreck, dois anos mais tarde, em seu motorista particular – ou seja, sucessor de Maurice. Antes, Schreck já conduzira o carro do chefe do partido vez ou outra,[149] mas a partir de 1928 ficou à sua disposição 24 horas por dia, tanto para passeios particulares como para eventos políticos. No rastro da ascendente popularidade de Hitler, o Schreck (literalmente: "susto") "das estradas" também obteve certa fama.[150] "Ele sempre sabia quando devia usar sua força física, sua esperteza ou sua arte de conduzir carros", conta Schaub,[151] dando a entender que, para Hitler, Schreck era mais do que um simples motorista. Seu talento ao volante da veloz e imponente limusine Mercedes vinha ao encontro do gosto de Hitler pelo *marketing*. As viagens freqüentes e velozes não apenas agradavam a Hitler[152] como serviam para divulgar uma imagem próspera, simbolizando o início de uma nova era.

Até mesmo pessoas do círculo mais íntimo do partido nazista procuravam o constante companheiro do *Führer* quando queriam acesso rápido e direto a Hitler ou passar-lhe informações confidenciais.[153] Segundo Albert Speer, Schreck chegava a ser um pouco atrevido por conta de sua posição, fazendo "comentários irônicos ou maldosos sobre os lambe-botas ao redor de Hitler. Era o único que podia se permitir tais liberdades".[154] Quando Schreck morreu, correram rumores de que fora vítima de um atentado planejado contra Hitler, e que os autores se enganaram porque eles eram muito parecidos.[155] De fato, a aparência dos dois tinha muitas semelhanças. Embora Schreck fosse um pouco mais corpulento e tivesse um rosto mais redondo, a altura e a cor dos cabelos eram iguais. Assim como o seu chefe, Schreck usava os cabelos repartidos ao meio e, o que chamava mais atenção, o mesmo pequeno bigode aparado.

Durante as incontáveis viagens de carro através da Alemanha, os dois homens desenvolveram um relacionamento quase familiar. Às vezes, Hitler alimentava seu motorista, oferecendo-lhe sanduíches[156] – um gesto trivial, mas muito representativo do tratamento fraterno que os unia. Nem todas as viagens eram feitas para cumprir uma agenda política. Muitas vezes, saíam apenas para "conhecer as paisagens da Alemanha fora das grandes rotas". Quando Hitler ainda não era muito conhecido, estas excursões eram mais fáceis, escreveu Schreck em 1935: "Muitas vezes, pernoitamos num hotelzinho ou fizemos refeições sem sermos reconhecidos."[157] Não há muitas informações a respeito, mas pelo menos um episódio do ano de 1931 tem fonte comprovada. Hitler anunciou que iria a Bayreuth visitar os Wagner, mas não chegou à casa dos amigos. Ao ligarem para Munique, descobriram que Hitler efetivamente havia partido com Schreck. Só alguns dias mais tarde Hitler avisou a sua amiga Winifred que preferira ficar só e, por isto, fizera uma excursão ao campo.[158] Fora a Bad Berneck, distante cerca de 20 quilômetros da cidade de Wagner. Ali, Hitler e Schreck se alojaram no hotel Bube – desde 1923, o local favorito do grupo de Hitler – para passar o feriado. Foram os únicos hóspedes.[159]

Julius Schreck era casado desde 1920. Oficialmente, morava com a esposa, Maria, na casa da mãe, Magda, em Munique – até os anos 30. Depois, mudou-se para Gräfelfing e deixou a mulher na casa da mãe, sem se divorciar. Poucas semanas após a morte de Julius, Magda e Maria Schreck procuraram Hitler, pois queriam dinheiro. A carta da mãe mostra explicitamente que ela fora obrigada a dividir a casa com Maria "seguindo desejo do filho". Com a morte dele, a separação da nora, há muito tempo planejada, tinha se tornado prioritária. Como não podia mais contar com a ajuda financeira do filho, "via o futuro com muita preocupação". "Sua benevolência com meu filho acende em mim esperanças de que o senhor, meu *Führer*, compreenda estas linhas neste sentido", escreveu ela a Hitler.[160]

Já Maria Schreck manifestou suas reinvidicações num tom menos devoto. Sua carta fria e enérgica vai logo ao ponto. Só recebera do marido o essencial para sobreviver e como queria montar sua própria casa e não possuía nada, já que tudo pertencia à sogra, necessitava, além de uma pensão regular, de "um apartamento mobiliado. Confiando em sua benevolência, conto com uma solução digna para a minha situação econômica". Ela conclui: "durante todos estes anos nunca agi contra o meu marido para fazer jus ao meu direito a auxílio financeiro, pois não queria criar dificuldades para sua profissão. Ele sempre dizia que nunca esqueceria a forma tão corajosa como dividi com ele os anos mais amargos de sua vida. A morte o impediu de cumprir sua promessa, e, ao mesmo tempo, o seu dever. Tenho a firme confiança de que as autoridades competentes não irão ignorar o meu pleito e que não me deixarão viver uma vida que esclarecerá a opinião pública sobre a real situação."[161] Uma pessoa simples que, em 1936, enfrentava de forma tão ousada o poderoso ditador tinha que ter muita convicção do que estava fazendo. Sua referência às estranhas condições de seu casamento surtiram efeito imediato. Hitler determinou que o salário de seu falecido motorista fosse repassado em partes iguais à mãe e à esposa.[162] Albert Speer conta que, em seu quarto, no retiro de Obersalzberg, Hitler colocou uma foto de Julius Schreck ao lado da foto de sua idolatrada mãe.[163]

O bando de Munique

Desde 1920, Hitler alugava em Munique um pequeno apartamento de quarto e sala na Thierschstrasse, mas passava pouco tempo lá. Ao escritor Hans Grimm, que visitou-o em abril de 1928, o local mais pareceu um "dormitório".[164] Só mais tarde, em outubro de 1929, quando Hitler se mudou para um apartamento de nove quartos na Prinzregentenplatz, no elegante bairro de Bogenhausen, suas condições de habitação melhoraram.[165]

A partir de meados dos anos 20, o líder do partido dividia-se entre Munique e Berchtesgaden, pequena cidade nos Alpes junto à fronteira austríaca. Desde as suas excursões com Eckart, ele sempre voltava a esta região. Até 1928, hospedava-se principalmente em pensões e hotéis. Em outubro de 1928, alugou a pequena casa Haus Wachenfeld no Obersalzberg,[166] um refúgio idílico. Além de Berchtesgaden, seus lugares favoritos para viagens particulares na década de 20 eram Weimar, Bayreuth e, às vezes, Bad Godesberg.[167]

Quase sempre, Hitler viajava acompanhado. Em Munique, nos Alpes bávaros e em suas viagens pela Alemanha, costumava se cercar de membros de sua estranha corte, aquele bando que chegou a ser batizado de "república dos choferes".[168] Um comentário de Goebbels, depois de encontrar o bando de Hitler em Munique, em 1930, revela o que muitos de seus contemporâneos pensavam. "Oh, que gente cafona!", estranhou Goebbels. "Como pode uma pessoa como Hitler agüentar isto cinco minutos sequer?" [169] De fato, a pergunta se impõe: por que ele passava tanto tempo com aquelas pessoas? Para que precisava delas? O que buscava nelas – e, pelo jeito, encontrou?

Hitler acompanhado de seu ajudante pessoal Julius Schaub, em frente à Casa Marrom, em Munique, por volta de 1932.

À primeira vista, o séquito de Hitler era formado por uma mistura de ajudantes monossilábicos e algo limitados, seguranças bons de briga, motoristas ousados. Nos primeiros anos, encontramos ao redor de Hitler figuras como o ex-comerciante de cavalos e brutamontes Christian Weber, o segurança Ulrich Graf e o lutador Hermann Esser, que tinha talento para discursar em reuniões. A partir de meados dos anos 20, três homens – Max Amann, Heinrich Hoffmann e Julius Schaub – formaram seu núcleo de amigos e mantiveram esta posição até 1945. Obviamente, não havia neste círculo hierarquias ou funções definidas. Cada um dos fiéis colaboradores era multifuncional e, neste sentido, substituível. Embora nenhum deles tivesse para o *Führer* Hitler a importância de mentores como Ernst Röhm ou Dietrich Eckart, preenchiam uma importante função dentro da tropa hitleriana: todos ajudavam a manter a privacidade de seu líder.

Neste sentido, deve-se citar, sobretudo, Julius Schaub, o mais importante colaborador de Hitler ao lado de Julius Schreck. Desde o início de 1925 até a primavera de 1945, era ele quem organizava a vida pessoal de Hitler. Acompanhava-o nas viagens, resolvia problemas financeiros, cuidava de assuntos domésticos. Recebia os convidados, mantinha afastados os visitantes indesejados e controlava, desta maneira, o acesso a Hitler.[170] Entre todos os homens ao redor do *Führer,* era ele quem estava mais bem informado "sobre todos os assuntos íntimos e pessoais de Hitler".[171] Speer o definiu como o "colaborador mais fiel do *Führer*",[172] e o próprio Schaub ressaltou, depois da guerra, que tinha sido "a sombra" de Hitler, seu "companheiro de todos os dias e colaborador constante [...], talvez o único que podia lhe dizer sem papas na língua e impunemente tudo o que lhe vinha à cabeça".[173]

Além das qualidades essenciais a um ajudante pessoal – principalmente discrição, confiabilidade e dedicação – ele tinha algo mais a oferecer ao ditador. Schaub era um amante de cinema e teatro e conhecia profundamente o teatro de variedades. Sabe-se o fraco de Hitler pelo cinema. Assistia a filmes com "notável regularidade"[174] e era "fanático por teatro", como disse Schaub durante um inquérito. Quando o *Führer* tinha algum impedimento, Schaub ia sozinho às apresentações e no dia seguinte lhe contava tudo durante o café da manhã.[175] Schaub dispunha de numerosos contatos com o mundo do teatro e do cinema em Munique.[176] Às vezes, convidava dançarinas e atrizes para "um dedo de prosa na casa do *Führer*". Nestas ocasiões, segundo Christa Schroeder testemunhou, este ajudante de Hitler normalmente tão seco e resmungão revelava uma "amabilidade impressionante".[177]

Os homens em torno de Hitler tinham em comum a capacidade e disposição incondicional para resolver as demandas pessoais e as fraquezas do *Führer*. Eles lhe garantiam privacidade e uma espécie de família substituta. Com eles, Hitler não precisava dissimular e podia demonstrar, sem inibição alguma, seu prazer com coisas triviais. Estes confidentes conheciam seu jeito errático e excêntrico e o aceitavam da forma que era. O comportamento pouco polido do grupo podia ser percebido como repulsivo por observadores de fora, mas o fato é que Hitler se utilizava desta grosseria. Assim, não precisava sujar suas mãos quando era o caso de resolver coisas desagradáveis.

Intelectualmente, seus protegidos se situavam bem abaixo de Hitler. Não tinham vontade e muito menos capacidade de influenciá-lo politicamente. No máximo, participavam de uma ou outra intriga quando se tratava de questões pessoais. De qualquer maneira, não era uma camarilha. Cúmplices bem pagos, teciam laboriosamente e com aplicação aquela rede que protegia a vida particular de Hitler. Eram dispostos ao sacrifício, fiéis e totalmente confiáveis. Pelo menos era assim que apareciam exteriormente. Olhando mais de perto, era possível descobrir defeitos na maioria deles, e isto também explica a estrutura interna do bando. Hitler queria ajudantes com biografias maculadas, pois só o conhecimento de fatos que os incriminavam dava-lhe a certeza de poder mantê-los sempre sob controle. Ernst Hanfstaengl estava convicto de que Hitler tinha em suas mãos "uma algema moral e um meio de pressão" contra cada um deles.[178] Seus confidentes tinham que temê-lo e, logo, ser submissos. Só assim Hitler podia jogar sobre eles uma espessa rede de dominação da qual era impossível escapar.

Os registro policiais guardam poucas informações positivas sobre a vida de Julius Schaub. Em abril de 1923, a direção do NSDAP recebeu uma carta-denúncia acusando a esposa de Schaub de ser meretriz. "Vocês estão informados sobre a atividade desta mulher? Provavelmente não, caso contrário, já a teriam afastado, uma vez que *Herr* Hitler não gostaria de ter em seu grupo pessoas que deveriam ser controladas pela delegacia de proteção aos bons costumes."[179] O divórcio foi julgado em maio de 1925 e o tribunal culpou a mulher de ter mantido uma relação extraconjugal com o campeão de boxe Edmund Schneider, companheiro de prisão de seu marido em Landsberg.[180] No entanto, o veredicto também acusa Schaub de ter descuidado da mulher e de "não têla amado".

Schaub só voltou a se casar em 1931. Hitler foi padrinho e ofereceu sua casa para a festa.[181] Este novo matrimônio não impediu o ajudante do *Führer* de dar as suas escapadas.[182] Schaub, que também tinha um fraco pela bebida, volta e meia comportava-se de forma "inconveniente". Quando contavam isto a Hitler, ele apenas "levantava os ombros" e suspirava: "Sei, é triste. Mas o que vocês querem? Não tenho outro ajudante."[183] Finalmente, Schaub se envolveu em um "complicado caso de corrupção" e che-

Hitler com Julius Schaub e seu futuro ajudante-chefe, Wilhelm Brückner, durante campanha em 1932.

gou a se atritar com Hitler.[184] Ainda assim, pouco tempo depois, o *Führer* destinou ao "meu velho Julius Schaub" uma soma de dez mil marcos e uma pensão mensal de 500 marcos em seu testamento.[185] Isto foi em 1938. Cinco anos mais tarde, Hitler ofereceu-lhe um "presente de Natal" de 300 mil *Reichsmark*.[186] Hitler queria a lealdade de Schaub, até depois de sua morte, e se preparava para isto.

Além dos meios materiais, Hitler sabia envolver seus eleitos de forma indissolúvel. Dava-lhes a sensação de que se comprometiam a servir ao *Führer* com fidelidade incondicional. A melhor prova de que podia contar com eles foi-lhe dada por Julius Schaub no final de abril de 1945. À última hora, Schaub deixou Berlim em chamas e foi para a Baviera, a fim de abrir seus cofres com documentos particulares no apartamento de Munique e no refúgio de Obersalzberg e queimar os papéis.[187] Até morrer, Schaub manteve total silêncio sobre a natureza destes documentos. Só uma vez indicou misteriosamente que sua publicação teria "efeitos desastrosos".[188] Provavelmente, também para ele – mais ainda, para Hitler.

Notas

1 Comparar Barbara Zehnpfennig, *Hitlers "Mein Kampf"*, Munique, 2000; e como obra de referência: Eberhard Jäckel, *Hitlers Weltanschauung*, Stutgart 1991 (4ª ed.).

2 Sobre a mudança de rumos políticos, a construção do mito de *Führer* e a ascensão de Hitler, ver os capítulos correspondentes na obra de Ian Kershaw, *Hitler, vol. 1: 1889-1936*, Stutgart 1998.

3 Ver a fotografia publicada no livro de Wulf Schwarzwäller, *Der Stellvertreter des Führers Rudolf Hess. Der Mann in Spandau*, Viena, Munique, Zurique, 1974, parte de ilustrações.

4 *Unveröffentlichte Hanfstaengl-Erinnerungen*, in: BSB, NL Hanfstaengl, Ana 405/47.

5 Carta de Hess à sua mulher de 18/6/1945, in: Ilse Hess. *Ein Schicksal in Briefen. England – Nürnberg – Spandau. Gefangener des Friedens Antwort aus Zelle Sieben*, Leoni 1984, p. 102.

6 Albert Krebs. *Tendenzen und Gestalten der NSDAP Erinnerungen an die Frühzeit der Partei*, Stutgart, 1959, p. 171.

7 Todas as citações cf. Otto Strasser. *Gangsters around Hitler*, Londres, 1942, p. 38. Entrevista com Ernst Hanfstaengl em 28/10/1951, in: IfZ München, ZS 60; as citações seguintes cf. Peter Padfield, *Hess, Flight for the Führer*, Londres, 1991, prólogo; Erich Ebermayer, *Denn heute gehört uns Deutschland: Persönliches und politisches Tagebuch*, Hamburgo, Viena, 1959, p. 381. Sobre a homossexualidade de Hess ver também o dicionário sobre sexualidade de Bernd-Ulrich Hergemöller, *Mann für Mann. Biographisches Lexikon zur Geschichte von Freundesliebe und mannmännlicher Sexualität im deutschen Sprachraum*, Hamburgo, 1998, 350p, com outras referências bibliográficas. O Preta do apelido refere-se à cor do uniforme da SS.

8 Revista *Die Deutsche Revolution* N. 9 de 8/7/1934 ("Gilt der § 175 nur für Tote? Eine Frage an Adolf Hitler" "O parágrafo 175 só vale para os mortos? Uma pergunta para Adolf Hitler"); comparar tb. *Die Deutsche Revolution* N. 10 de 15/7/1934 ("Liste homosexueller Großwürdenträger des Hitler-Regimes" – A lista de altos dignatários homossexuais do regime de Hitler).

9 Kurt G. W. Ludecke, *I knew Hitler. The Story of a Nazi Who Escaped The Blood Purge*, Nova York, 1937, p. 586 e seg.

10 Carta de Hess para Ilse Pröhl de 24/10/1923, in: Rudolf Hess, *Briefe 1908-1933* (Cartas, 1908-1933. org.de Wolf Rüdiger Hess, com introdução e comentários de Dirk Bavendamm), Munique/Viena, 1987, p. 309. Esta coletânea de cartas editada pelo filho de Rudolf Hess constitui um raro conjunto de testemunhos autênticos de um confidente de Hitler, ainda que se trate de uma seleção de cartas incompletas. Em consideração a familiares ainda vivos, não foram incluídas "cartas de caráter muito íntimo" (ver introdução, p. 8).

11 Hess para a sua prima Milly Kleinmann em 11/4/1921, in: Hess. *Briefe 1908-1933*, p. 267.

12 Hess para Ilse Pröhl em 23/7/1924, in: ibid., p. 346.

13 A associação Thule teve papel fundamental entre os grupos de extrema direita. Seu nome evocava a seita dos germanos de Thule, fundada em 1912, em Leipzig, de acordo com o modelo das sociedades secretas. Seus membros deviam ter "sangue ariano" para serem

admitidos. Em 13 de abril, tentou um golpe contra o governo dos conselhos revolucionários de Munique.

14 Sobre a biografia de Hess, ver, sobretudo, Kurt Pätzolde Manfred Weißbecker, *Rudolf Hess, Der Mann an Hitlers Seite*, Leipzig, 1999, páginas 12-87.

15 Ilse Hess, *Schicksal in Briefen*, p.48.

16 Sobre o caráter desta amizade, ver Hans-Adolf Jacobsen, *Karl Haushofer, Leben und Werk*, vol.1: *Lebensweg 1869–1946 und ausgewählte Texte zur Geopolitik*, Boppard, 1979, p. 225.

17 Hess aos pais em 17/6/1920, in: Hess, *Briefe 1908-1933*, p. 261.

18 Cit. cf. Jacobsen, *Karl Haushofer*, p. 231.

19 Ilse Hess em 1972 em depoimento a Hans-Adolf Jacobsen; cit. cf. ibid., p. 227 e seg.

20 Assim o designou Hess em cartas de 31/8/1946 e 19/7/1953, in: Ilse Hess, *Schicksal in Briefen*, p. 110 e 301.

21 Hess à sua prima Milly Kleinmann em 11/4/1921, in: *Hess, Briefe 1908-1933*, p. 267.

22 Do membro do partido Heinrich Dolle para Hitler em 1921, cit. cf. Schwarzwäller, *Stellvertreter*, p. 81.

23 *Völkischer Beobachter* n. 63 de 11/8/1921 (Sobre o panfleto contra Hitler).

24 De Hess para Gustav Ritter von Kahr em 17/5/1921, in: IfZ München, F 18, p. 5 e seg.

25 Ilse Hess, *Schicksal in Briefen*, p. 43.

26 Anonymos (Karl Mayr), *I was Hitler's Boss*, in: Current History, vol.1, n. 3, de novembro de 1941, p.198. Na prisão de Spandau, Hess confirmou depois que estruturava os discursos junto com Hitler. Comparar Eugene K. Bird, *Hess der "Stellvertreter des Führers". Englandflug und britische Gefangenschaft*, Munique, 1974, p. 302, cit. cf. Pätzold/ Weissbecker, Hess, p. 474.

27 *Völkischer Beobachter* n. 63 de 11/8/1921 (Sobre o panfleto contra Hitler).

28 Ver Raffael Scheck, *Swiss Funding for the Early Nazi Movement. Motivation, Context, and Continuities*, in: The Journal for Modern History, vol. 71 (1999), p. 803.

29 Ver as cartas à namorada de 31/8/1922, 11/9/1922, 13/9/1922 e 10/8/1923, in: Hess, *Briefe* 1908-1933.

30 Kampfbund, literalmente associação de luta, era mais um dos grupos de extrema direita que atuavam na época (N.T.)

31 Liga Oberland: organização paramilitar com objetivos pangermânicos e populistas, fundada em 1921. Nascida de uma associação livre em 1919, para combater a República dos Conselhos de Munique, fundiu-se ao NSDAP e outro grupo de direita para formar a liga germânica de combate, em 1923.

32 De Hess à mãe em 16/5/1924, in: ibid., p.325.

33 Ver Hans Kallenbach, *Mit Adolf Hitler auf Festung Landsberg*, Munique, 1933, p. 55.

34 Anotação de uma conversa do diretor da prisão com Hansjörg Maurer de 4/12/1924, cit. cf. Winfried Schmidt (org.): "*... war gegen den Führer äusserst frech ...*" *Der Chefredakteur und nachmalige Tierarzt Hansjörg Maurer und seine Würzburger politischen Tagebuchblätter aus den Jahren 1936 und 1937*, Würzburg, 1999, p. 53. "O diretor também não acedeu aos repetidos pedidos de andar no pátio da casa de detenção sem camisa no verão", conta o funcionário da prisão Franz Hemmrich em suas memórias inéditas *Die Festung Landsberg am Lech* (manuscrito de 1970), in: IfZ München, ED 153.

35 De Hess para Ilse Pröhl em 28/5/1924, in: Hess, *Briefe 1908-1933*, p. 326.

36 Kershaw, Hitler, vol. 1, p. 299.
37 Comparar Bruno Hipler, *Hitlers Lehrmeister. Karl Haushofer als Vater der NS-Ideologie*, St. Ottilien, 1996, p.108 e 121.
38 "O soturno e fiel escudeiro do herói mitológico Siegfried" – assim Hess se autodesignou em depoimento a Albert Krebs, cit. cf. Krebs, *Tendenzen und Gestalten*, p.170.
39 De Hess para seus pais em 24/4/1925, in: Hess, *Briefe 1908-1933*, p. 367.
40 Cf. Joseph Goebbels em anotação no seu diário de 13/4/1926 depois do primeiro encontro com Hess, vol. I/1, Munique e outros 1987, p.172.
41 Região montanhosa na Baviera, onde Hitler construiu seu refúgio, chamado Berghof.
42 Ver sobre este assunto tb. Ulrich Chaussy, *Nachbar Hitler. Führerkult und Heimatzerstörung am Obersalzberg*, Berlim, 2001, p. 29.
43 De Hess para a sua mãe em 14/1/1928, in: Hess, *Briefe 1908-1933*, p. 390.
44 De Hess para seus pais em 20/11/1927, cit. cf. Wolf Rüdiger Hess, *Mord an Rudolf Hess?*, Leoni, 1989, p. 41 e seg.
45 Cit. cf. Ernst Hanfstaengl, *Zwischen Weissem und Braunem Haus. Memoiren eines politischen Aussenseiters*, Munique, 1970, p. 324.
46 Cit. cf. Schwarzwäller, *Stellvertreter*, p.101.
47 Autos de uma conversa com o médico particular de Hitler, Karl Brandt, no verão de 1945, in: Ulrich Schlie (org.), *Albert Speer. Alles, was ich weiss. Aus unbekannten Geheimdienstprotokollen vom Sommer 1945*, Munique, 1999, p. 237; bem como carta de Hess à sua esposa de 26/6/1947, in: Ilse Hess, *Schicksal in Briefen*, p. 147.
48 Diários de Goebbels I/1 (1987) – páginas 144, 173, 389 e 172 (anotações dos dias 23/11/1925, 13/4/1926, 22/6/1929 e 13/4/1926).
49 De Hess para Ilse Pröhl, 29/6/1924, in: Hess, *Briefe 1908-1933*, p. 342.
50 Diários de Goebbels I/1 (1987), p.175 (anotação do dia 19/4/1926).
51 Ilse Hess, *Schicksal in Briefen*, p. 23.
52 Sobre o "caso Wyneken" comparar trecho correspondente em Ulfried Geuter. *Homosexualität in der deutschen Jugendbewegung. Jungenfreundschaft und Sexualität im Diskurs von Jugendbewegung, Psychoanalyse und Jugendpsychologie am Beginn des 20. Jahrhunderts*, Frankfurt, 1994, p. 195. Ver tb. Thijs Maasen, *Pädagogischer Erop Gustav Wyneken und die Freie Schulgemeinde Wickersdorf*, Berlim, 1995.
53 Gustav Wyneken, *Eros*, Lauenburg 1921, p. 48 e seg.
54 Hans Blüher, *Die Rolle der Erotik in der männlichen Gesellschaft*, Jena, 1917, páginas 243 e 248.
55 De Hess para Ilse Pröhl em 24/10/1923, in: Hess. *Briefe 1908-1933*, p. 309.
56 De Hess para sua mulher em 4/6/1950, in: Ilse Hess. *Schicksal in Briefen*, p. 215.
57 Ilse Hess para R. Hess em 11/10/1954, in: ibid., p. 256 (destaque no original).
58 De Hess para a sua mulher em 31/1/1933, in: Hess, *Briefe 1908-1933*, p. 425 e seg.
59 Fala em cadeia de rádio de 25/6/1934, cit. cf. reprodução no *Völkischer Beobachter* n. 177 de 26/7/1934.
60 Ver o atestado de trabalho escrito por Hitler para Maurice em 1/8/1928, in: IfZ München, ZS 270. Ver tb. o currículo de Maurice em 23/2/1948, in: StA München, Spruchkammer, Karton 1131.
61 Schaub durante inquérito em 26/7/1951, in: IfZ München, ZS 137.

62 Sobre a trajetória de vida, ver *Spruchkammerakten*, in: StA München, Spruchkammer, Karton 1131.

63 Comparar Kallenbach, *Mit Adolf Hitler*, 1933, p. 55 e seg.

64 Henriette von Schirach, *Frauen um Hitler. Nach Materialien von Henriette von Schirach*, Munique, 1983, p. 55.

65 Diários de Goebbels I/1 (1987), p.192 (anotação do dia 12/7/1926).

66 Carta de Maurice para Hitler em 24/1/1925, in: IfZ München, ZS 270. Maurice enfatizou orgulhosamente em 1933 ser amigo íntimo do *Führer* em um questionário para os primeiros membros do NSDAP de 8/10/1933, in: BAB, BDC Emil Maurice. Ver ainda o bilhete em que Hitler cumprimenta Maurice pelo aniversário, em 19/1/1925, fac-símile in: Hans Kallenbach, *Mit Adolf Hitler auf Festung Landsberg*, Munique, 1943 (reedição), p. 150.

67 Ver carta de Hitler para Maurice em 13/9/1927, fac-símile in: Henry Picker, Hitlers *Tischgespräche im Führerhauptquartier*, Wiesbaden, 1983, parte de ilustrações.

68 Isto pode ser confirmado através de documentos in: StA München, Spruchkammer, Karton 1131. Os registros da direção de polícia de Munique sobre Maurice desapareceram.

69 Adolf Hitler, *Mein Kampf*, Munique, 1930 (3ª ed.), p. 566.

70 De Hess à sua mulher em 19/9/1954, in: Ilse Hess. *Schicksal in Briefen*, p. 254.

71 Schirach, *Frauen*, páginas 58 e 62.

72 Kallenbach, *Mit Adolf Hitler*, 1933, p. 92. Ver ainda Hemmrich, *Erinnerungen*, in: IfZ München, ED 153, p. 33.

73 Kallenbach, *Mit Adolf Hitler*, 1933, p. 93. Ver ainda *Mit Adolf Hitler*, 1943, p. 102.

74 Heinrich Hoffmann, *Friend*, Londres, 1955, p.145.

75 Hemmrich, *Erinnerungen*, in: IfZ München, ED 153, fl. 44.

76 Cit. cfe. Nerin Erin Gun, *Eva Braun-Hitler. Leben und Schicksal*, Kiel, 1994 (reedição), p. 20.

77 Christa Schroeder, *Er war mein Chef. Aus dem Nachlaß der Sekretärin von Adolf Hitler*, org.de Anton Joachimsthaler, Munique, 1985, p.153.

78 Cit. cf.Gun, *Eva Braun-Hitler*, p. 57.

79 Comparar Schirach, *Frauen*, p.244 e seg.; memórias inéditas de Hanfstaengl (1956), in: BSB, NL Hanfstaengl, Ana 405/47; bem como Hanfstaengl, *Aussenseiter*, p. 184; Diários de Goebbels I/2 (1987), p. 253 (anotação do dia 5/10/1932).

80 Schroeder, *Chef*, 157 p. Hitler se correspondeu até 1934 com Ada Klein, compare fac-símile de uma carta de "Wolf" para esta namorada em 30/9/1934, in: Anton Joachimsthaler, *Hitlers Weg begann in München 1913-1923*, Munique, 2000, p. 299.

81 Comparar Günter Peis, *Hitlers unbekannte Geliebte*, in: *Der Stern*, n. 24, 1959, páginas 28-34 e 62-65; bem como Gun, *Eva Braun-Hitler*, p. 58.

82 De Hitler para Maria Reiter em 23/12/1926, fac-símile reproduzido em: Peis, *Unbekannte Geliebte.*

83 Depoimento de Rudolf Pfeiffer-Bechstein no documentário para TV *Die Frauen und Hitler*, primeira parte, dirigido por Thomas Hausner, Bayerischer Rundfunk, 2000.

84 O estudo mais recente sobre este relacionamento, porém com falhas na pesquisa de fontes, é de Ronald Hayman, *Hitler & Geli*, Nova York/Londres, 1997.

85 Ver Anna Maria Sigmund, *Die Frauen der Nazis*, Viena, 1998, p. 136 e 138; bem como Schroeder, *Chef*, p. 296 (parte de notas, editado por Anton Joachimsthaler); ver ainda Alfred Maleta, *Bewältigte Vergangenheit. Österreich 1932-1945*, Graz 1981, p. 48.

86 Hess à sua família em 17/9/1927, in: Hess. *Briefe 1908-1933*, p. 384 e seg.

87 Esta carta foi reproduzida em fac-símile no catálogo de 1993 da Casa de Leilões Hermann Histórica. Segundo o filho de Emil Maurice, Dr. Klaus Maurice, a carta é de propriedade da família, cf. Sigmund. *Frauen der Nazis*, p.140 e seg.

88 Ata de sessão pública do campo de internação Regensburg de 13/5/1948, in: StA München, Spruchkammer, Karton 1131.

89 Ver currículo de Maurice de 23/2/1948, in: ibid.

90 Cit. cf. Gun. *Eva Braun-Hitler*, p. 20.

91 Ver Schroeder. *Chef*, p. 364 (parte de notas). Sobre a disputa judicial, ver ainda as memórias inéditas de Hanfstaengl (1956), in: BSB, NL Hanfstaengl, Ana 405/47; bem como depoimento sob juramento de Hans Kallenbach de 7/5/1947, in: StA München, Spruchkammer, Karton, 1131.

92 Otto Strasser, *Hitler und ich*, Konstanz, 1948, p. 97 e seg.

93 Günter Peis. *Hitlers unbekannte Geliebte*, in: Der Stern, n. 24, 1959.

94 Rascunho de carta de Walter Buch para Hitler de 1/10/1928, in: Albrecht Tyrell. *Führer befiehl ... Selbstzeugnisse aus der "Kampfzeit" der NSDAP Dokumentation und Analyse*, Düsseldorf, 1969, p. 212.

95 Diário de Goebbels I/1 (1987), p. 246 (anotação do dia 17/7/1928).

96 Rascunho de carta de Walter Buch para Hitler de 1/10/1928, in: Tyrell. *Führer befiehl*, p. 212 e seg. O trecho entre parênteses foi rabiscado por Buch no original.

97 Diários de Goebbels I/1 (1987), p. 280 (anotação do dia 19/10/1928).

98 Ver carta de referência escrita por Hitler para Maurice em 1/8/1928, in: IfZ München, ZS 270: "O senhor Emil Maurice ficou ao meu serviço entre julho de 1921 até janeiro de1928 como motorista. *Herr* Maurice revelou ser um motorista excelente, acima da média, e excepcionalmente seguro."

99 Currículo de Maurice de 23/2/1948, in: StA München, Spruchkammer, Karton 1131.

100 Ver Strasser, *Hitler und ich*, p. 98.

101 Ver ata de sessão pública do campo de internação de Regensburg de 13/5/1948, in: StA München, Spruchkammer, Karton 1131.

102 Inventário de Julius Schaub (coleção Irving), vol. 1, in: IfZ München, ED 100/202, fl. 3.

103 Emil Maurice em entrevista a Nerin Erin Gun, cit. seg. Gun, *Eva Braun-Hitler*, p. 20.

104 Memórias inéditas de Hanfstaengl (1956), in: BSB, NL Hanfstaengl, Ana 405/47.

105 Schroeder, *Chef*, p.153.

106 Cit. segundo Hoffmann, *Friend*, p.150.

107 Schroeder, *Chef*, p. 235.

108 Schirach, *Frauen*, p. 64.

109 Ver depoimento de Maurice para o ministério para Assuntos Extraordinários em 12/9/1949, in: StA München, Spruchkammer, Karton 1131.

110 Ata de sessão pública no campo de internação de Regensburg em 13/5/1948, in: ibid.

111 Veredicto de 17/7/1949, in: StA München, Spruchkammer, Karton 20.

112 O fato de que este escrito de Hitler do dia 13/3/1933 existiu foi confirmado sob juramento pela viúva de Emil Maurice em 3/8/1993. O original da declaração juramentada é de propriedade do Dr. Klaus Maurice, a quem agradeço pela cessão de uma cópia.

113 Ver *München – Hauptstadt der Bewegung, Ausstellungskatalog,* Munique, 1993, p. 234.

114 Ver Wolfram Selig, *Ermordet im Namen des Führers. Die Opfer des Röhm-Putsches in München,* in: Winfried Becker/Werner Chrobak (org.), *Staat, Kultur, Politik. Festschrift für Dieter Albrecht, Kallmünz,* 1992, páginas 341-356, especialmente 344.

115 *Berliner Illustrierte,* edição noturna, n. 154 de 5/7/1934.

116 Ver Julius Schaub, *Der Führer in der Festung Landsberg,* in: *Adolf Hitler. Bilder aus dem Leben des Führers,* Altona/Bahrenfeld 1936, p.127 e seg.; bem como ilustração em ibid., p.118.

117 Relatório de inquérito sobre Maurice de 1/3/1948, in: StA München, Spruchkammer, Karton 1131.

118 Defesa de 22/4/1948, in: ibid.

119 Declaração juramentada da esposa Hedwig Maurice de 3/8/1993, propriedade particular Dr. Klaus Maurice.

120 Comparar edição do *Völkischer Beobachter* n. 133 de 13/5/1935.

121 Ver declaração juramentada da esposa Hedwig Maurice de 3/8/1993, propr. part. Dr. Klaus Maurice.

122 Documento secreto de Heinrich Himmler de 31/8/1935, cit. cf. Peter Hoffmann, *Die Sicherheit des Diktators: Hitlers Leibwachen, Schutzmassnahmen, Residenzen, Hauptquartiere,* Munique/Zurique, 1975, p. 66 e seg.

123 Auguste Behrend, *Meine Tochter Magda Goebbels,* in: *Schwäbische Illustrierte* de 5/4/1952.

124 Comparar ibid., bem como a recontrução algo melodramática da atmosfera em Otto Wagener, *Hitler aus nächster Nähe. Aufzeichnungen eines Vertrauten,* 1929-1932, org. de Henry A. Turner, Frankfurt, 1978, p. 375.

125 Cit. cf. Leni Riefenstahl, *Memoiren,* Munique, 1987, p. 201.

126 Ludecke, *I knew Hitler,* p. 418.

127 Comparar Ralf Georg Reuth, *Goebbels, Eine Biographie,* Munique, 1990, 196p.; bem como Anja Klabunde, *Magda Goebbels, Annäherung an ein Leben,* 1999, p.144.

128 Wagener. *Hitler aus nächster Nähe,* p. 358.

129 Hess an Ilse Pröhl vom 8.6.1924, in: Hess. *Briefe,* p. 332.

130 Comparar também Anna Maria Sigmund, *Frauen der Nazis,* p. 154 e seg., para ver como a tristeza de Hitler tinha limites estreitos.

131 Entre os dias 22 e 26/5/1932 Hitler efetivamente estava em campanha eleitoral na região de Oldenburg. Compare Klaus Schaap, *Oldenburgs Weg ins Dritte Reich,* Oldenburg 1983, p.112 e seg.; bem como Edgar Grundig, *Chronik der Stadt Wilhelmshaven,* 1957), vol. 2, p.153, in: StA Oldenburg.

132 Riefenstahl, *Memoiren,* p.159 e seg.

133 Ver Rainer Rother, *Leni Riefenstahl. Die Verführung des Talents,* Berlim, 2000.

134 Ludecke. *I knew Hitler,* p. 476 e seg.

135 Diários de Goebbels I/2 (1987), p.253 e seg. (anotação do dia 5/10/1932).

136 Cit. segundo Hoffmann. *Friend,* p.141.

137 Ludecke. *I knew Hitler,* p. 477.

138 Cit. cf. Riefenstahl. *Memoiren*, p. 214. Comparar tb. As memórias do gauleiter de Hannover: Hartmann Lauterbacher, *Erlebt und mitgestaltet. Kronzeuge einer Epoche 1923 bis 1945*, Preußisch Oldendorff 1984, p.166 e seg.

139 *Völkischer Beobachter* n.141 de 20.5.1936 ("O Führer se despediu de seu fiel companheiro").

140 Ver programa do "Enterro de Schreck" in: BAB, BDC Julius Schreck; bem como *Völkischer Beobachter* n. 141 de 20/5/1936.

141 Cit. segundo Hans Kallenbach, *Mit Hitler auf der Festung Landsberg*, Munique, 1939 (reedição), p.13.

142 Fala do *Reichsführer* da SS no túmulo do líder de brigada da SS, Julius Schreck, em 19/5/1936, in: IfZ München, MA 311, fl. 1823f.

143 A *causa mortis* não ficou esclarecida. Falou-se em infecção na mandíbula (*Völkischer Beobachter* de 16/5/1936), bem como em meningite (*Völkischer Beobachter* de 17/5/1936).

144 Sobre a biografia de Schreck, ver documentos em: BAB, NS 26/1269.

145 Comparar Hoffmann, *Sicherheit des Diktators*, p. 22.

146 Stabswache: formação armada criada em 1923, sob o comando de Josef Berchtold. Banida depois do golpe fracassado de Hitler em 1923, foi restabelecida em 1925, depois evoluindo para SS (Schutzstaffel - Guarda Especial do Partido Nazista). (N.T.)

147 Ver Heinz Höhne, *Der Orden unter dem Totenkopf*. Die Geschichte der SS, Gütersloh, 1967, p. 27f.

148 De Ernst Wagner, membro da direção suprema, para Hitler em 20/5/1926, cit. cf. ibid., p. 29.

149 Comparar carta da polica da Francônia à direção da polícia em Munique, de 16/12/1925, in: StA München, Polizeidirektion München, n. 10148, revelando que já naquela época Schreck viajava com Hitler.

150 Vgl. Herbert Seehofer, *Mit dem Führer unterwegs: Kleine Stimmungsbilder einer grossen Reise*, Munique, 1939, p.103.

151 Schaub no *Völkischer Beobachter* n. 140 de 19/5/36 ("Eu tive um camarada").

152 "Como eu gostava de viajar pelo resto do Reich", entusiasmou-se Hitler ainda em 16 e 17 de janeiro de 1942 no quartel-general do Führer, in: Werner Jochmann (org.), Adolf Hitler. *Monologe im Führerhauptquartier 1941-1944*, Munique, 1980, p.205.

153 Comparar Ludecke, *I knew Hitler*, p. 583.

154 Cit. cf. Gitta Sereny, *Das Ringen mit der Wahrheit. Albert Speer und das deutsche Trauma*, Munique, 1995, p.133.

155 Comparar Klaus Behnken (org.), *Deutschland-Berichte der Sozialdemokratischen Partei Deutschlands (Sopade). Dritter Jahrgang. 1936*, Salzhausen 1980, p. 683.

156 Espólio de Julius Schaub (coleção Irving), vol. 2, in: IfZ München, ED 100/203, fl. 242.

157 Julius Schreck, *Der Führer auf Reisen*, in: *Adolf Hitler. Bilder aus dem Leben des Führers*, Altona/Bahrenfeld, 1936, p.16.

158 Comparar entrevistas com Friedlinde Wagner, in: Office of Strategic Services, Hitler Source Book, P 4f. (hier nach Nizkor Project: www.nizkor.org).

159 Informação oral dada pela senhora Jobst em Bayreuth ao autor em 29/2/2000.

160 De Magda Schreck para Hitler em 9/6/1936, in: BAB, NS 10/121.

161 De Maria Schreck para a chancelaria do Reich em 11/6/1936, in: idem.

162 Nota de conversa para Bouhler depois de um telefonema com Schaub em 25/6/1936, in: ibid. O fato de ter sido Schaub o portador da notícia permite concluir que Hitler tomou essa decisão pessoalmente.
163 Albert Speer a Joachim C. Fest, comparar Fest, *Hitler. Eine Biographie*, Munique, 2000, p. 716.
164 Hans Grimm, *Suchen und Hoffen. 1928-1934*, Lippoldsberg, 1972, p.11.
165 Comparar Hoffmann, *Sicherheit des Diktators*, p.189.
166 Comparar Horst Möller (org.), *Die tödliche Utopie. Bilder, Texte, Dokumente, Daten zum Dritten Reich*, Munique, 1999, p. 15.
167 Comparar Otto Dietrich, 12 Jahre mit Hitler , Munique, 1955, p.162; sobre as temporadas de Hitler em Hamburgo ver Werner Johe, *Hitler in Hamburg. Dokumente zu einem besonderen Verhältnis*, Hamburgo, 1996, p.238.
168 Essa expressão foi cunhada por Ernst Hanfstaengl em *Aussenseiter*, p.310.
169 Diários de Goebbels I/1 (1987), p.551 (anotação de 24/5/1930).
170 Comparar interrogatório de Julius Schaub em 12/3/1947, in: StA Nürnberg, KV-Interrogations S-35.
171 Schroeder, *Chef*, p. 42.
172 Telegrama de felicitações de Speer para Schaub em 21/8/1942, in: BAB, NS 51/39, folha 55.
173 Cit. cfe. Hans-Otto Meissner, *Der letzte Befehl*, in: IfZ München, MS 291, P 4.
174 Hanfstaengl, *Aussenseiter*, p. 103.
175 Interrogatório de Schaub em Nurembergue em 7/12/1946, in: StA Nürnberg, KV-Interrogations S-35.
176 As diversas cartas com votos de felicidades pelo seu 44º aniversário em agosto de 1942 demonstram que Schaub tinha muitos contatos, in: BAB, NS 51/39.
177 Schroeder, *Chef*, p.44.
178 Hanfstaengl, *Aussenseiter*, p. 227.
179 Documentos de moradores de Ickstatt de 5/4/1923, in: StA München, Polizeidirektion München, N. 10142.
180 Kallenbach, *Mit Adolf Hitler*, 1943, p. 79.
181 Ver espólio de Julius Schaub (coleção Irving), vol. 1, in: IfZ München, ED 100/202, fl. 8.
182 Segundo Christa Schroeder, quando Schaub coreu para o refúgio de Obersalzberg, em abril de 1945, para destruir os documentos pessoais de Hitler, teria levado "sua namorada... uma dançarina do Metropol de Berlim". (Schroeder, Chef, p.214).
183 Schroeder, Chef, p. 43.
184 Diários de Goebbels I/3 (1987), p. 380 (anotação do dia 23/12/1937).
185 Reproduzido em Werner Maser, *Hitlers Briefe und Notizen. Sein Weltbild in handschriftlichen Dokumenten*, Düsseldorf 1973.
186 Ver relação de cheques do Reichsbank emitidos por Hitler, in: StA Nürnberg, Nürnberger Dokumente, NG-5346.
187 Ver Hans-Otto Meissner, *Der letzte Befehl (unveröffentlichtes Manuskript)*, in: IfZ München, MS 291, p. 1. Ver tb. Schroeder, Chef, p. 213.
188 Cit. cf. Meissner, Befehl, in: IfZ München, MS 291, p1.

CAPÍTULO 5

A Luta contra Röhm

Depois de se afastar da direção do partido nazista em meados dos anos 20, Ernst Röhm, velho companheiro de Hitler, teve que sobreviver com trabalhos ocasionais – primeiro como representante da Editora Nacional Alemã, depois como funcionário da fábrica de trilhos Nobel.[1] Além disso, escreveu suas memórias, publicadas em 1928 sob o título *Die Geschichte eines Hochuerräters (História de um alto traidor)*.[2] Para alguém como Röhm, apaixonado pela carreira militar, estas só podiam ser soluções profissionais transitórias. Ele aceitou imediatamente uma proposta para ser consultor militar do Exército boliviano, em dezembro de 1928. No outono de 1930, recebeu uma carta de Hitler, convidando-o para o cargo de chefe da SA e no dia 5 de janeiro de 1931, começou na nova função.[3] Rapidamente, passou a acumular poder político. No final de 1933, Hitler o nomeou ministro no governo do Reich alemão. Poucos meses mais tarde, Röhm foi vítima de uma ação homicida sem igual – um crime feito por encomenda do *Führer*.

O regresso de Röhm

Por que Hitler chamou Röhm de volta e lhe ofereceu a direção da SA, apesar das desavenças do passado? Esta pergunta só pode ser respondida considerando-se a conjuntura política dos anos de 1930/31. Depois da saída de Röhm da direção do partido nazista em 1925, Hitler conseguiu impor seu novo conceito da SA como tropa de campanha eleitoral especializada em propaganda e em provocar atos de terror nas ruas. Graças a esta estratégia, colheu muitas vitórias eleitorais nos anos seguintes. Nas eleições para o parlamento, em 14 de setembro daquele ano, registrou uma quantidade espetacular de votos e passou a ser uma força política importante.

Era preciso, a partir de então, que o *Führer* do movimento nazista passasse a pensar e agir "grande". Isto significava, antes de mais nada, incluir as elites e ganhar mais apoio. Hitler enfrentou este problema com uma segurança instintiva e obteve bastante êxito, como demonstraram suas hábeis negociações com as lides nacionalistas.[4] Desde o início, ele sabia que para conquistar o poder, teria de fazer concessões e ir até certo ponto ao encontro do código moral da velha elite. Já a SA tinha outra opinião. Suas manifestações ruidosas extrapolavam todos os limites. Em agosto de 1930, Walther Stennes, chefe da SA de Berlim, rebelou-se abertamente contra a direção do partido em Munique no meio da campanha eleitoral. Os pretextos eram a reivindicação de um soldo maior e o aumento do número de candidatos egressos da SA na lista eleitoral do NSDAP. Na realidade, Stennes, assim como tantos outros membros da tropa de luta do NSDAP, era contra a estratégia da conquista legal do poder.[5] Tudo culminou com a situação grotesca de tropas da SA rebeladas tomando a sede do governo de Berlim. Hitler conseguiu controlar a situação e no dia 2 de setembro de 1930, ao assumir o cargo de *Führer* da SA, seu primeiro ato foi conseguir um salário melhor para a sua tropa.[6] O prejuízo político, entretanto, foi considerável, pois em todo o país ardiam conflitos semelhantes entre as SA e a direção do partido.[7] A chamada "crise Stennes" se aguçou de tal maneira que Hitler finalmente pediu ajuda a Ernst Röhm.

Hitler não poderia ter tomado decisão mais inteligente. Röhm crescera naquele ambiente de associações masculinas em que a SA recrutava boa parte de seus membros. Conhecia, como ninguém, a linguagem destes homens e sua concepção de vida. Por conta de seu "glorioso" passado de corporação livre, tinha fama de ser um lutador destemido. Como um dos primeiros ativistas do movimento nazista, era respeitado internamente no partido. Este duplo lastro era a melhor garantia para que a SA e o partido não se distanciassem ainda mais e para disciplinar politicamente os "batalhões marrons". Em resumo: Röhm era o homem ideal para "elevar o nível" da SA sem ferir a suscetibilidade das mentes simples daquela tropa de luta. Graças ao seu livro *História de um alto traidor*, Röhm contava também com a simpatia da juventude rebelde. Não é á toa que, na literatura nazista da época, seu livro figurava ao lado de *Minha Luta*, de Hitler, e o *Mito do século XX*, de Alfred Rosenberg.[8]

Hitler tinha consciência do risco político que corria com a volta de Röhm à SA. Para os padrões da época, Röhm era um homossexual assumido, portanto, oferecia motivos para ataques de adversários. Hitler foi advertido sobre este perigo, e chegou a ser instado a tomar posição publicamente sobre a questão da homossexualidade – obviamente, não o

Hitler e seu chefe do Estado-Maior, Ernst Röhm, na fase da tomada do poder, 1932/33.

fez.[9] Ao contrário, tentou proteger a si próprio e ao chefe da SA, sem se comprometer muito. No dia 3 de fevereiro de 1931, publicou um edital referente a "ataques sobre a vida particular" de oficiais por motivos "alheios à função desempenhada dentro da SA". Repeliu "veementemente qualquer julgamento a tais comportamentos", assinalando que isto significava a perda de um tempo precioso, necessário à luta pela liberdade. Hitler concluía: "devo destacar que a SA é uma agremiação masculina para um determinado fim político. Não é uma instituição moral para educação de moças de boas famílias, mas uma associação de rudes combatentes. [...] A vida privada só pode ser objeto de discussão se contrariar os princípios básicos da filosofia nazista".[10] Hitler revelava, assim, que mantinha uma posição neutra, e ao mesmo tempo garantia o apoio necessário a Ernst Röhm. O homófobo Goebbels não gostou desta reação do *Führer.* "Isto não pode acontecer", anotou em seu diário em 27 de fevereiro de 1931, "o partido não pode ser o Eldorado dos adversários do parágrafo 175.[11] Lutarei contra isto com todas as minhas forças."[12]

Politicamente, Röhm correspondeu às expectativas de Hitler. Conseguiu abortar focos de rebeldia e desarmar a tensão entre SA e direção do partido, apesar de o conflito permaner latente até 1934. Com a intervenção de Röhm, as SA ganharam cada vez mais adeptos e até Goebbels teve de reconhecer este mérito: "O chefe do Estado-Maior Röhm conseguiu o milagre de formar uma organização firme e coesa a partir de grupos desconexos e confusos."[13] Pelo menos para efeitos externos, a SA seguia o caminho da legalidade proposto por Hitler, abdicando de qualquer idéia golpista.

Os êxitos de Röhm, no entanto, não se deviam apenas à sua fama como oficial competente, mas também à sua política de administração de pessoal. As posições-chave dentro da SA eram ocupadas preferencialmente por homossexuais, que convidavam amigos para ocupar outros cargos. Assim, Edmund Heines, amante de Röhm nos anos 20, que Hitler também conheceu bastante,[14] tornou-se seu vice em 1931, e chefe da SA na Silésia.[15] O posto estratégico de chefe da SA de Berlim-Brandenburgo coube a outro antigo homem de confiança da época das corporações livres, Wolf Heinrich Graf von Helldorf, conhecido pelas suas ligações com grupos homossexuais de Berlim e por ser intimamente ligado ao seu superior.[16] Até 1933, ele era o "homem de confiança" de Röhm em Berlim.[17] Outra carreira meteórica na SA foi percorrida por Karl

Ernst. Nos anos 20, Ernst conheceu o capitão Paul Röhrbein, chefe da primeira SA em Berlim, no Eldorado,[18] bar *gay* berlinense. Em 1931, Röhrbein apresentou Ernst – logo apelidado de *Frau* Röhrbein – ao seu velho amigo Röhm, que o promoveu com todas as suas forças. Em abril de 1931, Ernst – agora o favorito de Röhm – já era chefe do subgrupo Leste da SA. Um ano depois, ocupava um lugar no parlamento alemão.

Em pouco tempo, a SA ganhou a fama de ser uma associação homossexual. Goebbels previa um "futuro negro": "A sombra do parágrafo 175 paira [...] sobre ela."[19] Em entrevista, há alguns anos, o crítico de arte Christian Adolf Isermeyer, que é homossexual, recordou-se: "Conheci também gente da SA. Em 1933, ainda promoviam festas ruidosas em Berlim. [...] Estive numa delas. Um conhecido me levou. [...] A festa era bem-comportada, mas totalmente *gay*, só havia homens. [...] Bem, a SA era *hipergay* naquela época."[20] O testemunho de Eugen Dollmann, então estudante em Munique, é semelhante. Ele conta que "os passarinhos nos telhados de Munique sabiam o que se passava nas casas de Röhm e de seus ajudantes".[21]

A inclinação homoerótica da SA acabou por se tornar um flanco aberto para a direção do partido, alvo fácil para adversários políticos. Nem mesmo os êxitos de Röhm foram capazes de mudar esta situação.

Armadilha para Röhm

Exonerar Walther Stennes, o chefe da SA em Berlim, foi uma das missões prioritárias confiadas a Ernst Röhm. No final de março de 1931, quando Stennes voltou a se rebelar contra a direção do partido em Munique, Röhm demitiu-o sumariamente.[22] Ao contrário do que ocorrera em agosto do ano anterior, quando ainda existia o perigo de uma grave crise para o partido nazista, desta vez o assunto se resolveu rapidamente a favor de Hitler. Em grande parte, isto se deveu ao cuidadoso trabalho de Röhm, que em tempo hábil conseguiu afastar os dirigentes da SA de Stennes e aproximá-los de Hitler. Assim, graças a Röhm, a situação política na capital do Reich, tão importante para o movimento nazista e sua imagem pública, estava resolvida de uma vez por todas.

Não por muito tempo. Talvez com ressentimento por ter sido preterido, o que ameaçava isolá-lo politicamente, ou mesmo por temer uma "sexualização" do movimento nazista, no início de 1931, Goebbels começa a atacar Röhm claramente. Sempre que tinha oportunidade, fazia piadas maldosas sobre a homossexualidade de Röhm, alimentando a usina de fofocas.[23] Cada vez mais preocupado com a situação, Goebbels desabafa em seu diário: "Não confio em ninguém. Röhm? Hitler precisa ser avisado a tempo. Seria o início do fim."[24] De acordo com um relatório do grupo comunista *Rote Fahne* (Bandeira Vermelha), o governo de Berlim era então "um antro de corrupção e intrigas", com o propósito de desestabilizar o poder de Röhm. Informações comprometedoras sobre o chefe da SA não só eram disseminadas como até mesmo vendidas.[25] Goebbels chegou a pedir claramente a Max Ammann, assessor de Hitler, que "reivindicasse junto a Hitler, a pedido dos camaradas do partido da Alemanha

Através de caricaturas como esta, publicada na revista Roter Pfeffer, *em dezembro de 1933, a imprensa alemã de oposição no exílio atacava o líder homossexual da SA, Ernst Röhm.*

do Norte, a demissão do chefe do Estado-Maior", cuja permanência tinha se tornado "totalmente insustentável" depois de revelações constrangedoras veiculadas na imprensa, entre outros, no jornal social-democrata *Münchener Post*.[26] O governo de Berlim não era o único que pensava desta maneira.

O capitão Paul Schulz[27] sucessor de Stennes, estava à frente dos adversários de Röhm no partido. Logo depois de ser nomeado chefe da SA no Leste, ele procurou aliar-se a Goebbels, o que convinha a este, que estava enfraquecido: "Schulz quer agir politicamente. Com isto, minha situação em Berlim melhora e se define."[28] No final de maio de 1931, Goebbels e Schulz se encontraram com Hitler no Kaiserhof, a fim de defender uma ação maior na Prússia, argumentando que ele precisava fortalecer seu peso político na região". Hitler "parece não concordar", escreveu Goebbels. "Isto terá amargas conseqüências."[29] Schulz também "estava irritado com Munique". No dia 2 de junho de 1931 – possivelmente depois de uma conversa com Goebbels[30] – redigiu uma carta furiosa a Hitler, provavelmente com cópia ao seu amigo e superior, Gregor Strasser. O irmão deste, Otto, fez esta carta chegar ao editor *do Münchener Post*, com o claro objetivo de "atingir Hitler e o movimento".[31] Segundo Goebbels, quando ela foi publicada,[32] a sede do partido em Munique "ficou em polvorosa".[33] Röhm ficou "abalado" por se ver alvo "deste tipo de ataques nas próprias fileiras".[34]

Na carta, Schulz queria apontar para Hitler os perigos que "podem ocorrer quando pessoas maculadas moralmente ocupam cargos de responsabilidade". Citou, além do chefe da SA, o chefe do Estado-Maior de Berlim, Karl Ernst, seu ex-companheiro Paul Röhrbein, o ajudante de Röhm, Reiner, o conde Du Moulin-Eckart e o "homem de confiança", Dr. Meyer. Segundo Schulz, os amigos íntimos do chefe da SA formavam uma "linha homossexual" que se estendia "de Munique a Berlim". Afirmava ainda que, nos redutos homossexuais de Berlim, "qualquer garoto de programa já fala dos excelentes relacionamentos do 'namorado' de Röhrbein com pessoas que vão do próprio Röhm até Hitler". E o que era mais grave: "o capitão Röhm parece não temer, ao contrário, parece achar positivo que todo mundo saiba de sua aversão ao sexo feminino". Apesar de Schulz considerar o chefe da SA "um oficial altamente qualificado, incapaz de qualquer ação vil", criticava sua "alta posição como chefe do Estado-Maior, tendo em vista sua tendência homossexual". Considerando os rumores que circulavam, Schulz concluía: "o *Führer* supremo do partido nazista não pode mais se omitir. Veja a que ponto chegamos: já existem rumores espalhados pelos marxistas de que V.Sa., estimado *Führer*, também seria homossexual. Para grande parte da opinião pública, inclusive a intelectualidade, continua incompreensível que na Casa Marrom predominem homossexuais nos altos cargos".

Se esta carta já ultrapassava os limites do aceitável, sua publicação foi uma catástrofe de médio porte para o partido de Hitler. Entretanto, ele não tinha qualquer interesse em levar a questão à Justiça e os processos iniciados "não avançaram".[35] Em outras palavras: foram sendo empurrados com a barriga até a ação contra o *Münchener Post* ser, enfim, retirada. A imprensa nazista publicou alguns desmentidos pouco convincentes e atacou o "a imprensa vermelha" de tal forma que ficou claro que o golpe acertara o alvo.[36] Schulz atingira um ponto nevrálgico, ao relacionar pela primeira vez o que Goebbels chamou de "Eldorado do parágrafo 175" com o próprio *Führer*. Hitler preferiu calar-se sobre o assunto, exatamente como em 1928/29, quando o ex-diretor musical do Reich, Wilhelm Hillebrand, o intimou a reprimir funcionários nazistas homossexuais como o governador Kube.[37]

O *Münchener Post* publicou outros artigos sobre a homossexualidade de Röhm. Referiu-se, por exemplo, a um relato do já mencionado Dr. Meyer, companheiro de Röhm no início dos anos 20, que serviu ao chefe da SA como informante durante algum tempo até que passou a negociar o que sabia sobre o círculo de amigos homossexuais de Röhm.[38] Esta testemunha, no entanto, não chegou a depor. No dia 15 de dezembro de 1931, Dr. Meyer foi encontrado enforcado numa cela da prisão onde estava sendo investigado por fraude. *Causa mortis* oficial: suicídio.[39]

A morte de Meyer não significou uma carta de alforria para Röhm. Ele dirigiu seu ódio contra Paul Schulz, mas, apesar de seus esforços, não conseguiu afastá-lo. Até o início de 1932, a posição do chefe da SA dentro do partido continuava periclitante. Hitler nada fez para acabar com as intrigas. Durante todo o ano de 1931, não esboçou qualquer reação ao assunto. Segundo Heinrich Hoffmann, Hitler comentava entre amigos que "jamais criticaria Röhm ou tomaria alguma outra atitude" por causa de sua homossexualidade.[40] Ao mesmo tempo, Hitler sabia que não valia a pena correr o risco de se expor publicamente. Assim, achou melhor deixar Röhm se queimar. Talvez considerasse o "caso Röhm" uma espécie de balão de ensaio para descobrir como a opinião pública reagiria à acusação de homossexualidade. Era seu "problema" que estava em questão – para Hitler, nada melhor que deixar o debate acontecer sem arriscar a própria pele.

No final de 1931, a eleição iminente para presidente do Reich, mobilizava a Alemanha. O governo do chanceler Brüning tentou ampliar por dois anos o mandato do presidente Hindenburg, com uma alteração constitucional, mas não conseguiu os dois terços necessários no parlamento. Assim, na passagem do ano 1931/32, inicia-se a batalha eleitoral. O calendário previa ainda cinco eleições regionais, incluindo a Prússia, onde os social-democratas precisavam defender seu principal reduto político. Inicialmente, Hitler limitou-se a fazer um jogo tático. Não respondeu se o partido nazista apoiaria Hindenburg.[41]

A situação de Hitler era difícil. Qualquer que fosse sua decisão, teria amplas conseqüências. Enfrentar Hindenburg, um político respeitado, acima de qualquer suspeita, significava correr um risco pessoal grande, apesar da torcida de seus seguidores. O candidato ao cargo supremo da nação precisava se enquadrar em padrões bem diferentes daqueles de um líder partidário. Sua vida pessoal seria revirada pelo avesso. A biografia apresentada em *Minha luta* não bastaria, teria de exibir outro currículo. Dividido entre a expectativa de seus seguidores e a consciência de sua própria vulnerabilidade, Hitler passou semanas indeciso. A questão com o *Münchener Post*, que ainda se arrastava, deve ter tornado sua decisão mais difícil. No dia 22 de fevereiro de 1932, Goebbels, chefe da propaganda, anunciou, enfim, a candidatura de Hitler, iniciando a campanha que apresentaria o líder nazista como um político brilhante, de personalidade íntegra.

A campanha se desenvolveu em dois níveis bem diversos. Um deles já foi bastante descrito e analisado: a genial encenação do "mito Hitler". Joseph Goebbels escreveu inúmeros roteiros para as aparições públicas do *Führer*, evitando a todo custo o confronto direto com Hindenburg.[42] O chefe de propaganda fazia de Hitler o portador das esperanças da nação que descia de avião para os atos públicos sob o lema "Hitler sobre a Alemanha". Para o crescente eleitorado, parecia que o Espírito Santo estava aterrissando.

O outro nível da construção da figura mítica de Hitler é menos conhecido, mas não menos importante: o movimento de Hitler para garantir o poder às custas de um amigo íntimo. Röhm é o personagem ideal para a ardilosa ação arquitetada por Hitler. Vamos aos fatos.

No dia 7 de março de 1932, o jornal de esquerda *Welt am Montag* publicou três cartas do chefe do Estado-Maior da SA, Röhm. Dois dias mais tarde, elas foram veiculadas pelo *Münchener Post*[44] e noticiadas em outros jornais social-democratas.[45] As cartas eram explosivas. Escritas entre 1928 e 1929, a Karl-Günther Heimsoth, amigo e médico de Röhm, expuseram, sem pudor, a intimidade do chefe de Estado-Maior. Logo após serem publicadas pela imprensa,

Antes mesmo do "acerto de contas" de Hitler com Ernst Röhm, a imprensa estrangeira fazia insinuações sobre a natureza efeminada do Führer, *como nesta caricatura, publicada em abril de 1934, no jornal* Der Simplicus, *em Praga.*

A questão do Sarre[43]

"Pronto, isto está resolvido. Agora é a vez de Alsácia."

as cartas foram reunidas num livreto, duas delas apresentadas em facsímile[46] do manuscrito original. Não havia dúvidas quanto à autenticidade das cartas, confirmadas, mais tarde, pelo próprio Röhm.[47]

Helmuth Klotz[48] foi o editor do livro. Depois de lutar na Primeira Guerra Mundial como oficial da Marinha, ingressou numa corporação livre e, em 1920, ajudou a fundar a SA. Amigo íntimo do futuro Supremo Juiz do NSDAP, Walter Buch, participou do golpe de Hitler de 1923 em Munique. Em 1924, foi candidato pela direita populista para o parlamento. Nos anos seguintes, suas idéias políticas mudaram. Passou a defender a democracia de Weimar e aproximou-se do Partido Social-Democrata. Em fevereiro de 1932, publicara outro livreto, *Wir Gestalten durch unser Führerkorps die Zukunft (Nós fazemos o futuro através da corporação do Führer)*, cujo título era uma paródia, a um lema nazista.[49] Nesta publicação, apresentava uma lista, elaborada por pesquisadores anônimos, relacionando as folhas corridas dos chefes das SA. Seu objetivo era denunciar o nível moral das elites nazistas. Os dois livretos foram utilizados pelo Partido Social-Democrata como material de propaganda na campanha para as eleições presidenciais. A tiragem chegou a 300 mil exemplares.[50]

As cartas, publicadas sob o título *O caso Röhm*, expunham totalmente o chefe da SA.[51] Na primeira delas, Röhm confirma que em alguns trechos do seu livro *História de um alto traidor* combateu o parágrafo 175. Admite que, na primeira versão, chegou a se estender no tema, mas acabou alterando o texto "aconselhado por amigos, que acharam esta forma de escrever mais efetiva". Röhm diz ainda: "estou seriamente disposto a enfrentar o senhor Alfred Rosenberg, este imbecil paladino da moral. Seus artigos [homófobos] são dirigidos contra mim, já que assumi abertamente a minha opção sexual".[52] Na segunda carta, de 25 de fevereiro de 1929, escrita em La Paz, Röhm fala, entre outras coisas, de seus "sentimentos e atos homossexuais" e de sua repulsa contra as "relações antinaturais" com mulheres.[53] Na terceira carta, enviada no dia 11 de agosto de 1929 da cidade de Uyuni, também na Bolívia, exclama: "O que você me escreve a respeito de Berlim tornou a despertar minha nostalgia por esta cidade única. Meu Deus, já estou contando os dias que faltam para voltar, e pretendo realmente economizar dinheiro aqui, se possível. A sauna de lá, a meu ver, ainda é o máximo da bem-aventurança humana. Adorei.[...] Mande minhas lembranças mais cordiais ao nosso amigo comum Fritz Schirmer e dê-lhe um beijo em meu lugar – infelizmente. Agora que você, espero, está casado e feliz com ele, desaconselho uma mudança e o conseqüente divórcio. Aliás, quero protestar veementemente contra o fato de seu marido (esposa?) não ter mandado uma fotografia. Este tipo de coisa é bem requisitado por aqui (aproveitando, peço que, se ainda tiver uma ou outra duplicata naquela sua fantástica coleção fotográfica com cenas edificantes, ou se puder comprar alguma para mim, por favor, envie. Ficarei eternamente grato)."[54] Como Helmut Klotz teve acesso a esses documentos? Que interesses estavam em jogo? O que representou esta publicação para a carreira de Hitler? São questões intrigantes e vale a pena examinar mais de perto.

Com a chegada de Hitler ao poder, em 1933, Helmut Klotz foge para Paris. Em 1940, depois da ocupação da França, ele é capturado pelo serviço de informações de Himmler e levado de volta para a Alemanha. Ali, sob tortura, revela detalhes sobre o caso Röhm. Seu depoimento é digno de crédito, uma vez que o serviço de informações tinha como checar os dados.[55] Klotz confessou que a publicação das cartas de Röhm foi uma iniciativa do ministério do Interior da Prússia, mais exatamente de três altos funcionários: o secretário de Estado Wilhelm Abegg, o conselheiro de governo Rudolf Diels e o chefe de imprensa Hans Hirschfeld. Pouco antes das eleições presidenciais de 1932, os três procuraram Klotz com fotocópias das cartas e pediram-lhe que as publicasse. Klotz reagiu: "Eu disse [...] ser contra a utilização destas informações publicamente em campanha política. Abegg admitiu que tinha a mesma opinião, mas Hirschfeld e Diels não queriam abrir mão da edição." De fato, este tipo de denúncia sexual não estava de acordo com as exigências de conduta moral da social-democracia. Mas Diels foi convincente. Para quebrar os escrúpulos de Klotz, mostrou uma ordem assinada pelo próprio Röhm, declarando que não havia lugar para homossexuais na SA. Apresentou ainda documentos do partido nazista segundo os quais o parlamento solicitava leis especiais contra homossexuais. A hipocrisia nazista convenceu Klotz.[56]

É provável que a decisão de Klotz de aceitar a "encomenda" tenha sido influenciada pela sua própria indignação. É o que se percebe no prefácio que escreveu para a reedição do livreto, em setembro de 1932: "O 'caso Röhm' há muito deixou de ser um assunto particular do chefe do Estado-Maior de Hitler.

Pelo contrário, tornou-se um escândalo público, uma vergonha nacional. Vergonha, sobretudo, para o partido nazista que, em seus escritos programáticos, tem a coragem de prever os mais draconianos castigos contra os homossexuais, incluindo até mesmo a castração obrigatória, mas que tolera e apóia um homem como o capitão Röhm em sua posição como líder de jovens. Repito: posso até ter piedade do senhor Röhm, seja ele merecedor desta pena ou não. Mas tenho o mais profundo desprezo por aqueles que sabem há muito tempo da homossexualidade agressiva de Röhm! Acuso-os de terem colaborado conscientemente com a contaminação homossexual da juventude alemã!"[57]

Klotz também contou ao serviço de informações como Rudolf Diels reagiu quando ele finalmente cedeu às pressões: "Diels felicitou-me, dizendo que as mulheres me seriam eternamente gratas." E concluiu: "Sem a participação ativa do conselheiro Diels e sua constante pressão, a ação contra Röhm jamais teria sido empreendida. [...] Diels foi o verdadeiro motor da ação".[58] Quem era Rudolf Diels? Por que tinha tanto interesse em desestabilizar publicamente o chefe da SA?

Rudolf Diels era responsável pelo combate ao radicalismo de esquerda (leia-se: o partido comunista alemão, KPD) e pela contra-espionagem no departamento político do ministério do Interior da Prússia. Dentro do governo prussiano, era bem mais influente do que deixava supor seu cargo. O ministério era comandado por Carl Severing, um dos políticos social-democratas mais notáveis da república. Adversário de nazistas e comunistas, era uma figura emblemática do "sistema de Weimar", profundamente odiado nos dois campos extremistas. Mesmo sem aparecer publicamente, Severing estava a par do "caso Röhm", como indica uma referência em sua autobiografia.[59]

Segundo Klotz, Diels lhe foi apresentado como republicano e democrata convicto, arquiinimigo do nazismo. Não era bem assim.[60]

Diels não era o inflamado republicano e democrata que seus colegas viam nele. Um currículo escrito por ele em 1935, evidencia isto: "Em 1930, fui chamado para o ministério do Interior, onde passei a ser responsável pelo combate ao movimento comunista. Depois do dia 20 de junho de 1932[61] meu campo de ação no combate ao comunismo se ampliou consideravelmente, e, junto com os líderes do NSDAP, pude me dedicar aos preparativos para a derrocada do comunismo na Alemanha. Depois da tomada do poder, fui nomeado pelo ministro-presidente [Göring] diretor da Polícia Secreta do Estado e vice-presidente de polícia de Berlim. Graças às medidas tomadas na Prússia sob o comando de Göring, eu estava apto a ajudar a eliminar o perigo comunista rápida e completamente. Em meados de 1934, solicitei afastamento da direção da polícia secreta e assumi o cargo de presidente de governo em Colônia".[62] O quebra-cabeça só se fecha com a informação de que em março de 1932 – ou seja, à época da publicação das cartas de Röhm – Diels se tornou membro especial da SA e foi nomeado chefe honorário pelo chefe da SA. Como se sabe, desde setembro de 1930, o chefe supremo da SA era Hitler!

Diels e o Führer sempre mantiveram um bom relacionamento. É o que se vê na autobiografia *Lucifer ante portas (Lúcifer diante das portas)*, publicada em 1949. Nela, Diels

Rudolf Diels, ex-agente de Hitler e conselheiro ministerial, depois de ser promovido a chefe da Gestapo e oficial da SS. Na foto, conversando com Heinrich Himmler, em 1933.

conta que, a pedido de Hitler, coletou material contra Röhm, e que ele e o *Führer* costumavam conversar sobre homossexualidade. No livro, Diels fala ainda sobre as ações contra a SA.[63] Supostamente, suas atividades se limitaram aos anos de 1933 e 1934, mas espalhar rastros falsos era a especialidade deste homem.

Em suas memórias, Diels não esclarece por que se transformou tão rapidamente de republicano convicto em confidente de Göring e, sobretudo, de Hitler. Não diz o que pode ter levado o *Führer* a lhe confiar tarefas tão delicadas e por que os dois líderes nazistas delegaram a ele, um suposto social-democrata, a missão de construir a Gestapo. A resposta é: desde 1932, Diels vinha agindo como colaborador informal do partido nazista, provavelmente instruído diretamente por Hitler. É o que indicam também os depoimentos prestados ao promotor público no processo contra Diels na Justiça de Bielefeld.[64] Como colaborador insuspeito do NSDAP, Diels mantinha ao mesmo tempo contatos com o Partido Social-Democrata (SPD) e com a SA. Chegou a tornar-se amigo de Karl Ernst, chefe berlinense da SA e confidente de Röhm, freqüentando sua casa assiduamente.[65] Nem o SPD nem a SA sabiam que estavam lidando com um espião que trabalhava para o *Führer*.[66] Na visão de seus ex-colegas, as mudanças de Diels foram bem calculadas. Hans Bernd Givesevius recorda: "Quando a maré marrom começou a invadir o país, a partir de 1931, nosso infiel colega começou a ficar preocupado. Não teria ele apostado suas fichas na política errada? Diels começou a passar o seu material de polícia para a oposição, primeiro para os nacionalistas, depois para os nazistas."[67] Walther Korrodi, outro colega, também descobriu o "papel de traidor" de Diels. Ele o considerava uma pessoa de "assustadora falta de caráter e consciência".[68] Diels dificilmente teria ousado tratar de uma questão tão delicada como o "caso Röhm" sem ordem expressa de Hitler. No ano anterior, o chefe do partido nazista anunciara em alto e bom som: "Nada acontecerá no movimento [...] sem que eu saiba e aprove. Ou melhor: nada acontecerá sem que eu o deseje."[69]

Como Diels conseguiu chegar aos documentos para atiçar a intriga contra Röhm? Para responder a esta pergunta, é preciso voltar ao ano de 1931, quando a procuradoria pública de Berlim investigava acusações de "impudicícia desnaturada" contra Röhm – obviamente em reação aos rumores espalhados pelo governo nazista de Berlim sobre o chefe da SA.[70] Seguindo uma indicação de Otto Strasser, houve uma busca na casa do Dr. Heimsoth em 13 de julho, quando foram confiscadas as três cartas libertinas que seriam depois publicadas.[71] As cartas foram encaminhadas à procuradoria de Munique, que também investigava Röhm, mas não se chegou a provar que Röhm estivesse infringindo o parágrafo 175. Embora admitisse sua "tendência bissexual" e ter tido "contato com jovens rapazes", Röhm afirmou: "não pratico relações proibidas de acordo com o parágrafo 175".[72] Este era o argumento padrão de todos os acusados, obviamente difícil de desmentir. Aparentemente, o caso estava encerrado.

Somente em 1932, pouco antes do anúncio da candidatura de Hitler para as eleições presidenciais, o caso Röhm voltou a esquentar. Dr. Kreismann, conselheiro da procuradoria do ministério da Justiça da Prússia, conta em relatório de 11 de fevereiro que recebeu ordens superiores para requisitar os processos do caso "Röhm e camaradas", inclusive as cartas que se encontravam em Munique. A procuradoria de Munique respondeu que não poderia liberá-las e Kreismann foi orientado a insistir, "assegurando a devolução no prazo de uma semana".[73] Logo, era algo bem definido o que se procurava nos processos de Munique: as cartas comprometedoras de Röhm. Dias depois da chegada do material de Munique, ocorreu a conversa com Helmuth Klotz no ministério do Interior da Prússia.

Quando começou a corrida presidencial em fevereiro de 1932, Hitler deve ter decidido usar a denúncia contra Röhm em benefício próprio. De acordo com minha tese, ele tinha dois objetivos: primeiro, ter nas mãos o chefe da SA; segundo, proteger-se de ataques semelhantes. Circulavam rumores sobre a tendência homossexual de Hitler, nos quais acreditou, por exemplo, o chefe da polícia de Berlim, Albert Grzesinski.[74] Chama a atenção o fato de que o líder nazista desde 1931 se interessava pelos documentos de Heimsoth. Seus informantes da época devem tê-lo decepcionado, por não obterem as cartas confiscadas na casa do Dr. Heimsoth, conforme revela um dos relatórios secretos à direção do partido.[75] Meio ano mais tarde, a situação era bem diferente. Diels conseguia tudo o que era necessário para o seu jogo: material comprometedor e um esquema de argumentação que tornava aceitável a denúncia sexual planejada. O que Hitler buscava de fato com toda esta encenação conspiratória?

Uma possível interpretação

Alguns poucos contemporâneos de Hitler perceberam qual era o tipo de jogo que estava em curso. Franz Pfeffer von Salomon, ex-chefe da SA, que caiu com a "crise Stennes", foi um deles. "Hitler não nomeou Röhm apesar de sua tendência, mas por causa dela", afirmou ele depois da guerra, explicando que a homossexualidade de Röhm era um "alvo utilizável a qualquer hora". De acordo com Pfeffer, Hitler gostava de destinar posições-chave a homens que tinham "um ponto fraco ou negro, para que ele pudesse puxar o freio de emergência, quando lhe parecesse necessário". Desta forma, ele conseguia manter toda a SA em xeque. "Quanto mais forte a popularidade de Röhm na SA, mais a SA seria atingida com seu afastamento por motivo de desonra."

Este deve ter sido mesmo o cálculo de Hitler. O "caso Röhm" era um paradigma de sua estratégia de conduta diante de seu séquito mais íntimo: primeiro, transferir "grandes" tarefas e posições influentes; depois, garantir a liberdade de ação no exercício cotidiano da função; em seguida, a descoberta do ponto "fraco ou negro"; por último, a ameaça de puxar o freio de emergência. Resultado: dependência total. É possível analisar um a um os componentes do grupo de Hitler, e o esquema será quase sempre o mesmo: fascínio, adulação, corrupção, chantagem.

Num momento de profunda resignação, em 1932, Röhm admitiu a Kirt Lüdecke: "minha vulnerabilidade me entregou a ele [Hitler]". Para ele, isso era "terrível", pois perdia sua "independência" para sempre. Disse ainda que Lüdecke sabia bem como Hitler podia "aniquilar" os outros. "No entanto, fomos nós que fizemos dele o que é hoje." Admitiu que sua situação era extremamente precária: "Mas eu continuarei cumprindo a minha missão, seguindo Hitler cegamente, leal até o fim – não me resta outra alternativa".[76]

Em 1932, persistia a suspeita da homossexualidade de Hitler, lançada pela carta de Schulz. Konstantin Hierl e outros altos funcionários do partido insistiam para que Hitler demitisse Röhm a fim de não se tornar vítima dos acontecimentos: "A principal preocupação dos adversários não é atingir Röhm, é atingir o movimento, lançando uma suspeita pessoal sobre VSª, e isto é insuportável para todos nós."[77]

No início de 1932, vazaram planos de atentado contra Röhm e seu grupo no interior do partido.[78] Hitler esquivou-se, apontando a ameaça ainda mais na direção de Röhm. Enquanto os adversários de Röhm tentavam efetivamente derrubá-lo, Hitler procurava segurá-lo o máximo que podia. Com isso, pretendia se apresentar como um homem honrado que desprezava profundamente este tipo de golpe baixo. Queria mostrar que, para o *Führer*, "lealdade" não era uma expressão vazia. No dia 6 de abril de 1932, pouco antes do decisivo segundo turno para as eleições presidenciais, Hitler declarou publicamente: "O tenente-coronel Röhm continuará sendo meu chefe do Estado-Maior, agora e depois das eleições. Isto não mudará nem com a difamação mais suja e nojenta, que será punida legalmente."[79] Pura perfídia.

Neste caso, o alvo de Hitler não era tanto seu séquito, que sempre apoiava o comportamento do *Führer*,[80] mas a opinião pública. Era um momento decisivo para a ascensão política do movimento nazista. O jornal *Völkischer Beobachter* admitia que a Alemanha se encontrava "diante da tomada de poder nazista".[81] Usar o escândalo Röhm para fins políticos particulares, em meio ao calor da campanha eleitoral, no início de 1932, pode parecer absurdo, considerando o risco do descrédito moral. A destruição política de seu chefe do Estado-Maior, por si só, não beneficiaria a imagem de Hitler. Curiosamente, no rastro do escândalo Röhm, ele ganhou popularidade.

A esquerda usava quase que exclusivamente a campanha contra "Röhm e camaradas" para sensibilizar o eleitorado.[82] Ávida, lançava-se sobre os documentos que lhe eram passados, esperando poder aniquilar o adversário com as provas da homossexualidade do chefe da SA. Não percebiam que o próprio Hitler jogava esta isca para encenar sua farsa propagandística. Enquanto os adversários do nazismo estavam totalmente voltados para as acusações contra Röhm, o *Führer*, distante das baixarias e das brigas partidárias, se destacava como *messias* nacional. Em pouco tempo, a social-democracia se viu sozinha com sua ofensiva. *Vorwärts*, a revista do Partido Social-Democrata, escreveu em tom quase desesperado: "Imaginávamos que esta opinião [indignação sobre exageros sexuais na SA] fosse generalizada na esfera política. Mas nem os partidos de direita, nem os pastores protestantes que apóiam Hitler estão chocados com a *Röhmosexualidade*!"[83]

A campanha social-democrata errava seu alvo. Ninguém expressou isto com mais acuidade do que Klaus Mann, em 1934: "Aqueles que deveriam indispor-se contra ele [Röhm] não acreditaram no caso ou não acharam nada de mais. Aqueles que se indignaram já não gostavam dele antes. O fato de Hitler protegê-lo, dando-lhe cobertura, provoca um olhar quase simpático sobre a odiada camaradagem. As mentes mais simples pensam: que bom, apesar de tudo o que os jornais dizem de sua vida particular, Hitler apóia seu soldado".[84]

Assim, o protesto moral contra a direção da SA não abalou Hitler. Por uma hábil estratégia de mídia, ele conseguiu escapar do tiroteio. Goebbels fez dele "um homem que goza de enorme amor e veneração por parte de todos que o conhecem, não só como político, mas também como pessoa".[85] As cenas bem montadas que o apresentavam à opinião pública como bom camarada, enfatizando suas "qualidades de caráter", surtiram efeito. Os caricaturistas se ocupavam muito mais com "Röhm e camaradas" do que com o *Führer*.

Apesar de Hindenburg ter sido reeleito, Hitler, que representava juventude, força e futuro em contraposição ao idoso político, conseguiu mais votos do que nunca. Em abril, ele tomou o último reduto dos defensores da República de Weimar: a assembléia regional prussiana. Nas eleições antecipadas para o parlamento, em 31 de julho de 1932, o NSDAP obteve mais uma vitória fulminante, tornando-se a maior força política da Alemanha. A tomada do poder por Hitler era uma questão de tempo.

Hitler deve transigir

Apesar de saber que a situação lhe era desfavorável, Röhm abriu processo contra Helmuth Klotz, tentando evitar a publicação das cartas.[86] Foi inútil. Em 7 de setembro de 1932, Klotz já garantira judicialmente o direito a "publicar as cartas do capitão Röhm, a fim de proteger a juventude alemã do perigo do homossexualismo".[87] Em 13 de novembro de 1932, o Tribunal de Berlim confirmou "a autenticidade das cartas de Röhm", condenando a redação a "publicar esta decisão na parte principal do jornal".[88]

De acordo com os padrões de moralidade vigentes na época, a carreira de Röhm deveria ter acabado no momento em que sua homossexualidade se tornou notória.[89] Consta que Hindenburg teria dito laconicamente a um pequeno grupo que, nos tempos do imperador, era costume deixar uma pistola na escrivaninha de um oficial como Röhm. Se este não entendesse o sinal, seria enxotado e desonrado, passando a ser considerado bandido.[90] Nada disto aconteceu. No momento em que a Justiça formulou a sentença sobre a questão, a homossexualidade na SA desapareceu das manchetes. Tampouco houve conseqüências nos escalões da direção nazista. Ernst Röhm, que, na primeira metade do ano, admitira que corria riscos, estava firme em seu cargo no final de 1932. Como se explica isto? Hitler se utilizava da SA para intimidar a camarilha de Hindenburg que vinha colocando pedras em seu caminho desde 1932. Isto só explica parte do problema. Apesar de sua queda no outono de 1932, Röhm passou a ser novamente tão valorizado por Hitler, que até alguns dos seus seguidores mais fiéis ficaram furiosos.[91] Apoiar novamente o "amigo" foi uma decisão solitária de Hitler, fundamentada em motivos absolutamente pessoais. Hitler fazia tudo para fortalecer Röhm. E conseguiu. A partir de 1933, o chefe da SA voltou a integrar o círculo das figuras mais poderosas do regime nazista.

A reabilitação oficial de Röhm no partido foi cimentada pelo advogado Luetgebrune em seu ensaio *Ein Kampf um Röhm* (*Luta em favor de Röhm*), publicado no início de 1933. Ele enfatiza a amizade inquebrantável entre Röhm e Hitler, "que não abandonou o camarada nem por um instante sequer".[92] Luetgebrune se propunha a "esclarecer aspectos que foram apresentados propositadamente distorcidos ao povo alemão". Para o advogado, a questão central não era "se a suposição de uma determinada inclinação sexual de Röhm é verdadeira ou não". Ao contrário, era preciso "esclarecer que a *tendência* sexual de uma pessoa não tem nada a ver com moral e bons costumes", ainda mais no caso de uma personalidade como Röhm. Culpou "grupos marxistas" e "toda a imprensa judaica" de ter julgado assim um "homem másculo". Luetgebrune criticou também o "abuso" político da Justiça, que permitira a campanha difamatória pelo Partido Social-Democrata da Prússia. Apesar de tudo, exclamou, esta "batalha feia e vil" errou o alvo, porque Röhm resistiu aos ataques indignos com "indiferença e invencível vontade de combater". Para o chefe do Estado-Maior, sustentava Luetgebrune, teria sido "fácil transformar o ataque em uma campanha de nível semelhante, pois com certeza dispunha de vasto material para calar os juízes da moralidade uma vez por todas".

Para Ernst Röhm, isto significou uma espécie de carta de alforria. Uma última tentativa do juiz do partido, Walter Buch, de impedir esta reviravolta durante uma conversa pessoal com Hitler, em maio de 1933, fracassou, apesar de ele ter levado "um pacotão" de denúncias contra Röhm. O *Führer* ignorou-as considerando uma difamação e chegou a afirmar que Röhm tinha "muito prazer com mulheres, e que não precisava fazer tais coisas".[93]

Ao longo de todo aquele ano, Röhm foi visto com ostensiva freqüência ao lado de Hitler em eventos públicos e festividades, na condição de também líder no "movimento". Durante a convenção do NSDAP em setembro de 1933, parecia que o nazismo contava agora com dois líderes. Pouco depois, Röhm promulgou um decreto[94] contra os "hipócritas, moralistas e portadores de complexos reprimidos" dentro e fora do partido. Um ano antes, a indignação que pôs à mostra neste decreto contra os "ridículos abusos de pudor e coisas piores" teria sido simplesmente impensável. Seu 46º aniversário, no dia 28 de novembro de 1933, foi comemorado como festa de Estado. No mês seguinte, Hitler convenceu Hindenburg a nomear Röhm ministro. Para o idoso presidente do Reich, não deve ter sido uma decisão fácil: um ano antes declarara ter sentido "nojo" ao "ter que apertar a mão de Röhm" numa audiência.[95]

Na virada de 1933 para 1934, o *Völkischer Beobachter* publicou, junto com outros votos de feliz ano-novo a diversas estrelas do primeiro time nazista, uma carta de Hitler a Röhm que chamava a atenção pelo tom cordial e íntimo:[96] "Quando te convidei para a tua atual posição, a SA vivia uma grave crise. Se este instrumento político se tornou esta potência que me permitiu vencer definitivamente a luta pelo poder através da derrocada do adversário marxista, o mérito cabe todo a ti. Por isto, ao final deste ano da revolução nazista, quero agradecer a ti, meu querido Ernst Röhm, pelos serviços inestimáveis que prestaste ao movimento nazista e ao povo alemão, além de assegurar o quanto sou grato ao destino por poder contar com homens como tu entre meus amigos e camaradas de luta. Com toda a amizade e gratidão, o teu Adolf Hitler." Com esta carta efusiva, Hitler não apenas reconhecia o mérito de Ernst Röhm na construção do Terceiro Reich. Havia ali uma mensagem oculta: quem ataca Röhm agride também o *Führer*. Com isto, o poder de Röhm parecia estar assegurado, reabilitando um homem que, meses antes, sofrera o escárnio da população.[97]

Hitler tampouco hesitou em promover antigos camaradas de Röhm. Karl Ernst foi nomeado chefe do grupo da SA de Berlim-Brandenburg. Assim, o antigo garçom dos bares homossexuais foi praticamente alçado ao *status* de general. Consta que Ernst foi o "chefe da SA predileto do chanceler do Reich".

Tanto que Göring ainda o nomeou como conselheiro do Estado prussiano. No partido, houve manifestações de surpresa pela decisão de Hitler de premiar Ernst de forma tão ostensiva, pois para muitos era um "sujeito amoral".[98] Estava claro que Hitler sufocaria qualquer reação contra sua política de apoiar Röhm. Só assim se explica a falta de recato com que Röhm e Ernst passaram a assumir a opção sexual deles em eventos sociais, como por exemplo numa recepção na embaixada da Turquia em outubro de 1933.[99] Num almoço na chancelaria do Reich no início do verão de 1933, Hitler deixa clara sua posição, em conversa com Herman Rausching: "Não vou implicar com meu pessoal. Se exijo deles tudo o que posso, preciso dar-lhes liberdade para que se divirtam como *eles* querem, e não segundo padrões de madres superioras. [...] Não me importo com sua vida particular, da mesma forma que não quero que fiquem farejando a minha".[100] Esta era a postura que Röhm sempre defendeu.

Desde o início de 1933, a "turma homossexual" em torno de Röhm não apenas estava integrada à sociedade como era um elemento do poder político. Esta evolução surpreendente carece de explicação – ainda mais porque, meses depois, ocorreu a repentina queda do círculo em torno de Röhm e a sua excomunhão moral pública.[101]

Existem provas de que, desde a campanha contra ele, Röhm abandonou a lealdade incondicional em relação a Hitler, perseguindo uma política por conta própria. Para isto, precisava de aliados. Em abril de 1931, ele já confiara ao agente Georg Bell a tarefa de construir um serviço de informações na SA.[102] Um de seus objetivos era reagir aos ataques que vinha sofrendo. Pretendia reunir material com que pudesse intimidar políticos do NSDAP e negociar "armistícios" com pessoas como Gregor Strasse ou Paul Schulzs, seus inimigos mais ferrenhos.[103]

No início de 1932, logo depois da publicação de suas cartas, Röhm mudou de tática. Declarou "luta aberta contra a direção nacional" do NSDAP e se aliou a forças adversárias.[104] Karl Mayr, antigo companheiro de Röhm dos tempos de Munique, foi convocado para uma reunião. Mayr ingressara no Partido Social-Democrata e, por seu intermédio, Röhm pretendia descobrir quem eram os verdadeiros autores da campanha difamatória contra ele. Mayr era a pessoa ideal para esta aliança, até porque dividia com Röhm segredos do início da carreira de Hitler na Munique dos anos 1919/1920. O fato de Röhm ter garantido a Mayr que o encontro era confidencial[105] e, mais tarde, sob juramento, afirmar que informara a Hitler sobre a reunião, revela que Röhm agia conscientemente para intimidar o *Führer.*

Röhm parecia estar informado sobre o pano de fundo da campanha contra ele até o momento em que "as negociações secretas entre o nazi-Röhm e *Reichsbanner* Mayr" se tornaram públicas durante um processo em Munique, em outubro de 1932,[106] e foram colocadas em evidência pelos comunistas.[107] Segundo Mayr, o objetivo de Röhm era "encontrar aliados entre os companheiros para enfrentar os inimigos".[108] O dirigente da SA sabia o que devia fazer: começar a exercer pressão sobre Hitler.

Afastar Paul Röhrbein e Georg Bell, de certa forma colaborando com a morte de seus antigos confidentes,[109] foi outro passo importante de Röhm para se defender. Os dois sabiam demais sobre a vida particular de Hitler, e Bell usava estas informações "sem nenhum escrúpulo".[110] Röhm não queria isso. Ele precisava manter estas informações em segredo, para só usá-las no momento certo. Logo, desde o verão de 1932, Ernst Röhm estava se preparando para uma contra-ofensiva. Não precisava de cartas ameaçadoras ou outros meios de chantagem, já que tinha acesso direto ao *Führer.* Era bem mais eficaz apresentar suas intimidações numa conversa a sós. Röhm não temia Hitler. "Quando Hitler gritava", conta o advogado de Röhm, Luetgebrune, "Röhm berrava mais alto".[111]

Fritz Günther von Tschirschky, assessor do vice-chanceler Franz von Papen, testemunhou um destes embates na ante-sala do gabinete de Hitler na chancelaria do Reich, no início de 1934. "No gabinete de Hitler estava havendo uma discussão acalorada. Depois de algum tempo, eu disse a Brückner [ajudante de Hitler]: 'Pelo amor de Deus, quem está aí dentro? Estão se matando?' E Brückner retrucou: 'É Röhm que quer a qualquer preço convencer o velho (era assim que se referia a Hitler) a ir até o presidente para concretizar suas vontades.' Pela porta, bastante fina, pude pescar alguns fragmentos, e até frases inteiras. [...] Toda hora, ouvia Hitler dizendo: 'Não posso fazer isto, você está me exigindo algo impossível!' Mesmo assim, soube alguns dias mais tarde que Hitler efetivamente apresentou as reivindicações de Röhm a Hindenburg, que as rechaçou de forma brusca e direta".[112]

A espetacular reabilitação de Röhm por Hitler desde o final de 1932 tinha, pois, um motivo concreto: era o resultado de concessões forçadas. O fato de Röhm ter forçado o debate sobre a chamada "segunda revolução" e – junto com isto sobre o futuro da *Reichswehr* - embora Hitler defendesse uma posição completamente diferente aponta na mesma direção.[113] No passado, o dirigente da SA pagou um preço alto demais pela sua ingenuidade política. Agora, era sua vez de dar as cartas.

Röhm não apenas conhecia o duvidoso início da carreira política de Hitler.[114] Ele era também um dos poucos a saber de sua homossexualidade. Para Hitler, devia ser um pesadelo saber que Röhm poderia usar este fato a qualquer momento contra ele. O *Führer* estava em uma encruzilhada. Não fosse ele tão vulnerável por sua tendência sexual, poderia ter reagido aos ataques de Röhm, com uma advertência ou mesmo com sua demissão. Não enfrentaria problemas com o partido por causa disso. Mas este caminho estava bloqueado.

Poucos dias depois da "ação contra Röhm", perguntaram a Hitler se não poderia ter adotado outro "procedimento". Sua resposta foi significativa: "Só quem sabe dos fatos e acompanhou as manobras e intrigas secretas dos últimos meses [...] tem direito de dizer com que métodos o perigo poderia ter sido afastado."[115] Um dos que "sabiam dos fatos" era, por exemplo, o então diretor da Agência Nacional de Defesa contra Maquinações Comunistas, Walther Korrodi, que conseguiu fugir para a Suíça em 1935. De lá, um ano mais tarde, redigiu um panfleto contra Hitler, esclarecendo estes fatos.[116] Korrodi conta que num encontro com Edmund Heines, amigo de Röhm, no outono de 1933, ele reagiu irritado a uma crítica de Hitler sobre seu modo de vida: "Adolf não tem nenhum motivo para abrir a boca deste jeito. Uma palavra minha e ele se calará para sempre!". Em seu texto, Korrodi conclui: "Heines, que foi um dos seus colaboradores mais antigos [...], tinha um segredo sobre o *Führer*. Mas ele não era o único, não é mesmo, senhor chanceler? Outro que sabia do seu segredo era seu amigo íntimo Ernst Röhm, a quem o senhor demonstrou uma lealdade tão estranha."[117]

O conflito se aguça

O clima de tensão que se instalou entre o *Führer* e a SA em 1933 foi marcado por desconfiança e numerosas tentativas de extorsão. Hitler admitiu que enfrentou uma "crise que poderia ter tido conseqüências desastrosas".[118] Seu instinto de sobrevivência política obrigava-o a agir. Ao mesmo tempo, precisava garantir o segredo sobre sua condição homossexual, e só via uma saída: liquidar as testemunhas perigosas. Encabeçando a lista de chantagistas potenciais, sem dúvida, estava Ernst Röhm. Rudolf Diels, chefe da Gestapo, garante que, desde janeiro de 1934, vinha espionando Röhm.[119] A partir de fevereiro, é a vez de a *Reichswehr* passar a vigiá-lo.[120] Em abril, o novo chefe da SS, Heinrich Himmler, passa a atuar no caso Röhm com amplos poderes, auxiliado por Reinhard Heydrich.[121]

Em meados de maio, promulga-se um "decreto sobre punições", proibindo a Justiça de examinar os recursos contra detenções e restringindo significativamente as possibi-

Depois que Hitler tomou o poder em janeiro de 1933, Ernst Röhm foi o segundo homem do Estado por algum tempo, para desgosto de seu rival, Joseph Goebbels.

lidades de intervenção por parte dos advogados de defesa. Abriam-se todas as portas ao livre-arbítrio da Gestapo.

Röhm e seus altos chefes da SA começaram a andar com seus próprios guarda-costas e armaram seu pessoal.[122] No dia 16 de maio de 1934, Röhm mandou uma ordem para a SA, solicitando relatórios sistemáticos sobre "hostilidades contra a SA".[123] Segundo Karl Ernst, foi nesta época que Röhm começou a guardar "material importante" em "locais seguros" porque, segundo dizia, "temos que estar preparados para tudo".[124] Portanto, Röhm sabia o que estava sendo tramado. Na festa de casamento de Ernst, em fevereiro, Röhm começou a falar sem subterfúgios, declarando guerra aberta contra o governo de Hitler. "Os homens da SA não podem ser apenas pobres coitados que varrem as ruas para os altos dignitários", protestou, ameaçando "fazer do seu bando um exército." Recorda-se uma testemunha: "Ele batia com o punhal na mesa e dizia: 'Vejam o lema aqui.' Mudos, olhamos para a faca afiada, o punhal de honra da SA de Röhm, em cuja lâmina estavam gravadas as seguintes palavras: 'Tudo pela Alemanha!'". [125]

Seu erro de cálculo foi exatamente o plano de fazer um exército próprio. Isto contrariava os interesses do ministério da Defesa, o principal aliado de Hitler na luta contra Röhm. Hitler aliou-se a outros grandes nomes do nazismo. Para cada um deles, tinha algo a oferecer: a Himmler, que pretendia tirar sua SS da sombra da SA; a Heydrich, que sonhava com uma carreira meteórica; a Goebbels, que ainda tinha contas a acertar com Röhm da época de Stennes; e a Göring, que ambicionava tornar-se o segundo homem do regime. Em meados de abril de 1934, Hitler avisou a Göring e Himmler que a polícia seria submetida a um comando unificado. Segundo suas próprias palavras, era um passo fundamental se "quisermos nos livrar de Röhm".[126] Depois de isolar seu antigo amigo e protetor dentro do partido, Hitler criou coragem para atraí-lo para a armadilha fatal no verão de 1934.

No início de junho de 1934, Hitler obteve de Röhm a promessa de dar férias coletivas de quatro semanas a toda a SA. O decreto assinado por Röhm revela como esta decisão lhe desagradava: "Se os inimigos acham que a SA ou parte dela não vai mais voltar das férias, deixemos a eles este prazer. Receberão a resposta adequada no tempo e na forma que parecer necessária".[127] Hanfstaengl, em suas memórias, recorda que encontrou Röhm no dia 6 de junho de 1934, durante um evento no quartel-general da SA: "já bastante alcoolizado, xingou os piores palavrões que já ouvi. Praguejou, gritou, ameaçou [...] Fiquei me perguntando que tipo de jogo obscuro estava acontecendo nos bastidores".[128]

Ao dar férias à SA, Hitler conseguiu tirar das mãos de seu adversário seu principal escudo. Convenceu Röhm a fazer um tratamento de várias semanas em Bad Wiessee, uma estação de águas no Tegernsee, e partiu para a ofensiva. Dias depois da conversa de Hitler com Röhm, Rudolf Hess ordenou a dissolução do serviço de informações da SA.[129] Em 21 de junho, Hitler foi à casa de campo de Hindenburg, buscar o consentimento do presidente para uma ação violenta contra a direção da SA.[130] Sob o comando de Himmler, a SS elaborou listas das pessoas a serem executadas, a partir do material incriminador coletado. Outros nomes importantes do partido, como Göring ou o supremo juiz, Walter Buch, também deram palpites na lista.[131] Em 25 de junho, Hess fez um discurso ameaçador, transmitido por todas as estações de rádio da Alemanha, no qual falou da existência de um virulento conflito de poder. Mas ressalvou: "Uma pessoa está acima de qualquer crítica: o *Führer*!".[132] Com isto, todas as medidas necessárias tinham sido tomadas. Mais quatro dias, e o caso estava encerrado, sem necessidade de envolver o ministério da Defesa nesta manobra que mais parecia uma guerra civil. "A tropa não tem nada a ver com toda esta história", declarou Hitler em 30 de junho de 1934 a um oficial do ministério em Munique. "Nós lavamos nossa roupa suja em casa."[133]

De acordo com estimativas recentes, Hitler mandou assassinar cerca de 150 "adversários do regime" entre 30 de junho e 3 de julho de 1934.[134] Durante a ação, Hermann Göring ordenou a destruição ou o confisco de todos os documentos importantes. Logo depois, o governo do Reich promulgou uma "lei sobre necessidade de defesa do Estado em caso de emergência", declarando a ação homicida como "legal".[135] Assim, a Justiça não tinha mais base jurídica para eventuais investigações.

Era preciso explicar e justificar as medidas à população assustada. Joseph Goebbels, o mais inescrupuloso demagogo nazista depois de Hitler, "esclareceu" ao povo alemão os motivos da ação sangrenta. No dia 1º de julho, portanto ainda durante a ação homicida, ele falou em cadeia de rádio.[136] A dimensão do discurso permite concluir que ele foi elaborado em linhas gerais antes do dia 30 de junho. Goebbels sustentou que a velocidade e a surpresa do ataque constituíam uma tática sofisticada: "Mais uma vez, como em tantas outras situações difíceis, o *Führer* agiu segundo seu velho princípio de só dizer *aquilo* que se deve dizer *àquele* que precisa saber e *quando* ele deve saber." Afirmou que se tratava da derrocada de grandes traidores. Em vez de revelar os planos revolucionários conspiratórios, Goebbels se perdeu em acusações estereotipadas contra "um pequeno grupo de sabotadores profissionais que não quiseram compreender nossa indulgência", por isso, o *Führer* os "chamou para a ordem com toda sua rigidez". Enfático, concluiu: "As coisas serão colocadas em ordem [...]. Queimaremos até a carne as bolhas pestilentas, os sintomas de selvageria moral que se expõem na vida pública."

Goebbels deixou escapar o motivo real para toda esta violência, ao afirmar que as elites da SA estavam "lançando sobre toda a direção do partido a suspeita de uma anormalidade sexual vil e nojenta". Esta frase merece ser olhada com atenção. Nunca houvera antes no Terceiro Reich a "suspeita" de que "toda" a direção do NSDAP era homossexual. Quem poderia espalhar estes rumores, se nem os social-democratas haviam conseguido fazê-lo quando ainda havia liberdade de expressão? O que queria dizer com "estavam lançando"? Seria uma atitude involuntária ou imposta? Esta frase revela a reação a uma ameaça real que, no verão de 1934, Hitler só conseguia combater pelo linchamento dos que, de algum modo, o ameaçavam.

O primeiro comunicado oficial da imprensa do Reich também traiu uma revelação involuntária: "Sua [de Röhm] infeliz inclinação foi uma carga tão desagradável que provocou pesados conflitos de consciência para o *Führer* do movimento e o *Führer* supremo da SA."[137] No relatório que Hitler apresentou em 3 de julho de 1934, ao seu gabinete, também transparecem os reais motivos para a ação homicida dos dias anteriores. O "bando liderado por Röhm", unido "principalmente por causa de uma tendência especial", teria atacado Hitler de forma "difamatória". Por isto, Hitler acusava o seu ex-chefe do Estado-Maior de "desonestidade e deslealdade". Neste relatório, Hitler afirma que Röhm prometera renunciar, mas que tudo "não passou de uma chantagem vil". Os fatos ocorridos mostravam claramente que "quem conspirar de alguma forma contra o regime estará arriscando a sua vida".[138]

Em outras palavras: Hitler só conseguiu se defender indo às últimas conseqüências. Por isto, todos os que sabiam que Hitler também era homossexual tinham de ser assassinados ou intimidados. Basta examinar a lista das vítimas para se chegar a esta conclusão. Foram assassinados ou presos: os chefes homossexuais Röhm, Ernst e Heines que mantinham relação pessoal com Hitler; Gregor Strasser, que fora "amigo íntimo" do *Führer* a ponto de escolhê-lo para "padrinho de seus filhos";[139] os melhores amigos destes ex-confidentes, mesmo os que já haviam se afastado de "Röhm e seus camaradas", como o Dr. Heimsoth ou Paul Röhrbein. Também não escaparam altos funcionários que tinham acesso a informações sobre Hitler, como Erich Klausener, diretor do departamento de polícia do ministério do Interior da Prússia, e seu assessor, Eugen von Kessel;[140] o ministro da Defesa e ex-chanceler Kurt von Schleicher e seu braço direito, Ferdinand von Bredow; o presidente da polícia de Munique, August Schneidhuber; bem como o ex-ministro-presidente da Baviera, Gustav Ritter von Kahr, em cujas mãos Hitler supunha estar aquilo que Lossow escondera.[141] Advogados de Röhm, Strasser, Lüdecke e de outras estrelas do nazismo, que tinham acesso a assuntos importantes através dos seus clientes e dos documentos que manipulavam, como Walter Luetgebrune, Gerd Voss, Robert Sack ou Alexander Glaser também foram atingidos. O mesmo aconteceu com o editor Fritz Gerlich, de Munique, que sabia mais coisas sobre Hitler e seu grupo íntimo do que qualquer outro jornalista de seu tempo.

Hitler queria evitar comprometer-se, a qualquer preço. De forma quase obsessiva, vingou-se do "grupo de conspiradores" que haviam atentado contra sua carreira, tentando estrangular de antemão uma nova tentativa de intriga. Sem qualquer escrúpulo, mandou matar até mesmo as testemunhas potenciais. Alguns exemplos revelam como ele agiu.

Karl Zehnter, 34 anos, arrendatário do restaurante Nürnberger Bratwurstglöckl, situado bem ao lado da principal igreja de Munique, fazia parte do círculo de amigos homossexuais de Röhm, com quem viajava ocasionalmente.[142] Era também muito amigo de Edmund Heines. Os dois chefes da SA costumavam freqüentar o restaurante, e mesmo Hitler aparecera algumas vezes. No primeiro andar do Bratwurstglöckl, havia uma sala reservada para reuniões confidenciais dos líderes nazistas. Zehnter costumava servir seus clientes pessoalmente nesta sala e, desta forma, acabou sabendo de algumas informações, até mesmo sobre o próprio Hitler. Por isto, só por isto, foi morto.

Martin Schätzl, jovem artista plástico de Munique, de apenas 25 anos, que acompanhara Ernst Röhm para a Bolívia,[143] também foi assassinado. Apesar de não ter mantido com Röhm um relacionamento amoroso, Schätzl foi seu companheiro mais íntimo durante dois anos em um país estranho e a amizade continuou depois. Schätzl entrou na SA quando Röhm assumiu a direção, e este o promoveu a um cargo no Estado-Maior no dia 1º de fevereiro. Os dois devem ter tido muitas conversas, inclusive sobre a amizade entre Röhm e Hitler. Por isto, o jovem teve que pagar com a vida.

O general Ferdinand von Bredow, que desde a tomada do poder por Hitler vivia recluso em seu apartamento berlinense, foi morto a socos em uma viatura policial, e seu corpo jogado numa vala. Aparentemente, sua atividade como chefe do serviço secreto militar na época do chanceler Heinrich Brüning selou seu destino.[144] Como um dos mais íntimos confidentes de Schleicher, Bredow também chefiou o escritório do ministro da Defesa do Reich durante os seis meses que antecederam a tomada do poder por Hitler. Ali, lia coisas picantes, como um relatório sobre um encontro da Ordem da Juventude Alemã (*Jungdeutscher Orden*)[145] nos dias 3 e 4 de julho de 1932. O relatório informa: "O ministro da Defesa, Schleicher, apóia o NSDAP, uma vez que este movimento é liderado geralmente por homossexuais e o ministro, segundo provas fornecidas por Otto Strasser [...], também tem tendência 'anormal'. Estas provas se referem ao tempo de cadete do senhor ministro. *Herr* Otto Strasser procurou Mahraun [grão-mestre da Ordem] para informá-lo sobre estas coisas. Por ocasião de uma estada de *Herr* Hitler na casa de sua família, Otto Strasser também observou comportamentos deste senhor que apontam para uma tendência 'anormal'. O senhor chanceler do Reich, von Papen, também faz parte deste grupo. [...] O clube masculino em torno do chanceler é quase todo composto de senhores com tendência 'anormal'. [...]. Uma vez definida a questão do poder, a Ordem da Juventude Alemã [...] tenciona esclarecer este material".[146] Os diversos dossiês que chegavam à mesa de trabalho de Bredow deviam conter outras informações quentes. Por isso, o general do Ministério de Defesa tinha que morrer, assim como seu chefe, que, como se sabia, levou consigo uma "preciosidade" quando se aposentou: cópias de documentos secretos. Na verdade, "não era uma preciosidade, e sim um perigo".[147]

O famoso advogado nazista Alfons Sack foi mantido preso durante todo o mês de julho de 1934, para que a Gestapo pudesse vasculhar seu escritório e sua casa.[148] É provável que tenha caído na teia de Himmler porque Röhm, Heines e Ernest costumavam visitá-lo.[149] Além disto, Sack tinha fama de homossexual. Luetgebrune, advogado de Röhm, também foi para a prisão onde, segundo declarou, "acabaram" com ele. Um cliente que procurou Luetgebrune em 1935 assustou-se ao vê-lo, um notório *bon vivant*: "O doutor perdeu tudo."[150] Pior destino teve o advogado de Otto Strasser, Gert Voss. Como se recusou a abrir o cofre onde estavam seus documentos, foi imediatamente executado e o cofre arrombado.[151]

Outra peça do cenário do 30 de junho era um comunicado cínico, enviado para vários sobreviventes, informando que constavam da lista, mas que tinham escapado e, portanto, podiam se julgar felizes. Nem Rudolf Diels foi poupado. Consta que Heydrich lhe disse friamente que o seu nome lamentavelmente fora riscado da lista de morte.[152]

Todos estes exemplos mostram que a ação de junho de 1934, foi uma campanha cuidadosamente planejada por Hitler contra pessoas que sabiam demais sobre ele ou eram suspeitas de saber demais. O "estado de exceção" foi obtido arbitrariamente para que se conseguisse confiscar todos os documentos que o *Füher* e seu regime consideravam ameaçadores. Mais de 1.100 pessoas foram detidas no curso da "ação de limpeza". No outono de 1934, ainda restavam 34 atrás das grades.[153] As detenções possibilitavam o acesso a documentos particulares que eram minuciosamente analisados. Durante seu discurso no parlamento em 13 de julho de 1934, Hitler deu a entender que, depois do "massacre de Röhm", estava ocupado em "ler numerosos processos, diários e outros documentos[154] – tudo material confiscado.

O motivo principal para a ação contra "Röhm e seus camaradas" foi o medo que tinha o *Führer* de ser chantageado. O fato de os inúmeros documentos não terem servido de base para processos comprova isso. Desde o início, Hitler repeliu estes procedimentos judiciais.[155] Os documentos ficavam nas mãos da Gestapo de Himmler ou do próprio Hitler. O verdadeiro objetivo deste ato de terror era eliminar testemunhas e foi conduzido por uma política de Estado amplamente centralizada.

No dia 13 de julho, Hitler apresentou-se no parlamento do Reich. Depois de alguns dias recluso, talvez temeroso de que surgisse, de algum cofre secreto no exterior, material incriminatório contra ele, ousou prestar contas diante do "fórum mais competente da nação". Seu discurso daquele dia é considerado um dos mais hábeis de sua carreira em termos retóricos. A platéia assistiu a um *Führer* que, depois de certa insegurança inicial, levou o auditório a dar "risadas" com sua ironia e sarcasmo, como se registrou na ata da sessão.[156] Um desempenho notável em termos de falta de escrúpulo. Hitler admitiu que o conflito com Röhm fez eclodir o conflito político, que rapidamente evoluiu. Na mesma sessão do parlamento, Göring falou sobre os "terríveis momentos de sofrimento vividos pelo *Führer* com a deslealdade de um homem a quem ele próprio dera o exemplo de fidelidade".[157] Assim, o aspecto pessoal era mais valorizado do que o político. Nisto, Hitler disse a verdade, ou quase a verdade, já que nunca se soube o que realmente destruiu sua relação com Röhm. Mais uma vez, Hitler conseguiu salvar sua cabeça. Não só conservou a confiança de seus seguidores como aumentou seu grau de lealdade. "O senhor conseguiu", comemorou Göring, "o senhor conquistou esta confiança, e com ela será possível fazer o que for preciso para o crescimento da Alemanha."

Guerra preventiva em causa própria

Hitler conseguiu intimidar e paralisar seus inimigos que ainda permaneciam no Terceiro Reich. A imprensa no exílio, no entanto, era mais difícil de ser controlada. O jornal comunista *Deutsche Volks-Zeitung*, editado em Paris, já no dia 5 de julho de 1934 informou que Hitler liquidara "pessoas que sabiam demais e se tornaram perigosas" – pessoas que sabiam sobre a vida privada do *Führer* homossexual".[158] Otto Strasser também devia saber o que estava dizendo ao dar o seguinte título a um artigo em seu jornal no exílio *Die Deutsche Revolution*: "Uma pergunta para Adolf Hitler: o parágrafo 175 só vale para os mortos?". Este artigo qualifica de "hipocrisia nojenta" a indignação da imprensa nazista com relação à tendência "anormal" do chefe da SA assassinado: "Quem – como nós – passou anos apontando para esta situação distorcida, pedindo esclarecimento judicial, não pode ser acusado de simpatia por este tipo de coisa. Mas não foram justamente *Herr* Hitler e seu partido que, apesar de todas as críticas contra esta ferida aberta, apesar de todos os ataques dos adversários sempre protegeram Röhm e seus amigos homossexuais?". O artigo afirma ainda que o *Führer* continuava agindo assim com "ministros vivos".

Strasser prometeu publicar uma "lista de altos dignitários do sistema hitleriano", acusando-os "diante do povo alemão e da opinião pública mundial de serem homossexuais".[159] Uma semana depois, surgiu tal lista, contendo os seguintes nomes: Rudolf Hess; Baldur von Schirach, líder de juventude do Reich; Helmut Brückner, governador da Silésia; Karl Kaufmann, governador de Hamburgo; Wilhelm Brückner, ajudante pessoal de Hitler. Para garantir a credibilidade desta revelação, Strasser declara: "Temos testemunhas que a qualquer momento podem prestar juramento em Juízo (o capitão Röhm e Gregor Strasser, as principais testemunhas foram eliminadas a tempo). São o ministro Dr. Frick, o senhor governador da Prússia Oriental Erich Koch, o general von Heinemann (antigo presidente do supremo tribunal do NSDAP), o major Buch (atual presidente do tribunal), a senhora Hess, o ministro-presidente von Killinger, entre outros. É em declarações suas que se baseia nossa acusação, além de informações obtidas em documentos secretos do partido."[160]

Por conta da rígida censura imposta à imprensa no Terceiro Reich, apenas alguns jornais estrangeiros publicaram a lista, como parte da onda de protesto depois da ação contra Röhm. Em entrevista publicada no *New York Herald*, no dia 11 de julho de 1934, Hitler lamentou: "É uma grande infelicidade para nós existirem estes rumores selvagens e sem consistência espalhados na América e em outros países, causando prejuízos enormes."[161] Os rumores o deixavam inseguro. Nunca podia ter total certeza do que a população falava sobre sua homossexualidade.[162] Esta sensação de falta de controle o perseguiu mesmo depois da ação do dia 30 de junho e ameaçava o núcleo de sua ditadura: o mito do *Führer*. Por isto, procurou febrilmente tomar outras medidas preventivas.

Seis meses depois dos assassinatos do grupo de Röhm, entrou em vigor a "lei da perfídia".[163] Ela previa punições para qualquer declaração que pudesse prejudicar "o bem do Reich, a reputação do governo ou do partido nazista ou de suas organizações", bem como para "declarações públicas difamatórias e caluniosas contra personalidades dirigentes do Estado ou do NSDAP". Baseava-se, em grande parte, no decreto assinado por Hindenburg em março de 1933, que foi adequado ao governo de Hitler e transformado em lei. O que havia de especial nesta lei era que a punição dependia de autorização do ministro da Justiça – ou seja, em última instância, do próprio Hitler. Transformado em supremo juiz do povo alemão, Hitler passou a julgar uma questão que lhe interessava especialmente: declarações insidiosas a seu respeito.

De acordo com as informações que temos hoje, os tribunais passaram a se ocupar principalmente com declarações sobre Hitler e sua homossexualidade.[164] Não importava, para o veredicto, se o acusado simpatizava ou não com o movimento nazista. Um exemplo ocorrido em Nuremberg.[165] Um engenheiro homossexual, funcionário do NSDAP desde meados dos anos 20, declarou a um jovem em 1935: "Veja o nosso *Führer*. Ele também se diverte com jovens rapazes." Apesar do pedido de clemência que a mulher do acusado dirigiu ao ministro da Justiça, invocando a orientação nazista do seu marido, ele foi condenado à pena máxima: dois anos de prisão. "A terrível e vil difamação do *Führer* exclui qualquer possibilidade de clemência", sentenciou o juiz. Há muitos outros casos que mostram como os tribunais especiais reagiram às insinuações sobre a tendência homossexual de Hitler.[166]

Apesar de todas as ameaças e punições, os rumores sobre a vida sexual de Hitler não acabavam. Em 1937, um homem deixou escapar a observação de que Hitler era como Röhm. Ficou detido durante dois anos.[167] Em Berlim, em 1942,[168] Julius Schaub, o ajudante pessoal de Hitler, denunciou o escritor Hans Walter Aust, membro do gabinete de imprensa do Reich, porque este comentara com um informante de Schaub "que o *Führer* hospedava em seu refúgio de Obersalzberg uma jovem apelidada de Everl [Eva Braun] apenas para disfarçar a própria homossexualidade". Aust tentou se defender afirmando que só estava repetindo o que ouvira, mas não adiantou. O tribunal condenou-o a dois anos de prisão. A justificativa do juiz é clara: "Mesmo considerando que a pessoa do *Führer* está acima destes rumores, não se deve subestimar os perigos que ameaçam o povo alemão em tempos de guerra quando este tipo de rumores mina a confiança na capacidade de dirigir o país. Esta grave difamação é ainda pior porque lança sobre o *Führer* a suspeita daquelas calúnias desnaturadas que ele próprio condenou severamente por ocasião do caso Röhm em 1934." Hitler não se deu por satisfeito nem mesmo com estas arbitrariedades da Justiça. A partir de 1943, este tipo de afirmação passou a ser punido com a pena de morte.[169]

Voltemos ao ano de 1934. Três meses depois da ação contra Röhm, Hitler ordenou a Heinrich Himmler que fizesse um levantamento dos "delitos homossexuais" em todo o território do Reich, em especial os de "personalidades políticas".[170] Mandou também instituir um órgão especial para esta finalidade no centro de seu aparato de poder. O interesse em iluminar a vida homossexual na Alemanha demonstra como Hitler continuava preocupado mesmo *depois* do golpe brutal contra "Röhm e seus camaradas". Ele queria, de todas as maneiras, controlar a questão da homossexualidade para que seu poder jamais corresse riscos. Para isto, precisava se apoiar em informações de amplo alcance e medidas de intimidação incessantes, sem falar no endurecimento das regras punitivas que permitiam à polícia e à Justiça julgarem livremente.

Assim, poucos meses após a promulgação da "lei da perfídia", uma nova medida foi tomada: o endurecimento

A balada do pobre chefe do Estado-Maior, de Bertolt Brecht, junto com caricaturas agressivas, virou panfleto ilegal do Partido Comunista Alemão e foi espalhada por toda a Alemanha a partir de 1934.

do parágrafo 175.[171] A partir de então, bastava a suspeita de "atos despudorados" para que prisões fossem efetuadas. Com isto, o arbítrio da polícia era total. A subcultura homossexual até então relativamente intacta – principalmente nos grandes núcleos urbanos – foi destruída. Começou a perseguição sistemática, ameaças de tortura, detenção em campos de concentração e morte.[172] Hitler tinha pavor da falta de transparência dos redutos homossexuais que ele conhecera tão bem em Viena e Munique. Ele sabia que dali, a qualquer momento, poderiam vazar informações difamatórias, inclusive contra sua própria pessoa. Queria sufocar estas ameaças potenciais, transferindo a tarefa ao chefe do seu aparelho de terror, Heinrich Himmler.

O monopólio do *Führer*

Como chefe de Estado, Hitler devia ter mais o que fazer do que tratar pessoalmente de processos contra companheiros de partido bissexuais. Nunca se preocupou em atormentar "adversários do regime". Esta tarefa, ele deixava para Himmler e sua SS. No entanto, quando a questão girava em torno de "políticos homossexuais", ainda mais políticos de suas próprias fileiras, Hitler sempre quis acompanhar os processos desde o início. Sua decisão era a única que importava. Da mesma forma, queria saber o que as pessoas escutavam ou falavam sobre ele neste particular. Até mesmo os resultados de investigações na província passavam por sua mesa de trabalho, revelando a paranóia de um homem que, apesar de ter criado o "mito do *Führer*", percebia que ele não correspondia à sua pessoa.

No final de 1934, ainda devia haver políticos homossexuais entre os líderes nazistas: Rudolf Hess, Baldur von Schirach e Hans Frank. Este último foi apontado como "tendencialmente homossexual", pelo psicólogo americano Gilbert, durante o tribunal de Nuremberg.[173] Havia ainda Karl Kaufmann, sobre o qual também vieram à tona revelações neste sentido depois da guerra.[174] Após o assassinato de Röhm, todo funcionário homossexual passou a ter pavor da SS de Himmler e das listas dos proscritos elaboradas por Reinhard Heydrich.[175]

Com isso, Hitler perseguia um objetivo político. Em 1934, ele chegara à conclusão de que, para seu próprio bem, não poderia mais tolerar o homossexualismo em seu movimento. A experiência vivida durante o mar de lama em torno de Röhm lhe mostrou que não havia o que fazer contra o estigma da homossexualidade na Alemanha. Só havia uma saída: adequar-se à pressão. Hitler conseguiu o que esperava: a população e as elites festejaram a coragem e a ação do *Führer* ao enfrentar "Röhm e seus camaradas".[176] A suposta derrocada de um massacre valorizou-o em termos políticos. Ao aproximar-se da direção do ministério da Defesa e ao envolver as elites conservadoras, fascinadas com sua "determinação de impor a ordem", ele firmou sua fama de "salvador da nação". Neste sentido, o caso Röhm fortaleceu a ditadura de Hitler, trazendo-lhe novos admiradores o que logo minimizou as duras críticas difundidas no exterior contra seu modo de proceder.

Três meses depois desta incrível guinada, Hitler estava feliz e chegou a exclamar: "Acho que a minha vida é o maior romance da História!".[177] É assim que os fatos se apresentam ao historiador. Acontece que faz parte desta vida ainda um outro lema, que o *Führer* gritou nos microfones poucas semanas antes, em outro contexto político: "Nada nos vencerá! Não vamos capitular sob hipótese alguma!".[178]

Notas

1 Comparar Ernst Röhm, *Die Geschichte eines Hochverräters*, Munique, 1934 (6ª ed.), p. 350.

2 Comparar Heinrich Bennecke, *Die Memoiren des Ernst Röhm. Ein Vergleich der verschiedenen Ausgaben und Auflagen*, in: Politische Studien, vol. 14 (1963), p. 186-188.

3 Ver Röhm, *Hochverräter*, p. 357.

4 Comparar Ian Kershaw, *Hitler*, vol. 1: 1889-1936, Stutgart, 1998, p. 395.

5 Ver Peter Longerich, *Die braunen Bataillone. Geschichte der SA*, Munique, 1989, p. 93.

6 Ver proclamação de Adolf Hitler "*A toda a SA e SS*" de 2 de setembro de 1930, reproduzida em Heinrich Bennecke, *Hitler und die SA*. Munique/Viena, 1962, p. 252.

7 Sobre a "crise Stennes" e suas conseqüências, ver Kershaw, *Hitler*, vol. 1, 437p.; bem como Susanne Meinl, *Nationalsozialisten gegen Hitler*, Berlim, 2000, p. 167.

8 Ver, por exemplo, os anúncios de livros no jornal de bordo dos navios do Norddeutscher Lloyd, *Lloyd-Zeitung* n. 1, janeiro de 1934.

9 Comparar Otto Wagener, *Hitler aus nächster Nähe. Aufzeichnungen eines Vertrauten 1929-1932*, org. de Henry A. Turner, Frankfurt,1978, p. 195.

10 Cit. cf. Bennecke, *Hitler und die SA*, p. 253.

11 Parágrafo do Código Penal do Reich condenava o homossexualismo e previa severas punições. (N.T.) Eldorado era famoso bar *gay* berlinense da época (N.E.)

12 Anotação do dia 27/2/1931, in: Elke Fröhlich (org.), Diários de Goebbels, vol. I/2, Munique e outros, 1987, p. 27. "Esse vício está grassando como a peste", escreveu Goebbels já no dia 2/6/1929 em seu diário. "Minha repulsa é tão grande que não posso nem ter a mesma compreensão para isto que eu teria para qualquer assassino" (ibid., p. 381).

13 Ibid., p. 125 (anotação do dia 9/2/1932).

14 Ver Peter Martin Lampel, *Niemandes Knecht, unveröffentlichte Memoiren*, in: Staats- und Universitätsbibliothek Hamburg, NL Lampel, NK 432, p. 418.

15 Sobre Edmund Heines, ver Gerhard Rossbach, *Mein Weg durch die Zeit. Erinnerungen und Bekenntnisse*, Weilburg, 1950, p. 137 e p. 234; bem como Kurt G. W. Ludecke, *I Knew Hitler. The Story of a Nazi Who Escaped the Blood Purge*, Nova York, 1937, p. 246, 351, 619 e especialmente 777; bem como Bernd-Ulrich Hergemöller, *Mann für Mann. Biographisches Lexikon zur Geschichte von Freundesliebe und mannmännlicher Sexualität im deutschen Sprachraum*, Hamburgo, 1998, p. 332 e seg.; bem como Hermann Weiss (org.), *Biographisches Lexikon zum Dritten Reich*, Frankfurt, 1999, p. 191e seg.

16 Ver Konrad Heiden, *Der Führer. Hitler's Rise to Power*, Boston, 1944, p. 294; bem como Hergemöller, *Mann für Mann*, p. 341 e seg. com outras informações.

17 Assim foi qualificado por Arno Schickedanz, representante de Alfred Rosenberg em Berlim e bom conhecedor dos círculos nazistas, em uma carta para Rosenberg de 4/6/1932, in: BAB, NS 8/116, fl. 41. Sobre a carreira de Helldorffs no nazismo, ver tb. Ted Harrison, *Alter Kämpfer‹ im Widerstand. Graf Helldorff, die NS-Bewegung und die Opposition gegen Hitler*, in: VfZ, vol. 45 (1997), p. 385-423.

18 Sobre os primórdios da carreira de Karl Ernst, ver depoimento do contemporâneo Christian Adolf Isermeyer para Andreas Sternweiler (org.), *Liebe, Forschung, Lehre. Der Kunsthistoriker Christian Adolf Isermeyer*, Berlim, 1998, p. 36; bem como Lampel, *Niemandes Knecht*, in: Staats- und Universitätsbibliothek Hamburg, NL Lampel, NK 432, p. 532; e ainda Hergemöller, *Mann für Mann*, p. 206 e 591 com outras indicações.

19 Diários de Goebbels I/2 (1987), p. 98 (anotação do dia 6/8/1931).

20 Depoimento de Isermeyer a Sternweiler, cit. cf. Sternweiler, *Liebe, Forschung, Lehre*, p. 36.

21 Eugenio Dollmann, *Roma Nazista*, Milão, 1949, p. 34. Outros documentos in: StA München, Polizeidirektion München, N. 15540; sowie in: BAB, R 22/5005.

22 Ver Meinl, *Nationalsozialisten*, p. 168 e seg.

23 Comparar os fragmentos de um relatório secreto à direção do partido com data manuscrita de 21/12/1931, in: BAB, NS 26/87.

24 Diários de Goebbels I/2 (1987), p. 65 (anotação do dia 17/5/1931). Já no dia 29 de abril, Goebbels desconfiou que "ele e Göring estão fazendo um jogo desonesto comigo" (ibid., p. 57).

25 *Rote Fahne* n. 53 de 11/3/1932.

26 *Münchener Post* de 14 de abril de 1931. No artigo sobre o parágrafo 175, a SA é acusada de estar dominada por um bando de "adversários do 175", citando-se nominalmente Röhm e Heines. Na edição de 23 de abril de 1931, o jornal *Münchener Post* amplia a denúncia, acusando Röhm de se divertir com garotos de programa.

27 Para detalhes sobre Schulz, ver Dornheim, *Röhms Mann fürs Ausland*, p. 107.

28 Diários de Goebbels I/2 (1987), p. 45 (anotação do dia 9/4/1931). Ver tb. anotação do dia 21/4/1931: "Estou alinhado com Schulz. Ele compreendeu o problema da Prússia. Assim como Munique quer não vai dar. [...] Schulz vê tudo com clareza" (ibid., p. 53).

29 Ibid., p. 67 (anotação do dia 20/5/1931).

30 Ibid., p. 72 (anotação do dia 2/6/1931).

31 Fragmentos de um relatório secreto para a direção do partido sem data (provavelmente, agosto de 1931), in: BAB, NS 26/87.

32 *Münchener Post* n. 142 de 24/6/1931 ("A Casa Marrom dos Homossexuais").

33 Diários de Goebbels I/2 (1987), p. 83 (anotação do dia 24/6/1931).

34 Cit. cf. Reprodução em fac-símile de carta de Röhm a um "camarada" sem nome de 17/7/1931, in: *Rote Fahne* n. 53 de 11/3/1932.

35 *Münchener Post* de 23/3/1932.

36 Para detalhes, ver a documentação de Herbert Heinersdorf (d.i. Richard Linsert), *Akten zum Falle Röhm*, in: *Mitteilungen des Wissenschaftlich-humanitären Komitees* nr. 32 de jan/mar 1932, páginas 349-363, n. 33 de abr/ago 1932, p. 387-396 e n. 34 de set/fev 1933, p. 419-428.

37 Comparar os documentos citados na brochura de Wilhelm Hillebrand, *Herunter mit der Maske! Erlebnisse hinter den Kulissen der N.S.D.A.P.*, Berlim-Lichterfelde o.J. (1929), principalmente p. 50 e seg. Em seus diários, Goebbels, o governador berlinense notoriamente anti-homossexual, primeiro tinha medo do escândalo Götting e se sentia "irritado pela tática confortável de Hitler de não se envolver", mas depois mudou de idéia: "Götting é

um cara legal. Não acho que ele seja um praticante do 175". Diários de Goebbels I/1 (1987), p. 331, anotação de 13/2/1929; comparar tb. ibid. p. 285 e seg. e p. 295.

38 Ver os números 140 e 141 do *Münchener Post* de 22 e 23/6/1931. ("Confrarias Quentes na Casa Marrom"). Otto Strasser parece que também esteve envolvido. Compare relatório secreto para a direção do partido sem data (provavelmente agosto de 1931), in: BAB, NS 26/87.

39 Segundo o advogado de Ernst Röhm, Dr. Walter Luetgebrune, em carta de 7/3/1932, publicada no *Völkischer Beobachter* de 9/3/1932, segundo Heinersdorf, *Akten zum Fall Röhm, Teil III*, p. 419-428, sobretudo pág. 419.

40 Cit. cf. *Heinrich Hoffmanns Erzählungen*, in: *Münchener Illustrierte*, n. 50, 1954.

41 Comparar Kershaw, *Hitler*, vol. 1, p. 453.

42 Ver Erwin Barth, *Joseph Goebbels und die Formierung des Führer-Mythos* 1917-1934, Erlangen, 1999, p. 110.

43 Sarre é região formada por cinco municípios prussianos e dois bávaros que, depois da Primeira Guerra, foi tirada da Alemanha e entregue à França, como reparação pelos danos causados pela guerra. Em 1935, depois de um plebiscito em que a Frente Alemã recebeu mais de 90% dos votos, Hitler "trouxe" o território de Sarre de volta para a Alemanha. (N.T.)

44 *Münchener* Post n. 57 de 9/3/1932.

45 Ver, por exemplo, *Hamburger Echo* n. 63 de 9/3/1932, que trata detalhadamente "das cartas de amor do capitão Röhm". A revista oficial do Partido Social-Democrata, *Vorwärts*, também fez uma matéria sobre as cartas em seu n.113 de 7/3/1932, intitulada *Das Röhmische System. Enthüllungen über den Obersöldner Hitlers*, usando estas revelações de forma sensacionalista nos números seguintes.

46 *Münchener Post* n. 140 de 22/6/1931.

47 Ver autos de inquérito de Röhm de 1931, reprodução em *Vorwärts* n.117 de 10/3/1932 ("Röhm confirma!"). Ver tb. *Vorwärts* n. 157 de 4/4/1932 ("As cartas de Röhm são autênticas!").

48 Sobre a biografia de Klotz, ver: Herbert Linder, *Von der NSDAP zur SPD. Der politische Lebensweg des Dr. Helmuth Klotz, 1894-1943*, Konstanz, 1998.

49 Helmuth Klotz, *Wir gestalten durch unser Führerkorps die Zukunft*, Berlim, 1932 (2ª ed.).

50 Ver Linder, Von der NSDAP zur SPD (Do NSDAP ao SPD), p.171. Sobre a campanha, ver ainda Harry Oosterhuis, *The "Jew" of the Antifascist Left. Homosexuality and Socialist Resistance to Nazism*, in: Gert Hekma e outros (org.), *Gay Men and the Sexual History of the Political Left*, Nova York, 1995, p. 227-257.

51 Sobre este assunto, ver Eleanor Hancock, *Only the Real, the True, the Masculine Held Its Value. Ernst Röhm, Masculinity, and Male Homosexuality*, in: *Journal of the History of Sexuality*, vol. 8 (1997/1998), p. 628.

52 Cit. cf. Klotz, *Der Fall Röhm*, p. 7.

53 Cit. cf. ibid., p. 8 e seg.

54 Cit. cf. ibid. p. 16 e seg.

55 Comparar anexos dos autos de inquérito da polícia de segurança e do serviço de informações de janeiro de 1941, in: BAB-DH, NJ 2993, vol. 2, aqui cf. Linder, *Von der NSDAP zur*

SPD, p. 168 e seg., onde estão as citações seguintes. Ver ainda artigo de Klotz, *Doktor Diehls schlechtes Gewissen* na revista *Volkswille* de 7/2/1934, in: BAB-DH, ZR 881, vol. 6, fl. 124.

56 Isto resultou em agressão física para Klotz por parte de alguns nazistas, entre eles o amigo íntimo de Röhm, Edmund Heines, no dia 12 de maio de 1932 no *foyer* do prédio do parlamento. Uma década mais tarde, Klotz foi condenado à morte, e assassinado em Plötzensee, em 1943. Ver Linder, *Von der NSDAP zur SPD*, p. 174 e p. 318.

57 Klotz, *Der Fall Röhm*, p. 4.

58 Comparar anexos dos autos de inquérito da polícia de segurança e do serviço de informações de janeiro de 1941, in: BAB-DH, NJ 2993, vol. 2, aqui cf. Linder, *Von der NSDAP zur SPD*, p.169.

59 Comparar Carl Severing, *Mein Lebensweg*, vol. 2. *Im Auf und Ab der Republik*, Köln, 1950, p. 332.

60 Comparar anexos dos autos de inquérito da polícia de segurança e do serviço de informações de janeiro de 1941, in: BAB-DH, NJ 2993, vol. 2, aqui cit. cf. Linder, *Von der NSDAP zur SPD*, p. 169.

61 Neste dia, o governo social-democrata da Prússia foi derrubado por um golpe de Estado do chanceler do Reich, Franz von Papen.

62 BAB, BDC Rudolf Diels, reproduzido em Christoph Graf, *Politische Polizei zwischen Demokratie und Diktatur. Die Entwicklung der preußischen Politischen Polizei vom Staatsschutzorgan der Weimarer Republik zum Geheimen Staatspolizeiamt des Dritten Reiches*, Berlim, 1983, p. 411; as informações citadas ibid., p. 322.

63 Ver Rudolf Diels, Lucifer ante portas. ... *es spricht der erste Chef der Gestapo* ..., Stutgart, 1950, especialmente p. 253 e p. 376.

64 Ver autos inquérito Rudolf Diels, in: BAK, Z 42 IV/1960, fl. 273.

65 Segundo o ex-colega de Diels, Walther Korrodi, em sua brochura anônima *Ich kann nicht schweigen*, Zurique, 1936, p.167. Ver ainda Graf, *Politische Polizei*, p. 322.

66 Em suas pesquisas biográficas sobre Diels, o ensaio de Alexander Bahar/Wilfried Kugel, *Der Reichstagsbrand*, Berlim, 2001, chega a conclusões semelhantes, ver p. 717.

67 Hans Bernd Gisevius, *Bis zum bitteren Ende. Vom Reichstagsbrand bis zum 20. Juli 1944*, Zurique, 1961, p.100.

68 Anonymus (Walther Korrodi), *Ich kann nicht schweigen*, p. 162.

69 Fala por ocasião do 11º aniversário da fundação do NSDAP na cervejaria Hofbräuhaus de Munique, em 24/2/1931, in: Klaus A. Lankheit (org.), *Hitler, Reden, Schriften, Anordnungen*, vol. V/1, Munique, 1996, p. 224.

70 Ver documentos in: Landesarchiv Berlim, Rep. 58, Zug 399, N. 517, vol. I-III.

71 Comparar reconstrução detalhada da investigação contra Röhm em Burkhard Jellonnek, *Homosexuelle unter dem Hakenkreuz*, Paderborn 1990, p. 62.

72 Reprodução de auto de inquérito da polícia de Munique de 7/4/1931, cit. cf. Heinersdorf, *Akten zum Fall Röhm, Teil III*, p. 425. Ver ainda Jellonnek, *Homosexuelle*, p. 62.

73 Depoimento do conselheiro da procuradoria Dr. Kreismann de 4/8/1932, in: GStA PK Berlin, I. HA Rep. 84 a, N. 52606.

74 Comparar depoimento de Albert Grzesinski ao serviço secreto americano em 8/5/1943, in: Office of Strategic Services, *Hitler Source Book* (aqui cfe. Nizkor Project: www.nizkor.org).

75 Relatório secreto sem data à direção do partido (provavelmente de agosto de 1931), in: BAB, NS 26/87. Ver tb. BAK, NL Rheindorf Nr. 427, p. 20.

76 Ludecke, *I Knew Hitler*, p. 493 e seg. (no original: "It's also true, and I admit it to my shame, that the vulnerability you mentioned has delivered me into his hands. It's a terrible thing. ... I've lost my independence for always. ... You know as well as I do how Hitler can wear you down [...] And we, we *ourselves*, have made him what he is. ... My position is so precarious [...]. I stick to my job, following him blindly, loyal to the utmost – there's nothing else left me.")

77 Ver carta de Hierl para Hitler de 24/3/1932, in: BAK, NL Epp N. 73, fl. 1ff.

78 Sobre detalhes, ver Hans-Günther Richardi/Klaus Schumann, Geheimakte Gerlich/Bell. *Röhms Pläne für ein Reich ohne Hitler*, Munique, 1993, p. 72; bem como Dornheim, *Röhms Mann fürs Ausland*, p. 53.

79 Declaração de Hitler de 6/4/1932, in: Klaus A. Lankheit (org.), *Hitler, Reden, Schriften, Anordnungen*, vol. V/1, Munique, 1996, p. 32. Comparar os comentários nas publicações *Vossische Zeitung* n.168 de 7/4/1932, *Vorwärts* n. 163 de 7/4/1932 *e Münchener Neueste Nachrichten* de 8/4/1932.

80 Ver trecho correspondente em carta confidencial de Martin Bormann para Hess em 5/10/1932, in: IfZ München, Fa 36.

81 Völkischer Beobachter de 9/3/1932.

82 Vgl. Harry Oosterhuis, The "*Jew*", p. 228; bem como Hancock, *Male Homosexuality*, p. 228.

83 *Vorwärts* n. 163 de 7/4/1932.

84 Klaus Mann, Die Linke und das Laster, in: Europäische Hefte/Aufruf, 1934, páginas 675-678, aqui p. 676. Sobre este contexto, ver Manfred Herzer, *Communists, Social Democrats, and the Homosexual Movement in the Weimar Republic*, in: Hekma (org.), *Gay Men*, p. 197-226.

85 Goebbels no artigo *Adolf Hitler als Mensch* , in: *Der Angriff* n.64 de 4/4/1932.

86 Sobre este assunto, comparar as memórias do então advogado de Hitler: Hans Frank, *Im Angesicht des Galgens. Deutung Hitlers und seiner Zeit auf Grund eigener Erlebnisse und Erkenntnisse*, Munique-Gräfelfing, 1953, p. 87.

87 De acordo com Klotz na segunda edição de sua brochura, *Der Fall Röhm*, de setembro de 1932, p. 2.

88 Frankfurter Zeitung de 14/11/1932.

89 Comparar opinião de Paul Schulz em seu "*Memorando*" de 1951, sobre estes eventos, reproduzido na brochura editada pelo seu filho Alexander Paul Schulz, *Rettungen und Hilfeleistungen an Verfolgte 1933-1945 durch Oberleutnant a.D. Paul Schulz*, Laichingen, 1967, p. 8. Agradeço ao Dr. A. P. Schulz a possibilidade de ter acesso a este documento.

90 Ver Dollmann, *Roma Nazista*, p. 35.

91 Martin Bormann exprimiu a consternação nas fileiras do NSDAP sobre o comportamento de Hitler em uma extensa carta para Rudolf Hess no início de outubro de 1932. Nela,

diz que Röhm é o "ponto mais fraco da nossa frente", que colocava o movimento à prova. Sendo assim, mantê-lo seria "extremamente perigoso" em termos eleitorais. "Por isto, a posição do chefe [Hitler] é totalmente incompreensível para mim." (Carta de Bormann para Hess de 5/10/1932, in: IfZ München, Fa 36.) O ajudante de Hitler, Julius Schaub, também teria encenado "algo vil contra Röhm" à mesma época, segundo os Diários de Goebbels, I/2 (1987), p. 253, anotação do dia 5/10/1932. O editor e futuro colaborador de Goebbels, Ernst Lehmann, usou um laudo de um renomado psiquiatra para tentar convencer Hitler, em outubro de 1932, que a homossexualidade era um dos "vícios mais complicados", o que incapacitaria Röhm para ficar num cargo de responsabilidade. Tudo isto só causava irritação no *Führer.* (Oswald Bumke, "*Erinnerungen und Betrachtungen. Der Weg eines deutschen Psychiaters*", Munique, 1952, p. 163.)

92 Walter Luetgebrune, *Ein Kampf um Röhm,* Diessen 1933, p. 4, as citações seguintes em ibid., 6p. (destaque no original).

93 De Walter Buch para o comissário-chefe criminal Obermüller na sede da polícia em Munique (provavelmente no verão de 1949, pouco antes do suicídio de Buch), in: StA München, Staatsanwaltschaften, N. 28791/1.

94 *Völkischer Beobachter* n. 270 de 27/9/1933.

95 Anotação em diário de Hermann Pünders de 18/8/1932, depois de uma conversa com o secretário de Estado na chancelaria do Reich, cit. cf. Planck., *Politik in der Reichskanzlei. Aufzeichnungen aus den Jahren 1929-1932*, org. de Thilo Vogelsang, Stutgart, 1961, p. 141.

96 Comparar *Völkischer Beobachter* n. 1/2 de 2/1/1934.

97 Segundo Heinrich Böll em suas memórias, ainda em 1933 havia inscrições nos muros do tipo: "SA, lavar o cu, Röhm está chegando!" (*Böll, Was soll aus dem Jungen bloß werden? Oder: Irgendwas mit Büchern,* Bornheim, 1981, p. 37 e seg.)

98 Anonymus (Walther Korrodi), *Ich kann nicht schweigen,* p. 107 respectivamente 110. Outras informações sobre as funções políticas e atividades de Karl Ernst ver Bahar/Kugel, *Reichstagsbrand,* p. 559.

99 Ver a narrativa drástica de Bella Fromm, *Als Hitler mir die Hand küsste,* Berlim, 1993, p. 154 e seg., que se refere à recepção de gala na embaixada turca no dia 30/10/1933.

100 Hermann Rauschning, *Gespräche mit Hitler,* Zurique 1940, p. 94 e seg. (destaque no original).

101 Cit. segundo *Fromm Hitler,* p. 122.

102 Em outubro de 1932, Bell redigiu um relatório confidencial sobre a sua atividade junto a Röhm que foi descoberto e publicado há alguns anos. Ver Richardi/Schumann, *Geheimakte,* páginas 214-221.

103 Alfred Rosenberg, *Das politische Tagebuch Alfred Rosenbergs. Aus den Jahren 1934/35 und 1939/40,* org. de Hans-Günther Seraphim, Göttingen 1956, p. 35 (anotação de 7/7/1934), que chega a dizer: Strasser "qualificou este tipo de gente como uma espécie de maçonaria, em que um ajuda ao outro contra o resto da humanidade, sem qualquer constrangimento".

104 Bell se vangloriou depois de poder provar "sob juramento, com documentos e testemunhas" que "Röhm não buscou apenas junto ao Partido Social-Democrata apoio contra a

direção política do NSDAP" (carta registrada de Bell à direção do Reich do NSDAP de 8/10/1932, in: BAD, BDC Georg Bell)

105 De Röhm para Mayr em 28/9/1932, reproduzido no jornal *Münchener* Post, n. 240 de 15 e 16/10/1932. Sob juramento, Mayr chegou a falar de "compromisso de honra", em *Vorwärst* n. 471 de 6/10/1932. ("Desmentindo Röhm").

106 Goebbels também entendeu que estes encontros secretos estavam relacionados com o tema da homossexualidade, comparar Diários de Goebbels I/2 (1987), p. 253 (anotação do dia 5/10/1932). Comparar ainda as declarações de Mayr no chamado processo Tscheka do verão de 1932, in: BAB, NS 26/600.

107 Segundo o título de uma brochura publicada pelo SPD em outubro de 1932.

108 *Vorwärts* n. 471 de 6/10/1932 ("Desmentindo Röhm").

109 Bell, que pelo jeito serviu a vários amos, foi assassinado em abril de 1933 por uma unidade especial da SS. Röhrbein foi para o campo de Dachau, ver detalhes em Richardi/Schumann, *Geheimakte*, p. 129; Dornheim, *Röhms Mann fürs Ausland*; bem como Bahar/Kugel, *Reichstagsbrand*, p. 634 e p. 653.

110 Relatório secreto para a direção do partido (provavelmente de agosto de 1931) in: BAB, NS 26/87.

111 Cit. seg. Ernst von Salomon, *Der Fragebogen*, Hamburgo, 1951, p. 446.

112 Tschirschky, *Erinnerungen eines Hochverräters*, p. 115.

113 Ver Kershaw, *Hitler*, vol. 1, p. 631.

114 Isto era um segredo aberto nos círculos do partido. "O *Führer* não pode afastar o chefe da SA, porque este sabe demais sobre 1923", teria dito Danzeisen em 1/8/1932, cf. Richardi/Schumann, *Geheimakte*, p.194, referindo-se aos primórdios da carreira de Hitler.

115 Relatório da Agência Alemã de Informações sobre entrevista de Hitler com o professor americano Pearson, realizada em 6/7/1934 e publicada na edição parisiense do *New York Herald*, in: *Akten der Reichskanzlei. Die Regierung Hitler I/2*, p. 1375, especialmente p. 1377.

116 Anonymus (Walter Korrodi), *Ich kann nicht schweigen*, p. 113, de onde foram retiradas as citações seguintes.

117 Assim argumenta também o indecifrável Klaus Bredow na brochura *Hitler rast*, publicada imediatamente depois do "massacre de Röhm" na região do Sarre, ainda não anexada: "Hitler não podia ousar abandonar Heines porque este o ameaçava com um escândalo que teria arrastado toda a direção do partido, incluindo o *Führer*." (p.16).

118 Hitler em seu discurso de 13/7/1934, no parlamento in: *Stenographische Berichte der Verhandlungen des Deutschen Reichstages*, vol. 458. IX. Wahlperiode, p. 21.

119 Ver Diels, *Lucifer ante portas*, p. 379.

120 Vgl. Immo von Fallois, *Kalkül und Illusion. Der Machtkampf zwischen Reichswehr und SA während der Röhm-Krise 1934*, Berlim, 1994, páginas 125 e 131.

121 Ver Kershaw, *Hitler*, vol. 1, p. 637.

122 Ver Longerich, *Bataillone*, p. 205.

123 BAB, NS 23/1.

124 De Ernst para Heines em 5/6/1934, reproduzido no Livro Branco sobre as execuções do dia 30 de junho de 1934. *Authentische Darstellung der deutschen Bartholomäusnacht*, Paris,

1934, páginas 108-111, especialmente p. 110. A autenticidade deste documento é polêmica, mas não deve ser tão improvável como Hans Mommsen diz em *Nichts Neues in der Reichstagsbrandkontroverse. Anmerkungen zu einer Donquichotterie, in: Zeitschrift für Geschichtswissenschaft*, vol. 49 (2001), páginas 352-357. Se esta é efetivamente uma falsificação de Willi Münzenberg, então é genial. Este tipo de relato não pode ser inventado. Na melhor das hipóteses, pode ser "maquiado".

125 Martin H. Sommerfeldt, *Ich war dabei. Die Verschwörung der Dämonen 1933-1939. Ein Augenzeugenbericht*, Darmstadt, 1949, S. 61.

126 Segundo informações do ajudante de Himmler, Karl Wolff, cit. segundo Jochen von Lang, Der Adjutant. Karl Wolff. *Der Mann zwischen Hitler und Himmler*, Frankfurt, 1989, p. 34.

127 Cit. cf. Longerich, *Bataillone*, p. 210.

128 Ernst Hanfstaengl, *Zwischen Weissem und Braunem Haus. Memoiren eines politischen Aussenseiters*, Munique, 1970, p.340.

129 Comparar a ordem para "todos os funcionários e empregados da Gestapo" de Heydrich em 25/6/1934, in: BAB, R 58/241, Bl. 24. Ver ainda Jens Banach, *Heydrichs Elite. Das Führerkorps der Sicherheitspolizei und des SD. 1936–1945*, Paderborn e outros. 1998, p. 95.

130 Ver Kershaw, *Hitler*, vol. 1, p. 643.

131 Ver Longerich, *Bataillone*, p. 215.

132 *Völkischer Beobachter* n. 177 de 26/6/1934.

133 Cit. cf. Michael Schramm, *Der Gleichschaltungsprozeß der deutschen Armee 1933-1938*, Munique, 1990, p. 135.

134 Sobre o número de vítimas, ver Kershaw, *Hitler*, vol. 1, p. 650; e sobre a sua identificação Otto Gritschneder, *"Der Führer hat Sie zum Tode verurteilt...". Hitlers »Röhm-Putsch«-Morde vor Gericht*, Munique, 1993, p. 60, e páginas 121-149.

135 Reunião ministerial de 3/7/1934, in: *Akten der Reichskanzlei. Die Regierung Hitler I/2*, p. 1358.

136 Reproduzido em *Der Angriff* n. 152 de 2/7/1934, de onde foram tiradas as citações seguintes (destaques no original).

137 Cit. segundo edição especial do *Völkischer Beobachter* de 1/7/1934.

138 Reunião ministerial de 3/7/1934, in: *Akten der Reichskanzlei. Die Regierung Hitler I/2*, p. 1355.

139 Segundo o irmão de Gregor Strasser, Ottos, em seu jornal editado no exílio, *Die deutsche Revolution* n. 16 de 26/8/1934.

140 Klausener possuía "material constrangedor" sobre a direção do NSDAP. "O autor destas linhas viu este material com os próprios olhos", (Bredow, *Hitler rast*, S. 52.). Ver ainda Luetgebrune, *Kampf um Röhm*, p.12, confirmando que Klausener coletou "material de luta contra o odiado nacional-socialismo".

141 Sobre Lossow e seus dossiês secretos, ver capítulo 2.

142 Sobre o caso Zehnter, ver: Gritschneder, "*Röhm-Putsch*"-*Morde*, p. 148; Otto Strasser, *Die deutsche Bartholomäusnacht*, Zurique, 1935 (3ª ed), p. 88; Wolfram Selig, *Ermordet im Namen des Führers. Die Opfer des Röhm-Putsches in München*, in: Winfried Becker/Werner Chrobak (org.), *Staat, Kultur, Politik. Festschrift für Dieter Albrecht*, Kallmünz, 1992, páginas 341-356, aqui p. 355.

143 Sobre o caso Schätzl, ver Gritschneder, *"Röhm-Putsch"-Morde*, p. 143; Selig, *Opfer des Röhm-Putsches in München*, p. 347; BAB, BDC Martin Schätzl. Ver ainda os documentos sobre a ligação entre Schätzl e Röhm, in: StA München, Staatsanwaltschaften, N. 28791/41.

144 Ver Friedrich-Karl von Plehwe, *Reichskanzler Kurt von Schleicher*, Frankfurt, 1989, p. 222 e 229.

145 Trata-se de uma associação nacionalista formalmente parecida com as tradições da Ordem Alemã medieval.

146 Cit. segundo cópia de um relatório de Wolfgang Abée sobre negociações do Jungdeutscher Orden em 3 e 4/7/1932 em Berlin, in: BAB, R 43 I, N. 1238, fl. 107. Existem indícios de que Mahraun estava envolvido com negociações pessoais com Schleicher, ver Johann Hiller, Mahraun, der *Pionier des Arbeitsdienstes*, Leipzig, 1933, p. 44, especialmente p. 50.

147 Olden, *Hitler*, p. 53; bem como Bredow, *Hitler rast*, p. 21e seg.

148 Ver as provas convincentes em Bahar/Kugel, *Reichstagsbrand*, p. 678 e 708.

149 Ver Diels, *Lucifer ante portas*, p. 203.

150 Salomon, *Fragebogen*, p. 444. Sobre perseguição e expulsão do partido e da SA, ver documentos de Luetgebrune em BDC, principalmente a carta de seis páginas de Heydrich para Buch em 26/10/1934 com excertos de documentos da Gestapo, in: BAB.

151 Ver Strasser, *Bartholomäusnacht*, p. 39.

152 Ver depoimentos em Bahar/Kugel, *Reichstagsbrand*, p. 725; bem como o exemplo do destino de Hanns Heinz Ewers em: Wilfried Kugel, Der Unverantwortliche. *Das Leben des Hanns Heinz Ewers*, Düsseldorf, 1992, p. 356 e seg.

153 Ver Jellonnek, *Homosexuelle*, p. 103.

154 Discurso no parlamento de 13/7/1934, in: *Stenographische Berichte der Verhandlungen des Deutschen Reichstages*, vol. 458. IX. Wahlperiode, p. 24.

155 Ver explicações de Hitler durante a reunião ministerial de 3/7/1934, in: *Akten der Reichskanzlei. Die Regierung Hitler* I/2, S. 1358.

156 Isto consta da ata estenografada. *Ver Stenographische Berichte über die Verhandlungen des Deutschen Reichstages*, vol. 458. IX. Wahlperiode, p. 27.

157 Ibid., p. 33, tb. a citação seguinte.

158 Cit. cf. Alexander Zinn, *Die soziale Konstruktion des homosexuellen Nationalsozialisten. Zu Genese und Etablierung eines Stereotyps*, Frankfurt, 1997, p.114.

159 *Die Deutsche Revolution* n. 9 de 8/7/1934.

160 *Die Deutsche Revolution* nr.10 de 15/7/1934. Comparar tb. *Neuer Vorwärts* de 8/7/1934 que relaciona os mesmos nomes (sem Wilhelm Brückner). Meio ano depois, Strasser ainda complementou a sua lista com os nomes do chefe de imprensa do Reich, Otto Dietrich, do ministro Hans Frank e do SA-Obergruppenführer Dietrich von Jagow. (*Die Deutsche Revolution* nº 1 de 6/1/1935).

161 Relatório da Agência Alemã de Informações sobre entrevista de Hitler com o professor americano Pearson, realizada em 6/7/1934 e publicada na edição parisiense do *New York Herald*, in: *Akten der Reichskanzlei. Die Regierung Hitler I/2*, p. 1376.

162 Nos círculos diplomáticos de Berlim todo mundo sabia que muitos homens à volta de Hitler eram homossexuais. Sobre a vida sexual de Hitler apenas se especulava. Ver Martha Dodd, *Through Embassy Eyes*, Nova York, 1939, p. 214.

163 Sobre este assunto, ver "*Heimtücke*". *Das Gesetz als Waffe. Kontrolle, Abschreckung und Verfolgung in Deutschland 1933-1945*, 1998, p. 9 e p. 20.

164 Idem, p. 67 com muitos exemplos. As estatísticas mostram que "afirmações sobre líderes nazistas" quase todas só foram sancionadas no caso de Hitler, mas que representam com folga a maior parte dos casos julgados segundo a "lei da perfídia" ("Heimtücke"-Gesetz). Idem, p. 69.

165 Segundo processo in: StA Bamberg, Sondergericht Bamberg, n. 389.

166 Ver os estudos de caso pioneiros (embora não esgotem o assunto) de Dörner, *Heimtücke*, p. 189.

167 Ver documentos in: StA Bamberg, Sondergericht Bamberg, n. 847.

168 Ver documentos in: BAB, Sondergerichtsakte, 30/01, IV g 5 774/42.

169 Comparar Dörner, "*Heimtücke*" (Perfídia), p.191.

170 Cit. segundo Günter Grau, *Homosexualität in der NS-Zeit. Dokumente einer Diskriminierung und Verfolgung*, Frankfurt,1993, p. 74. Ver ainda Hans Günter Hockerts, *Die Sittlichkeitsprozesse gegen katholische Ordensangehörige und Priester 1936/1937. Eine Studie zur nationalsozialistischen Herrschaftstechnik und zum Kirchenkampf*, Mainz, 1971, p. 11.

171 Comparar Jellonnek, *Homosexuelle*, 110p; bem como Kai Sommer, *Die Strafbarkeit der Homosexualität von der Kaiserzeit bis zum Nationalsozialismus*, Frankfurt, 1998, p. 310.

172 Comparar Joachim Müller/Andreas Sternweiler, *Homosexuelle Männer im KZ Sachsenhausen*, Berlim, 2000; bem como Stephan R. Heiss, *Ein Schandfleck für das dritte Reich. Homosexuelle als Opfer von Verfolgung und Vernichtung während der Diktatur des Nationalsozialismus in Bayern*, in: Michael Farin (org.), *Polizeireport München* (Ausstellungskatalog), Munique,1999. E ainda Till Bastian, *Homosexuelle im Dritten Reich. Geschichte einer Verfolgung*, Munique, 2000.

173 Ver Telford Taylor, *Die Nürnberger Prozesse. Hintergründe, Analysen und Erkenntnisse aus heutiger Sicht*, Munique, 1992, p. 631. Comparar ainda Jellonnek, *Homosexuelle*, p. 87. No livro branco sobre as execuções do dia 30 de junho de 1934 também está mencionado que o Dr. Heimsoth possuía cartas de Schirach e Frank que "indicavam sua tendência homossexual" (p.125) – Ver tb. Bredow, *Hitler rast*, p. 17. No interior do partido, falava-se em 1935 de "relações proibidas" entre o *Führer* e Schirach (anotação no diário de Gürtner de 10/9/ 1935, in: BAB, R 22/1088).

174 Esta referência eu devo a Frank Bajor da Hamburger Forschungsstelle für Zeitgeschichte.

175 Comparar Dollmann, *Roma Nazista*, p.35.

176 Comparar as provas impressionantes em Ian Kershaw, *Der Hitler-Mythos*, Stutgart, 1999, p. 109.

177 De Hitler para Ada Klein em 30/9/1934, fac-símile in: Anton Joachimsthaler, *Hitlers Weg begann in München*, Munique, 2000, p. 299.

178 Discurso em Koblenz no dia 26/8/1934, segundo reprodução no jornal *Völkischer Beobachter* n. 240 de 28/8/1934.

CAPÍTULO 6

REVELAÇÕES PÓSTUMAS: ERICH EBERMAYER E SEUS COLABORADORES

Apesar da destruição sistemática de provas sobre a homossexualidade de Hitler, muitas informações acabaram sendo transmitidas por meio de pessoas que nem sempre tinham interesse político na questão, e sim bem particular. Uma delas é o advogado e romancista homossexual Erich Ebermayer, nascido em 1900. Se suas afirmações forem verdadeiras – e parece que são –, elas constituem uma grande revelação.

Em 1959, a editora Zsolnay publicou anotações de Ebermayer sob a forma de "diário pessoal e político", relativo ao período entre 1933 e 1935.[1] Entre os trechos mais interessantes estão as observações sobre o "massacre de Röhm", em 1934.[2] "Fui tomado por um terror paralisante", escreve Ebermayer. Seus primeiros comentários revelam perplexidade e temor de mais arbitrariedades. Logo surge um sentimento de indignação, culminando com a suspeita de que a finalidade da ação era "eliminar testemunhas incômodas do passado do *Führer* e da época inicial do movimento". Ebermayer aponta bons motivos para esta suspeita:

> O mais impressionante, neste caso, é essa brusca virada: a luta contra a homossexualidade. Não é preciso dizer que essa luta não é genuína nem ho-

> nesta. Segundo documentos militares apresentados ao antigo ministro do Interior do Reich, Dr. Külz, o *Führer* foi excluído de uma promoção para sargento na Primeira Guerra Mundial por atividades homossexuais [...]. Durante o início da luta, todo o movimento nazista – e não apenas a turma de Röhm – era uma associação de homens como as que Blüher descreve nos seus livros, cuja força motriz era o homoerotismo. Para todos aqueles que estão por dentro dos fatos, Rudolf Hess – mais conhecido nos círculos do partido como a "preta Emma" – foi por muitos anos amigo íntimo do *Führer*, principalmente durante o tempo que passaram na prisão de Landsberg. [...]. Meus informantes, que são totalmente confiáveis, [...] enfatizam com orgulho a tendência homoerótica do *Führer* e de seu círculo mais próximo [...], explicando que o próprio *Führer* não está mais vivendo sua opção depois que a política passou a absorver cada vez mais as suas forças. Só de vez em quando, nas viagens de carro entre Berlim e Munique, principalmente no hotel Bube em Berneck, na região do Fichtelgebirge, ele tem oportunidade de relaxar. Mas consta que ele continua vendo este assunto com simpatia e compreensão, como prova a tolerância, até mesmo o apoio, em relação a Röhm e seus amigos.[3]

A leitura destes trechos traz nova luz sobre outras passagens que fazem insinuações sobre a vida particular de Hitler. Depois de um discurso de Goebbels em homenagem a Hitler nos seus 44 anos, em abril de 1933, em que ele enaltece a fantástica ascensão de Adolf Hitler "que veio do seio do povo", Ebermayer escreve: "A trajetória de Napoleão – que, afinal de contas, já era oficial – nem se compara à do nosso pintor desempregado (ou que não gostava de trabalhar?), que sobrevivia mendigando ou até mesmo graças a ofícios menos simpáticos." Sobre a surpreendente reabilitação de Röhm, Ebermayer lança a seguinte suspeita: "Consta que o *Führer* está nas mãos de seu amigo Röhm, um dos poucos que conhecem sua vida privada." Finalmente, comenta os inúmeros esforços de Hitler em apresentar uma biografia aceitável: "A casa não caiu com este conto de fadas. Para mim, o maior milagre é ele próprio acreditar nesta lenda que construiu. Se alguém contasse para ele a real história de sua vida, ele a chamaria de mentirosa. [...] Como escritor, compreendo isto muito bem. Também costumo acreditar nas histórias que invento. Aliás, preciso acreditar nelas, caso contrário não conseguiria apresentá-las de forma convincente."[4]

As informações de Ebermayer sobre Hitler são o resultado de uma estranha mistura de conhecimentos obtidos em primeira mão, habilidade de combinar dados e dom poético. Lamentavelmente, ele não foi objeto da mesma curiosidade dirigida a um Albert Speer. Hoje, mais de 30 anos depois de sua morte, torna-se difícil determinar o grau de veracidade de suas afirmações. Ainda assim, deve-se tentar fazê-lo, até porque Ebermayer trouxe à tona informações que muitos outros não tiveram coragem de contar. Comecemos, pois, pela pergunta fundamental: Ebermayer tinha mesmo como saber tudo o que escreveu?

Erich Ebermayer

Erich Ebermayer era o único filho do famoso e influente jurista Ludwig Ebermayer, que chegou ao cargo máximo de advogado no tribunal do Reich na cidade de Leipzig, e gozava de grande reputação como reformador do código penal na virada do século.[5] Entre 1910 e 1930, chegou ao auge de sua carreira, servindo como consultor a vários ministros da Justiça e do Interior. A casa de Ludwig Ebermayer, em Leipzig, era freqüentada por muitos políticos famosos, o que influenciou o jovem Ebermayer. "Através do meu pai", escreve ele, "conheci muitas pessoas inteligentes e famosas e pude espiar – com uma mistura do enjôo e interesse – os bastidores políticos daqueles anos de guerra e pós-guerra."[6] Efetivamente, graças à sua longa colaboração em diversos comitês parlamentares e políticos, Ludwig Ebermayer tinha uma noção precisa das estruturas políticas na Alemanha. Seu campo de atuação era a reforma do direito penal, e já antes da guerra discutiam-se alterações no parágrafo 175. Nestes debates, Ebermayer se destacava por uma posição marcadamente progressista. Ele era a favor de se acabar com a punição da homossexualidade, um ponto de vista que chamou atenção, e que continuou defendendo nos anos 20.[7]

Sua postura liberal nesta questão, no entanto, não permite conclusões sobre sua tendência política. Apesar da sua proximidade com dirigentes políticos, Ludwig Ebermayer nunca se filiou a qualquer partido. Há indícios, porém, de que ele nutria simpatia pela direita, como, por exemplo, sua amizade com Curt Joel,[8] político considerado conservador, e importante conselheiro do governo, que esteve à frente do ministério da Justiça em 1931/32. Joel era uma das "eminências pardas" do sistema de Weimar. Quem fosse seu amigo ou confidente – pelo menos até o final do governo Brüning – tinha de certa forma acesso aos arcanos do império. Como advogado de acusação nos processos contra os inimigos extremistas da República, o próprio Ebermayer também dispunha de algumas informações secretas.

Franz Gürtner era outro velho amigo de Ludwig Ebermayer, conforme escreveu Erich a Alfred Rosenberg.[9] Conservador nacionalista, partidário de um Estado autoritário, Gürtner dirigiu a Justiça da Baviera nos anos 20.[10] Graças a ele, Hitler escapou quase impune de suas transgressões à lei durante os anos 20. Não surpreende, pois, que Gürtner tenha sido premiado com o ministério da Justiça do Reich, quando Hitler tomou o poder. Nesta posição, ele e o ministro bávaro da Justiça, Hans Frank, convidaram Ludwig

O escritor Erich Ebermayer em meados dos anos 20.

Ebermayer, em 1933, "também em nome do *Führer*" a colaborar com as alterações planejadas no código penal. Quando Ebermayer faleceu pouco depois, Gürtner foi ao seu enterro em Leipzig, fez um breve discurso e depositou uma coroa em nome do governo do Reich.[11]

Estas ligações amigáveis com Joel e Gürtner não colocam em dúvida a independência de Ludwig Ebermayer, mas revelam que ele estava a par dos problemas políticos internos – até porque mantinha relacionamentos também com políticos da esquerda. Dentre estes, podemos citar Wilhelm Külz[12] um dos próceres do Partido Democrático Alemão, que foi ministro do Interior do Reich durante quase um ano em 1926. Külz era adversário ferrenho da militarização das associações políticas, principalmente da direita nacionalista, o que lhe causou problemas com os nazistas mais tarde.[13] Em meados dos anos 20, Külz já enxergava em Hitler um perigo político. Quando no início de 1926, Hindenburg o encarregou de substituir o titular do ministério da Defesa do Reich, Gessler,[14] durante três meses. Külz deve ter aproveitado a oportunidade para dar uma olhada na papelada referente aos tempos de soldado de Hitler. Como "ministro civil", provavelmente nunca teria tido acesso a esta fonte de informação.[15] Não surpreende que este fato, narrado por Erich Ebermayer, não tenha sido protocolado,[16] pois era uma ação clandestina, praticamente um ato de espionagem. É fácil explicar como Erich tomou conhecimento disto – ele e o filho de Külz tornaram-se amigos, mais até do que seus pais.[17] Em 1959, quando foram publicadas as anotações de Erich sobre os documentos vistos por Wilhelm Külz, o presidente do Senado junto ao tribunal administrativo da federação alemã era Helmut Külz, filho de Wilhelm. Ou seja, considerando o cargo que ocupava, ele não só poderia como deveria ter desmentido as informações, caso fossem falsas.

A informação crucial dos documentos militares de Hitler vazou ainda em outros círculos do governo. Em março de 1937, a Gestapo recebeu uma denúncia de que um conselheiro do tribunal em Frankfurt an der Order[18] teria dito saber "de fonte segura que o *Führer* não foi promovido – apesar de ter recebido a cruz-de-ferro de I classe – porque era homossexual". Este mesmo conselheiro afirmou que Hitler teria tentado, através da SS, conseguir estes documentos junto a Blomberg [então ministro da Defesa do Reich], e que Blomberg recusou-se a entregá-los.[19]

O jovem Erich Ebermayer se ocupou com a questão da homossexualidade desde que começou a estudar direito, em 1919. Assim como Thomas Mann, em *Morte em Veneza*, ele tentou dar vazão ao tema em seus próprios textos literários, e usou alguns esboços de contos para se aproximar do famoso ídolo.[20] A simpatia de Thomas Mann em relação aos seus esforços literários encorajou Ebermayer a publicar seu primeiro livro, *Dr. Angelo*, em agosto de 1924. Na época, os críticos já observaram que se tratava de uma forma nada encoberta de assumir sua homossexualidade.[21] O movimento de emancipação homossexual aclamou esta estréia, ainda mais porque o autor era filho do advogado supremo do Reich.

Ebermayer deve ter ficado orgulhoso com as "sinceras felicitações" recebidas de Thomas Mann, que se mostrou convicto de que "a bela publicação e seu talento [...] certamente lhe trarão muitos admiradores".[22] Ele passou então a escrever contos e peças de teatro a partir de um declarado ímpeto homoerótico que lhe renderam um lugar cativo nos cânones da literatura especializada no final dos anos 20.[23] A sua estreita amizade com o pedagogo Gustav Wyneken colaborou para esta fama de arauto de um "novo Eros".[24]

Depois de concluir o curso de direito, Ebermayer começa a trabalhar como advogado em Leipzig, "obviamente, num escritório onde eu não tinha muito o que fazer [...] e só assumia algumas defesas quando queria"[25] – principalmente, em casos de denúncia com base no parágrafo 175.[26] Seu envolvimento com esse assunto aparece expressamente no ensaio de 1926, intitulado "Juventude e Eros", em que ele advoga a eliminação das iniqüidades relacionadas ao parágrafo 175. Ebermayer sustenta que "esta é uma tarefa que diz respeito a toda a juventude, indiferentemente da opção erótica. A batalha em torno do parágrafo 175 não é apenas uma luta de libertação dos homossexuais, como se pensa, e sim a luta pelo reconhecimento social de uma tendência da natureza, por uma sociedade mais humana e justa, pela postura inteligente e generosa do Estado em assuntos que não podem ser de sua competência, tendo em vista seu caráter privado e ditado pela natureza".[27] Nesta defesa notavelmente aberta em favor do amor homossexual – que não deve ser vivido pelos atingidos como "uma praga a ser lamentada, e sim como [...] bênção e distinção" – Ebermayer não usa apenas os argumentos de Gustav Wyneken: deparamo-nos também com os padrões de erotismo viril preconizados por Blüher. Não há registro de troca de correspondência entre Blüher e Ebermayer, mas a leitura detalhada do romance *à clef Kampf um Odilienberg (Batalha por Odilienberg)* (1929), em que o Eros "masculino" enfrenta a homossexualidade "feminina",[28] não deixa dúvidas de que Ebermayer conhecia bem os textos de Blüher. Assim, é relevante que ele tenha invocado o testemunho de Blüher no seu diagnóstico do movimento nazista mencionado na abertura deste capítulo.

Num texto publicado postumamente em 1966, Blüher descreve o partido de Hitler de forma semelhante a Ebermayer:

> Atos individuais – que podem ser interessantes para bisbilhoteiros – não fornecem pistas sobre a tendência sexual de uma pessoa. Importante é o *ambiente* em que ela vive. No que se refere a Hitler, não é difícil caracterizar este ambiente, marcado pela ligação com o grupo masculino. [...] Para bons observadores e conhecedores da situação, não pode mais haver dúvidas de que Hitler pensava e agia como homem interessado em homens; de que foi um herói viril que transformou seu grupo original de amigos em partido político, ou seja, fundou uma associação masculina de dimensões únicas. Uma associação masculina na qual, sob a regência dos grupos jovens de Ernst Röhm, os casais eróticos tinham um papel político importante, que não passou despercebido para Hitler. [...] Nos primeiros tempos depois da "tomada do poder", muitos representantes deste heroísmo masculino acreditaram que era finalmente chegada a hora de se acabar com o parágrafo 175. Afinal, eles doaram suas forças fundamentadas no Eros para que o *Führer* construísse um novo Estado poderoso. [...] Portanto, aquelas regras punitivas que punham suas vidas amorosas em perigo tinham que desaparecer para sempre. Eu escutei estas vozes. Aconselhei que os ingênuos heróis masculinos não tirassem a máscara antes da hora, e recomendei que esperassem.[29]

Embora Ebermayer nem pensasse em aderir ao movimento nazista, ele também era um dos "heróis masculinos" que até 1934 acreditavam que o *Führer* e seus fiéis camaradas não trairiam o homoerotismo, base de seu êxito político. Ele estava certo disto, pois dispunha de excelentes informações, especialmente por intermédio de seu primo Philipp Bouhler, um dos amigos mais íntimos de

Hitler desde 1925, que também passou a ter bom contato com Ebermayer a partir de 1930.[30] "Pelo que eu ouvi falar recentemente por meio de meu primo, alto funcionário do NSDAP, os meus livros figuram há muitos anos entre as obras preferidas do *Führer* e de seu círculo de amigos", informou Ebermayer em outubro de 1933 ao diretor Costa da editora Zsolnay, de Viena.[31]

Para Ebermayer, o homoerotismo não era apenas objeto de poesia, e sim parte de seu dia-a-dia. Desde 1924, quando se tornou amigo de Klaus Mann,[32] com quem colaborou em alguns projetos, ele aprendeu a valorizar as amizades masculinas eruditas. Na virada do ano de 1932 para 1933, quando a queda da democracia de Weimar era mais do que inevitável, os dois trabalhavam em um novo projeto: uma adaptação para o teatro do romance *Vôo noturno*, de Antoine de Saint-Exupéry. No fim de janeiro de 1933, o empreendimento tomava corpo. Ebermayer e Mann se encontraram em Leipzig para acertar alguns detalhes.[33] Nesse mesmo dia, Hitler tomou o poder. Inicialmente, esse fato não atrapalhou seus planos. De volta a Munique, Klaus Mann escreveu para Ebermayer, em Leipzig, dizendo que estava feliz por estarem trabalhando juntos e concluiu com a seguinte frase intrigante: "Quanto ao mais, que o novo chanceler do Reich nos dê a sua bênção. Fielmente, o teu Klaus."[34] O que estaria por trás de suas palavras? Teria Mann recebido a informação tranqüilizante na casa dos Ebermayer de que o atual chefe de governo simpatizava com o Eros literário?[35] Ou seria seu comentário apenas ironia ferina? Não sabemos.

Seja como for, apesar de sua posição antifascista, Klaus Mann manteve o propósito de realizar o projeto conjunto com Ebermayer. Só depois do incêndio do parlamento e das eleições de março, quando o clima político mudou e passou a ameaçar toda a sua família, ele deixou de se sentir seguro. Exilou-se, "mais por instinto do que por convicção".[36] Pelo mesmo motivo, seu amigo Ebermayer permaneceu na Alemanha. Ambos não acharam nada de mais no fato de cada um ter reagido de forma tão diversa à situação política. Até o final de 1933, continuaram se escrevendo cartas cordiais, em que Klaus costumava mandar "lembranças ao seu *boy*".[37] Certamente não foi o medo da repressão contra os homossexuais que fez Klaus Mann deixar a Alemanha. E o amigo que ficou para trás tampouco sentiu este medo.

Depois da "tomada do poder", Ebermayer passou a observar Hitler de perto: no Kaiserhof, em Berlim, "quartel-general do movimento". Ele sabia que Hitler "tomava seu café à tarde, num canto do *hall*, mesmo depois de se tornar chanceler". Em fevereiro de 1933, Ebermayer foi lá "algumas vezes". Sentava-se "bem próximo à mesa reservada para Hitler" e encontrou a confirmação do que já sabia há muito tempo: "Só havia homens em sua mesa. [...] Tive a impressão de um mestre rodeado de seus discípulos. [...] Chega um discípulo novo e se faz notar junto à mesa do senhor. Hitler permanece sentado e o saúda com a mão elevada e virada para trás, o dedo mindinho bem afastado. Este cumprimento tem algo de feminino. Muito suave, muito austríaco. O rosto é de uma seriedade taciturna e de uma dureza de esfinge. [...] Chama a atenção a quantidade de bolo que ele come! Contei até oito pedaços! [...] Volta e meia, ele mexe as mãos graciosamente. O jeito de levar a xícara à boca e de partir o bolo é tão pouco prussiano, tão meridionalmente suave, tão feminino."[38] Em suma: Ebermayer entendera tudo.

A confirmação de suas suposições veio poucas semanas mais tarde, por meio de Hans Severus Ziegler, novo diretor do Teatro Nacional Alemão em Weimar. Em maio de 1933, Ziegler convidou Ebermayer e seu companheiro Peer Baedeker, para assistirem à apresentação de uma peça de Ebermayer. Aos olhos de Ebermayer, Ziegler, além de "um dos combatentes mais antigos do partido na Turíngia", era "um artista sensível e amável". Ebermayer o conhecia desde 1929. Já naquela época, o fanático seguidor de Hitler tentara ganhar o escritor de Leipzig para o movimento nazista. "Você é dos nossos", costumava dizer, "e quanto mais cedo perceber isto, melhor para você – e para nós! Suas oportunidades são incomensuráveis. [...] Como primo de Bouhler e filho do seu pai, como jurista e poeta, e com essas características raciais, você está mais do que predestinado a fazer parte do mais elevado grupo dirigente do partido. Basta dizer sim, e amanhã mesmo ligo para o *Führer* e Dr. Goebbels para marcar um encontro."

Ziegler também era homossexual, e este deve ter sido um dos motivos da simpatia que os uniu desde o início, apesar das concepções políticas tão diferentes.[39] Quatro anos depois daquela proposta e poucos meses depois da tomada do poder por Hitler, a simpatia mútua continuava existindo: "Sinto que sou recebido com uma onda de benevolência", anotou Ebermayer. Ele sentia-se feliz pelo fato de Ziegler estender suas amabilidades também ao seu companheiro:

> Saímos de madrugada com os atores e um grupo de amigos do teatro de Weimar. Depois da meia-noite, Ziegler tocou Wagner, Liszt, Chopin, tudo sem partitura e com bom gosto. O champanhe rolou solto. Felizmente, ninguém falou de política. Quando saímos do bar, o sol acabava de nascer. [...] Ziegler não quis ir dormir. Então, fomos até o Belvedere. Caminhamos pelo parque durante uma hora. [...] Quando estávamos no terraço admirando a cidade eterna que ainda dormitava na névoa da manhã, Ziegler colocou as mãos no ombro de M.s [Peer Baedeker] e no meu e disse: "Suas antas! Por que vocês não querem se juntar a nós? Não se arrependeram ainda? Vocês não podem imaginar como o *Führer* é maravilhoso...".[40]

Ainda no início de 1934, Ebermayer constatou novamente o modo despreocupado com que homossexuais famosos viviam. Foi durante uma visita ao castelo de Zeesen, em Berlim, adquirido pouco antes por Gustaf Gründgens.[41] Ebermayer e Gründgens já se conheciam do círculo em torno de Klaus Mann nos anos 20. Desde então, Gründgens se tornara um protegido dos poderosos do regime. Hitler o conhecia pessoalmente.[42] Em seu diário, Ebermayer se mostra profundamente impressionado com a luxuosa propriedade e com o estilo de vida desse astro do mundo teatral: "Fomos ao parque. Perambulamos pela borda do lago. Ali se banham esbeltos rapazes, convidados do diretor, que não ousaram nos incomodar, já que estávamos conversando. [...] As refeições são tomadas no terraço, à sombra. [...] Então, os jovens banhistas também aparecem, charmosos e agradáveis."[43] Gründgens também tenta convencer Ebermayer: "Você tem as maiores chances, se tiver paciência..." Entusiasmado, fala de Göring, que se mostrou "um cavalheiro incrível" e lhe teria dito textualmente: "Apresente a peça de Ebermayer, e no dia seguinte à estréia mando prender todos os jornalistas que não tiverem escrito com objetividade."

Ebermayer não podia, pois, duvidar que o Terceiro Reich fosse tolerante e generoso em relação aos homossexuais. Compreende-se como os eventos do dia 30 de junho de 1934 – mesmo vistos anos depois – o irritaram e deprimiram. Hans Blüher, no entanto, fez a tentativa (largamente ignorada) depois da derrocada do Terceiro Reich de analisar o acerto de contas" de Hitler com Röhm e as conseqüências da postura nazista em relação à homossexualidade:

"Röhm, que organizou a associação de homens, para Hitler, foi eliminado porque incomodava, sabia demais, tornou-se um obstáculo no caminho de outros planos. Seu erro foi pensar demais na sexualização desta organização de homens descuidando do conceito político de Estado. Junto com Röhm, desapareceu o velho espírito da associação masculina de Hitler, baseada no Eros amigável, dando lugar ao outro, da repressão total, que conduz ao ódio fanático. Foi assim que aconteceu o inesperado. Da noite para o dia, o amor entre homens, até então tolerado com benevolência, passou a ser considerado uma praga. [...] Agora, Hitler passou a dar outro nome e outra cara a esta associação de homens, e simultaneamente instituiu a moral dupla. O sexo passou a não poder mais ter um papel importante, e todos os seus homens deveriam seguir o exemplo do seu *Führer* (impotente). [...] Fora do serviço, deveriam ter toda a liberdade que quisessem, principalmente no que se referia ao sexo. Com Röhm, Hitler aprendeu que o amor masculino é a força básica da construção do Estado, em especial do Estado revolucionário. Por isto, de um lado, cuidou para que esta força básica pudesse ser imediatamente aniquilada quando se fizesse notar no adversário potencial, endurecendo o parágrafo 175 e criando uma polícia especial contra os homossexuais. Por outro lado, tomou providências através de regras especiais para que ela pudesse ser conservada junto aos seus fiéis colaboradores [...] sem restrições. [...] Esta moral dupla instituída por Hitler devia ser vista e tratada como segredo absoluto de Estado. Mas, devido ao grande número de iniciados e favorecidos, virou um segredo que todos conhecem." Desta forma, Hitler teria conseguido "colocar a seu serviço a força elementar do Eros masculino formadora do Estado, utilizando-a para seus fins. Por outro lado, conseguiu usar esta mesma força como flagelo, transformando-a num tormento torturante".[44]

A análise de Blüher não deve ser lida como descrição da realidade histórica, e sim como tentativa de interpretação para ajudar a entender a lógica cruel da dominação de Hitler, principalmente considerando suas conseqüências para a vida sexual e as mudanças na época depois de Röhm. Ela oferece uma possibilidade de explicar o fenômeno aparentemente contraditório de que, no Terceiro Reich, a homossexualidade era ao mesmo tempo perseguida e protegida. Hitler reduziu-a às suas necessidades políticas e particulares. Para garantir sua soberania absoluta, era preciso que a possibilidade de uma vida homossexual na Alemanha estivesse sujeita a uma razão de Estado altamente arbitrária. O exemplo de Ebermayer e principalmente o de Ziegler mostram bem como isto funcionava.

Homossexualidade tolerada: duas carreiras

Quando as queimas de livros em maio de 1933 anunciaram de forma estrepitosa a reviravolta na política cultural, Erich Ebermayer também caiu em desgraça como escritor "decadente", principalmente por sua suposta proximidade com o odiado círculo literário "bolchevique" em torno de Heinrich Mann, já que, em 1931, Ebermayer adaptara seu livro *Professor Unrat* para o teatro.[45] Graças à ajuda de seu primo Bouhler e a esforços próprios, Ebermayer conseguiu rapidamente afastar o perigo. "Depois de uma desconfiança inicial, minha relação com a nova Alemanha e o novo governo é [...] bastante boa", escreveu ele em outubro de 1933 ao diretor de sua editora em Viena. "Peças minhas estão sendo apresentadas nos teatros estatais nazistas em Weimar, Cassel e Meiningen.[...] Depois da tomada do poder, recebi duas propostas para dirigir teatros na Alemanha central, que recusei em função da minha atividade de escritor. Não digo isso para me gabar, mas para dissuadir eventuais hesitações da sua parte."[46] Três dias mais tarde, escreve em seu diário, não sem uma ponta de orgulho: "Em toda parte encontro surpresa pelo fato de não estar ainda ocupando um alto cargo em Berlim, já que gozo da maravilhosa sorte de ser primo de dois senhores tão importantes quanto Bouhler e Todt."[47] Não surpreende, pois, que, no início de 1934, Ebermayer ousasse começar uma vida nova, comprando uma casa no elegante bairro berlinense de Grunewald, para onde se mudou com Peer Baedeker. "Pessoalmente, vou muito, muito bem: sem dinheiro, mas com muito amor", escreveu ao amigo exilado Klaus Mann.[48]

Poucos meses depois da chamada revolta de Röhm e das primeiras perseguições aos redutos homossexuais,[49] Ebermayer voltou para a linha de tiro. Na famigerada publicação da SS, *Schwarzer Korps (Corporação Negra)*, engajada nas campanhas homófobas, seus maus passos literários foram destacados em maio de 1935 "sem dó nem piedade". Segundo o autor da resenha, o conjunto de suas obras, do *Dr. Angelo* até o romance *Jürgen Ried* (1931) – última obra na qual Ebermayer tratara da temática homoerótica –, constituía uma "cadeia ininterrupta de tristes escândalos", refletindo "o prazer de Ebermayer em coisas nojentas, perversas, horríveis e decadentes".[50] Aquele texto não foi fruto da mente de um crítico isolado. Um dossiê do serviço de informações de Himmler aponta Ebermayer como parte do grupo de autores que "tratam de erotismo, perversão e exotismo. Ele se agarra ao problema sexual com uma excitação quase juvenil. A partir de um clima sofrido, de um medo sexual, cria uma sensualidade amplificada até atingir um êxtase doentio. [...] Toda a poesia de Ebermayer revela uma tendência para o exagero, preocupante na área moral e sexual. Suas obras não exalam um espírito sadio, e sim doentiamente erótico".[51]

Sem a proteção de dirigentes influentes, nenhum escritor teria sobrevivido incólume a este tipo de ataque no Terceiro Reich. Ebermayer não sofreu um arranhão sequer. Conseguiu ajuda do seu primo e, através deste, do próprio Goebbels. Mesmo assim, Ebermayer aparece nas listas negras de outras instâncias do partido. Por exemplo, no órgão de incentivo à literatura que informou no verão de 1939: "Ainda que, oficialmente, a atividade criadora de Ebermayer não seja cerceada e ele continue trabalhando principalmente como roteirista, recomenda-se que seja recusado por parte do partido e que não receba apoio."[52]

Nada disto atrapalhou a carreira de Ebermayer. Durante a segunda metade dos anos 30, ele contabilizou seus maiores êxitos materiais e sociais.[53] Um dos motivos foi sua intensa colaboração com o ator Emil Jannings. Pelo jeito, as "inclinações anormais" de Ebermayer, que, segundo a polícia secreta de Himmler, "era um típico representante daquela turma, segundo sua aparência e todo seu ser",[54] não constituíam nenhum obstáculo para sua atividade no Terceiro Reich. Ele e seu companheiro nada sofreram até 1945. Ebermayer podia viajar para o exterior, e sequer foi convocado para a guerra. Em 1939, comprou um pequeno castelo perto de Bayreuth, onde viveu até acabar a guerra. Conformista e oportunista, Ebermayer conseguiu se adaptar de tal maneira às condições da ditadura de Hitler que escapou incólume, apesar de seu passado comprometedor como escritor e de sua notória homossexualidade. Isto diferencia a sua vida – como a de outros famosos – do destino fatídico de homossexuais bem menos ilustres no Terceiro Reich.

Entre os privilegiados figura também Hans Severus Ziegler. Até sua morte, em 1978, ele se manteve um seguidor convicto de Hitler, a quem ainda em 1964 prestou homenagem com o seu livro *Adolf Hitler*, obra ao mesmo tempo interessante e estranha.[55] Este fanatismo só pode ser compreendido se examinarmos a sua biografia.[56] Filho de banqueiro, nascido em 1893, gozou de rigorosa educação musical, e ainda estudou literatura e história da arte. Em 1923, foi para Weimar, onde em pouco tempo passou a ocupar um cargo importante na política cultural. Procurou explicações para a catástrofe de 1918/19[57] no nacionalismo populista da direita. Daí para o NSDAP, foi apenas um passo: em fevereiro de 1925, filiou-se ao partido nazista. No mês seguinte, conheceu Hitler em Weimar. Durante as numerosas temporadas de Hitler naquela metrópole cultural da Turíngia[58] – Hitler não esteve tantas vezes em nenhuma outra cidade, com exceção de Bayreuth –, Ziegler tornou-se seu companheiro constante. Segundo ele, Bayreuth e Weimar eram "oásis" para Hitler, que "ia para lá sempre que podia",[59] mesmo sem motivo aparente. "Às vezes, o *Führer* passava alguns dias em Weimar quando de suas viagens para Munique. Aproveitava bem o tempo, e causou em todos nós a melhor das impressões."[60] Ziegler o introduziu na vida social da cidade, apresentando-o, por exemplo, ao diretor teatral Carl B. N. von Schirach e a seu filho Baldur, bem como à irmã de Nietzsche.

O que tanto atraía Hitler para este lugar pleno de cultura? Não deve ter sido Goethe nem Schiller, nem Herder nem Liszt, muito menos os artistas da Bauhaus ou o círculo em torno de Harry Graf Kessler, nem mesmo Nietzsche. Hitler devia apreciar as visitas ao teatro, os aconchegantes bares de artistas, o confortável hotel Elephant, o parque de Belvedere, em suma: o ambiente atraente e ao mesmo tempo familiar de um mundo afastado do dia-a-dia da política. Isto, apenas, não explica o fenômeno já notado pelos seus contemporâneos de que, "em seus poucos dias de folga, o *Führer* sempre volta para Weimar".[61] Ziegler só se refere por insinuações muito discretas ao que aprendeu durante "mais de quarenta visitas" graças "à vivência intensa com o homem Hitler". Segundo o próprio Ziegler, a conclusão deve ser tirada por aqueles leitores "que conseguirem ler seus apontamentos cotidianos e juntar os fragmentos do mosaico".[62] Por esta razão, o livro de Ziegler não deve ser simplesmente desqualificado como obra neonazista, apesar de ser difícil suportar toda essa apologia de Hitler. Sem dúvida, o livro é nazista, mas é preciso tentar descobrir, nas entrelinhas, as informações ocultas na narrativa. Ziegler não era um contemporâneo qualquer. Era um homossexual nazista que adorava e até mesmo amava Hitler fanaticamente. Ele não se cansava de "observar, sentir e experimentar" este homem. Com certeza, deve ter recebido alguma coisa em troca que justificava todo este entusiasmo.

"Quando Hitler chegava ao hotel Elephant, em Weimar, mandava logo vir o barbeiro para ser massageado depois do banho. Lembro-me que este jovem elogiava o corpo bem tratado, bonito, flexível e bem treinado de Hitler",[63] escreve Ziegler. Como contraponto, é curioso notar que os médicos de Hitler tinham experiências bem diferentes. Co-

Hitler em frente ao Hotel Bube em Berneck, perto de Bayreuth, onde gostava de se hospedar durante suas viagens particulares antes de 1933.

mentavam sua aversão a se desnudar e a contatos físicos, e afirmavam que sua constituição era pouco atlética.[64] Ziegler conta ainda: "Quem fosse próximo a ele sempre podia confessar-lhe qualquer problema, sem subterfúgios. 'Nada do que é humano me assusta. Diga logo o que o preocupa.' Com estas palavras, ele encorajou um dos meus camaradas mais próximos, que lhe fez uma grave confissão." Ziegler recorda que Hitler preferia "a companhia de homens de quem gostava, diante dos quais [...] podia se expressar com olhos luminosos durante conversas agradáveis e divertidas". Conta ainda que, além das visitas ao teatro e das muitas horas em companhia de artistas, "vivenciou Hitler intensamente" nas conversas "a sós" em que debatiam "questões íntimas e bem particulares".[65]

O que está por trás dos escritos de Ziegler? Seria apenas conversa fiada de um fanfarrão? Ou uma nostalgia anacrônica de Hitler? Estas explicações não fazem sentido diante da grande erudição do autor, como também se considerarmos o quanto tais narrativas seriam mal recebidas pelo público alemão do pós-guerra. Fidelidade política poderia ser um dos motivos, mas ainda não é suficiente para explicar uma tal apoteose de Hitler. A verdadeira razão deve estar na profunda ligação que unia Ziegler a Hitler, capaz de superar até mesmo o fracasso catastrófico do *Führer*. Cabe então a pergunta: até que ponto este afeto foi correspondido? Terá sido Ziegler o tal "massagista" e "amigo íntimo" e – pelo menos durante algum tempo – o motivo particular do amor de Hitler por Weimar? Existem indícios que confirmam esta suspeita.

Em primeiro lugar, há os fatos que revelam Ziegler como protegido especial do *Führer*: sua nomeação para diretor artístico do teatro Schauspiel e para dramaturgo-chefe do Teatro Nacional Alemão, e ainda como coordenador dos teatros estatais da Turíngia. Tudo isto aconteceu depois da tomada do poder, contra a resistência ferrenha de influentes grupos de Weimar em torno de Carl B. N. von Schirach, que disputava o cargo com Ziegler e que também dispunha de acesso direto a Hitler através do seu filho e da sua nora. Quando Ziegler foi promovido, Schirach se queixou: "Por causa dos cuidados bestas do partido, não posso brigar com o Dr. Ziegler como eu gostaria. Na verdade, ele deveria ser chamado para depor diante de um conselho de honra e afastado da associação de artistas. Combinamos que vamos tratá-lo friamente e com muita cautela, pois ele é um homem perigoso. Nunca se sabe o que ele está espalhando pelas costas. Aqui ele já se comporta de forma totalmente incontrolável e vai afundar logo"[66] – uma insinuação inequívoca à homossexualidade de Ziegler. Em abril de 1934, Ziegler tornou-se diretor-geral do Teatro Nacional Alemão,[67] ao qual Hitler garantiu recursos generosos, reforçados até por meios particulares.[68] A maior prova de favorecimento, no entanto, foi o convite de Hitler para Ziegler passar com ele duas semanas em seu refúgio no Obersalzberg, em agosto de 1932. "Acredito que o conheci melhor durante estes dias inesquecíveis do que muitos outros ao longo de vários anos", disse Ziegler trinta anos depois.[69]

O convidado de Hitler dedicou muitas páginas de suas memórias a esses "dias inesquecíveis". O encantamento com que narra esta temporada corresponde à anotação que fez no livro de visitantes de Ernst Hanfstaengl naqueles dias: "A casa Hanfstaengl parece ser a casa da minha saudade. Voltarei. Hans Severus Ziegler, Weimar. Meia-noite, depois do Tannhäuser, a caminho do Obersalzberg".[70] Logo após a sua chegada – durante um "passeio noturno", quando "a lua cheia acabava de aparecer atrás das nuvens" –, Hitler convidou Ziegler a acompanhá-lo a três apresentações de obras de Wagner num festival em Munique.[71] No dia 17 de agosto, seguiram "num carro novo" até o apartamento de Hitler na Prinzregentenplatz, onde o anfitrião mostrou a Ziegler sua "rica biblioteca". Estavam sozinhos na casa, pois Hitler dera "folga" a seus ajudantes. "As duas horas até a apresentação passaram rapidamente", recorda Ziegler. No teatro, encontraram-se com Eva Braun e, depois da apresentação, os três foram ao café Heck. Pelo jeito, a companheira de Hitler estava ali só para fazer figuração: "Depois de uma estimulante conversa de uns 45 minutos com Hitler, ele me pediu que esperasse um pouco, enquanto levava *Fräulein* Braun para casa e chamou um táxi. [...] Quinze minutos depois, voltou, pediu um chá para ele e um copo de vinho para mim. Em seguida, retornamos [...] a Obersalzberg. Durante aquela semana de festival, esta rotina se repetiu três vezes." Por que os dois não permaneceram logo em Munique? Provavelmente, ali não haveria a "atmosfera de intimidade [...] que existia no Obersalzberg". Duas semanas de férias com Hitler: pouquíssimos de seus seguidores devem ter desfrutado esta regalia. Infelizmente, o hóspede de Weimar não conta o que fez todo este tempo com Hitler. Com certeza, houve "conversas artísticas", durante as quais Ziegler teve oportunidade de "conhecer as opiniões de

Hitler sobre as óperas de Wagner". Também houve caminhadas. E o que mais? Ziegler silencia, mas esse silêncio é eloqüente.

Depois da temporada de Obersalzberg, os dois se encontravam praticamente todos os meses até maio de 1933. O contato tornou-se, então, mais raro, porque o chefe do partido e do governo passou a ter outras obrigações.[72] Para Ziegler, Hitler continuou sendo "a pessoa mais maravilhosa" que jamais conhecera. Os acontecimentos de 30 de junho de 1934 ofereceram aos inimigos de Ziegler em Weimar uma oportunidade há muito esperada para quitar contas antigas. Não conhecemos as acusações em detalhes, mas devem ter sido tão fortes que já no dia 3 de julho o ministro do Interior da Turíngia teve de apoiar o seu dirigente teatral com uma declaração pública: "Tomei as providências necessárias para apurar todos os rumores pessoalmente. Como resultado de uma detalhada investigação, concluí que não existem neste caso atos que infrinjam o parágrafo 175 do Código Penal do Reich. Espero que, diante desta constatação, estes rumores não sejam mais disseminados, e punirei sem perdão todos aqueles que agirem contra esta ordem."[73] Em tempos tão incertos, o ministro do Interior não teria se arriscado a fazer uma declaração deste tipo sem ordem superior. Podemos estar seguros de que Hitler se envolveu pessoalmente no caso. Isso é ainda corroborado pelo fato de que ele parou para pernoitar em Weimar no caminho de Obersalzberg para Berlim no dia 9 de julho de 1934.[74]

O material que os inimigos de Ziegler conseguiram juntar deve ter sido tão explosivo que o próprio *Führer* teve dificuldade em eliminar seus vestígios. Segundo suas próprias palavras, Ziegler descobriu-se "odiado e perseguido". "Ninguém pode imaginar o que passei nesses meses", confessou Ziegler em carta a Ebermayer, em janeiro de 1935 e continuou: "tomei providências para esclarecer o aspecto *fundamental* do problema, farei minha confissão ao próprio *Führer* e exigirei uma decisão clara. Sou o único camarada do partido que pode falar com conhecimento de causa".[75] Com esta frase, Ziegler dava a entender o que ele ainda podia se permitir como homossexual "assumido", mesmo depois do "expurgo" de "Röhm e seus camaradas". Só a inabalável confiança de que Hitler não o abandonaria pode explicar tal otimismo. A carta a Ebermayer termina com alguns conselhos que o próprio Ziegler deve ter recebido: "Não leve a mal minha diplomacia, mas o Estado precisa de vez em quando reprimir o sentimento. Quando o caráter é firme, isto não constitui nenhum perigo [...]. Se possível, permaneça recluso, longe da opinião pública, cujo olhar conspícuo e vil conspurca o estilo e a qualidade de vida. A tranqüilidade e a razão voltarão e, com elas, a clareza."

O surpreendente é que Ziegler estava certo ao se manter otimista. No início de março, seu caso estava encerrado. A "falta de fundamentos dos rumores espalhados sobre Dr. Ziegler" foi mais uma vez levada a público, assim como severa advertência contra a "disseminação de fofocas maldosas sobre o conselheiro Dr. Ziegler".[76] Com isto, Ziegler estava protegido politicamente e só esperava por uma "conversa com o *Führer*".[77] Essa audiência não aconteceu, provavelmente por conta de sua antiga intimidade com Hitler. O *Führer* devia manter-se distante. Ziegler logo percebeu a nova política da dupla moral de Hitler: proteger pessoas como ele, mas não deixá-las aproximar-se. Com isto, os protegidos do *Führer* sentiram na pele o tal "tormento" de que falava Hans Blüher.

Até o outono de 1935, Ziegler esperou em vão por um sinal de Hitler. Então, resolveu agir. Enviou-lhe uma carta quase formal por intermédio de Brückner, ajudante-de-ordens do *Führer*. O pretexto para a carta era seu desejo de candidatar-se ao posto de diretor-geral dos teatros de Dresden. Na verdade, Ziegler queria ser chamado "para um encontro pessoal, o que me tornaria infinitamente grato e feliz".[78] Hitler não cedeu. Mandou um recado através do governador da Turíngia, Sauckel, para que Ziegler ficasse quieto em Weimar.[79] Apesar deste golpe, a carreira de Ziegler não estava terminada. Em setembro de 1936, ele foi promovido a diretor-geral do Teatro Nacional Alemão em Weimar. Dois meses mais tarde, Goebbels convidou-o para integrar o Senado cultural do Reich.

Em algum momento de 1937, aconteceu a tão esperada audiência. "Quando cheguei, [...] ele me recebeu sozinho com uma bondade que me deixou profundamente feliz. Seu tom era íntimo, pessoal, como nos tempos de Weimar."[80] Obviamente só trataram de assuntos banais, "questões da política cultural de Weimar e da Turíngia que dependiam de decisões suas". O encontro só foi possível porque a poeira do dia 30 de junho já havia se assentado, e a dupla moral do ditador se firmara. Para efeitos externos, o homossexualismo era condenado. Os camaradas homossexuais de Hitler que ainda eram tolerados se adaptaram a essa política. Quem quisesse garantir seu cargo e não correr riscos tinha de se submeter a essa moral sexual perversa, hipócrita e pagar o preço. Foi o caso de Ziegler, bem como de Gustaf Gründgens e Baldur von Schirach, para citar apenas mais dois exemplos.[81]

O "Eldorado" Bayreuth

Como já foi mencionado, Ebermayer escreveu que, no início dos anos 30, Hitler só tinha oportunidade de dar vazão à sua homossexualidade "nas viagens de carro entre Berlim e Munique, principalmente no hotel Bube em Berneck, na região do Fichtelgebirge". Ziegler conta como certa vez ajudou Hitler a sair de Weimar sem ser percebido. Foi quando Hitler quis "dar um pulo em Bayreuth para respirar durante 24 horas em Bad Berneck. [...] Às vezes, ele precisava de um Eldorado".

Entre 1925 e 1933, além de Weimar, Hitler "também ia por motivos pessoais para Bayreuth, onde buscava relaxar junto à família Wagner e juntava forças para enfrentar seu dia-a-dia fatigante".[82] Segundo Joachim Fest, Speer atribuía as freqüentes escapadas de Hitler do hotel Bube até a Villa Wahnfried[83] a um "caso" com Winifred Wagner. Speer teria dito que "a partir de inúmeras pequenas pistas, tinha certeza disto". Uma delas era Hitler voltar sempre "estranhamente enlevado", com "um brilho nos olhos e arrebatado". Essa opinião era compartilhada por quase todos os que viajavam junto com ele. Às vezes, quando Hitler ficava dias seguidos de mau humor, comentavam, brincando, que o "*Führer* precisava de mais uma temporada em Bayreuth".[84]

Em sua biografia de Winifred Wagner, a historiadora Brigitte Hamann mostra em detalhes que não havia nada entre Hitler e a viúva do filho de Wagner que pudesse confirmar tal suspeita.[85] Mesmo assim, a observação de Speer e de outros do séquito de Hitler não estava totalmente equivocada.

Seja como for, Hitler não era o único em Bayreuth que tinha tendências homossexuais. Siegfried, filho de Richard Wagner, viveu sua condição de forma bastante aberta até o ano de 1930, e volta e meia era vítima de chantagens.[86] A viva amizade de Siegfried Wagner com rapazes deve ter encorajado Hitler. Assim, surgiu o tal "relacionamento íntimo entre Hitler e Siegfried" ao que se referiu Hans-Jürgen Syberberg.[87]

Dessa forma, os Wagner e Hitler formaram uma espécie de comunidade conjurada. "Tenho intimidade com eles", afirmou Hitler mais tarde, "adoro esta gente."[88] Para Winifred, o relacionamento entre eles não era político,[89] e sim "puramente humano, pessoal, íntimo. Nem se falava em política".[90] Até sua morte, Winifred guardou segredo sobre o caráter homoerótico da relação entre Hitler e Siegfried, o qual não é difícil de ser descoberto, pois não se associava apenas à família Wagner. Magnus Hirschfeld sabia que Bayreuth era "o ponto de encontro favorito dos homossexuais que vinham sozinhos ou acompanhados dos seus amigos".[91] Alguns dos artistas que se apresentavam lá também eram homossexuais. O melhor exemplo é o tenor favorito de Hitler, Max Lorenz, que, apesar de transgressões contra o parágrafo 175, ficou impune, enquanto seus parceiros sexuais eram perseguidos.

Não admira que as lembranças de Hitler anos mais tarde ainda revelassem o mesmo entusiasmo por Bayreuth.

Hitler no ateliê do escultor Josef Thorak, em meados dos anos 30. Lá, ele deve ter encontrado suas próprias idéias estéticas realizadas.

Ele descreve suas temporadas como "ensolaradas", não só quando estava com os Wagner em Wahnfried, mas em todos os momentos, quando ia ao restaurante Eule, ou ao Anker e se encontrava com artistas, ou quando viajavam "até o hotel Bube em Berneck".[92] Isto se refere aos anos anteriores a 1933, quando Hitler, segundo suas próprias palavras, "ia freqüentemente a Bayreuth para uma visita". Uma foto inédita, provavelmente tirada por volta de 1930, mostra Hitler deixando o hotel Bube, um pouco distraído. *Frau* Jobst, filha do então proprietário, conta que o via três a quatro vezes por ano antes de 1933, sempre em companhia de homens, principalmente de seu amigo Julius Schreck – mas nunca com mulheres.[93] "Naquela época, Hitler era um homem solitário e, por isto, vinha tantas vezes", contou Winifred Wagner a um jornalista inglês, acrescentando: "Ele não estava procurando uma esposa".[94] Os indícios apresentados só permitem concluir que as visitas freqüentes de Hitler ao "triângulo mágico" Weimar-Berneck-Bayreuth não eram motivadas por interesse cultural, e sim pelo desejo sexual. Depois de 1934, ele não pôde mais viver sua opção, só lhe restava Obersalzberg como refúgio.

Entre a conjectura e a ficção

Um dos "confidentes extremamente confiáveis" de quem Ebermayer obtinha suas informações secretas sobre a homossexualidade de Hitler deve ter sido Ziegler. No *Buch der Freund (Livro dos amigos)*, edição comemorativa pelo 60º aniversário de Ebermayer, publicado em 1960, um ano depois dos diários, não existe qualquer anotação de Ziegler. Tudo leva a crer que as revelações de Ebermayer o irritaram bastante. Entretanto, Ziegler não teve coragem de desmenti-las publicamente e, desta forma, acabou por confirmá-las. Já Winifred Wagner escreveu as seguintes palavras ao "querido Erich" em seu 60º aniversário: "Você admirava Siegfried Wagner quando era jovem. Nós dois nos conhecemos há 43 anos, e somos unidos agora por uma amizade boa, tranqüila e fiel. Portanto, parabéns por esta nova década!"[95] Uma saudação tão cordial e amável não pode ser menosprezada. Podemos concluir que Winifred Wagner, esta figura tão importante na vida pessoal de Hitler, fazia parte dos confidentes mais bem informados de Ebermayer. Ele manteve um contato estreito com os Wagner mesmo depois de 1945.[96]

Philipp Bouhler, o "fiel primo", por intermédio de quem Ebermayer tentara se aproximar de Hitler já em 1930,[97] era outro de seus informantes. Antes de 1935, o contato entre os dois homens deve ter sido bem mais intenso do que Ebermayer admitiu em seu diário. É certo que Bouhler, que desde o início do partido nazista convivia no ambiente masculino em torno de Hitler, dispunha de excelentes informações graças a seus bons contatos, principalmente por ter sido, durante muitos anos, confidente de Max Amann.[98]

Existem boas razões para acreditar nas explicações de Ebermayer sobre a homossexualidade de Hitler mesmo nos trechos em que as informações são de segunda mão. Ainda que consideremos que suas "anotações originalmente escritas em cadernos" só receberam "tratamento literário" dez anos mais tarde e levaram outros 15 até a publicação,[99] não há por que duvidar de suas afirmações. Muito pelo contrário: ao longo desse tempo, Ebermayer teve chance de cotejar suas versões dos eventos – que estavam se tornando História – com outras interpretações, além de acrescentar informações que recebeu posteriormente, em conversas com Winifred Wagner, por exemplo, ou com Emmy Göring, cuja defesa assumiu em 1946.[100] É claro que essas revisões fizeram Ebermayer parecer mais crítico em relação ao regime de Hitler do que efetivamente foi. Ele deve ter refletido cuidadosamente sobre o que e de que maneira publicar. Não devemos reprovar o fato de não ter assumido sua condição homossexual. Na Alemanha de 1959, isso ainda era muito arriscado, até impossível. Mesmo assim, devemos creditar à sua inclinação a coragem de desmascarar Hitler. Ziegler não podia fazer isto: em seu caso, seria uma traição. Ebermayer, sem esses escrúpulos, queria desmascarar em Hitler o mentiroso, o hipócrita, para se afastar do ditador e de seu regime.

Quando o livro saiu em 1959/60, os críticos reagiram de várias maneiras. Nenhum deles, contudo, questionou o valor histórico deste testemunho. "O diário de Ebermayer é impulsivo, sensível, vaidoso, amável, tocante, crédulo – é ingênuo e, por isto mesmo, genuíno", julgou o jornal *Die Welt*. Para o *Telegraph*, de Berlim, o livro tinha "uma grande relevância por ser honesto e elucidativo". Para a crítica do *Süddeutscher Rundfunk*, tratava-se de um "documento muito importante [...], cujo valor só se completa quando o historiador encaixa o fragmento no mosaico". *Das Parlament* mostrou-se mais agressivo, ao afirmar que "a descrição do clima geral dos anos da tomada do poder [...] é embaçada pelos constrangimentos de outras impressões, como o estranho relacionamento [...] com um rapaz", cuja apologia "bem como a preferência por belos rapazes, permeia todo o livro". O autor da resenha do *Mitteldeutsches Jahrbuch* também detectou esta mistura de política e vida pessoal, de erotismo e cultura: "Não existe uma reflexão ligando o aspecto histórico ao particular." Só mesmo o *Frankfurter Allgemeine Zeitung* achou relevantes os detalhes picantes transmitidos por Ebermayer: "Entre os aspectos políticos significativos, está a perspectiva mais detalhada do papel das amizades masculinas da turma Hitler, Röhm, Hess [...]."[101]

Compreender Ebermayer e sua colagem recheada de insinuações, duplos sentidos e apologias significaria exigir demais da crítica contemporânea. De fato, muitas vezes é difícil interpretar a dialética cheia de revelações e dissimulações. Hoje, essa tarefa certamente é bem mais fácil do que na era de Adenauer. A reconstrução propositadamente subjetiva do passado "marrom" desmascara certos traços da ditadura alemã. Ebermayer não desempenhou nenhum papel nesta tragédia de pastelão, mas, enquanto comparsa e personagem dos bastidores, tinha uma visão bem diferente daquela de um simples espectador. Por essa razão, devemos valorizar o fato de ele nos ter transmitido ao menos algumas observações de maneira tão direta.

Pelo que sei, Ebermayer nunca tentou usar suas informações sobre Hitler para transformá-lo em personagem literária. Em seus escritos, ele idealizava o erotismo, mas não incluiu nesta tentativa uma figura como Hitler, cujo aspecto homoerótico não podia simplesmente ter sido ignorado. Parece que o escritor não conseguiu resolver as dificuldades relacionadas com isto. Já seu amigo Klaus Mann topou o desafio. Sua versão literária deste tema é de especial interesse porque, como Ebermayer, ele também era homossexual e pôde se basear em conhecimentos semelhantes sobre a vida de Hitler. Mann também viu o *Führer* de perto. Escreveu sobre um encontro na casa de chá Carlton, de Munique, em seu diário no dia 13 de julho de 1932. "Na mesa ao lado: Adolf Hitler, na companhia mais besta possível. Sua inferioridade chama a atenção. Sem talento: o fascínio que ele exerce é a maior farsa da História. Uma determinada influência patológica e sexual não explica tudo."[102] Essa impressão corresponde à opinião das tradicionais famílias de Munique sobre o líder do partido "marrom" e suas hordas: sem espírito, inferior, ignorante. E a tal "influência patológica e sexual" aparentemente não era novidade para Mann.

Depois desse encontro casual, Klaus Mann só voltou a escrever sobre Hitler em dezembro de 1932 . Na revista *Das Tagebuch* (O diário) ele fez um pequeno comentário sobre o fato de ter descoberto um quadro de Hitler na vitrine de uma livraria especializada em literatura erótica em Berlim: "Será que o dono da loja usou esse truque para tornar visíveis algumas conclusões que, para nós, sempre foram tão evidentes? Seja como for, eu denuncio este fato irritante."[103] Essa observação oculta um verdadeiro problema que existia até mesmo para um adversário tão ferrenho do ditador alemão como Klaus Mann. Para os intelectuais homossexuais, Hitler, de alguma maneira, era um "semelhante". Do ponto de vista psicológico, isso era difícil de suportar. Em 1934, o escritor antifascista reagiu a esta suposição com o ensaio *Die Linke und das Laster* (*A esquerda e o vício*).[104] Nele, adverte contra o perigo de "identificar o homossexualismo com o fascismo apenas porque existem muitos homens nas associações nazistas que preferem rapazes a mulheres". Afinal, continua o texto, "sempre existiram centenas de tipos de homossexuais" e se um "bandido rude e cínico" como Röhm fazia parte deles, isto nada significava: "O fato de ter em comum a preferência erótica com alguns bandidos não transforma alguém automaticamente em bandido."

Em termos gerais, a finalidade do texto de Klaus Mann é defender o homossexualismo contra os preconceitos habituais, mas na essência ele queria expulsar o "irmão Hitler", como o chamou seu pai, desse território do erotismo. "O que importa", escreve Klaus Mann, "é o espírito [...], e não o cimento erótico."

A propósito de "irmão Hitler": seguindo a mais recente tendência da pesquisa em torno da vida e obra de Thomas Mann que tenta descobrir confissões autobiográficas mesmo nos aspectos mais míticos de sua obra literária,[105] deveríamos refletir um pouco sobre essa expressão "irmão Hitler", contida naquela brilhante crítica ao ditador feita em abril de 1938, "parentesco constrangedor" que tanto "envergonhou" o grande poeta. Segundo o biógrafo de Thomas Mann, Klaus Harpprecht, "a resistência mais arraigada e eficaz contra o ditador pressupõe uma determinada proximidade – uma compreensão nascida da afinidade do parente, capaz de acender um ódio ainda mais acirrado".[106] Qual seria esta "afinidade do parente", esta "determinada proximidade"? Não seria camuflagem o uso da condição de artista para explicar os aspectos em comum? Como conseguiu Mann, cujo apelido em família era *Zauberer* (mágico), entender "a fatal alma deste homem", deste "triste preguiçoso, joão-ninguém e sonhador de quinta categoria"? O que conhecia sobre este homem que não sabia fazer "nada do que fazem homens, nem mesmo gerar um filho?".[107] Estas perguntas devem ser respondidas por outros pesquisadores.

Dois anos depois da publicação de *Bruder Hitler*, Klaus Mann também sentiu a necessidade de se aproximar dessa "figura sombria" pela literatura o que fez em sua autobiografia *The Turning Point (O momento de decisão)*. O retrato que pintou de Hitler naquele livro foi tão importante para ele que, depois da guerra, retocou-o com outras cores para os leitores alemães.[108] O texto resultante oscila entre a revelação e a linguagem cifrada.

São estes os trechos essenciais da última versão alemã:

> Eu não conseguia conceber que os alemães pudessem ver em Hitler um grande homem, até mesmo um messias. Grande homem? Bastava olhar para ele! Repetidas vezes, tive a oportunidade de examinar aquela fisionomia. Uma vez, de perto, durante cerca de meia hora. Foi em 1932. [...] Duas perguntas me ocuparam durante aqueles trinta minutos de tenebrosa vizinhança. Primeira: qual era o segredo da sua atração, de seu fascínio? Segundo: quem ele lembrava? Sem dúvida, ele lembrava um homem que eu não conheci pessoalmente, mas cujo retrato eu vira freqüentemente. Quem era? Não, não era Charles Chaplin. Não era mesmo! Chaplin tinha aquele bigodinho, mas não tinha aquele nariz carnudo, vil, obsceno até, que me impressionou logo, como o detalhe mais nojento e mais característico da fisionomia de Hitler. Chaplin tem charme, graça, espírito, intensidade – qualidades que não existiam no meu vizinho, com a boca suja de creme de leite. Sua substância não era nada nobre. Ele não passava de um mau burguês com olhar histericamente conturbado num rosto pálido e inchado. Nada que pudesse indicar grandeza ou sequer talento! Certamente não era nada agradável estar sentado ao lado de uma tal criatura, mas eu não conseguia deixar de olhar para aquela cara nojenta. Nunca o achara especialmente atraente,

nem em fotos nem na tribuna iluminada, mas a feiúra com que eu me confrontava naquela hora superou todas as minhas expectativas. A vulgaridade de seus traços me tranqüilizava, me fazia bem. Eu o olhava e pensava: você não vencerá, Schicklgruber, nem se berrar até perder a voz. Quer dominar a Alemanha? Ser ditador com esse nariz? Que ridículo! Você é tão horrível que eu poderia até ficar com pena – se esse horror não fosse tão repelente... [...] Enquanto eu chamava a garçonete para pagar a conta, de repente me lembrei: aquele cara me evocou Haarmann, é claro! Por que não me ocorreu antes? Claro, era a cara daquele infanticida de Hannover, cujo processo causara sensação há pouco tempo. Será que este austríaco *habitué* de operetas conseguia ser tão competente quanto seu sósia da Alemanha do Norte? Este tinha conseguido atrair 34 rapazes para sua casa, onde os violentou e assassinou mordendo sua garganta, e depois transformou os defuntos em saborosas salsichas. Um desempenho estupendo, ainda mais considerando que o pedófilo morava num conjunto habitacional apertado entre vizinhos atentos. Quem quer, consegue: basta ter vontade para realizar o impossível... A semelhança entre os dois me chocou: bigodinho, aquela franjinha, o olhar conturbado, a boca rude e ao mesmo tempo dolorida, a testa obstinada, até mesmo o nariz indecente. Tudo igual!"[109]

Charge do famoso caricaturista Thomas Theodor Heine, de Munique, para a revista intelectual de esquerda Tage-Buch, *de 1930.*

Três pontos mais ou menos cifrados são relevantes. Em primeiro lugar: sim, Hitler era homossexual, e sua fantasia sexual era recheada de instintos assassinos bestiais como os do famigerado psicopata do início do século XX, Fritz Haarmann.[110] Segunda mensagem: Hitler não era um "irmão", nem mesmo um irmão constrangedor. Era, antes, um "Schicklgruber"[111] um provinciano da Boêmia, egresso de condições miseráveis, que atraía o escárnio e a ironia de todos os homens e mulheres com alguma classe. E por último: estava certo quem odiava Hitler profundamente, mesmo quando ele ainda não dominava o Reich alemão, relacionando-o com o mal.

A tentativa mais retórica do que analítica de Klaus Mann de explicar o fenômeno Hitler é um exemplo do esforço desesperado e vão para descobrir suas artimanhas. Não, não era um personagem de conto de fadas elevado ao poder pelas elites alemãs, aclamado por milhões de seguidores. Mas era efetivamente homossexual, e Klaus Mann queria mencionar este fato, ainda que preferisse não saber disso.[112] Recomenda-se ler também o que Heinrich Mann escreveu no exílio sobre esse tema: "Ele [Hitler] começou com mulheres maduras. [...] Em nome de sua missão, ele não as desprezou, mas preferiu mil vezes o jeito masculino dos rapazes. Ele próprio fascinava principalmente com maneiras femininas especiais. Alguns dos seus sabem muito bem como entendê-lo. Sabem que ele e seu movimento brilhante e coroado de êxito foram gerados em territórios ambíguos da natureza humana que não comportariam ser iluminados."[113]

Nesse ponto – sempre as mesmas insinuações dos Mann sobre a homossexualidade de Hitler – o círculo se fecha, tornando visível a razão mais profunda para ocupar-se com este tema. Como a condessa Mathilde von Schönwörth confidenciou a Erich Ebermayer, em 1935, as famílias tradicionais de Munique "sabiam *tudo*, mesmo as coisas mais particulares, sobre o *Führer*. [...] Para elas, nada ficou oculto. Acham graça das palavras pomposas e da quantidade de mentiras com que o povo alemão e o mundo são inundados por estes novos governantes. Não conseguem levá-las a sério. Elas simplesmente não conseguem admitir que esta turma de aventureiros políticos, fofoqueiros charmosos, invertidos eróticos, que podem até ser divertidos enquanto dirigentes de um partido radical de oposição, agora são os donos irrestritos da Alemanha".[114] Os diários destruídos de Thomas Mann, que cobriam de 1921 e 1933, poderiam ter-nos fornecido muitas pistas sobre o que se sabia de Hitler na sua casa de Munique antes de 1933. Mas aparentemente o escritor quis evitar isso.

Seja como for, todos os autores mencionados dizem a mesma coisa – os Mann de forma poética e cifrada, Ebermayer de maneira bem mais direta: Hitler era homossexual, e nós sabíamos disso.

Notas

1 Erich Ebermayer, *Denn heute gehört uns Deutschland ... Persönliches und Politisches Tagebuch*, Hamburgo/Viena, 1959.

2 Comparar idem, 327p.

3 Ibid., p. 331 e seg. (anotação do dia 30/6/1934, destaque no original).

4 Ibid., páginas 67, 294 e 202 (anotações relativas aos dias 20/4/1933, 24/4/1934 e 12/11/1933).

5 Ver Ludwig Ebermayer, *Fünfzig Jahre Dienst am Recht. Erinnerungen eines Juristen*, Leipzig, 1930.

6 Rascunho autobiográfico de Ebermayer, sem data, in: BAB, BDC Erich Ebermayer.

7 Comparar Kai Sommer, *Die Strafbarkeit der Homosexualität von der Kaiserzeit bis zum Nationalsozialismus. Eine Analyse der Straftatbestände im Strafgesetzbuch und in den Reformentwürfen, 1871-1945)*, Frankfurt, 1998, páginas 156 e 236.

8 Comparar Klaus-Detlev Godau-Schüttke, *Rechtsverwalter des Reiches. Staatssekretär Dr. Curt Joel*, Frankfurt, 1981, p. 141 e seg. e 191 e seg.; sobre a influência política ver ainda Herbert Hömig, *Kanzler in der Krise der Republik. Eine Weimarer Biographie*, Paderborn, 2000, p. 180, 394, 438 e 529.

9 De Ebermayer para Rosenberg em 3/6/1939, in: BAB, BDC Erich Ebermayer.

10 Comparar Ekkehard Reiter, *Franz Gürtner. Politische Biographie eines deutschen Juristen 1881-1941*, Berlim, 1976.

11 Ver Ebermayer, *Diário*, p. 81 respect. 129 e seg. (anotação dos dias 13/5/1933 e 3/7/1933). Ver ainda Helmut Külz em carta de 2/6/1939, in: BAB, BDC Erich Ebermayer.

12 Sobre a biografia de Wilhelm Külz ver os estudos – ainda não esgotados – de Armin Behrendt, *Wilhelm Külz. Aus dem Leben eines Suchenden*, Berlim (Ost) 1968; bem como Hergard Robel (org.), *Ein Liberaler zwischen Ost und West. Aufzeichnungen 1947-1948*, Munique, 1989.

13 Ver carta de Killinger para Külz de 26/3/1933, citada aqui segundo Behrend, *Wilhelm Külz*, p. 280.

14 Ver o texto autobiográfico *Aus dem Leben des Dr. Wilhelm Külz*, vol. II/6, p. 41, cit. cf. Behrend, *Wilhelm Külz*, p. 268.

15 Ver as anotações do jornalista contemporâneo e biógrafo de Hitler, Rudolf Olden, *Hitler*, Amsterdã, 1935, aqui segundo a reedição de Frankfurt, 1984, p. 52.

16 Comparar "dossiê do ministro Külz", in: BAB, R 1501, N. 13.098.

17 Comparar, como documento-chave, a carta sem data que Helmut Külz escreveu para Erich Ebermayer em seu 60º aniversário, reproduzido in: Peer Baedeker/Karl Lemke (org.), *Erich Ebermayer. Buch der Freunde*, Lohhof bei München, 1960, p. 28.

18 Cidade na parte leste da Alemanha, situada no rio Order (em contraposição a Frankfurt am Main, situada no rio Reno, na parte ocidental). (N.T.)

19 Carta da Gestapo de Berlim para o ministro da Justiça do *Reich* de 9/4/1937, aqui segundo a anotação no diário de Gürtner de 12/4/1937, in: BAB, R 22/721.

20 Ver *Die Briefe Thomas Manns. Regesten und Register*, vol. 1, org. de Hans Bürgin, Frankfurt, 1976, N. 1.921/76 e 105.

21 Ver detalhes em Joachim S. Hohmann, *Der heimliche Sexus. Homosexuelle Belletristik in Deutschland der Jahre 1920-1970*, Frankfurt, 1979, 296p.; bem como Marita Keilsohn-Lauritz, *Die eigene Geschichte. Literatur und Literaturkritik in den Anfängen der Schwulenbewegung am Beispiel des Jahrbuchs für sexuelle Zwischenstufen und der Zeitschrift* Der Eigene, Berlim, 1997, p. 202.

22 De Thomas Mann para Ebermayer em 2/11/1924, in: Baedeker/Lemke (org.), *Buch der Freunde*, p. 41.

23 Ver Andreas Sternweiler (org.), *Liebe, Forschung, Lehre. Der Kunsthistoriker Christian Adolf Isermeyer*, Berlim, 1998, p. 22.

24 Wyneken fora condenado em 1921/22 no âmbito de um processo espetacular por causa de abuso sexual de alunos. Ver detalhes em Ulfried Geuter, *Homosexualität in der deutschen Jugendbewegung. Jungenfreundschaft und Sexualität im Diskurs von Jugendbewegung, Psychoanalyse und Jugendpsychologie am Beginn des 20. Jahrhunderts*, Frankfurt, 1994, 195 p.; bem como Thijs Maasen, *Pädagogischer Eros. Gustav Wyneken und die Freie Schulgemeinde Wickersdorf*, Berlim, 1995, 140p. Ver a retrospectiva da história desse relacionamento em Erich Ebermayer, *Gustav Wyneken. Chronik einer großen Freundschaft*, Frankfurt, 1969.

25 Ebermayer em seu currículo sem data, provavelmente, 1947, in: DLA Marbach, NL Ebermayer.

26 Ebermayer, *Diário*, p. 257 (anotação de 7/2/1934).

27 Erich Ebermayer, *Jugend und Eros*, in: *Junge Menschen. Monatsheft für Politik, Kunst, Literatur und Leben aus dem Geist der jungen Generation*, Heft 3, março de 1926, p. 61.

28 Ver Ebermayer, *Kampf um Odilienburg*, Viena, 1929, p. 257. "Este novo Eros seria fogo, brasa, arrebatamento divino diante da beleza juvenil, iluminação, graça, felicidade, sem sexo, sobre todos os sexos, uma geração permanentemente nova de beleza e espírito, criadora, que fornece forças ao homem para a sua obra, felicidade, orgulho, doação e compromete o rapaz que elegeu o *Führer* como companheiro. Terreno sombrio e perigoso."

29 Hans Blüher, *Die Rede des Aristophanes. Prolegomena zur einer Soziologie des Menschengeschlechtes*, Hamburgo, 1966, p. 64 (destaque no original).

30 Comparar Jeremy Noakes, *Philipp Bouhler und die Kanzlei des Führers der NSDAP*, in: Dieter Rebentisch/Karl Teppe (org.), *Verwaltung contra Menschenführung im Staat Hitlers*, Göttingen 1986, p. 208-236; bem como cartas de Bouhler para Ebermayer, in: DLA Marbach, NL Ebermayer.

31 Ebermayer para Costa em carta de 19/10/1933. Agradeço à editora Zsolnay de Viena pela gentil cessão de uma cópia desta carta do arquivo da editora.

32 Ver Elke Nicolai, *"Wohin es uns treibt ..." Die literarische Generationsgruppe Klaus Manns 1924-1933*, Frankfurt, 1998, p. 51, bem como Nicole Schaenzler, *Klaus Mann. Eine Biographie*, Frankfurt, 1999; e Uwe Naumann (org.), *Ruhe gibt es nicht, bis zum Schluß. Klaus Mann (1906-1949). Bilder und Dokumente*, Reinbek, 1999.

33 Ver Fredric Kroll (org.), *Klaus-Mann-Schriftenreihe*, vol. 3, Wiesbaden 1979, 208p.; bem como Nicolai, *Literarische Generationsgruppe*, 56.

34 Carta de Klaus Mann para Ebermayer em 4/2/1933, in: StaBi Berlim, NL Ebermayer.

35 Informação semelhante veio também de círculos da Reichswehr, como aparece na segunda parte (inédita) do Diário de um general da *Reichswehr*, que caiu nas mãos do serviço de informações de Himmler durante a detenção de Helmut Klotz, na França, em 1940. Ali, existe uma anotação do dia 6/2/1933 que se refere às "amizades íntimas de Hitler *à la* Röhm", especulando-se quanto o chanceler do Reich não devia gastar com essas diversões, in: BAB, Zentrales Parteiarchiv der SED, St 3/467, p. 42. Sobre Klotz e seu diário, ver ainda cap. 3.

36 Cit. cf. Kroll (org.), *Klaus-Mann-Schriftenreihe*, vol. 3, p. 222.

37 De Klaus Mann para Ebermayer em 17/4/1933, in: StaBi Berlim, NL Ebermayer.

38 Ebermayer, Diário, p. 28. (anotação do dia 21/2/1933).

39 Em carta para Ebermayer de 13/1/1935, Ziegler falou até mesmo em "boa camaradagem", reproduzido em idem, p. 465, expressão nada habitual em relação a alguém que não era do partido.

40 Ibid., p. 92 (anotação do dia 21/5/1933).

41 Ator mais famoso da Alemanha nazista, conhecido pela sua interpretação do *Fausto*, de Goethe. Homossexual, foi casado com uma filha de Thomas Mann e era amigo de Klaus Mann, por quem foi retratado no livro *Mephisto*. (N. T.)

42 Ver detalhes em Peter Michalzik, *Gustaf Gründgens. Der Schauspieler und die Macht*, Berlim, 1999, 134p.

43 Ebermayer, *Diário*, p. 315 (anotação do dia 3/6/1934), idem 315 p., onde estão as citações seguintes.

44 Blüher, *Aristophanes*, p. 69.

45 Comparar Murray G. Hall, *Der Paul Zsolnay Verlag. Von der Gründung bis zur Rückkehr aus dem Exil*, Tübingen, 1994, p. 258 e seg.

46 De Ebermayer para Costas em 19/10/1933, in: Archiv des Paul Zsolnay Verlags, Viena.

47 Ebermayer, Diário, p. 190 (anotação do dia 22/10/1933). Fritz Todt, marido de uma prima de Ebermayers e inspetor-geral de Hitler para estradas de rodagem, estava iniciando uma brilhante carreira em 1933.

48 De Ebermayer para Klaus Mann em 23/12/1933, in: Stadtbibliothek München, Monacensia, Literaturarchiv, NL Klaus Mann.

49 Em dezembro de 1934, Klaus Mann estava preocupado com o amigo: "Acredito que as últimas perseguições ao Reich devem ter sido fatais para ele" (em carta para Franz Goldstein de 30/12/1934, in: Klaus Mann, Briefe, org. de Friedrich Albrecht, Berlim (Ost)/Weimar, 1988, p. 200). Ver sobre esse assunto a pesquisa exemplar sobre perseguição de homossexuais de Adreas Pretzel/Gabriele Rossbach, *Wegen der zu erwartenden hohen Strafen. Homosexuellenverfolgung in Berlin 1933-1945*, Berlim, 2000.

50 *Das Schwarze Korps* n. 9 de 1/5/1935 ("Ein sonderbarer Vertreter des deutschen Schrifttums".)

51 Anexo de uma carta do serviço de informações ao gerente de pessoal do diretor de cinema do Reich em 17/11/1942, in: BAB, BDC Ebermayer.

52 Cópia de carta do órgão de fomento à literatura ao Hauptschulungsamt do NSDAP de 19/6/1939, in: BAB, BDC Erich Ebermayer.

53 Ver Hall, *Zsolnay Verlag*, p. 599 e seg.; bem como Boguslaw Drewniak, *Der deutsche Film 1938-1945*, Düsseldorf, 1987, p. 140 e p. 511.

54 Do chefe da polícia secreta e do SD ao gerente de pessoal do diretor do Reich para cinema de 16/10/1942, in: BAB, BDC Erich Ebermayer.

55 Hans Severus Ziegler, *Adolf Hitler. Aus dem Erleben dargestellt*, Göttingen, 1964.

56 Comparar idem, 291p., e o dossiê de desnazificação de Ziegler in: HStA Düsseldorf, NW 1005 – Ge 35/105.

57 Refere-se à humilhação sofrida pela Alemanha com a derrota na Primeira Guerra, às medidas impostas pelo tratado de Versalhes e à grave crise econômica (N. T.).

58 Entre 1925 e 1933, Hitler esteve comprovadamente mais de 30 vezes em Weimar, sem contar as várias temporadas em que permaneceu incógnito, para as quais não existem provas concretas. Ver Holm Kirsten, *Hitlers Besuche in Weimar*, (tese de mestrado), Jena, 1999, p. 72, bem como o anexo Cronologia das visitas de Hitler (este trabalho deve ser publicado provavelmente no outono de 2001 sob o título "*Weimar im Banne des Führers*". *Die Besuche Adolf Hitlers 1925-1940* , Köln e outros 2001).

59 Ziegler, *Erleben*, p. 87 e 156.

60 Hans Severus Ziegler, *Der Führer im alten "Elephanten". Erinnerungen* in: Fritz Sauckel (org.), *Der Führer in Weimar 1925-1938*, Weimar 1938, p.34.

61 *Thüringer Staatszeitung* de 3/10/1934, cit. cfe. Kirsten, *Hitlers Besuche*, p. 75.

62 Ziegler, *Erleben*, p. 68.

63 Idem, p. 62.

64 Comparar com todas as fontes disponíveis que se originam principalmente dos anos de guerra: Fritz Redlich, *Hitler. Diagnosis of a Destructive Prophet*, Nova York/Oxford, 1999, p. 290.

65 Ziegler, *Erleben*, p. 80, 113 e seg. 52, 119 e 121.

66 De Carl B. N. von Schirach para Werner Detjen em 17/4/1933, in: Goethe- und Schiller-Archiv Weimar, 132/740.

67 Ver Thüringisches HStA Weimar, Generalintendanz des DNT, Nr. 128/1.

68 Ziegler, *Erleben*, p. 52 e seg. Ver ainda carta de Ziegler para Hitler de 25/2/1936, in: Thüringisches HStA Weimar, Volksbildungsministerium, Nr. 34848 (dossiê pessoal de Ziegler).

69 Ziegler, *Erleben*, p. 72.

70 Livro de convidados dos Hanfstaengl (anotação de 18/8/1932), propriedade particular de Egon Hanfstaengl, Munique, a quem eu agradeço por poder pesquisar este livro.

71 Ziegler, *Erleben*, p. 64, ibid., 64p. auch die folgenden Zitate.

72 Comparar Kirsten, *Hitlers Besuche*, anexo.

73 Explicação do ministro do Interior da Turíngia de 3/7/1934, in: Thüringisches HStA Weimar, Volksbildungsministerium, N. 34848 (dossiê Ziegler).

74 Comparar Ziegler, *Der Führer im alten "Elephanten"*, p. 33.

75 Carta de Ziegler para Ebermayer de 13/1/1935, reproduzido in: Ebermayer, Diário, p. 465 (destaque no original), idem. próximas citações.

76 Declaração para a imprensa do ministro da Turíngia para Educação Popular de 18/3/1935. Antes, no dia 7/3/1935, ele já afirmara que "não existem atos do Dr. Ziegler passíveis de punição segundo o Código Penal", in: Thüringisches HStA Weimar, Volksbildungsministerium, N. 34848 (dossiê Ziegler).

77 De Ziegler para Ebermayer em 2/6/1935, reproduzido em Ebermayer, Diário, p. 535.

78 De Ziegler para Hitler (com cópia para Brückner) de 19/10/1935, in: Thüringisches HStA Weimar, Reichsstatthalter in Thüringen, N. 395.

79 Comparar Ziegler, *Erleben*, p. 13.

80 Idem, p. 110.

81 Ver Michalzik, *Gründgens*, 130 p.; bem como Burkhard Jellonnek, *Homosexuelle unter dem Hakenkreuz*, Paderborn, 1990, p. 87.

82 Ziegler, *Erleben*, p. 157 e seg., p. 156.

83 Villa Wahnfired: casa dos Wagner em Bayreuth. Winifred Wagner era nora de Richard Wagner, esposa de seu único filho, Siegfried. (N. T.)

84 Joachim Fest, *Speer. Eine Biographie*, Berlim, 1999, p.71 e 487.

85 Agradeço a Brigitte Hamann pela animada conversa que eu tive com ela em novembro de 2000 em Munique sobre o seu novo livro.

86 Ver Peter P. Pachel, *Siegfried Wagner. Genie im Schatten*, Munique, 1988, p. 236 e 360; bem como Renate Schoslack, *Hinter Wahnfrieds Mauern*, Hamburgo, 1998, p. 51.

87 Hans Jürgen Syberberg, *Syberbergs Filmbuch*, 1976, p. 265.

88 Hitler em 24-25/1/1942, in: Werner Jochmann (org.), *Adolf Hitler. Monologe im Führerhauptquartier 1941-1944*, Munique, 1980, p. 225.

89 Sobre o comportamento apolítico de Siegfried Wagner, ver Ziegler, *Erleben*, p. 157; bem como Jochmann (org.), *Monologe*, p. 224 (24-25/1/1942) e p. 308 (28/2,1/3/1942): "pessoalmente, era meu amigo, politicamente era passivo".

90 Cit. textualmente segundo o documentário de Syberberg, *Winifred Wagner und die Geschichte des Hauses Wahnfried*, 1975.

91 Magnus Hirschfeld, *Die Homosexualität des Mannes und des Weibes*, Berlim, 1920 (segunda edição), p. 689.

92 Henry Picker (org.), *Hitlers Tischgespräche im Führerhauptquartier*, Wiesbaden, 1983, p.116 (28/2 e 1/3/1942) respectivamente Jochmann (org.), *Monologe*, p. 259 (3-4/2/1942); idem p. 308 para a citação seguinte.

93 Entrevista do autor com Frau Jobst em Bayreuth em 29/2/2000.

94 Cit. cf. Gerald McKnight, *The Strange Loves of Adolf Hitler*, Londres, 1978, p. 140.

95 Cit. cf. Baedeker/Lemke (org.), *Buch der Freunde*, p. 37.

96 Conforme me informou a senhora Verena Lafferenz-Wagner através de carta em 22/7/2000, Ebermayer quis "representar a minha mãe como advogado no processo de desnazificação, o que não aconteceu. Por isto, ele conhece muitos detalhes, até 1945. Depois, tanto Ebermayer quanto Ziegler freqüentaram a casa de Siegfried Wagner. Como minha mãe era muito honesta, os dois senhores devem ter feito boa 'colheita'".

97 Ver carta de Bouhler para o "querido Erich" em 15/10/1930, em que "infelizmente recusou o seu desejo de publicar uma entrevista com *Herr* Hitler numa revista literária, "porque Hitler prefere dar só entrevistas políticas", in: DLA Marbach, NL Ebermayer.

98 Sobre a carreira de Bouhler no partido, ver *Personen-Lexikon der NSDAP*, vol. 1. SS-Führer A-B, Norderstedt, 1998, p. 322.

99 Ebermayer em seu prefácio dos Diários.

100 Ver Emmy Göring, *An der Seite meines Mannes. Begebenheiten und Bekenntnisse*, Göttingen, 1967, p. 322, onde está escrito que Ebermayer se oferece a assumir a defesa de graça. Supõe-se que o motivo tenha sido a busca de informações.

101 Agradeço à editora Zsolnay de Wien pela cessão de cópias de artigos de jornais em seu arquivo.

102 Klaus Mann, *Diários 1931 a 1933*, org. de Joachim Heimannsberg, Peter Laemmle e Wilfried F. Schoeller, Munique, 1989, p. 64.

103 Klaus Mann, *Zwilling der Sexualpathologie*, in: *Das Tagebuch* n.53 de 31/12/1932.

104 Citado segundo reprodução Klaus Mann/Kurt Tucholsky, *Homosexualität und Faschismus*, Hamburgo, 1990 (3ª edição), páginas 5 a 13.

105 Ver ensaio de Michael Maar, *Das Blaubartzimmer. Thomas Mann und die Schuld*, Frankfurt, 2000.

106 Klaus Harpprecht, *Thomas Mann. Eine Biographie*, Reinbek, 1995, p. 1020.

107 Thomas Mann, *Bruder Hitler*, in: Mann, *Politische Reden und Schriften*. Vol. 3, Frankfurt, 1968, p. 58; as citações seguintes idem, p. 53 e seg.

108 Comparar Klaus Mann, *Der Wendepunkt. Ein Lebensbericht*, Reinbek, 1984, p. 590 e p. 709.

109 Idem., páginas 352-356.

110 Comparar Theodor Lessing, *Haarmann. Geschichte eines Werwolfs*, Berlim, 1925. Muitos escritores conhecidos da República de Weimar, como Alfred Döblin, usaram este caso em seus estudos. Comparar a introdução de Rainer Marwedel sobre a reedição da obra de Lessing (Frankfurt, 1989), principalmente Lessing publicou parte do seu estudo sobre Haarmann na revista *Das Tagebuch*, na qual Klaus Mann também escrevia.

111 O autor faz uma insinuação à mudança de nome, em 1932, do pai de Hitler, nascido Alois Schicklgruber, que assumiu em 1876 o nome de seu padrasto Hitler. Ver Brigitte Hamann, *Hitlers Wien. Lehrjahre eines Diktators*, Munique/Zurique, 1997, p. 64.

112 Ver Maar, *Blaubartzimmer*, p. 11.

113 Heinrich Mann, *Der Hass. Deutsche Zeitgeschichte*, Amsterdam, 1933, reedição Berlim (Ost)/Weimar, 1983, p. 66 e 68.

114 Ebermayer, *Diário*, p. 551 (anotação do dia 3/7/1935, destaque no original).

CAPÍTULO 7

NEGOCIATAS PERIGOSAS: KURT LÜDECKE E ERNST HANFSTAENGL

Em 1922, Ernst Hanfstaengl e Hitler eram amigos íntimos. Menos de duas décadas depois, o ex-"discípulo"[1] denunciou o *Führer* ao serviço secreto americano como sendo um "Narciso egocêntrico e masturbador" *(type of egocentric and masturbic Narcissus)*, que se refugiou em uma "vida pública artificialmente dramatizada" por sua grande frustração sexual.[2] É possível se reconstituir de que maneira Hanfstaengl chegou a este julgamento, mas a história é longa. Ela está intimamente ligada a de um outro homem, que conheceu Hitler na mesma época e também era uma personalidade glamourosa: Kurt Lüdecke. Num primeiro momento, Hitler se mostrou desconfiado, mas logo percebeu as qualidades de Lüdecke: "Se ele for mesmo um informante, então é um dos mais espertos e mais perigosos que já existiram na Alemanha."[3] Ainda em 1941, o *Führer* se entusiasmava: "Ele falava francês, inglês, espanhol e italiano fluentemente. Seria o homem certo [para missões complicadas no exterior]. Ele farejava tudo."[4]

Ernst Hanfstaengl não tinha a mesma opinião. Em 1937, ele protestava: "qualquer pessoa que ainda ouse defender esse mau-caráter direta ou indiretamente, a sério ou de brincadeira [...], é um bandido vil, um protetor de garotos de programa, uma pessoa nociva ao partido e um traidor da pátria".[5] O motivo dessa ira foi o livro sensacionalista *I Knew Hitler (Eu Conheci Hitler)*, que Lüdecke publicou no exílio americano depois de uma fuga repleta de aventuras. Para Hanfstaengl, o livro não passava de "fantasia de chantagista". Já o chefe da Gestapo, Rudolf Diels, deu a entender depois da guerra que, por trás dessa fantasia, escondia-se uma história real que "transcorria sob o manto protetor do grupo mais íntimo e reservado". Diels acrescentou: "no caso Lüdecke surgiu a suspeita de que Hitler também tinha tendências homossexuais".[6] Isso já constitui motivo suficiente para tentar descobrir onde e quando se cruzaram as vidas de Lüdecke e de Hitler.

Quem foi Kurt Lüdecke

Lüdecke nasceu em 1890, em Berlim, e passou a infância em Oranienburg, onde seu pai era gerente de uma fábrica. Seu tempo de ginásio em Berlim terminou mal: foi expulso da escola e teve que se mudar para Braunschweig, onde concluiu o curso numa espécie de supletivo em 1907. Depois do serviço militar, Lüdecke foi para Londres, em seguida para a França. Consta que ali ganhou tanto dinheiro com jogos de azar, que passou a viver de forma independente e luxuosa.[7] Um dossiê sobre Lüdecke na procuradoria do Tribunal Estadual Real de Berlim aponta outra versão. Em janeiro de 1911, foi registrada uma denúncia contra Lüdecke por "chantagem de fundo sexual". Lüdecke era famoso nos redutos homossexuais por seduzir homens ricos e pressioná-los a pagar depois de praticar sexo.[8] Esta seria a explicação para seu estilo de vida luxuoso. Ele não fez fortuna na roleta, e sim como gigolô e chantagista. Sobreviveu assim na Europa até a Primeira Guerra Mundial, quando sua existência de vigarista terminou bruscamente ao ser convocado pelo Exército. Mas Lüdecke conseguiu ser dispensado do serviço militar dois anos mais tarde, sem sequer ter chegado perto da frente de combate.

Impossível reconstituir as aventuras que o fizeram dar a volta ao mundo até 1920. Elas não apenas lhe renderam um passaporte mexicano, como também duas bem fornidas contas em dólares. Em maio de 1921, Lüdecke fixou residência em Munique, sob o pretexto de preparar "uma exposição de quadros alemães em Nova York".[9] "Comercialmente, ele não obteve êxito com a exposição", dizem os autos de um inquérito policial. Entretanto, depois de vender diversos objetos de arte, ele ainda "dispunha de um saldo de 1.400 dólares após seu regresso a Munique no início de 1922".[10] Em tempos de inflação, era uma fortuna.

Nos Estados Unidos, Lüdecke não comercializou apenas objetos de arte e antiguidades. Ele trabalhou para Henry Ford, uma lenda viva do capitalismo, que criara uma espécie de serviço secreto privado.[11] Desde 1920, esta organização liderava uma campanha de difamação contra judeus influentes nos Estados Unidos. Só para fuçar suas vidas pessoais, abriu-se em Nova York um escritório de detetives com tantos recursos, que foi possível contratar uma tropa de informantes fanáticos. Lüdecke passou a ter contato com amigos íntimos do poderoso industrial e aprendeu que o anti-semitismo agressivo podia ser um negócio lucrativo. É possível que uma de suas missões tenha sido a de encontrar cúmplices influentes na Alemanha para a campanha de Ford, e que tenha sido enviado à sua pátria para esta finalidade, com os respectivos meios financeiros.

Kurt Lüdecke e Hitler em um piquenique, 1933.

Seja como for, ao desembarcar na Alemanha em abril de 1922, levava na bagagem o livro de Henry Ford, *The International Jew: The World's Foremost Problem (O judaísmo internacional: o maior problema do mundo).*[12] Com base nos conhecimentos que coletara nos bastidores desta campanha anti-semita e com a perspectiva de propinas americanas, Lüdecke pretendia agora lançar suas iscas no movimento nazista. Em maio, conheceu Ernst von Reventlow, editor da revista berlinense *Der Reichswart*, muito conceituada em círculos de direita. Era esse o tipo de público que Lüdecke procurava para seus contatos. No início do verão, ele já tinha conseguido acesso aos principais representantes da direita ultra-radical, inclusive Hitler. A recomendação pessoal de Ernst von Reventlow não bastou para superar a desconfiança inicial em relação a ele.[13] A "primeira impressão" de Hitler foi "muito desfavorável, até porque tínhamos sido alertados contra ele. Mas como Lüdecke já conseguira pôr um pé em praticamente todas as associações importantes, não era muito interessante rechaçá-lo bruscamente". Hitler ordenou a seus colaboradores mais íntimos que "protocolassem em ata suas conversas com Lüdecke".[14]

Max Amann, homem de confiança de Hitler para negócios escusos, teve uma péssima impressão depois do seu primeiro encontro com Lüdecke: "Trata-se de um vigarista trapaceiro e sem escrúpulos, cuja folha corrida certamente contém toda espécie de velhacaria. Sua habilidade e sua postura auto-suficiente me levam a crer que, se ele foi colocado no nosso movimento como informante – e estou convencido disso –, deve estar sendo muito bem pago pelos seus patrões."[15] Dietrich Eckart também se referiu com desprezo a Lüdecke: ele "atropelava todos sem o menor escrúpulo, fedia a perfume a metros de distância e se vestia como um *dandy* da pior espécie", estando no melhor caminho "para comprometer inexoravelmente o partido".[16]

Nada disso impediu Hitler de contratar Lüdecke. O *Führer* chegou a admitir que acreditou que Lüdecke fosse uma pessoa "generosa e honesta".[17] É possível que lhe tenha dado a missão de espionar os outros dirigentes populistas e que acreditasse poder mantê-lo sob controle fazendo jogo duplo, encarregando alguém de espioná-lo. Entretanto, devia existir outro fator em jogo nessa cooperação. Caso contrário, Hitler certamente teria mantido uma distância maior. Consta que o retrato de Frederico, o Grande que Lüdecke lhe ofereceu no Natal de 1922 decorou seu apartamento particular durante muito tempo.

No escritório, Hitler pendurou o retrato de Henry Ford que Lüdecke trouxera da América.[18] Quanto a Lüdecke, ele nunca escondeu que se sentiu enfeitiçado por Hitler.[19]

Até janeiro de 1923, Lüdecke tinha todos os motivos para acreditar que o *Führer* era um "amigo".[20] Autorizado por Hitler e Ludendorff, viajou para a Itália, a fim de fazer contato com Benito Mussolini, líder fascista em ascensão. Foi também autorizado a "instalar uma agência de notícias" em sua casa,[21] pois fora incumbido de cuidar da "propaganda no exterior".[22] Seu prestígio, entretanto, não durou muito. Em 27 de janeiro de 1923, Lüdecke foi detido, suspeito de traição à pátria. Dez dias antes, Hitler informara às autoridades responsáveis pela investigação que se Lüdecke estivesse mesmo agindo como informante de algum poder estrangeiro, representaria "um perigo enorme, considerando seus indubitáveis conhecimentos de importantes questões internas, principalmente com relação à Baviera. Acredito que sua prisão temporária, sem que também seja tirado de circulação por um período mais longo, signifique um risco muito grande".[23] Como aconteceu essa guinada súbita?

No inverno de 1922/23, Hitler deve ter chegado à conclusão de que sua influência sobre Lüdecke era menor do que imaginara inicialmente, que ele servia a vários patrões e, por isso, podia ser perigoso. Talvez também tenha sido alertado para a carreira de Lüdecke na arte da extorsão. Prendê-lo por algum tempo não resolveria o caso. Só uma acusação bem-sucedida poderia "neutralizar" Lüdecke a longo prazo. Apesar de a procuradoria de Munique tentar incriminá-lo por traição à pátria,[24] Lüdecke logo foi solto, e o processo repentinamente sustado.

Durante os interrogatórios, Lüdecke sinalizou que tinha munição para disparar. "Minha paciência está no fim", ameaçou.[25] Como Hitler tinha contatos na polícia de Munique,[26] deve ter ficado ciente dessas intimidações e cancelou o processo. Lüdecke pôde voltar a integrar seu grupo, mas só depois de algum tempo, como Hitler lhe sugeriu. A verdadeira intenção de Hitler deve ter sido impedir que Lüdecke investigasse as origens de sua prisão. O *Führer* queria que ele acreditasse que fora entregue por adversários do NSDAP. Nessa "tese" se fundamenta o esclarecimento que o "camarada Lüdecke", como "nazista convicto", publicou no *Völkischer Beobachter*.[27] Se para Hitler o caso estava encerrado, a imprensa de Munique ficou surpresa com a rapidez com que "a traição à pátria" de Lüdecke se desmanchara no ar. "É preciso que as autoridades competentes esclareçam o surpreendente encaminhamento desse caso, explicando, principalmente, como foi possível lançar suspeita tão grave sobre alguém, que depois se verificou não ter fundamentos", escreveu o *Münchener Zeitung*.[28]

A tática de Hitler nos meses seguintes foi envolver Lüdecke em seus assuntos. No final do verão, encontrou-o em Salzburgo durante uma conferência. Hitler deu folga ao resto do grupo e convidou Lüdecke a seguir com ele até Linz.[29] Ali, passaram um dia inteiro. O que se seguiu então é o que Lüdecke chama em suas memórias de "encontro íntimo", sem dar muitos detalhes, pois o assunto era "por demais delicado".[30] Mesmo assim, há no texto alguns indícios que podem servir de referência.[31] Consta que Hitler quis aproveitar o encontro de Linz para preparar Lüdecke para uma nova conversa com Mussolini. As reminiscências de Lüdecke revelam outros interesses, fora da política. Ele viu um Hitler que poucos conheciam. Adivinhava seus pensamentos pelas expressões faciais. Recorda que o vocabulário do amigo era de uma beleza rebuscada quase "poética". Quando caminhavam pela montanha de Poestlingsberg – onde Hitler vivera outros momentos românticos com seu amigo de juventude, August Kubizek –, o *Führer* "revelou-lhe" sua vida interior. Ficaram sentados lado a lado, silenciosos, deliciando-se com a bela paisagem. Hitler "encantado" e cheio de visões. As emoções colocadas à mostra por Hitler deixaram Lüdecke "boquiaberto". No final, separaram-se, fazendo promessas mútuas.

Nas entrelinhas, é possível perceber que Hitler encenou um teatro para transformar Lüdecke em seu cúmplice e mantê-lo em silêncio. Efetivamente, a relação dos dois mudou nos anos seguintes: era um pouco sentimental e nunca muito sincera, mas um não prejudicou mais o outro.

Apesar de seu empenho na missão política de conseguir apoio para os planos golpistas de Hitler, principalmente na Itália, Lüdecke não obteve muito êxito. Depois do fracassado golpe de novembro de 1923,[32] ele parecia ter voltado à estaca zero. Nada mais oportuno do que haver conhecido, em Roma, parte do clã dos Wagner,[33] que mantinham um relacionamento extremamente amigável com Hitler, apesar da prisão do líder político. Siegfried e Winifred Wagner estavam mesmo dispostos a fazer propaganda para ele no exterior no início de 1924, durante uma turnê musical pelos Estados Unidos.[34] Ao saber desses planos, Lüdecke ofereceu-se como acompanhante, já que conhecia bem a língua e o país. Em janeiro de 1924, partiu com os Wagner do porto de Bremen, rumo aos Estados Unidos, a bordo do *Amerika*.

Para essa viagem, Hitler lhe dera uma carta de próprio punho, pedindo que "se engajasse em prol do movimento alemão de libertação na América do Norte, angariando fundos".[35] O projeto não deu muito certo. Ford chegou a receber o casal Wagner e Lüdecke, mas desconfiava do fracasso político de Hitler e preferiu não apoiá-lo – até porque seu investimento na viagem de Lüdecke para a Baviera em 1922 fora um mau negócio. Lüdecke voltou para Munique em maio de 1924 com as mãos abanando. Descobriu logo que, sem a proteção pessoal de Hitler, era um joão-ninguém. O restante do grupo dirigente do NSDAP não se interessava por ele. Só mesmo Alfred Rosenberg e Ernst Röhm o apoiavam – até certo ponto.

Quando Lüdecke visitou o líder preso em Landsberg, percebeu que ele mudara: "A lembrança do nosso encontro íntimo em Poestlingberg [...] parecia constranger Hitler da mesma forma que a mim. Por isso, evitei o assunto."[36] A visita lhe rendeu apenas uma fotografia de Hitler com dedicatória e o pedido de continuar engajado no partido.

No entanto, Lüdecke passou a freqüentar cada vez menos a arena política, só se envolvendo quando podia ter algum proveito "comercial",[37] como na Páscoa de 1925, durante um congresso internacional em Salzburgo, organizado por um anti-semita. Heinrich Himmler, que participou desse encontro, teve "péssima impressão" de Lüdecke. Achou que sua "postura leviana" indicava um "comportamento moral de baixo nível", e que "seus incessantes esforços de conseguir novidades" o tornavam tão suspeito quanto "os bons contatos que mantinha em vários países". Himmler acreditava que Lüdecke era um "vigarista político internacional", que tentava empurrar o movimento populista "para o caminho errado", influenciando diretamente o *Führer*, fazendo ainda "bons negócios junto aos adversários da Alemanha", graças aos conhecimentos que tinha do movimento. Himmler, entretanto, admitia que Lüdecke "estava bem próximo de Hitler".[38]

Pouquíssimos líderes do movimento nazista confiavam em Lüdecke. Hitler também deve ter deslindado seu jogo – mas, em vez de afastá-lo, tratou-o bem. Assim, em fevereiro de 1925, lia-se no *Völkischer Kurier* uma declaração de Hitler afirmando que Lüdecke era "um idealista", e que lastimava o fato de, um ano antes, "ter sido preso e investigado por minha culpa".[39] Nessa época, convidou Lüdecke para uma visita particular ao seu apartamento na Thierschstrasse, o que foi outro sinal de consideração.[40] Em seguida, ofereceu-lhe um cargo como representante do jornal *Völkischer Beobachter* em Berlim. Chegou a pedir-lhe que passasse a ser seu contato pessoal na capital do Reich.

Por que Hitler apostou suas fichas em um homem com qualidades tão duvidosas? O próprio Lüdecke forneceu a resposta em suas memórias: "Eu era praticamente o único capaz de lhe dar em primeira mão informações que iam além dos assuntos partidários no sentido mais estrito."[41] Em outras palavras, ele agia como informante pessoal de Hitler. O valor de Lüdecke para Hitler residia precisamente em seu caráter duvidoso e seu passado obscuro. "Às vezes, é necessário usar métodos incomuns e trilhar caminhos duvidosos para manter-se no páreo", Hitler teria lhe dito.[42] Lüdecke não podia ser seu inimigo por saber demais. Ele sentia uma "curiosidade ardente" de saber o máximo possível sobre a verdadeira essência de Hitler,[43] pois eram informações como essas que costumava usar em suas extorsões. Os contatos que ele buscava[44] – por exemplo, com Röhm – indicam que sabia muito bem onde devia procurar as melhores informações.

Antes de efetivamente passar a usar o que sabia, seu caminho e o de Hitler se separaram durante sete anos. O líder do partido tinha pouco a lhe oferecer logo depois da recriação do NSDAP e, no verão de 1925, Lüdecke voltou a tentar a sorte na América.

Hanfstaengl e Hitler: um amor frustrado

Em 1923, a amizade entre Hitler e Hanfstaengl continuava intacta. No entanto, este último percebia que tinha um concorrente, tanto no plano erótico quanto no político. Hanfstaengl sabia que havia rivais. Por isso no início, tentou agradar a Hitler. Depois do fracassado golpe de novembro, Alfred Rosenberg, o maior rival de Hanfstaengl, substituiu Hitler temporariamente. Hanfstaengl resolve lançar mão da intriga, pois queria derrubar a qualquer custo aquele "indivíduo asqueroso" com seus "inúmeros e nojentos casos amorosos".[45] Um de seus aliados foi Hermann Esser.[46] Hanfstaengl também tentou cooptar Kurt Lüdecke, que não aprovou os métodos "frívolos" de revolta palaciana propostos por ele, tornando-se inimigo do homem que queria tornar-se o braço direito de Hitler.[47] O complô que Hanfstaengl armou foi tamanho que Rosenberg acreditou só poder se defender por meio de processo judicial contra os dois colegas de partido e integrantes do círculo dirigente. Isso fatalmente desembocaria em escândalo. Por isso, Hitler acabou interferindo.[48]

Ainda em 1924, Hanfstaengl revelou um interesse acentuado em levantar mais detalhes sobre o passado de Hitler. Sabendo que o líder do golpe do dia 9 de novembro – assim como ele próprio e outros dirigentes do partido – poderia ter "escapado para a Áustria, se quisesse", Hanfstaengl tentou de todas as maneiras descobrir por que Hitler não recorreu a essa possibilidade. Também queria saber por que nunca conseguiu "fazer Hitler falar sobre o período de antes da guerra". Hanfstaengl aproveitou seu exílio força-

O chefe de imprensa estrangeira de Hitler, Ernst Hanfstaengl, rodeado de amigos em seu apartamento berlinense, provavelmente em 1933. À sua esquerda, o adido militar da embaixada americana, Truman Smith.

do na Áustria "para procurar a família de Hitler em Viena". Em suas memórias, não conta o que conseguiu descobrir.[49]

Quando Hanfstaengl voltou a tentar exercer influência sobre Hitler depois da libertação antecipada no inverno de 1924/25, reconheceu – assim como Lüdecke – que ele mudara muito em Landsberg. Apesar de tornar a freqüentar a casa de "Putzi", apelido de Hanfstaengl, onde continuava tão animado e exaltado com a música quanto antes, Hanfstaengl começou a perceber "um crescente esfriamento na minha relação com Hitler".[50] Por quê?

Em termos políticos, Hanfstaengl se decepcionou com a falta de apoio de Hitler à sua intriga contra o odiado Rosenberg. Hitler confirmou sua estima ao polêmico ideólogo nazista e escreveu-lhe em abril de 1925: "Não o considero apenas um dos colaboradores mais valiosos do nosso movimento, mas estou convencido de que suas intenções são sinceras."[51] Antes, parecia que Hitler excluiria Rosenberg do grupo dirigente. O antigo exegeta do programa partidário não participou da cerimônia da fundação do novo NSDAP, em 27 de fevereiro de 1925. Dez anos mais tarde, Hanfstaengl ainda se orgulhava em dizer que "o *Führer* passou aquela noite comigo na minha casinha da Pienzenauerstrasse".[52] Depois, Hitler não só manteve Rosenberg em sua equipe dirigente, como incumbiu-o de ser o redator-chefe do *Völkischer Beobachter* em abril de 1925, quando o jornal voltou a circular. Com isso, adiava-se o sonho acalentado por Hanfstaengl de conquistar mais influência no partido de Hitler com um cargo relacionado com cultura ou política externa.

Em termos pessoais, as coisas tampouco se desenrolaram a contento para Hanfstaengl. Durante suas visitas à fortaleza de Landsberg, ele observara que Rudolf Hess "não queria afastar-se de Hitler, quando eu falava com ele". Hanfstaengl ficou "extremamente preocupado" com a aproximação entre os dois, uma vez que, como observou, "os laços entre eles eram estreitos. Ouvi que se tratavam intimamente por você". Hanfstaengl reagiu tentando conquistar o apoio do grupo monarquista do conselheiro policial Rupprecht para libertar imediatamente o amigo "que corria perigo". Esse esforço, nascido de ciúmes, falhou, assim como outras tentativas suas de prender Hitler. No Natal de 1924, no primeiro encontro depois da saída de Landsberg, Hitler deixou "transparecer seus sentimentos em relação a Hess" de tal forma, que Hanfstaengl se sentiu preterido.[53]

Em 1925, Hanfstaengl deve ter-se sentido como um amante traído. Quem sabe, foi ele próprio quem espalhou a notícia do iminente noivado de Hitler com sua irmã Erna. Talvez ele tenha realmente tentado comprometer o amigo para garantir sua influência. É curioso o desmentido de Hitler, depois de até jornais de circulação nacional já terem noticiado o noivado: "Estou tão casado com a política que não posso pensar em noivar."[54] O mais curioso é que seu secretário particular teve de confirmar esse desmentido meio ano mais tarde, por causa das muitas "solicitações a respeito do assunto dentro do próprio partido".[55]

Tudo isso "decepcionou" Hanfstaengl. Decepcionou-o tanto que ele resolveu se vingar. Reivindicou a devolução de todos os recursos que ele disponibilizara ao partido ao longo dos últimos anos. Além disso, mandou um recado para Hitler, dizendo que não estava interessado em estreitar mais suas relações "enquanto Rosenberg e Hess [...] conservarem a influência deles" sobre Hitler. Isso significou o final da amizade em 1925. Hanfstaengl resignou-se: "Não gozo mais da sua confiança."[56] É provável que Hitler tenha abandonado Hanfstaengl porque ele o incomodava com suas intrigas e bisbilhotices. Além disso, precisava de colaboradores menos excêntricos para seu novo projeto político. Hanfstaengl recolheu-se, ofendido, mas pouco depois já admitia que "apesar de todas as decepções, não consegui apagar as impressões que Hitler causou em mim". A amizade, no entanto, esfriara. Os poucos encontros dos dois não eram mais marcados "por simpatia mútua".[57]

Entre os muitos enigmas relacionados ao *Führer*, o maior deles, para Hanfstaengl, parece ter sido sua identidade sexual. Essa questão ocupou-o ao longo de várias décadas e ele chegou a arriscar a vida em busca de uma resposta.

Hanfstaengl referiu-se ao assunto pela primeira vez no verão de 1942, em um dossiê do serviço secreto norte-americano.[58] Não se sabe se, na época, revelou tudo o que sabia aos inimigos de guerra de Hitler. Sem dúvida, o dossiê deve ser levado a sério,[59] pois se baseia em observações, pesquisas e entrevistas feitas pessoalmente por Hanfsteangl. No pós-guerra, ele ainda jurava que levou vários anos para "medir as profundezas de seus [de Hitler] problemas pessoais". E qual era o "maior problema pessoal" de Hitler? A falta de "algo muito importante" para a sua auto-realização. De acordo com Hanfstaengl, "ele não tinha uma vida sexual normal".[60]

Em 1951, Hanfstaengl explicou ao historiador Fritz von Siedler o que quis dizer com essa afirmação: "A potência de Hitler era limitada, e pervertida de forma anormal. A base para essa anormalidade deve ter sido suas experiências nos abrigos masculinos de Viena. Indubitavelmente, ele mantém um relacionamento com Hess." Esse diagnóstico aponta dois pólos: a impotência parcial de Hitler e a "tendência ao 175" (alusão ao parágrafo 175 do Código Penal que trata da homossexualidade).[61] Para Hanfstaengl, Hitler vivia em uma "terra-de-ninguém sexual", e não podia ser salvo – nem por homem, nem por mulher.[62] Em outro trecho, Hanfstaengl qualifica a vida degenerada de Hitler como "uma espécie de vaidade narcísica bissexual (*"a sort of bisexual narcissus-like vanity"*).[63] Para Hanfstaengl essa condição tinha conseqüências fatais por causa do "excesso de energia masculina", que "não era canalizada de forma normal". Hanfstaengl acreditava que Hitler "não era nem completamente heterossexual, nem completamente homossexual".[64] Chama a atenção a palavra "completamente" que ele emprega. Como Hanfstaengl poderia saber disso, se não com base em experiências pessoais?

Hanfstaengl devia saber do que estava falando, porque sua própria condição não era muito diferente da de Hitler, como mostram suas amizades com o príncipe homossexual "Auwi" da Prússia [65] ou com o já mencionado escritor Hanns Heinz Ewers. Como Hanfstaengl não assumia sua homossexualidade abertamente, ele também tinha um "problema sexual". É provável que tenha esperado, desejado até, que Hitler o ajudasse a resolver esse problema. Talvez tenha mesmo imaginado poder desempenhar papel semelhante junto a ele. Hitler não entrou no jogo, o que fez Hanfstaengl supor que muito daquela "estranha condição sexual [...] tenha sido avivada durante a prisão de Landsberg [...] ao lado de Hess".[66] Seja como for, as opiniões de Hanfstaengl sobre a sexualidade são interessantes e valiosas, justamente por trazerem informações dos bastidores. Creio na veracidade de seu testemunho, porque Hanfstaengl não acusa Hitler de ser homossexual, e sim de não viver sua condição plenamente.

O diagnóstico de Hanfstaengl não era equivocado, mas deve ser visto à luz de dados objetivos. Hitler era homossexual, com certeza. Entretanto, ele também se interessou pelas mulheres e seus encantos, embora não as desejasse fisicamente. Além disso, seus sentimentos eram tão impregnados por seu narcisismo que sua sexualidade era marcadamente auto-erótica. Era a tal "terra-de-ninguém sexual", da qual falou Hanfstaengl. Como Hitler poderia atingir uma estabilidade emocional? Era impossível.

Três é demais: Lüdecke e Hanfstaengl brigam pela preferência de Hitler

Na América do Norte, Lüdecke fez o que estava habituado a fazer: buscou vantagens e diversão. Em 1927, casou-se com uma americana,[67] embora pouco antes, em Nova York, tivesse conhecido a bela e jovem esposa do comerciante Günther Quandt, a futura Magda Goebbels. Quando se reencontraram no verão de 1930, durante uma breve estada na Alemanha, é provável que Lüdecke e Magda tenham tido um caso amoroso.[68] Pelo menos o tom entre ambos passou a ser bastante íntimo a partir de então.[69]

Lüdecke tentou retomar o contato com a direção do partido nazista, mas sua reputação não era nada boa.[70] Seu pedido para entrar no partido, no outono de 1931, foi negado de forma brusca: "Considerando a polêmica em torno de sua pessoa, a direção nacional do partido não tem interesse em que ele se torne membro."[71] No início do verão de 1932, Lüdecke voltou mais uma vez à Alemanha e acompanhou de perto o avanço de Hitler e do NSDAP. Após ter sondado a situação, encontrou-se em meados de maio com sua amiga Magda – já casada com Goebbels – para uma longa conversa particular em seu apartamento de Berlim.[72] Ali, Lüdecke soube, satisfeito, que Hitler falara sobre ele repetidas vezes em tom amigável e conciliatório. Logo imaginou que iria ter uma segunda chance.

Essa informação fortaleceu os planos de Lüdecke de fundar uma espécie de "ministério das Relações Exteriores" do NSDAP, dirigido por Rosenberg e com ele próprio sendo o braço direito. No início de setembro de 1932, ele teve oportunidade de conversar com Hitler sobre o assunto. Este pareceu concordar, mas pediu que se achasse um compromisso político com Hanfstaengl. Quando as tentativas de comunicação fracassaram, Lüdecke passou a apostar todas as fichas em Rosenberg. No dia 12 de setembro, houve mais um longo encontro com Hitler no Kaiserhof, em Berlim. Tratou-se de política externa e de como encaixar Lüdecke nos planos, dando-lhe, por exemplo, uma missão na América. Também se falou de coisas bem particulares. Lüdecke contou que Magda Goebbels preferia ter-se casado com Hitler, e não com o seu atual marido. Hitler não quis ouvir falar no assunto, tampouco sobre o problema da homossexualidade na direção da SA, abordado por Lüdecke. "O que me importa a vida particular dos meus seguidores! [...] Amo a música de Richard Wagner. Devo deixar de ouvi-la só porque ele era um pederasta? Tudo isso é absurdo!".[73] No final de setembro, Lüdecke voltou a procurar Hitler, dessa vez em seu apartamento. O líder do partido revelou-se ao hóspede com o antigo sentimentalismo, emocionado e com lágrimas nos olhos. Lüdecke podia ficar contente. Quando partiu para os Estados Unidos alguns dias mais tarde, tinha conseguido muita coisa. Não só fora aceito no partido,[74] como ainda levava uma procuração assinada por Rosenberg para "representar politicamente" o NSDAP nos Estados Unidos.[75] Acima de tudo, tinha reconquistado a atenção de Hitler.[76]

O maior rival e concorrente de Lüdecke pelo favoritismo de Hitler era Ernst Hanfstaengl. Entre 1926 e 1928, ele se dedicara ao curso de história e só em 1929 passou a integrar novamente a direção do NSDAP. Na convenção do partido em Nuremberg, Hanfstaengl conheceu o príncipe August Wilhelm da Prússia, que acabara de descobrir seu entusiasmo pelo nazismo. "Gostamos logo um do outro", escreve "Putzi" sobre seus sentimentos em relação a "Auwi", que passou a "ser hóspede benquisto em minha casa" – às vezes, acompanhado de Göring. "De qualquer maneira, foi *Prinz* Auwi quem ressuscitou minhas esperanças no futuro do partido."[77] Uma anotação no diário de Joseph Goebbels, depois de uma noite ao pé da lareira na mansão de Hanfstaengl, revela como essa reaproximação tinha prosperado até o outono de 1929: "Hanfstaengl é inteligente e espirituoso. [...] Enquanto discutíamos política exterior, Göring dormia no sofá e roncava." Goebbels também percebeu como Hanfstaengl se voltou "contra Hitler", porque este "apóia Rosenberg, odiado por Hanfstaengl".[78]

Não sabemos ao certo por que Hanfstaengl quis integrar novamente o círculo mais estreito em torno de Hitler, em novembro de 1931. Provavelmente não queria ser preterido, agora que Hitler estava com cada vez mais chances de sucesso na conquista do poder político.[79] Hitler também tinha interesse em envolver o antigo amigo. Nessa fase de sua carreira, mais do que nunca, ele dependia da lealdade dos antigos amigos. Depois do rompimento de suas relações e considerando a imprevisibilidade de Hanfstaengl, ele devia ser uma ameaça para Hitler. Assim, o *Führer* tentou comprar sua fidelidade, fazendo várias promessas. Acenou com um lugar no conselho municipal de Munique, um mandato no parlamento e até de um posto de embaixador.[80] Afinal, em novembro de 1931, indicou-o para o cargo de chefe de imprensa estrangeira do partido.[81] De vez em quando, convidava-o para "se exibir ao piano de cauda, mas isso não aconteceu com a mesma freqüência de antes". Seja como for, Hanfstaengl voltava a fazer parte do grupo e acreditava estar começando uma grande carreira.

Durante a campanha eleitoral de 1932, Hanfstaengl teve um papel importante. Hitler precisava dele para encontrar o tom certo para lidar com os jornalistas estrangeiros. Hanfstaengl era charmoso e sabia como dirigir-se a eles. Hitler precisava ainda de alguém que o consolasse, distraísse e o reanimasse quando estivesse deprimido.[82] Hanfstaengl passou a ser visto com freqüência ao lado do *Führer*, tanto em público quanto internamente, no partido. Embora Hitler não mais confiasse inteiramente nele, pareciam amigos. Para Hanfstaengl, era positivo que todos acreditassem que Hitler o ouvia,[83] pois sobrevivia graças à fama de ser influente: financeiramente, lucrava com a intermediação de entrevistas com o *Führer* e com a venda de informações exclusivas; politicamente, conquistava importantes contatos. Um deles foi o chefe da polícia prussiana, Rudolf Diels. Hanfstaengl admite que "Rudi", esse homem ambíguo, foi um dos "contatos mais proveitosos" que teve naquela época.[84]

Hanfstaengl só podia garantir seu *status* mostrando fazer parte do grupo de Hitler. Depois da tomada do poder, que lhe rendeu um importante cargo, esforçou-se para não perder a estima do *Führer*. Em todos os depoimentos da época, Hanfstaengl é apresentado como um homem sedento de reconhecimento, que sempre defendia Hitler.[85] Este era o único compromisso que Hanfstaengl respeitava. De resto, andava com a espada escondida por baixo dos trajes, pronto para desferir o golpe, como Rosenberg e Lüdecke logo perceberiam.

Junto a Rudi Diesl, Hanfstaengl conseguiu provas para incriminar seus dois piores inimigos. Esses dados policiais revelavam que o fanático anti-semita Rosenberg tinha um caso com a filha de um jornalista judeu, e que Lüdecke atuava desde 1911 como chantagista e vigarista. Provavelmente, Hanfstaengl juntou essas provas porque, em março de 1933, Hitler nomeara Rosenberg para o cargo de diretor do departamento de política exterior do NSDAP, passando ele a responder diretamente ao *Führer*. Embora essa posição não tivesse muito peso político, fatalmente Rosenberg passaria a deter mais poder.[86] A situação se tornou insustentável para Hanfstaengl, ainda mais porque tudo fora arranjado por iniciativa de Lüdecke.

Este voltara a Berlim tão logo soube da tomada do poder por Hitler. O *Führer* recebeu-o na chancelaria do Reich para uma conversa mais demorada.[87] Lüdecke propositadamente voltou a tocar nos mesmos pontos com os quais já tentara, meses atrás, provocar Hitler em Munique. "Apesar de ter aprendido a exercer um autocontrole milagroso, Hitler é temperamental demais e não consegue dominar os olhos e a boca." "Assim, quem o conhece desde os velhos tempos, consegue ler suas expressões faciais", lembrou mais tarde. Eram essas reações que Lüdecke pretendia provocar ao incluir em seu relatório certos comentários sobre como os nazistas eram vistos na América. "Os adeptos da campanha antinazista nos Estados Unidos rotulam o senhor como homossexual", contou ele ao *Führer* que o interrompeu, irritado: "Inacreditável!". "Ficou claro que ele não queria ouvir falar sobre isso", conclui Lüdecke, que atingira, assim, seu objetivo: sinalizar para Hitler que seu silêncio tinha preço. No caso, o preço que ele exigia era ser nomeado porta-voz da embaixada alemã em Washington. Dessa forma, gozaria de imunidade diplomática e poderia prestar bons serviços como informante. Antes disso, seria necessário que ele ocupasse um cargo dentro do partido – de preferência na agência para política exterior – para servir de trampolim para a embaixada. E, obviamente, seu silêncio ia custar uma boa quantia.

Hitler não se opôs a essa proposta, e Lüdecke tentou imediatamente concretizar o projeto, visitando o chefe de imprensa Walter Funk, além de Rosenberg e Hess. Naturalmente, os que planejaram criar essa agência queriam esse poder para si, tirando competências de outras áreas e pessoas.[88] Além de Hanfstaengl, também se sentiram desafiados o ministro das Relações Exteriores, Konstantin von Neurath e Hermann Göring, que também tinha ambições nesse setor. A situação se agravou quando, em abril de 1933, Lüdecke organizou um grande evento no Kaiserhof, angariando várias centenas de milhares de *Reichsmark* em doações de empresários e industriais para financiar campanhas em favor do nazismo no exterior. Era dinheiro suficiente para tornar esta agência – que ainda estava no papel – uma máquina poderosa.

Hanfstaengl partiu para o contra-ataque. Ele conseguira dados sobre uma extorsão praticada por Lüdecke na América, que ameaçara denunciar um médico alemão que praticara um aborto e recebeu, assim, algumas centenas de dólares. "Entreguei as provas [...] às instâncias superiores",[89] contou a Hitler. Não se sabe se foi só por isso que Göring mandou prender Lüdecke imediatamente. Seja como for, ele foi detido no dia 9 de maio de 1933. Paralelamente, Hanfstaengl fez publicar um editorial no *Nova Yorker Staatszeitung* – jornal editado para a colônia alemã em Nova York – no dia 12 de maio de 1933, sob a manchete "Lüdecke detido por suspeita de vigarice e extorsão".[90] Com isso, o rival parecia ter sido definitivamente eliminado. Hanfstaengl, entretanto, se esquecera de levar em conta a opinião de Hitler. Este ordenou que Göring soltasse imediatamente o detento e fizesse um desagravo pelo ocorrido. Em suas memórias, Lüdecke narra com uma ponta de satisfação como o poderoso ministro-presidente da Prússia se desincumbiu dessa desagradável tarefa. Conta que Göring se mostrou mais do que surpreso pelo bom conceito de que ele gozava junto a Hitler. Os escrúpulos do *Führer* tinham garantido a liberdade a Lüdecke, mas o levaram a superestimar sua paciência.

Lüdecke sequer cogitou na hipótese de seguir imediatamente para Washington, como lhe sugeriram. Apesar de Hitler já ter conseguido suas credenciais junto à embaixada alemã de Washington, Lüdecke queria que demonstrasse seu apoio a ele diante do partido. No encontro seguinte, o chanceler do Reich o abandonou. Numa irritada discussão entre os dois, Hitler deixou claro que não gostaria que o "caso Lüdecke" voltasse à tona.

Lüdecke não desistiu e resolveu provocar Hitler de outro modo. O gancho foi o editorial do *Nova Yorker Staatszeitung*, cuja autoria Lüdecke logo descobriu. Decidido a vingar-se de Hanfstaengl com um processo por difamação, Lüdecke contatou o conhecido advogado Dr. Alfons Sachs. A ele, disse abertamente que estava disposto a iluminar uma "área quente do nazismo". O advogado concordou, embora ele e seu cliente soubessem, desde o início, que Hitler impediria um processo escandaloso. Lüdecke estava confiante de que essa iniciativa forçaria Hitler a apoiá-lo mais no campo político. Caso contrário, o *Führer* seria um reles hipócrita, e Lüdecke já estava tomando suas precauções: secretamente procurou aliar-se a Ernst Röhm. A data para negociar um acordo foi fixada para meados de julho de 1935. Nos bastidores, Max Amann incumbiu Rosenberg de convencer Lüdecke a abandonar a política e aceitar um cargo lucrativo na editora Eher. Para Rosenberg, a velocidade com que Lüdecke tentava fazer carreira era temerária. Ele o desaconselhou de levar a questão para os tribunais. Lüdecke não lhe deu ouvidos. Em 5 de julho, foi preso novamente, dessa vez por ordem pessoal de Hitler.

A própria narrativa de Lüdecke, na qual nos baseamos até aqui, revela que ele agia politicamente por conta própria, servindo a vários lados. Isso deve ter chegado ao conhecimento do *Führer* que percebeu o quanto ele era perigoso. Perigoso por saber demais e por ter-se tornado imprevisível em sua ânsia de ascender politicamente. Tudo isso recomendava que ele fosse retirado de circulação e que seus documentos pessoais fossem confiscados.

A reação de Lüdecke não tardaria. Ele escreveu cartas de protesto (não conservadas) para Hitler, Göring e Himmler, sinalizando que não se sentia assim tão acuado quanto poderia parecer.[91] Ameaçou publicar documentos sobre os dirigentes nazistas, guardados em lugar seguro no exterior. Hitler mostrou seus nervos de aço e deixou Lüdecke cozinhando algumas semanas em Plötzensee, preso em condições mais severas. Só no início de setembro de 1933, depois de ter sido recolhido no campo de concentração de Brandenburgo, apareceu um enviado de Rosenberg para lhe explicar que, em seu caso, a decisão caberia a "Hitler pessoalmente".[92] Para Lüdecke, não havia outra saída: teve de pedir perdão ao *Führer* por suas infrações contra o "ritmo do movimento",[93] garantindo sua lealdade incondicional. Sua carta ao juiz do partido, Walter Buch, foi escrita num tom semelhante. Hitler não fez menção de ajudá-lo. Consta que se referiu a ele como "sujeito perigoso" em conversa com Röhm, em dezembro de 1933.[94] Portanto, era intencional despertar no detento o sentimento – depois de oito meses de prisão – de que estava "se acabando em sofrimentos com a incerteza e com a alma triturada".[95]

Lüdecke buscou outras saídas para sua situação. Conseguiu corromper as equipes de guardas do campo de concentração de Oranienburg, para onde foi transferido, e ganhou a confiança do diretor do presídio.[96] Assim, podia se ausentar da prisão por algumas horas à noite. Em janeiro de 1934, conseguiu encontrar-se com Röhm para arquitetar um complô. Paralelamente, tentou deixar aberta uma saída através de seu amigo Rosenberg. No dia 19 de fevereiro de 1934, obteve até mesmo permissão oficial para viajar a Berlim, acompanhado de um guarda.[97] Entretanto, não alcançou o verdadeiro objetivo da viagem, que era encontrar-se diretamente com Hitler. O *Führer* deixara claro a Rosenberg que não queria se envolver nesse assunto. Diante disso, Lüdecke percebeu que precisava agir. Durante a segunda autorização para deixar a prisão, em 1º de março de 1934, fugiu para a Tchecoslováquia e, de lá, para a Suíça. De Genebra, mandou uma carta "pessoal e urgente" para Hitler, datada de 10 de abril de 1934, com cópias para Rosenberg, Amann, Heinrich Hoffmann, o ajudante-de-ordens de Hitler, Brückner, bem como para Magda Goebbels.[98]

Nas seis páginas e meia dessa carta, Lüdecke declara que queria falar com Hitler "abertamente, de pessoa para pessoa, já que [...] mais de uma vez conversamos sobre coisas confidenciais". Disse parecer-lhe – e esse trecho está sublinhado na carta – "*que o senhor deveria me tratar de forma especial e ter cuidado antes de permitir uma injustiça tão cruel em relação à minha pessoa*". E disse mais: se não fosse reabilitado pessoalmente por Hitler o mais rápido possível, estava decidido a "obrigá-lo a fazer isto". Para esta "reabilitação total com desagravo", deu-lhe um ultimato de 15 dias, sob pena de ele ter de "arcar com as conseqüências". Lüdecke afirmou que, "considerando todas as eventualidades, já me organizei e garanti nesse sentido".

À luz dessa carta, uma obra-prima da arte da chantagem, é possível entender o "caso Lüdecke" mais uma vez dentro do contexto. Este era um caso reservado ao ditador, e só uns poucos confidentes ficaram sabendo dos pormenores. Hitler sabia que a origem de tudo estava em Hanfstaengl. Ele próprio teria preferido ver Lüdecke na América. Adivinhou também que Röhm estava de alguma forma envolvido o que aumentava o risco. Ele espionava Röhm, e a batalha entre os dois pelo poder absoluto ainda não estava decidida em 1933/34. Lüdecke, por sua vez, com suas informações confidenciais, tinha em mãos uma ameaça potencial contra o ditador. Ou seja: ele voltara ao ofício que desempenhava com maior competência, o da extorsão. Por isso, Hitler levou a sério as ameaças de chantagem. No início de maio de 1934, o *Evening Star* publicou um artigo – escrito evidentemente por Lüdecke – sobre sua fuga espetacular da Alemanha, mencionando vagamente que teria recebido a ajuda de influentes líderes do partido que esperavam algo em troca de sua atividade no exterior.[99] Um documento posterior revela que a Gestapo chegou a interrogar entre os dirigentes do NSDAP, suspeitos de terem ajudado na fuga, tendo preparado um "interessante dossiê especial com declarações feitas sob juramento".[100] Em outubro de 1934, o caso foi "examinado em profundidade"[101] por Himmler.[102] O interesse de Hitler era descobrir que tipo de informação Lüdecke tinha contra ele. Nenhum desses documentos foi preservado.

Nos meses que se seguiram, Lüdecke mergulhou no silêncio. Conclui-se que Hitler conseguiu tranqüilizar o chantagista – provavelmente, através de subornos, como indicou Hans Mend em seu "Protocolo" de 1939. Mend menciona também um certo Liedtke que teria "fugido para os Estados Unidos pouco antes do massacre de Röhm com os diários do chefe da SA, passando a extorquir de lá a direção do partido". Mend acrescenta: "Rudolf Hess ligou para Hanfstaengl quando Liedtke voltou a pedir dinheiro: 50 mil dólares em espécie e 50 mil dólares em remédios, provavelmente para serem revendidos com lucro na América."[103] Não nos enganemos com esse nome falso, já que até o *Münchener Post* já chamara Lüdecke erroneamente de Liedtke em seus artigos.[104] Todo o resto faz sentido: os diários de Röhm e a fama de Lüdecke de chantagista, as negociatas e sua vigarice. Também o telefonema entre Rudolf Hess e Ernst Hanfstaengl faz sentido. Voltemos à trajetória percorrida por Hanfstaengl até aqui, para compreendermos o que de fato aconteceu.

Chantagistas entre si

No início de 1933, Hanfstaengl jogou toda a sua força em tirar Rosenberg e Lüdecke do páreo, a fim de ganhar mais influência na política externa. Isso não ajudou a fortalecer a sua posição dentro da liderança do partido. Goebbels passou a chamá-lo de "doidivanas", depois de ele ter voltado a xingar Rosenberg "terrivelmente".[105] Ele próprio cita um alerta inequívoco de Hitler daquela época: "Hanfstaengl, você está indo longe demais com suas críticas ao seu colega de partido Rosenberg. Se continuar assim, eu o demito."[106] Apesar disso, em fevereiro de 1934, Hanfstaengl resolveu por si mesmo tomar uma iniciativa no campo diplomático para se destacar. Em Roma, ofereceu a Mussolini os direitos autorais italianos para um filme de propaganda nazista e prometeu organizar um encontro dele com o ditador alemão. A resposta de Hitler à precipitação do seu chefe de imprensa estrangeira deve ter sido parecida com a reação que tivera antes, em outubro de 1933. Naquela época, classificou de "idiotice" um programa de paz entre a Áustria e a Alemanha, sugerido por Hanfstaengl.[107] Agora, todos sabiam, incluindo os círculos diplomáticos, que Hanfstaengl perdera a confiança de Hitler.[108]

Não se poderia, entretanto, acusá-lo de "falsidade moral", pois em suas atividades oficiais Hanfstaengl sempre se mostrava um nazista fiel. Tinha o busto de Hitler em sua mesa de trabalho,[109] era firme em suas opiniões sobre um "tratamento de sangue" para os alemães puros[110] e, nas declarações anti-semitas na arena diplomática,[111] empenhava-se na propaganda da "gigantesca obra de paz" de Hitler.[112] Não foi a falta de envolvimento com o nazismo que provocou o rompimento com a direção do NSDAP, mas sim o seu carreirismo político.

Não poderia ter acontecido nada pior a Hanfstaengl do que a fuga de Kurt Lüdecke. Não só porque ele contribuíra significativamente para provocar o rival, mas também porque Lüdecke alertou Hitler, escrevendo que Hanfstaengl "não fazia apenas intrigas vis contra Rosenberg [...] e a minha pessoa, mas também assumiu uma postura muito estranha contra o senhor".[113] Hanfstaengl imaginou que Hitler veria nesta insinuação mais do que uma reles figura de retórica. Afinal, havia o perigo de Lüdecke passar a acusá-lo publicamente no exterior, destruindo-o moralmente.

Em março de 1934, Hanfstaengl recebeu um convite para uma festa de sua turma de Harvard, o que imprimiu novo rumo ao caso.

Contente, Hanfstaengl aceitou o convite para logo em seguida desculpar-se dizendo não poder viajar para os Estados Unidos por causa dos negócios.[114] Ao que parece, Hitler não o autorizou. Desde a famigerada carta ameaçadora de Lüdecke, à qual se seguira ainda outra,[115] Hanfstaengl estava na rédea curta. Entretanto, em meados de junho de 1934, repentinamente, sem sequer um comunicado oficial à imprensa, Hanfstaengl viajou para os Estados Unidos. Não partiu, como de costume, do porto de Bremen, e sim de Cherbourg, para onde foi levado por um avião particular. À mesma época, deixou o porto de Cherbourg um navio canadense que levava Kurt Lüdecke para os Estados Unidos.[116] No começo de julho de 1934, os dois inimigos ferrenhos se encontravam em Nova York. Ali já estava há algum tempo o assistente de Hanfstaengl,

Voigt, para sondar o terreno.[117] Portanto, esta não deve ter sido uma viagem de lazer. A meu ver, o verdadeiro objetivo da viagem de Hanfstaengl, por ordem direta de Hitler, era impedir Lüdecke de fazer algo que prejudicasse o *Führer*.

Não existe qualquer documento escrito sobre a missão nem sobre como Hanfstaengl se desincumbiu dela. Há, porém, muitos indícios de que se tratava de uma missão secreta. Depois da visita de Hanfsteangl, Lüdecke ficou meses sem ação. Essa discrição deve ter custado dinheiro e, o que em termos psicológicos também era valioso, o sacrifício de seu pior inimigo. Enquanto isso, Hitler demonstrava na Alemanha, através dos assassinatos de Röhm e seus camaradas, da forma mais brutal possível, como trataria os "traidores" nas próprias fileiras. Quando soube do que aconteceu, Hanfstaengl pensou em ficar na América: "Fiquei assustado, estava confuso e indignado."[118] Neurath, ministro das Relações Exteriores, convocou-o pessoalmente a voltar para a Alemanha. No dia 14 de julho de 1934, desembarcou no porto de Bremen, sendo imediatamente chamado para apresentar seu relatório em Heiligendamm,[119] onde Hitler e Goebbels estavam passando alguns dias no verão.

Em seu diário, Goebbels menciona brevemente o encontro com Hanfstaengl no dia 15 de julho de 1934.[120] É provável que não soubesse de muitos detalhes, pois Hitler ficou a sós com o visitante. Já Hanfstaengl estendeu-se sobre o assunto em suas memórias, pois o encontro marcou para ele a separação definitiva de Hitler. Não há sequer uma palavra sobre sua missão na América. O que torna sua narrativa digna de credibilidade é a ironia aguda com que Hitler, ao que consta, reagiu a seu relatório. Não se sabe se ele efetivamente informou Hitler sobre tudo o que empreendeu nos Estados Unidos no caso Lüdecke. Uma coisa é certa: se Hitler o convocou no meio das férias, deve ter sido por um assunto de alta relevância política. Naqueles dias turbulentos, o *Führer* tinha mais o que fazer do que ouvir relatos sobre festejos em Harvard.

Depois do encontro em Heiligendamm, conclui Hanfstaengl em seu livro, "não havia mais esperanças para mim".[121] Ainda assim, ele conseguiu que o chanceler desse uma ordem ao ministro das Relações Exteriores. Só assim se explica que o ministério já no dia seguinte tenha expedido uma ordem para a Embaixada Alemã de Washington para rechaçar publicamente qualquer atividade política de Lüdecke com base em sua trajetória no mundo do crime.[122] O próximo passo de Hanfstaengl era ganhar para a sua causa o magnata da imprensa americano, William Randolf Hearst, que estava na Alemanha.[123] Em agosto de 1934, o *Völkischer Beobachter* noticiou com destaque que o chefe de imprensa estrangeira tivera "uma série de conversas particulares" com o famoso editor "sobre a atual situação política", tendo sido autorizado a publicar uma declaração sobre os encontros. Segundo essa declaração, Hearst se solidarizava com a "luta" do povo alemão pela "libertação das regras criminosas do Tratado de Versalhes", e subscrevia "de todo coração tudo o que pode ajudar a Alemanha".[124] Essa declaração favorável, feita por um dos mais importantes formadores de opinião americanos, era um sinal de prestígio, depois das péssimas matérias que tinham saído no exterior sobre o regime nazista, após os assassinatos de Röhm e dos seus camaradas. Hanfstaengl aproveitou e organizou um encontro entre Hitler e Hearst.[125]

Em recompensa pelo seu bom trabalho, Hanfstaengl foi autorizado a aceitar um convite pessoal de Hearst para passar alguns dias em sua casa de campo no país de Gales. No caminho, fizeram escala em Londres. Ali, o editor inglês Beaverbrook teve sua atenção despertada para o convidado da Alemanha nazista. No dia 19 de setembro de 1934, seu jornal, o *Daily Express*, saiu com a manchete "Hitler's 'Putzy' Is Here" (O "Putzi" de Hitler está entre nós), qualificando-o de amigo íntimo de Hitler *("intimate friend of Leader Hitler")*.[126] Ao ser entrevistado no dia seguinte por um repórter daquele mesmo jornal, Hanfstaengl protestou veementemente contra o apelido "Putzy", já que, em inglês, isso soava como *Pussy* "designação irônica para homens com tendência homossexual",[127] segundo explicou anos mais tarde. A entrevista resultou num artigo recheado de insinuações maldosas, sugerindo que havia algo estranho com aquele alemão.[128] Conclui-se que, nos meios jornalísticos bem-informados, as inclinações homoeróticas de Hanfstaengl eram conhecidas. No artigo, insinuava-se uma relação íntima entre Hanfstaengl e Hitler – o homem que acabara de declarar guerra ao homossexualismo com os assassinatos de Röhm e do seu grupo.

Hanfstaengl logo percebeu que, apesar dos transtornos, os ataques significavam uma excelente oportunidade de envolver Hitler pessoalmente no assunto. Por isso, sem consulta prévia a Berlim, resolveu processar o dono do *Daily Express.* Este reagiu secamente, dizendo apenas que ansiava pelo início da ação.[129] Quando Hanfstaengl voltou a Berlim no fim de setembro, tinha em mãos alguma coisa para pressionar Hitler. Não se sabe como ele reagiu. O fato de que o início do processo foi adiado por meses e a negociação acabou sendo pífia indica como deve ter sido a batalha atrás dos bastidores.[130]

Nesse meio tempo, o "caso Lüdecke" voltou à cena. Uma carta do ministério das Relações Exteriores para a Gestapo de setembro de 1934 indica que Lüdecke estava prestes a ser interrogado publicamente por uma comissão do Congresso americano, a fim de prestar esclarecimentos sobre as atividades de propaganda nazista nos Estados Unidos. Por isso, recomendava-se "preparar medidas contra a

Em setembro de 1934, o jornal inglês Daily Express *publicou um artigo irônico sobre Ernst Putzy Hanfstaengl: "Hitler's 'Putzy' Is Here".*

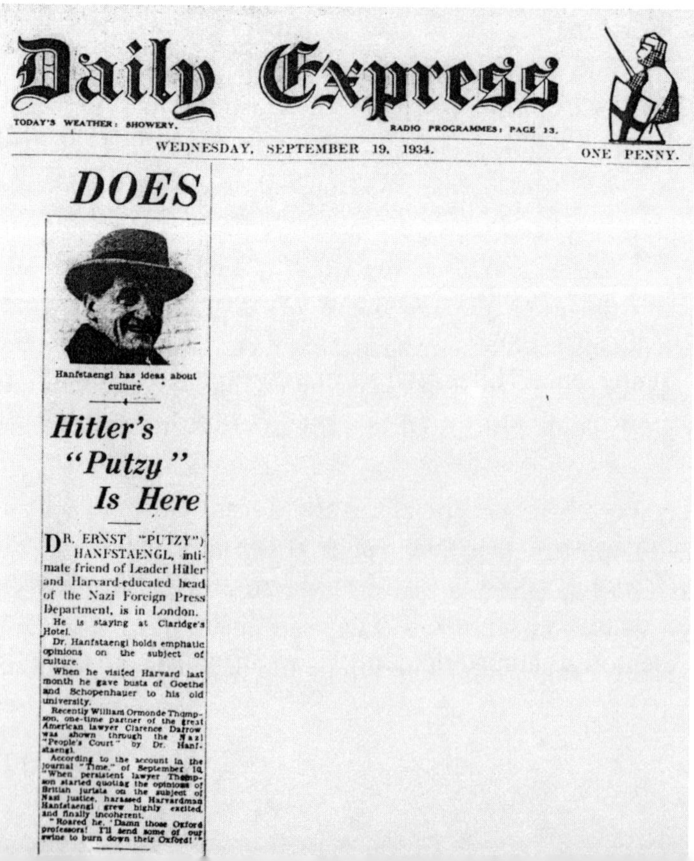

Daily Express

TODAY'S WEATHER: SHOWERY. RADIO PROGRAMMES: PAGE 13.

WEDNESDAY, SEPTEMBER 19, 1934. ONE PENNY.

DOES

Hanfstaengl has ideas about culture.

Hitler's "Putzy" Is Here

DR. ERNST "PUTZY") HANFSTAENGL, intimate friend of Leader Hitler and Harvard-educated head of the Nazi Foreign Press Department, is in London.

He is staying at Claridge's Hotel.

Dr. Hanfstaengl holds emphatic opinions on the subject of culture.

When he visited Harvard last month he gave busts of Goethe and Schopenhauer to his old university.

Recently William Ormonde Thompson, one-time partner of the great American lawyer Clarence Darrow was shown through the Nazi "People's Court" by Dr. Hanfstaengl.

According to the account in the journal "Time," of September 10, "When persistent lawyer Thompson started quoting the opinions of British jurists on the subject of Nazi justice, harassed Harvardman Hanfstaengl grew highly excited and finally incoherent.

"Roared he, 'Damn those Oxford professors! I'll send some of our swine to burn down their Oxford!'"

esperada reação às declarações de Lüdecke". Seria preciso ter em mãos uma "relação completa das acusações contra Lüdecke passíveis de punição".[131] Era essa a senha pela qual Hanfstaengl esperara tanto tempo. Agora, finalmente, parecia haver uma oportunidade de destruir o odiado adversário.

Embora ninguém lhe houvesse dado ordens nesse sentido, Hanfstaengl lançou mão de seu bom relacionamento com a Gestapo para reconstruir, em outubro de 1934, um "dossiê sobre Kurt Lüdecke, com ajuda do comissário criminal Braschwitz".[132] Na qualidade de membro do chamado comitê de investigação Hamburgo-Bremen – uma organização confidencial que fica à disposição dos ministérios do *Reich* para plantar artigos e notícias favoráveis à Alemanha na imprensa estrangeira"[133] – colocou declarações comprometedoras sobre Lüdecke na imprensa teuto-americana.[134]

Mais cedo ou mais tarde, esse tipo de iniciativa forçosamente levaria a um atrito com Hitler. No final de outubro de 1934, Hanfstaengl foi "expulso da chancelaria do *Reich* por ordem do *Führer*, por causa da sua constante guerra contra Lüdecke, com as seguintes palavras: "O *Führer* deseja que o senhor só volte à chancelaria do *Reich* depois que o caso Lüdecke esteja resolvido".[135] Isso era bem mais do que uma demissão. Como haveria de ficar claro logo em seguida, Hanfstaengl caíra em desgraça de uma vez por todas. Mais tarde, ele tentou explicar o seu rompimento com Hitler com base nas diferenças políticas entre os dois, mas acabou falando de um detalhe que deixa transparecer o lado pessoal desse conflito. Durante uma discussão acalorada em um almoço na chancelaria do Reich sobre a questão de como se deveria passar a tratar Lüdecke, Hitler teria ficado "pálido de raiva", e interrompeu Hanfstaengl: "Tudo isso é sua culpa, Hanfstaengl. Você devia tê-lo tratado de forma mais diplomática."[136] Aparentemente, Hitler estava furioso por ter se sentido pressionado por causa do açodamento de Hanfstaengl. Assim, fez dele o bode expiatório e quis passar a decidir sozinho o assunto.

Acontece que o caso de extorsão Lüdecke-Hitler era, ao mesmo tempo, um caso de extorsão Lüdecke-Hanfstaengl. E Hanfstaengl acreditava só poder se proteger de uma rasteira, se continuasse investigando a vida de Lüdecke por conta própria, apesar de ter sido repreendido por Hitler. No dia 1º de novembro de 1934, ele apresentou ao ministério das Relações Exteriores um relatório da Gestapo, endereçado ao diretor ministerial Dieckhoff na direção nacional do NSDAP. Esse relatório continha todos os fatos essenciais da lista de pecados de Lüdecke desde 1911, desmascarando-o como "mentiroso e vigarista, [...] que usava suas atividades duvidosas para o NSDAP como meio para conseguir maiores fontes de lucros".[137] A carta oficial de conteúdo semelhante que a Gestapo mandou no dia seguinte para o ministério das Relações Exteriores foi sem a frase que Hanfstaengl julgava mais importante. Segundo o relatório de Hanfstaengl, Lüdecke "também teve relacionamentos íntimos com outros homens e recebeu pagamentos para isso". O objetivo de Hanfstaengl era desnudar Lüdecke como uma espécie de garoto de programa homossexual, de forma que qualquer denúncia sexual vinda da *sua* boca parecesse totalmente inverossímil.

Hanfstaengl também passou os resultados da Gestapo para o ministro da Justiça da Baviera, Hans Frank, envolvendo-o em sua campanha. Na condição de ex-advogado de Hitler e conselheiro judicial do NSDAP, Frank estivera várias vezes às voltas com o caso Lüdecke.[138] Para efeitos externos, parecia que Hanfstaengl trabalhava a mando do *Führer*, já que todos acreditavam que eles eram bons amigos. Dessa forma, ele podia envolver o ministério das Relações Exteriores em sua guerra contra Lüdecke,[139] solicitar ao ministério bávaro da Justiça "acelerar as investigações no caso Lüdecke, uma vez que há pressa".[140] Hanfstaengl teve acesso a documentos confidenciais em ambos os ministérios, fazendo cópias. Aproveitou a oportunidade para dar uma olhada nos seus dossiês junto à polícia de Munique[141] – um indício de que também fazia essa pesquisa em causa própria. Juntou ainda depoimentos escritos, em que antigos conhecidos faziam revelações comprometedoras sobre Lüdecke.[142] Com tudo isso, no final de novembro já existia um dossiê melhor do que aqueles feitos por muitos serviços secretos profissionais.

Hitler, por sua vez, queria avançar mais devagar no caso Lüdecke. Pode-se imaginar como o ditador reagiu ao saber, no final de novembro, que Hanfstaengl prosseguira com sua guerra particular contra Lüdecke, apesar de seu veto. Quando perguntou ao ministério bávaro da Justiça por que Hanfstaengl conseguira cópias autenticadas de vários documentos, soube que ele justificara sua solicitação dizendo que queria "informar o *Führer* sobre Lüdecke".[143] Hitler havia sido ludibriado, e não é possível saber como Hanfstaengl sobreviveu a esse passo em falso. Seja como for, todo o material sobre Lüdecke foi confiscado por ordem direta de Hitler e guardado a sete chaves pelos seus ajudantes.[144]

O caso estava longe de ser solucionado. Em dezembro de 1934, Lüdecke voltou a dar sinais de vida. Convenceu amigos influentes americanos a usar em seu favor suas ligações com o presidente do Reichsbank, Hjalmar Schacht. No início de janeiro de 1935, chegou a Berlim um envelope contendo documentos altamente explosivos.[145] Todos, sem exceção, foram redigidos por Lüdecke, mesmo aqueles que parecem relatórios neutros feitos pelos seus assessores. Em sua carta, Lüdecke diz estar certo de que Schacht "atuará no sentido de encaminhar o caso L. da forma proposta". E essa "proposta" era mesmo ousada. Lüdecke estabeleceu um ultimato que deveria ser cumprido até a última reivindicação. Isso incluía um pedido de desagravo oficial da direção nacional do NSDAP pela sua "prisão injustificada", a ser publicado no *Völkischer Beobachter* junto com o esclarecimento oficial de que ele "executara de forma exemplar suas missões para o nazismo", uma "indenização da ordem de $50.000", dos quais "no mínimo, $25.000" em espécie e a outra metade na forma de "gêneros de primeira qualidade". Caso sua "proposta" não fosse aceita, ele passaria a "agir sem escrúpulos ou cuidados, através de todos os meios possíveis, [...], para vingar-se de seus inimigos". Tinha em mãos a possibilidade de "levar o caso a público de forma espetacular em um grande processo, que se tornaria obviamente um escândalo de primeira grandeza". Lüdecke garantiu que, com suas revelações, poderia causar "grandes prejuízos, principalmente ao prestígio de Hitler". Alertou-o a não tentar "eliminá-lo de forma violenta, pois tivera o cuidado de se garantir também para este caso", nem "apresentá-lo como sendo um mentiroso inofensivo, o que, com base nas provas que tinha, até com fotografias, depois dos acontecimentos do dia 30 de junho não teria a menor credibilidade".[146]

O que mais chama a atenção nesse documento é o atrevimento de Lüdecke. O aspecto mais elucidativo é que ele confirma a credibilidade do "Protocolo Mend". Hans Mend só pode ter obtido suas informações através de Hanfstaengl, que obviamente estava apurando seu material junto a pessoas como ele. Hanfstaengl e Hitler reagiram imediatamente. O chefe para a imprensa estrangeira instruiu seus aliados na América a publicar "trechos de dossiês alemães" em um panfleto, para chamar a atenção para o passado criminoso de Lüdecke.

Esses trechos eram, na verdade, idênticos ao já mencionado relatório da Gestapo.[147] Hitler agiu bem diferente. Mandou que o chefe da sua chancelaria, Philipp Bouhler, redigisse uma carta em tom cordial ao homem de confiança de Lüdecke, pedindo que transmitisse a "*Herr* Lüdecke" a notícia de que "o assunto está sendo tratado pessoalmente por mim com a maior rapidez possível. [...] O senhor pode ter certeza de que tudo será feito no sentido de solucionar a questão".[148]

Com essa promessa, Hitler deixava todas as portas abertas. Efetivamente, devem ter chegado a um acordo, pois Lüdecke permaneceu quieto durante dois anos. Nada de processos escandalosos, artigos sensacionalistas nos jornais ou cartas com chantagens. Nada, apesar de, ainda em janeiro de 1935, Lüdecke ter declarado publicamente em Nova York: "Se aquele tribunal [o tribunal do NSDAP] não me julgar inocente, saberei limpar a minha honra, mesmo que o preço disso seja o fim de Hitler e do seu partido nazista."[149] Provavelmente, jamais saberemos o que o ditador alemão fez para desarmar a bomba Lüdecke. Com certeza, deve ter-lhe custado muito dinheiro.

O que Hitler não sabia é que, apesar de todos os esforços conciliatórios, Lüdecke assinou um contrato em 1936 com a editora nova-iorquina Charles Scribner's Sons, para escrever um livro sobre suas experiências com Hitler e o movimento nazista.[150] Fiel à sua filosofia de vida, quis fazer uma coisa sem abrir mão da outra, ou seja: embolsar o dinheiro para ficar de boca fechada e, ao mesmo tempo, vender caro o que sabia. Depois de Hitler, ao que parecia, estar disposto a lhe dar apenas uma parte daquilo que ele reivindicava, ou seja, "*total* reabilitação com desagravo", Lüdecke tentou buscar o resto lançando seu livro de revelações.

O título do livro, *Eu conheci Hitler*, foi mais do que um truque mercadológico. Deve ter soado como uma ameaça para o adversário de Lüdecke. Esse sentido oculto fica mais claro quando se lê o subtítulo – *A história de um nazista que escapou ao massacre* [de Röhm] –, e quando se leva a sério a dedicatória: "Ao capitão Ernst Röhm". Já na primeira frase, Lüdecke avisa que apenas sua "consciência e considerações estéticas" o limitaram em sua apresentação da "verdade nua e crua". Em outro trecho, ele menciona um encontro secreto com Röhm na primavera de 1934 e explica que não chegou ainda a hora de tornar público todo o conteúdo daquela conversa.[151] As passagens mais veladas são aquelas em que faz insinuações sobre a sexualidade de Hitler. Aquilo que Lüdecke põe na boca de Magda Goebbels sobre o estranho comportamento de Hitler diante das mulheres[152] é tão repleto de ambigüidades que o leitor é obrigado a concluir que o *Führer* tinha um sério problema de ordem sexual com o sexo oposto. "Hitler era charmosíssimo", assegura *Frau* Goebbels, "no entanto..." O fato de Lüdecke direcionar a narrativa neste ponto imediatamente para a homossexualidade de Ernst Röhm torna sua intenção bem evidente. Se Hitler só é capaz de ter relacionamentos platônicos com mulheres e, ao mesmo tempo, protege com todos os meios possíveis um homossexual, Röhm, um de seus colaboradores mais próximos, então deve haver algum fundo de verdade nos rumores sobre suas inclinações homoeróticas. Ainda mais porque o *Führer*, como continua Lüdecke, teria reagido com irritação e grosseria a uma pergunta sua nesse sentido. Há ainda a raiva de Röhm contra a hipocrisia de Hitler. O chefe da SA teria dito a Lüdecke que sua "anormalidade" não era da conta de ninguém. "Nas minhas quatro paredes faço o que bem entendo", teria dito Röhm, acrescentando: "Como qualquer outro, aliás...".[153]

Hitler deve ter interpretado a publicação do livro como nova tentativa de chantagem, pois certamente não foi por acaso que enviou imediatamente para Nova York seu ajudante pessoal Wiedemann.[154] Em suas memórias, Wiedemann não se referiu a essa missão. Aparentemente, era uma viagem de férias, mas Wiedemann teve de prestar contas internamente como viagem de serviço, o que evidencia ser uma missão secreta de Hitler.[155] Seja como for, alguns meses mais tarde a embaixada alemã de Washington noticiou oficialmente que Lüdecke, segundo informações próprias, "abandonou definitivamente a política".[156] O chantagista deve ter recebido outro cala-boca. Lüdecke também retirou sua ação contra o *Nova Yorker Staatszeitung* no final de 1937, apesar de estar em jogo uma indenização de dez mil dólares.[157]

Com isso, o "caso Lüdecke" estava resolvido para Hitler. A imprensa inglesa não fez muito alvoroço em torno do livro, pelo menos nada que pudesse ameaçar Hitler.[158] Algumas resenhas classificaram a obra como "o livro mais íntimo escrito até agora sobre os nazistas", mas ela não foi usada contra o ditador alemão.[159] Nos Estados Unidos, aconteceu a mesma coisa, sendo que a repercussão do livro ficou dividida.[160] Por isso, Hitler tinha como negar a última tentativa de Lüdecke, no início de 1939, de tirar proveito de suas memórias. Lüdecke propôs ao embaixador alemão em Washington que o NSDAP adquirisse todos os direitos de *Eu conheci Hitler* contra uma soma considerável, caso houvesse "interesse em impedir que o livro seja disseminado". Não foi difícil para o embaixador classificar esse gesto como "mera tentativa de extorsão". [161] Por isso mesmo, negou-se a confirmar o recebimento da carta de Lüdecke. O gesto de Lüdecke lhe pareceu de tal maneira inacreditável, que imediatamente transmitiu sua carta ao ministério das Relações Exteriores, que a repassou à chancelaria do Reich. "O *Führer* aprova o comportamento da embaixada de Washington", escreveu o chefe da chancelaria, Lammers, ao ministério das Relações Exteriores.[162] Hitler manteve a calma, uma vez que a disseminação do livro em língua alemã já se tornara impossível depois da anexação da Áustria. O exemplar do ministério das Relações Exteriores ficou trancado no cofre, dentro de um envelope lacrado.[163]

Mais um chantagista

Hanfstaengl teve de pagar um preço alto por sua obsessão em tentar destruir o seu rival Lüdecke em 1933/34: caiu em desgraça junto a Hitler. Rosenberg ficou contente quando soube "através de vários encontros com o Führer no início de 1935" que este finalmente "deixara de apoiar uma pessoa tão nociva e doentia como o Dr. Hanfstaengl".[164] Mesmo assim, Hanfstaengl não foi demitido, preservando uma certa liberdade de ação, embora não mais fizesse parte do círculo em torno de Hitler e tivesse sua agência para a imprensa estrangeira sob intervenção.

O único intuito de Hanfstaengl era forçar o *Führer* a ser solidário. Isso ficou claro no final de 1935, quando solicitou ao tesoureiro nacional do NSDAP, Franz Xaver Schwarz, que lhe fossem outorgadas duas condecorações pelo tempo dedicado ao partido e pelos serviços prestados: a "ordem honrosa de ouro" e a "ordem de sangue".[165] Schwarz ignorou-o.[166] Hanfstaengl renovou seu pedido, dirigindo-se, dessa vez, "ao querido camarada de partido Schwarz" pessoalmente, justificando-se de forma insidiosa: "Participei da recriação do partido em 1925 na cervejaria Bürgerbräu. Respondendo ao desejo do *Führer*, durante todos aqueles anos eu me abstive de tornar-me oficialmente um membro do partido. O senhor deve estar ciente dos motivos." E continuou: "Gostaria de lembrar que o *Führer* veio à minha pequena casa na Pienzauer Strasse na noite daquele dia em que o partido foi novamente fundado."[167] Não é preciso muita imaginação para reconhecer uma ameaça implícita nesssa tentativa de usar a antiga intimidade para justificar suas exigências. Ainda que Schwarz não se mostrasse impressionado, e Hanfstaengl sugerisse poder "abordar diretamente o Führer sobre essa questão",[168] podemos concluir que Hanfstaengl estava prestes a abraçar a carreira de seu arquiinimigo Lüdecke, usando suas cartas para extorquir Hitler.

Nessa época, ele deve ter começado a colecionar material comprometedor contra Hitler. Não se conhecem bem os detalhes, mas, de alguma forma, Hitler passou a receber bilhetes de Hanfstaengl nesse sentido.[169] O que sabemos com certeza, pelo próprio Hanfstaengl, é que ele foi convocado por Julius Schaub para ir à chancelaria do Reich, onde foi rudemente repreendido. Schaub perguntou-lhe como podia ter a ousadia de prosseguir com a intriga contra Lüdecke em determinadas instâncias do partido e do Estado? E por que motivos estaria coletando material tão vil sobre Hitler? As acusações de Schaub terminaram com a ameaça de que, se Hanfsteangl não tomasse cuidado, seria feito um dossiê sobre ele que o liquidaria de uma vez por todas.[170] Isso era mais do que uma intimidação. Era um ultimato de vida ou morte. Hanfstaengl temeu que estivesse sendo urdido um complô por Lüdecke. Em seu desespero, reagiu de forma parecida a Hans Mend. Começou a criticar Hitler abertamente, explicando por que caíra injustamente em desgraça.

Em abril de 1936, Hertha Frey, ex-secretária de Hitler, encontrou-se por acaso com Hanfstaengl em Starnberg. Meses depois, ela escreveu ao ajudante Fritz Wiedemann, contando que Hanfstaengl fizera "violentas críticas" a Hitler, as quais ela se sentia obrigada a transmitir "por lealdade ao *Führer*", depois de longas reflexões. Disse que Hanfstaengl justificara sua atitude da seguinte forma: "Aquele porco, o tal Lüdecke, que a senhora também conhece, esteve em Berlim, onde se imiscuiu em toda parte. A senhora sabe como ele é um vigarista, um cafetão etc. O ministério das Relações Exteriores, *Herr* Meissner [chefe da chancelaria presidencial], os diplomatas, todos conhecem aquele cara, e, no entanto, Hitler o apóia. Rosenberg, cuja vida particular é totalmente conspurcada [...] lhe dá guarida porque sabe que Lüdecke conhece seu caso com a filha de Georg Bernhard [um editor judeu] e teme que ele revele tudo. Lüdecke também freqüenta a casa do Dr. Goebbels, apesar de este saber que a senhora Goebbels teve um caso com Lüdecke e estar preocupado que Lüdecke possa usar essa informação." Em seguida, o Dr. Hanfstaengl disse literalmente: "A sacanagem de Hitler, é que ele tolera essa gente à sua volta [...], que sabe de tudo e não faz nada." Hertha Frey acrescentou: "Temo que Hanfstaengl esteja falando desse jeito também para outras pessoas."[171]

Em sua resposta a Hertha Frey, Wiedemann confirmou as informações: "O jeito descontrolado do Dr. Hanfstaengl não é novidade para nós, e creio que o Führer já foi repetidamente colocado a par disso." Ele tentou minimizar a importância do ocorrido, dizendo que "oportunamente, darei ciência sobre o conteúdo da sua carta ao senhor Hess".[172] Na verdade, a denúncia da ex-secretária provocou um pequeno terremoto entre os colaboradores de Hitler. Rosenberg procurou seu velho inimigo Goebbels, para contar-lhe o "caso desagradável de Lüdecke", no qual estava envolvida a sua mulher. Quando Goebbels a questionou, ela confessou, depois de alguma hesitação, que "aquilo sobre Lüdecke era verdade". Goebbels ficou chocado. "Precisarei de muito tempo para me recuperar disso", escreveu em seu diário.[173]

Se as queixas de Hanfstaengl fossem apenas por orgulho ferido, bastava deixá-lo se lamuriando. O problema é que ele dissera a verdade sobre coisas que deviam ser tratadas com discrição, por serem tabu. Nesse sentido, Hertha Frey tinha razão com seu cuidado, ainda que sua preocupação fosse outra: "Falar dessa forma vil sobre o *Führer* e outros é inadmissível, e também perigoso." Ela não compartilhava a posição de Wiedemann "de que aquilo era apenas fruto de 'descontrole emocional'. Afinal, aquele homem contava em detalhes que tinha sido um dos melhores e mais antigos amigos do *Führer*, que esse agora nem olhava mais para ele e não tinha nenhum senso de gratidão".[174] Em outras palavras: Hanfstaengl não só falava sobre questões proibidas, passíveis de punição no Terceiro Reich, mas ainda posava como amigo íntimo de Hitler.

É difícil avaliar se Hanfstaengl realmente reagiu de forma descontrolada aos golpes recebidos, ou se seu comportamento foi proposital. Seja como for, sua luta era inglória. Toda sua vida estava em jogo, bem como o sonho de um intelectual que apostara a sua carreira na suástica, "símbolo sagrado de uma nova Alemanha",[175] e em sua relação pessoal com Hitler.

O *Führer* também precisava agir. Seu chefe para imprensa estrangeira era muito conhecido e ele não poderia simplesmente eliminá-lo. Por outro lado, não podia ficar assistindo de mãos atadas às provocações de Hanfstaengl. Afinal, não se sabia o que o antigo amigo ainda seria capaz de fazer. Primeiro, Hitler mandou o traído Goebbels fechar a fonte de dinheiro e processar Hanfstaengl. "Hanfstaengl será interrogado. Vamos acabar com os seus negócios", anotou o ministro para propaganda, venenoso, no dia 16 de agosto de 1936. Cinco dias depois, acrescentou: "Nós o quebramos."[176] Quando soube que Helene Hanfstaengl estava se separando do marido, à mesma época, Hitler teria exclamado: "Preciso mandar-lhe um telegrama de felicitações!"[177]

A partir daí, a vida de Hanfstaengl corria perigo, como ficou claro em fevereiro de 1937, quando Hitler lhe deu uma cruel lição.

Um dia antes do 50º aniversário de Hanfstaengl, Hitler o enviou para a Espanha, que estava em plena guerra civil, a fim de encontrar-se com representantes da imprensa alemã para a Espanha. Depois que o avião levantou vôo em Berlim, Hanfstaengl foi comunicado sobre o "verdadeiro objetivo" de sua missão: saltar de pára-quedas atrás das "tropas vermelhas" no *front*. Hanfstaengl farejou uma tentativa de atentado. Tomado por um pânico mortal, conseguiu aproveitar uma escala para fugir para a Suíça.[178] Desde o verão de 1936, ele vinha avaliando a possibilidade de fugir, mas resistia a essa opção. Afinal, ele ainda dispunha de liberdade para se utilizar de instrumentos através dos quais acreditava poder reconquistar um naco de poder no Reich. Agora, começava uma batalha de dois anos e meio, uma implacável queda de braço.

Poucos dias depois da fuga de Hanfstaengl, a direção do NSDAP, sobressaltada, tentou "atrair o desertor de volta para a Alemanha". Primeiro, Goebbels jogou a "isca de uma boa remuneração por uma trilha sonora".[179] Pouco depois, Göring mandou uma carta, levada pessoalmente para Hanfstaengl em Zurique pelo seu assessor Bodenschatz. Esta carta dizia que o tal comando de saltar de pára-quedas fora um alerta pelas suas declarações descuidadas, mas, se ele quisesse voltar para a Alemanha, seria um homem livre.[180] Quando o enviado lhe anunciou que arcaria com conseqüências desagradáveis caso recusasse a oferta, Hanfstaengl passou para o contra-ataque. Disse que possuía documentos secretos sobre a elite nazista desde 1922, cuja publicação comprometeria os líderes políticos do Terceiro Reich. Hanfstaengl garantiu que existiam diversas cópias desses documentos em mãos seguras, e que poderia passá-las para a imprensa internacional.[181] Hitler, Göring e Goebbels ficaram perplexos e preocupados: "Tomara que ele não emigre."[182] Hanfstaengl não se deixou mais apanhar nem mesmo por propostas generosas, como a volta ao seu cargo profissional e à sua posição material original. Ao contrário, sabia que dispunha de um eficaz meio de pressão.

Em abril de 1937, mudou-se para Londres. De lá, ameaçou "disparar suas revelações", como anotou Goebbels, consternado. "Se ele começar a falar, vai deixar no chinelo todos os outros emigrantes." Por isso, a direção nazista estava tão empenhada em fazê-lo mudar de idéia e obrigá-lo a voltar. "Se o pegarmos, teremos que prendê-lo." Goebbels escreveu ainda que sempre soube que Hanfstaengl era um "porco", "disposto a tudo".[183] A Gestapo confiscou os bens pessoais de Hanfstaengl, mas com a ajuda de amigos ele conseguiu salvar algumas coisas.[184] Também foi ameaçado de ser processado por alta traição. Reinhard Heydrich pessoalmente chefiou as investigações.[185] Em meados de maio, o assessor Bodenschatz voltou a Hanfstaengl com mais uma tentativa de acordo: Göring o convidava para uma reunião em Berlim. Também apareceu outro enviado em Londres, pedindo a Hanfstaengl que não fosse um "porco". Esse retrucou dizendo que as pessoas da chancelaria do Reich não eram "limpas", nem mesmo Hitler, e que um "veado chantagista" (referindo-se a Lüdecke) valia mais do que ele. Tudo isso mostra qual era o clima reinante.[186]

Em poucos meses as posições de Hanfstaengl e da chancelaria do Reich estavam mais do que claras: o desertor continuava obstinadamente em sua guerra contra Lüdecke. Queria de qualquer maneira que Hitler desautorizasse aquele homem publicamente, desculpando-se junto a Hanfstaengl. Do outro lado, estavam Hitler, Goebbels e Göring, as cabeças políticas do regime nazista, que temiam as "revelações" de Hanfstaengl. Eles tinham de usar todos os meios possíveis para evitar que seu antigo chefe para a imprensa estrangeira concretizasse suas ameaças, ao mesmo tempo mantendo as aparências.

Quando, em novembro de 1937, saiu publicado o livro de Lüdecke, *Eu Conheci Hitler*, Hanfstaengl viu confirmadas suas suspeitas em todos os aspectos. Apesar de reconhecer que o autor "não tinha disparado toda a sua munição",[187] percebeu que, mais uma vez, o seu arquiinimigo passara à sua frente. Então, lançou-se sobre as declarações de Lüdecke, a fim de se vingar dos dirigentes nazistas. Afinal, disse, ele fora o único nazista que arriscara até mesmo seu cargo para afastar do círculo de colaboradores de Hitler aquele "porco bissexual", que agora se revelava partidário de Röhm.[188] Ameaçou tornar público seu dossiê sobre Lüdecke, caso não fosse imediatamente reabilitado. Quando Hitler se mostrou totalmente impassível, Hanfstaengl enviou um pequeno relatório para 45 nazistas famosos. Sob o título *I Knew Lüdecke (Eu Conheci Lüdecke)*, ele compilou os trechos mais delicados do livro de Lüdecke. O objetivo não era tanto atingir o próprio Lüdecke, e sim, "todos aqueles que, durante anos, não reconheceram os meus méritos, me difamaram, lutaram contra mim e, finalmente, por 'lealdade' a Lüdecke me fizeram perder o emprego e exilar-me". Agora, segundo Hanfstaengl, a única saída seria "um pedido de desculpas geral".[189]

Para a equipe dirigente nazista, o tom ressentido desse relatório era como o latido de um cachorro que não morde. "Hanfstaengl quer voltar para a Alemanha", previu Goebbels aliviado, em janeiro de 1938. "Até agora, não fez nada contra a gente."[190] Quando Hanfstaengl, pouco tempo depois, pediu ao "querido *Herr* Himmler" que "intercedesse por ele junto a Hitler", Himmler retransmitiu a posição do ditador. "Que Hanfstaengl permaneça onde está. O *Führer* não se interessa por ele."[191] O máximo que Hanfstaengl podia esperar do Terceiro Reich agora, no final de março de 1938, era voltar sem ser punido, mas também "sem nenhuma expectativa de desagravo, apenas para levar uma vida normal, sem atuação política".[192] Era um reultado decepcionante depois de uma luta cheia de percalços, que durara doze meses, se bem que Hanfstaengl ainda não lançara mão do seu principal trunfo: as informações acerca da homossexualidade de Hitler. Talvez não o tivesse feito por escrúpulos ou por medo das conseqüências, ou quem sabe só por falta de oportunidade.

A oportunidade apareceu em abril de 1938, na forma de um breve artigo na revista *The New Republic.* Hanfstaengl não hesitou em usar essa chance com todas as regras da arte da extorsão. O pivô foi a seguinte frase: "Dr. Hanfstaengl era famoso como amiguinho de Hitler, até se tornar vítima de uma intriga palaciana." [193] Essa qualificação de "amiguinho de Hitler" (*Hitler's boyfriend*) foi, para ele, o esperado gancho para finalmente iniciar o processo por difamação que já quisera fazer três anos antes por causa do aposto "Hitler's Putzy".

Agora, queria voltar à ofensiva, e estava seguro de atingir o ditador alemão em um ponto nevrálgico.

Hanfstaengl usou vários canais para armar seu golpe. Inicialmente, tentou convencer o novo embaixador alemão em Londres, Herbert von Dirksen, de que a frase em questão significava uma "chocante difamação da natureza do *Führer*" e de que constituía apenas o começo de uma grande campanha de grupos interessados.[194] O mesmo ele escreveu poucas semanas depois à sua velha mãe, porque queria que ela fosse até Göring, uma vez que o artigo desafiava não só a ele, mas também a Hitler, "prejudicando sua reputação enquanto homem". Caso o governo alemão o deixasse só nessa luta por sua honra, ele se veria obrigado a ir aos tribunais, o que fatalmente desencadearia um gigantesco escândalo. "Homossexualidade ligada a A.H. nas barras dos tribunais! Fico de cabelo em pé quando penso na imprensa. Mas o que posso fazer?".[195] A mãe, que conhecia bem a hipocrisia do filho, ficou horrorizada. Um processo desses só poderia ser prejudicial para todos os envolvidos. "Não compreendo aonde você quer chegar", respondeu ela.[196]

Dois dias mais tarde, ele recebeu uma carta de Göring dizendo que, como amigo, só podia aconselhá-lo a regressar imediatamente para a Alemanha, onde poderia viver sem perigo – palavra de marechal do Reich. Ele devia esquecer o artigo de jornal, que nem mesmo tangenciava a honra de Hitler. "Acho que não preciso lembrar que você mesmo fez afirmações não muito delicadas sobre o *Führer*, e que este se distanciou de você por causa disso." Göring terminou sua carta pedindo: "Pare com essas besteiras! [...] E pare com essa mania doida de processar!".[197]

Dessa vez, Hanfstaengl não se deixou enganar ou intimidar. Em sua resposta a Göring, no dia 9 de setembro de 1938, que terminava com a saudação "Heil Hitler", ele enfatizou sua lealdade ao *Führer* e se declarou disposto a continuar servindo à causa nazista. A condição era receber uma carta de desculpas do próprio Hitler, pedindo-lhe que voltasse para a Alemanha e oferecendo um cargo atraente. Se essas exigências legítimas não fossem cumpridas, ele ficaria no exterior e iniciaria um processo por calúnia.[198] Quando, quatro semanas mais tarde, no lugar de uma resposta, chegou um cheque de 20 mil *Reichsmark* em seu nome à embaixada da Alemanha, junto com a ordem de regressar imediatamente, ele sabia que encontrara o tom certo e atingira o governo na medula. Recusou o suborno e aumentou a pressão, entrando com uma ação contra o editor da revista *The New Republic*, em 17 de novembro de 1938. Hipócrita, escreveu no dia seguinte para Göring e Ribbentrop dizendo que agora "a honra e a vida pessoal do *Führer*" estariam em jogo na Justiça, perguntando se Berlim pretendia mandar instruções para esse caso.[199]

Dessa vez, recebeu, através de terceiros, a informação de que, caso voltasse à Alemanha, passaria a receber uma generosa pensão vitalícia. Isso o encorajou a abordar Hitler diretamente, a fim de desconcertá-lo. Na carta, da qual só se conservou o rascunho, ele advertiu Hitler de um "vil ataque da oposição", baseado em material comprometedor obtido entre seus antigos amigos. O material incluía a questão da sua demissão da chancelaria do Reich. Hanfstaengl avisou que a imprensa judaica fatalmente se lançaria sobre esse processo, usando-o em sua implacável agitação contra Hitler. Disse ainda que empenharia todas as suas forças para proteger a reputação de Hitler dessa "mácula".[200]

Hanfstaengl recebeu a resposta a essa provocação no dia 2 de dezembro através de Bodenschatz, braço direito de Göring. Ele mandou avisar que, para o seu chefe, a palavra "*boyfriend*" não era nenhum xingamento, muito menos uma insinuação de ordem sexual, uma vez que, em alemão, ela podia ser traduzida por "*Jugendfreund*", "amigo de juventude". Qual, então, a razão do processo? Hanfstaengl replicou no dia 14 de dezembro de 1938, sem meias palavras: o processo serviria para averiguar "se o lado oposto é ou não capaz de apresentar provas para a acusação difamatória de que o *Führer* e eu tivemos relações passíveis de punição com base no parágrafo 175". Como seria difícil obter essas provas, o lado oposto poderia lançar mão de um método indireto, invocando antigos camaradas homossexuais de Hitler (Röhm, Heines etc.) ou então colaboradores atuais, moralmente polêmicos. Hanfstaengl dizia ainda que era sua tarefa proteger a honra de Hitler contra tais ataques. Retirar a ação, simplesmente, equivaleria à confissão de que o "*Führer* era culpado do crime da homossexualidade".[201]

Sem dúvida, isso era munição pesada. Ninguém na turma de Hitler jamais ousara relacionar o Führer com o parágrafo 175! Só alguém que estava a salvo do regime e que tinha certeza do que estava dizendo podia ousar um lance desses! Se Hitler não soubesse que Hanfstaengl tinha munição certeira, suas cartas teriam sido apenas ridicularizadas e tratadas como produtos da imaginação de um louco. No entanto, viraram objeto da mais alta diplomacia secreta, passando a ocupar quase toda a direção nazista. Em suma: era perigo à vista. Não admira que começassem a circular rumores de que Hanfstaengl estava extorquindo o governo alemão e seria silenciado por meio de subornos.[202]

Até o fim do ano de 1938, Hanfstaengl já conseguira muita coisa com suas chantagens. Isso ficou claro na cordial carta que recebeu de Winifred Wagner, na qual ela afirmava que obtivera de Hitler a promessa de que nada aconteceria a Hanfstaengl no caso de sua volta à Alemanha e que ele poderia se dedicar a qualquer carreira que desejasse.[203] Isso, porém, não era suficiente para Hanfstaengl. Ele queria garantias pessoais de Hitler. Por isso, mandou uma nova carta manuscrita ao *Führer* no início de fevereiro de 1939: "Como o senhor sabe, fui acusado há algum tempo de práticas homossexuais consigo. Como não aceito essa

Uma das cartas de ameaça manuscritas de Ernst Hanfstaengl para Hitler.

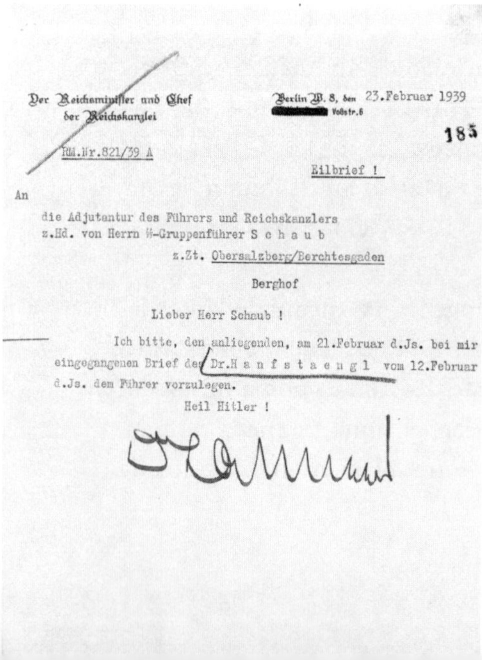

Der Reichsminister und Chef der Reichskanzlei

Berlin W. 8, den 23.Februar 1939
Voßstr.6

185

RK.Nr.821/39 A

Eilbrief !

An
die Adjutantur des Führers und Reichskanzlers
z.Hd. von Herrn SS-Gruppenführer S c h a u b
z.Zt. Obersalzberg/Berchtesgaden
Berghof

Lieber Herr Schaub !

Ich bitte, den anliegenden, am 21.Februar d.Js. bei mir eingegangenen Brief des Dr.H a n f s t a e n g l vom 12.Februar d.Js. dem Führer vorzulegen.

Heil Hitler !

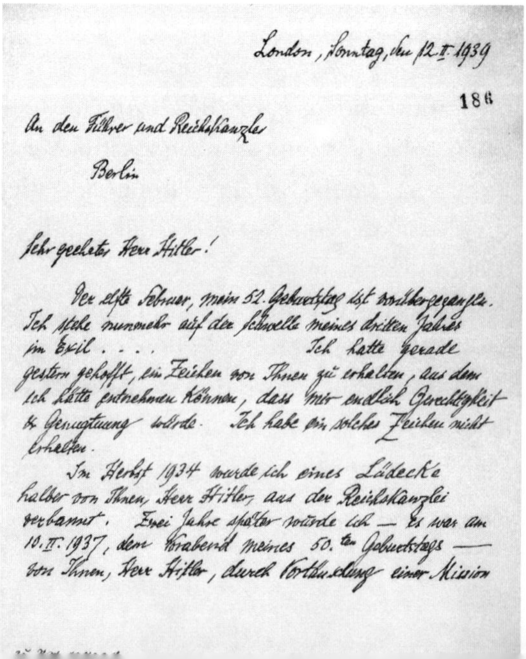

London, Sonntag, den 12.II.1939

186

An den Führer und Reichskanzler
Berlin

Sehr geehrter Herr Hitler!

Der elfte Februar, mein 52. Geburtstag ist vorübergegangen. Ich stehe nunmehr auf der Schwelle meines dritten Jahres im Exil . . . . Ich hatte gerade gestern gehofft, ein Zeichen von Ihnen zu erhalten, aus dem ich hätte entnehmen können, dass mir endlich Gerechtigkeit & Genugtuung würde. Ich habe ein solches Zeichen nicht erhalten.

Im Herbst 1934 wurde ich eines Lüdecke halber von Ihnen, Herr Hitler, aus der Reichskanzlei verbannt. Zwei Jahre später würde ich — es war am 10.II.1937, dem Vorabend meines 50.ten Geburtstags — von Ihnen, Herr Hitler, durch Vortäuschung einer Mission difamação, iniciei um processo. O início da negociação foi marcado para meados de março. A negociação deve levar dois dias." Na carta, Hanfstaengl informa a Hitler:

> Neste processo, teria que prestar informações sobre a minha antiga relação com o senhor. Se eu quiser defender minha honra e a sua, preciso pelo menos saber se devo enfrentar os tribunais como um exilado renegado pelo senhor, ou se vou como nazista totalmente reabilitado em sua honra e posição. Se, portanto, até o início de março eu não receber uma ordem sua neste sentido, junto com a garantia da reabilitação completa, teria que concluir, para minha tristeza, que o senhor ainda não quer me fazer justiça. Nesse caso, eu teria que concluir ainda que o senhor, *Herr* Hitler, é indiferente não só à minha lealdade e fidelidade comprovada ao longo de muitos anos, mas também à minha honra e ao meu futuro. Se isso se comprovar, saberei o que fazer.[204]

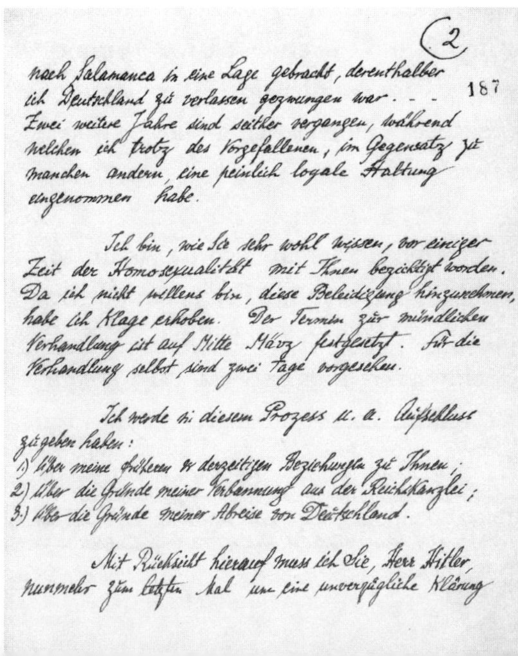

(2

187

nach Salamanca in eine Lage gebracht, derenthalber ich Deutschland zu verlassen gezwungen war. - - -
Zwei weitere Jahre sind seither vergangen, während welchen ich trotz des Vorgefallenen, im Gegensatz zu manchen andern, eine peinlich loyale Haltung eingenommen habe.

Ich bin, wie Sie sehr wohl wissen, vor einiger Zeit der Homosexualität mit Ihnen bezichtigt worden. Da ich nicht willens bin, diese Beleidigung hinzunehmen, habe ich Klage erhoben. Der Termin zur mündlichen Verhandlung ist auf Mitte März festgesetzt. Für die Verhandlung selbst, sind zwei Tage vorgesehen.

Ich werde in diesem Prozess u. a. Aufschluss zu geben haben:
1) über meine früheren u. derzeitigen Beziehungen zu Ihnen;
2) über die Gründe meiner Verbannung aus der Reichskanzlei;
3.) über die Gründe meiner Abreise von Deutschland.

Mit Rücksicht hierauf muss ich Sie, Herr Hitler, nunmehr zum letzten Mal um eine unverzügliche Klärung

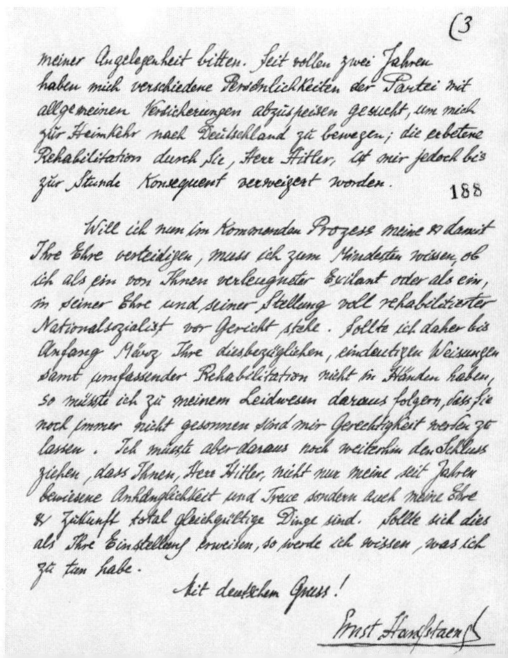

(3

meiner Angelegenheit bitten. Seit vollen zwei Jahren haben mich verschiedene Persönlichkeiten der Partei mit allgemeinen Versicherungen abzuspeisen gesucht, um mich zur Heimkehr nach Deutschland zu bewegen; die erbetene Rehabilitation durch Sie, Herr Hitler, ist mir jedoch bis zur Stunde konsequent verweigert worden.

188

Will ich nun im kommenden Prozess meine u. damit Ihre Ehre verteidigen, muss ich zum Mindesten wissen, ob ich als ein von Ihnen verleugneter Exilant oder als ein, in seiner Ehre und seiner Stellung voll rehabilitierter Nationalsozialist vor Gericht stehe. Sollte ich daher bis Anfang März Ihre diesbezüglichen, eindeutigen Weisungen samt umfassender Rehabilitation nicht in Händen haben, so müsste ich zu meinem Leidwesen daraus folgern, dass Sie noch immer nicht gesonnen sind mir Gerechtigkeit werden zu lassen. Ich müsste aber daraus noch weiterhin den Schluss ziehen, dass Ihnen, Herr Hitler, nicht nur meine seit Jahren bewiesene Anhänglichkeit und Treue sondern auch meine Ehre u. Zukunft total gleichgültige Dinge sind. Sollte sich dies als Ihre Einstellung erweisen, so werde ich wissen, was ich zu tun habe.

Mit deutschem Gruss!

Ernst Hanfstaengl

Também essa carta era uma obra-prima da arte da extorsão, logo reconhecida como tal por todos os envolvidos. Por iniciativa de Betreiben Göring, que poderia muito bem fazê-la sumir, ela foi primeiro para o chefe da chancelaria do Reich. Ele só a transmitiu para Hitler no final de fevereiro. Por isso, Hanfstaengl mandou outra carta, através de outros canais, em 27 de fevereiro de 1939, a qual infelizmente não foi conservada. Seja como for: Hitler, Himmler, Göring e seus braços direitos Bormann, Heydrich e Bodenschatz, os homens mais poderosos do regime estavam em turbulência em fevereiro/março de 1939 por causa das ameaças de Hanfstaengl. As concessões feitas finalmente "por ordem do Führer" eram notáveis: a reposição de todas as despesas causadas pelo exílio involuntário, a reconquista de uma boa posição no Terceiro Reich, e nenhuma sanção.[205] Hanfstaengl já estava vendo a vitória de perto. Agora, como condição para sua volta só faltava, segundo suas próprias palavras, "a carta de reabilitação [...] escrita pelo *Führer*".[206] Mas Hitler queria esperar o início do processo. Ele conhecia Hanfstaengl bem demais, e imaginava que esse desistiria à última hora de fazer as revelações. E assim aconteceu.

O processo dos dias 18 e 19 de março de 1939 não foi bem para Hanfstaengl. Embora a parte adversária lamentasse o tom pejorativo do trecho em questão, o juiz concordou que uma denúncia de ordem sexual ou a vida particular de Hitler não estavam em jogo. O pedido de indenização por danos morais foi negado a Hanfstaengl com a justificativa de que não havia sido cometido nenhum delito. No fim, o autor da ação teve que pagar as custas do processo.[207] Hanfstaengl não teve coragem de dar um último e decisivo passo. O anunciado escândalo na imprensa não aconteceu. Para os iniciados, estava claro que suas ameaças tinham-se tornado inofensivas. Hanfstaengl ainda precisou de cinco semanas, durante as quais escreveu novas cartas para colaboradores de Hitler, até entender tudo.

Hanfstaengl compreendeu que tinha esticado demais a corda. Assim, seus esforços desesperados junto a Hitler culminaram com uma carta em que lembra o começo da sua relação: "O senhor me conhece, *Herr* Hitler, e sabe tão bem quanto eu o que me levou até o senhor nos anos de 1922-1923. Vendi a minha alma ao senhor, o meu eleito. Ninguém mais tem o direito de me exigir lealdade e obediência. Enquanto o senhor existir, ouvirei apenas sua voz, e nenhuma outra. Só o senhor pode me pedir que eu volte. Escrevo do fundo do meu coração. Faça o mesmo, eu lhe imploro."[208]

Uma carta de Martin Bormann ao assessor de Himmler, Wolff, revela que esse tipo de apelo pessoal ainda atingia Hitler. Nessa carta, Bormann diz que Hitler "teve intenção de escrever brevemente a Hanfstaengl".[209] Ao que parece, foi um rápido acesso sentimental, pois Hanfstaengl nunca recebeu uma resposta. Em setembro de 1939, pouco depois de ter começado a cobrir a Europa de guerra, Hitler voltou a se lembrar do caso: "O *Führer* pede que nossa re-

Hitler em uma de suas poses preferidas no início da construção da auto-estrada entre Salzburgo e Viena, em 1938.

presentação em Londres entre em contato com Hanfstaengl para instá-lo a voltar para a Alemanha. Divisas devem ser colocadas à sua disposição, inclusive para pagar suas dívidas lá."[210] Tarde demais: poucos dias depois da eclosão da guerra, Hanfstaengl foi preso pelos ingleses, e depois deportado para o Canadá. No verão de 1942, ele efetivamente revelou parte considerável do seu conhecimento sobre Hitler – mas ao serviço secreto americano.

Notas

1 Assim Hanfstaengl se qualificou no artigo (originalmente publicado em inglês) *Como conheci Adolf Hitler*, citado aqui segundo *Der Freiheitskampf*, n. 293 de 21/10/1934.

2 Segundo o memorando *Adolf Hitler*, escrito por Hanfstaengl, no verão de 1942, para o serviço secreto americano, in: Franklin D. Roosevelt Library (Nova York), Henry Field's Papers, Box 44, p. 30 e seg.

3 Cópia autenticada do interrogatório de Hitler em 17/1/1923, in: HStA München, Mju/ 16.312.

4 Afirmação de Hitler em 30/10/1941, in: Werner Jochmann (org.), *Adolf Hitler. Monologe im Führerhauptquartier 1941-1944*, Munique, 1980, p. 117.

5 De Hanfstaengl para Julius Streicher em 19/12/1937 (cópia), in: BAK, NS 10/149.

6 Rudolf Diels, *Lucifer Ante Portas. ... es spricht der erste Chef der Gestapo...* , Stutgart, 1950, p.124 e 382.

7 Comparar Kurt G. W. Ludecke, *I Knew Hitler. The Story of a Nazi Who Escaped The Blood Purge*, Nova York, 1937, p. 20 e seg.

8 Cópia das atas da denúncia contra Lüdecke por causa de chantagem, procuradoria do Real Tribunal II Berlim (Staatsanwaltschaft bei dem Königlichen Landgericht II Berlin), do ano de 1911, in: PAA Berlim, R 100097.

9 Relatório de inquérito sem data da direção da polícia de Munique (provavelmente janeiro de 1923), in: HStA München, MA. 1943. D.R., N. 473; outro exemplar in: BAB, BDC Kurt Lüdecke.

10 Cit. segundo idem.

11 Comparar Keith Sward, *The Legend of Henry Ford*, Nova York, 1948, aqui segundo a reedição Nova York 1968, p. 106, onde estão contidas ainda as informações seguintes.

12 Henry Ford (org.), *Der internationale Jude. Ein Weltproblem; das erste amerikanische Buch über die Judenfrage.* Traduzido para o alemão por Paul Lehmann, Leipzig, 1921. Esse texto foi publicado pela Editora Hammer, especializada em textos populistas e anti-semitas.

13 É o que se depreende dos documentos coletados pela polícia de Munique no inverno 1922/23 sobre Lüdecke, e que foram conservados em grande parte em forma de cópia, in: HStA München, Mju/16312.

14 Cópia autenticada do interrogatório de Hitler em 17/1/1923, in: idem.

15 Cópia autenticada de um relatório de Max Amann em 29/8/1922, in: ibid.

16 Cópia autenticada do interrogatório de Dietrich Eckart em 3/3/1923, in: ibid.

17 Cópia autenticada do interrogatório de Hitler em 17/1/1923, in: HStA Munique, Mju/ 16312.

18 Segundo relato de um correspondente do *New York Times*, que apontou ainda para as várias traduções do livro de Ford sobre o judeu internacional que estavam à disposição na sede do NSDAP. Comparar edição do *New York Times* n. 23.706 de 20/12/1922 ("*Berlin hears Ford is backing Hitler. Bavarian Anti-Semitic Chief has American's Portrait and Book in his Office. Spends Money lavieshly*").

19 Ver Ludecke, *I Knew Hitler*, p.1 e seg. e p. 13.
20 Ludecke, *I Knew Hitler*, p. 105.
21 Ata do interrogatório de Hermann Esser em 15/2/923, in: HStA München, MJu/16312.
22 Ata do interrogatório de Lüdecke de 23/3/1923, in: idem.
23 Cópia autenticada do interrogatório de Hitler em 17/1/1923, in: ibid.
24 Comparar veredicto do tribunal popular de Munique em 7/3/1923, in: ibid.
25 Ata do interrogatório de Lüdecke de 23/3/1923, in: ibid.
26 Comparar memórias inéditas de Hanfstaengl de 1956, in: BSB, NL Hanfstaengl, Ana 405/47.
27 *Völkischer Beobachter* n. 59 de 5/4/1923 ("*Sobre o caso Lüdecke*").
28 *Münchener Zeitung* n. 86 de 29/3/1923.
29 Essa viagem a Linz foi confirmada por Hitler em carta ao seu amigo de juventude Fritz Seidl, em 16/10/1923, in: BAB, NS 26/14.
30 Ludecke, *I Knew Hitler*, p. 234.
31 Citações seguintes, idem, páginas135-139.
32 Ver referências de fontes históricas em Ernst Deuerlein (org.), *Der Hitler-Putsch. Bayerische Dokumente zum 8./9. November 1923*, Stutgart, 1962, p. 452 e 543 p.
33 Ver detalhes em Joachim Köhler, *Wagners Hitler. Der Prophet und sein Vollstrecker*, Munique, 1997, p. 231.
34 Comparar a descrição algo abreviada de Zdenko von Kraft, *Der Sohn. Siegfried Wagners Leben und Umwelt*, Graz/Stutgart, 1969, 234p.; bem como a narrativa algo exagerada de James Pool, *Who Financed Hitler. The Secret Funding of Hitler's Rise to Power, 1919–1933*, Nova York, 1997, (2ª ed.), 89p.
35 O fac-símile dessa carta de 4/1/1924 foi reproduzido em Lüdecke, *I Knew Hitler*, p. 190 e seg.
36 Ibid., p. 234.
37 Comparar interrogatório de Lüdecke à polícia de Munique em 2/1/1925, in: HStA München, Mju/16312.
38 Cópia autenticada de auto de inquérito policial em Landshut em 22/5/1925, in: idem.
39 *Völkischer Kurier* de 28-2/3/3/1925 ("Hitler contra Pittinger"), aqui segundo Clemens Vollnhals (org.), *Hitler. Reden, Schriften, Anordnungen*, vol. I, Munique, 1992, p. 12.
40 Ver Ludecke, *I Knew Hitler*, 271 p.
41 Idem, p. 271.
42 Ibid. p. 276 e seg.
43 Ibid. p. 273.
44 Comparar documento em fac-símile in ibid., p. 799.
45 Memórias inéditas de Hanfstaengl (1956), in: BSB, NL Hanfstaengl, Ana 405/47.
46 Quinze anos depois, Hanfstaengl ainda se referiu a esse complô. Ver suas duas cartas para Esser de 31/1 e de 23/2/1939, segundo David George Marwell, *Unwanted Exile. A Biography of Ernst "Putzi" Hanfstaengl, PhD*, Nova York, 1988, p. 379 e 389.
47 Ver Lüdecke, *I knew Hitler*, p. 230. Ver ainda Ian Kershaw, *Hitler*, vol. 1: 1889-1936, Stutgart, 1998, 280pp.

48 Comparar carta de Hitler para Rosenberg de 2/4/1925, in: Archives du Centre de Documentation Juive Contemporaine Paris, document LXII – 1.

49 Memórias inéditas de Hanfstaengl (1956), in: BSB, NL Hanfstaengl, Ana 405/47.

50 Ernst Hanfstaengl, *Zwischen Weissem und Braunem Haus. Memoiren eines politischen Aussenseiters*, Munique, 1970, p. 163 e 170.

51 De Hitler para Rosenberg em 2/4/1925, in: BAB, NS 8/143, Bl. 13.

52 De Hanfstaengl para o diretor do Tesouro do *Reich* Schwarz em 9/3/1936, in: BAB, BDC Ernst Hanfstaengl.

53 Memórias inéditas de Hanfstaengl (1956), in: BSB, NL Hanfstaengl, Ana 405/47.

54 *Völkischer Beobachter* de 5/3/1925 ("Explicação").

55 *Völkischer Beobachter* de 15/10/1925 ("O noivado de Hitler").

56 Memórias inéditas de Hanfstaengl (1956), in: BSB, NL Hanfstaengl, Ana 405/47.

57 Hanfstaengl, *Aussenseiter*, p. 189.

58 Sobre essa atuação no serviço secreto, comparar o detalhado estudo de Steven Casey, *Franklin D. Roosevelt, Ernst "Putzi" Hanfstaengl and the "S-Project", June 1942-June 1944*, in: *Journal of Contemporary History*, vol. 35 (2000), p. 339-359. Comparar ainda Christof Mauch, *Schattenkrieg gegen Hitler. Das Dritte Reich im Visier der amerikanischen Geheimdienste 1941-1945*, Stutgart 1999, 74p.

59 Existe uma cópia desse dossiê escrito ao longo do verão de 1942, com data de 3/12/1942, in: Franklin D. Roosevelt Library (Nova York), Henry Field's Papers, Box 44.

60 Memórias inéditas de Hanfstaengl (1956), in: BSB, NL Hanfstaengl, Ana 405/47.

61 Entrevista com Ernst Hanfstaengl em 28/10/1951, in: IfZ München, ZS 60.

62 Memórias inéditas de Hanfstaengl (1956), in: BSB, NL Hanfstaengl, Ana 405/47.

63 Ernst Hanfstaengl, *Hitler. The Missing Years*, Londres, 1957, p. 169.

64 Memórias inéditas de Hanfstaengl (1956), in: BSB, NL Hanfstaengl, Ana 405/47.

65 Comparar observações de Theo Schwarzmüller, *Zwischen Kaiser und "Führer". Generalfeldmarschall August von Mackensen*, Paderborn, 1995, p. 78, 176 e 196. – Schwarzmüller possui a correspondência particular do marechal com o seu filho Georg, ex-ajudante do príncipe. Com base em seu conhecimento das fontes, ele sustenta que a condição homossexual do príncipe é inegável. Agradeço a Theo Schwarzmüller pelas informações prestadas.

66 Memórias inéditas de Hanfstaengl (1956), in: BSB, NL Hanfstaengl, Ana 405/47, que também contêm a citação seguinte.

67 Ver "Certified Copy of Marriage Record", in: PAA Berlin, R 1000097.

68 Comparar Ralf Georg Reuth, *Goebbels. Eine Biographie*, Munique, 1995, p. 350 (com referências a partes inéditas dos diários de Goebbels).

69 Comparar Ludecke, *I knew Hitler*, p. 317.

70 Comparar trechos com provas em Sappo Kuusisto, *Alfred Rosenberg in der nationalsozialistischen Aussenpolitik 1933-1939*, Helsinki, 1984, p.46.

71 Carta do tesoureiro do NSDAP de 19/11/1931, in: BAB, BDC Kurt Lüdecke.

72 Citações seguintes em Ludecke, *I knew Hitler*, p. 414-537.

73 Cit. cf. idem, p. 477e seg.

74 Comparar BAB, BDC Kurt Lüdecke.

75 Comparar fac-símile em Ludecke, *I knew Hitler*, p. 531.
76 Comparar carta de Lüdecke para Hitler de 10/4/1934, in: Archives du Centre de Documentation Juive Contemporaine Paris, CXXIXa-120. Ver ainda as fotos no livro de Lüdecke, *I knew Hitler*, p. 530.
77 Memórias inéditas de Hanfstaengl (1956), in: BSB, NL Hanfstaengl, Ana 405/47.
78 Goebbels em seu diário (anotação de 22/11/1929), in: Elke Fröhlich (org.), *Die Tagebücher von Joseph Goebbels. Sämtliche Fragmente*, vol. I/1, Munique e outros, 1987, p. 459.
79 Comparar Hanfstaengl, *Aussenseiter*, p.217.
80 Comparar carta de Hanfstaengl ao seu colaborador Voigt em 31/10/1937 (rascunho), aqui segundo Marwell, *Unwanted Exile*, p. 251 e seg.
81 Comparar BAB, BDC Ernst Hanfstaengl.
82 Idem, p. 283. Comparar ainda Diários de Goebbels I/2 (1987), p. 126 (anotação de 11/2/1932).
83 Hanfstaengl *Aussenseiter*, p. 301.
84 Idem, p. 106 e p. 302.
85 Comparar Bella Fromm, *Als Hitler mir die Hand küsste*, Berlin 1993, p.106 (anotação do dia 17/3/1933); Martha Dodd, *Through Embassy Eyes*, Nova York, 1939, p. 25.; Philip Metcalfe, *Berlin 1933. Das Jahr der Machtergreifung*, Bonn, 1989, 193p.; Karlheinz Schädlich, *Die Mitford sisters*, Düsseldorf , 1993, p. 111.
86 Ver Kuusisto, Aussenpolitik, 44p.; bem como Andreas Molau, *Alfred Rosenberg*, Koblenz 1993, p. 101.
87 Ludecke, *I knew Hitler*, p. 573.
88 Ver referência de fontes em Kuusisto, *Aussenpolitik*, p. 48 e seg.
89 De Hanfstaengl para Hitler em 4/2/1938, in: BAB, BDC Ernst Hanfstaengl.
90 *Nova Yorker Staatszeitung* N. 113 de 12/5/1933 ("Ação de limpeza dos nazistas nas fileiras próprias").
91 Comparar Ludecke, *I knew Hitler*, p. 686.
92 De Lüdecke para Buch em 16/9/1933, in: BAB, NS 43/157.
93 Ludecke, *I knew Hitler*, p. 705. O original dessa carta não foi preservado
94 Idem, p. 735 (no original: "An unpleasant business, this Ludecke affair. A strange bird, a good head, but a dangerous brother!")
95 Carta de Lüdecke para Amann de 28/2/1934, in: Hoover Institution Archives Stanford, Ludecke Papers, TS Germany P 214a.
96 Comparar as memórias do também detento Kurt Hiller, *Leben gegen die Zeit*, Hamburgo, 1969, p. 276.
97 Comparar carta de Rosenberg para Brückner de 17/4/1934, in: BAB, NS 8/175, folha 172; bem como de Lüdecke para Hitler de 10/4/1934, in: Archives du Centre de Documentation Juive Contemporaine Paris, document CXXIXa-120.
98 De Lüdecke para Hitler em 10/4/1934, in: idem, ali também as citações seguintes (destaque no original).
99 *Evening Star* de 5/5/1934 ("Kurt Ludecke Believed Headed for U.S. After Escape in Germany").

100 Hanfstaengl em carta a Julius Streicher de 19/12/1937, in: BAK, NS 10/149, folha 198.

101 Da Gestapo para o Ministério das Relações Exteriores em 3/10/1934, in: PAA Berlin, R 100097.

102 Comparar carta de Himmler para Rosenberg em 28/8/1934, in: Archives du Centre de Documentation Juive Contemporaine Paris, document CXXIXa-120.

103 *Protocolo Mend*, in: HStA München, Abt. IV, HS 3231.

104 Comparar *Münchener Post* n. 30 de 6/2/1923.

105 Diários de Goebbels (1987), p. 457 (anotação do dia 13/8/1933).

106 Cit. segundo Hanfstaengl, *Aussenseiter*, p. 319.

107 Cit. segundo Franz Langoth, *Kampf um Österreich. Erinnerungen eines Politikers* (Batalha pela Áustria. Memórias de um político), Wels, 1951, p.146; comparar ainda *Documentos sobre a política externa alemã*, Serie C, volume II,1, Göttingen, 1973, n. 35 e 71. Na primeira versão impressa de suas memórias, Hanfstaengl fala de sua iniciativa diplomática na Itália. *Ich habe gewarnt*, in: *Badische Illustrierte Woche* N. 1 de 5/1/1952. Sobre o contexto, comparar *Documentos sobre a política externa alemã*, Serie C, vol. III,1, N. 26.

108 Cit. cf. Hanfstaengl, *Aussenseiter*, p. 360.

109 Comparar *Hamburger Fremdenblatt* n. 355 de 24/12/1933 ("Dr. Ernst Hanfstaengl").

110 Cit. cf. entrevista com Hanfstaengl publicada em *Deutsche Allgemeine Zeitung* n. 410/411 de 21/9/1933.

111 Comparar Fromm, *Hitler*, p. 185 e seg.

112 Cit. cf. *Völkischer Beobachter* n. 105 de 15/4/1934 ("Dr. Hanfstaengl sobre os deveres da imprensa estrangeira").

113 De Lüdecke para Hitler em 10/4/1934, in: Archives du Centre de Documentation Juive Contemporaine Paris, documento CXXIXa-120.

114 Comparar *Time* n.15 e 16/9. e 16/4/1934; bem como o *New York Times* de 25/4/1934.

115 Ver em Ludecke, *I knew Hitler*, p. 755, onde é mencionada uma carta para Goebbels. Nenhum desses documentos foi preservado.

116 Comparar idem, p. 756.

117 Ver referência de fontes em Metcalfe, *Berlin 1933*, p. 282.

118 Hanfstaengl, *Aussenseiter*, p. 339 e 341.

119 Comparar *Weser-Zeitung* n.163 de 15/7/1934 ("Tráfego de navios no porto de Bremen").

120 Segundo informação prestada gentilmente pela Dra. Elke Fröhlich, organizadora dos Diários de Goebbels, antecipando anotações de 1934 no volume ainda não publicado.

121 Hanfstaengl, *Aussenseiter*, p. 346.

122 Comparar carta de Luther ao ministério das Relações Exteriores de 27/9/1934, in: PAA Berlin, R 1000097.

123 Ver *Hamburger Nachrichten* n. 411 de 4/9/1934.

124 *Völkischer Beobachter* n. 236 de 24/8/1934.

125 Comparar Metcalfe, *Berlin 1933*, p. 326; bem como Fromm, *Hitler*, p. 210 (nota do dia 14/11/1934).

126 *Daily Express* n. 10720 de 19/9/1934.

127 Cit. cf. *Badische Illustrierte Woche* n. 5 de 2/2/1952. Comparar também o dicionário sobre homossexualidade de Jody Skinner, *Bezeichnungen für das Homosexuelle im Deutschen, Band II: Ein Wörterbuch*, Essen, 1999, S. 259.

128 Comparar *Daily Express* n.10721 de 20/9/1934 ("The Herr Doktor has a busy day").

129 Comparar *Daily Express* n.10723 de 22/9/1934 ("Dr. Ernst Hanfstaengl").

130 Sobre o final do processo, ver *Völkischer Beobachter* n. 339 de 5/12/1935 ("Acordo entre as Partes"); bem como o relatório sobre o processo em *The Times* n. 47237 de 3/12/1935 ("High Court of Justice").

131 Do ministério das Relações Exteriores à Gestapo em 28/9/1934, in: PAA Berlin, R 100097.

132 De Daluege para Diels em 16/5/1934, in: BAB, BDC Kurt Lüdecke.

133 De Helfferich ao SS-*Gruppenführer* Scholz em 2/12/1934, in: BAB, BDC Ernst Hanfstaengl.

134 Comparar *Deutsche Zeitung* (Nova York) n. 42 de 20/10/1934

135 Carta de Hanfstaengl para Brückner de 31/12/1937, in: BAK, NS 10/144.

136 Cit. cf. Hanfstaengl, *Aussenseiter*, p. 356.

137 O relatório da Gestapo anexado em forma de cópia é datado de 26/10/1934, in: PAA Berlin, R 100097; ali também estão contidas as citações seguintes no texto.

138 Comparar HStA München, Mju/16312.

139 Comparar carta de Hanfstaengl para Bülow-Schwante em 14/11/1934, in: PAA Berlin, R 100097.

140 De Hanfstaengl para Doebig em 13/11/1934, in: HStA München, Mju/16312.

141 Comparar Hanfstaengl, *Aussenseiter*, p. 153.

142 Comparar os respectivos documentos in: PAA Berlin, R 100097.

143 De Döbig para Schaub em 29/11/1934, in: HStA München, Mju/16312.

144 Comparar cartas de Schaub para Döbig de 7/12., bem como de Döbig para Frank de 11/12/1934, in: ibid.

145 Os originais estão guardados em: Hoover Institution Archives, Collection Kurt Ludecke, Ts Germany, P 214a.

146 *Relatório para Reichsführer Herr Adolf Hitler e a direção nacional do NSDAP* de 15/12/1934, in: idem.

147 Ver *Philadelphia Deutscher Weckruf* de 19/1/1935 (edição especial).

148 Carta de Bouhler para Glaser de 12/1/1935 (referindo-se a cartas de Glaser de 15 e 21/12/1934), reproduzida como fac-símile em Ludecke, *I knew Hitler*, p. 801.

149 Cit. segundo o jornal *Philadelphia Deutscher Weckruf* de 19/1/1935.

150 Segundo informações da biblioteca da Universidade de Princeton, que abriga grande parte do arquivo da editora, a correspondência da editora com Lüdecke não consta dos documentos sob sua guarda.

151 Ludecke *I knew Hitler*, p. 731f. (no original: "The Story of a Nazi Who Escaped The Blood Purge", "In Memory of Captain Ernst Roehm [...]", "I can afford to tell the unadorned truth", "limited only by my conscience and considerations of good taste")

152 Ver idem, p. 417.

153 Ibdem, p. 673. (no original: "Such a more or less 'natural' abnormity is nobody's business. I do as I please within my own four walls, like any one else.")

154 Ver carta de Hanfstaengl para Voigt em 26/11/1937, aqui citada segundo Marwell, *Unwanted Exile*, p.255.

155 Comparar as pesquisas de Rudolf Stoiber e Boris Celovsky sobre a amante de Wiedemann e agente secreta de Hitler, Stephanie von Hohenlohe; Stoiber e Celovsky, *Stephanie von Hohenlohe*, Munique, 1988, p. 144.

156 De Dieckhoff ao ministério das Relações Exteriores em 1/11/1938 e de Thomsen ao ministério das Relações Exteriores em 1/1/1939, in: PAA Berlin, R 100097.

157 Hanfstaengl recebeu essa informação diretamente através do dono do jornal, Victor F. Ridder, comparar carta de Hanfstaengl para Hitler de 4/2/1938 (via Embaixada Alemã de Londres), in: BAK, NS 10/149, folha 201.

158 Em abril de 1938, o ajudante de Hitler, Wiedemann, solicitou ao ministério das Relações Exteriores o *clipping* de resenhas publicadas na imprensa britânica, que recebeu imediatamente, ver BAK, NS 10/35, folhas 64pp.

159 Comparar resenha Close-up, in: Calvacade. *The British News Magazine* n. 10 de 5/3/1938, p. 37 e seg.

160 *The New York Times Book Review* de 28/11/1937 ("An Inside View of the Nazis by a Former Party Member"); *The Saturday Review* e 4/12/1937 ("The Nazi Mind").

161 Embaixada Alemã de Washington para ministério das Relações Exteriores em 1/1/1939, in: PAA Berlin, R 100097.

162 De Lammers ao ministério das Relações Exteriores em 6/2/1939, in: idem.

163 Nota de 29/6/1938, in: ibid.

164 Alfred Rosenberg, *Das politische Tagebuch Alfred Rosenbergs. Aus den Jahren 1934/35 und 1939/40*, org. de Hans-Günther Seraphim, Göttingen 1956, p. 59 (anotação do dia 12/3/1935).

165 Comparar as duas cartas de Hanfstaengl para Schwarz em 12/12/1935, in: BAB, BDC Ernst Hanfstaengl.

166 Comparar carta de Schwarz para Hanfstaengl de 20/12/1935, in: idem.

167 Hanfstaengl para Schwarz em 9/3/1936, in: ibid.

168 Schwarz para Hanfstaengl em 23/3/1936, in: ibid.

169 Marwell sugere que Unity Mitford pode ter sido a intermediária. Ver Marwell, *Unwanted Exile*, p.156.

170 Ver esboço de carta de Hanfstaengl para Göring do início de julho de 1938, aqui cf. idem, p. 334. Ver ainda carta de Hanfstaengl para Schaub de 25/6/1939, in: BAK, NS 10/340, folha 216 e seg.

171 Carta registrada de Hertha Oldenbourg (nascida Frey) para Fritz Wiedemann de 6/7/1936, in: BAK, NS 10/231, folha 222.

172 De Wiedemann para Hertha Oldenbourg em 9/7/1936, in: idem, folha 221.

173 Diários de Goebbels I/2 (1987), p. 652 e seg. (anotação de 1º e 2/8/1936).

174 Carta de Hertha Oldenbourg para Wiedemann em 11/7/1936, in: BAK, NS 10/231, folha 220.

175 Ernst Hanfstaengl, *Tat gegen Tinte. Hitler in der Karikatur der Welt*, Berlim, 1934, p. 57.

176 Diários de Goebbels I/2 (1987), p. 662 e 665 (anotações dos dias 16/8/1936 e 21/8/1936).

177 Depoimento de Helene Niemeyer ao biógrafo de Hitler, John Toland, cit. cf. Toland, *Adolf Hitler*, Bergisch Gladbach, 1977, p. 529.

178 Hanfstaengl narrou esse episódio em detalhes em *Aussenseiter*, p. 362. Para complementar, ver ainda Albert Speer *Erinnerungen*, Frankfurt, 1969, p. 140 e seg.; Reinhard Spitzy, *So haben wir das Reich verspielt. Bekenntnisse eines Illegalen*, Munique, 1986, p. 201; bem como Diários de Goebbels, I/3 (1987), p. 40 e seg. Aparentemente, Hitler não mostrou as cartas nem mesmo aos seus confidentes mais íntimos, dando margem a versões fantasiosas.

179 Diários de Goebbels I/3 (1987), p. 76 (anotação do dia 12/3/1937) e p. 80 (anotação do dia 16/3/1937).

180 Ver carta de Göring para Hanfstaengl de 19/3/1937, reproduzida em fac-símile em Hanfstaengl, *Aussenseiter*, p. 372.

181 Ver Marwell, *Unwanted Exile*, p. 178 e seg.

182 Diários de Goebbels I/3 (1987), p. 85 (anotação de 20/3/1937).

183 Idem, p. 109 e p. 113 (anotações de 13 e 16/4/1937).

184 Ver Marwell. *Unwanted Exile*, p.XV e seg.

185 Comparar BAB, BDC Ernst Hanfstaengl.

186 Anotação de Hanfstaengl sobre conversa em 14/5/1937, cit. cf. Marwell, *Unwanted Exile*, p. 199.

187 De Hanfstaengl para Julius Streicher em 19/12/1937, in: BAK, NS 10/149, folha 194.

188 De Hanfstaengl para Voigt em 30/11/1937, cit. cf. Marwell *Unwanted Exile*, p. 256.

189 De Hanfstaengl para Streicher em 19/12/1937, in: BAK, NS 10/149, folha 199 e seg. O tom desafiador é semelhante à carta de Hanfstaengl para Brückner de 31/12/1937, in: idem, folha 190 f.

190 Diários de Goebbels I/5 (2000), p. 105 (anotação de 19/1/1938).

191 Anotação de Himmler de 27/2/1938 no anexo à carta manuscrita de Hanfstaengl de 5.2.1938, in: BAB, BDC Ernst Hanfstaengl.

192 De Weizsäcker, por ordem de Ribbentrop, ao enviado alemão em Londres, Woermann, em 29/3/1938, in: PAA Berlin, F 11/504-503. Ribbentrop se referira de forma semelhante a Woerman em 21/3/1938, depois de ter "discutido o caso Hanfstaengl com o *Führer*", in: idem.

193 *The New Republic* n. 1221 em 27/4/1938 ("*Undesirable Refugees*").

194 Esboço de carta de Hanfstaengl para Dirksen em 30/5/1938, cit. cf. Marwell, *Unwanted Exile*, p. 302.

195 Carta de Hanfstaengl à sua mãe em 5/7/1938, cit. cf. idem, p. 313.

196 Da mãe de Hanfstaengl ao seu filho, em 20/8/1938, cit. cf. ibid, p. 327.

197 De Göring para Hanfstaengl em 22/8/1938, cit. cf. ibid., p. 331.

198 De Hanfstaengl para Göring em 9/9/1938, cit. cf. ibid., p. 338.

199 De Hanfstaengl para Göring e Ribbentrop em 18/11/1938, cit. cf. ibid., p. 356.

200 Esboço de carta de Hanfstaengl para Hitler de 23/11/1938, cit. cf. ibid., p. 356.

201 Hanfstaengl para Göring em 14/12/1938, cit. cf. ibid., p.364 e seg.

202 Nota no diário de Hanfstaengl de 28/1/1939, cit. cf. ibid., p. 377.

203 De Winifred Wagner para Hanfstaengl em 28/12/1938, cit. cf. ibid., p. 368.

204 De Hanfstaengl para Hitler em 12/2/1939, in: BAK, NS 10/149, folha 186 e seg.

205 Ver carta de Martin Bormann para Himmler em 6/3/1939 e para Hanfstaengl em 15/8/1939, in: BAB, BDC Ernst Hanfstaengl; bem como carta de Bodenschatz para Hanfstaengl de 13/2/1939, citado segundo Marwell, *Unwanted Exile*, p. 387.

206 De Hanfstaengl para Winifred Wagner em 26/7/1939, in: BAK, NS 10/149, Bl. 189.

207 Comparar material sobre o processo in *The Times* nr.48.310 de 20/5/1939 ("German's Libel Action against Selfridge and Co. fails").

208 Carta de Hanfstaengl para Hitler de 2/7/1939, cit. segundo Marwell, *Unwanted Exile*, p. 417.

209 Carta de Bormann para Wolff em 4/8/1939, in: BAB, BDC Ernst Hanfstaengl.

210 Nota escrita à mão por Walter Hewels em 5/9/1939, in: PAA Berlim, F 11/498.

EPÍLOGO

A partir de meados dos anos 30, Hitler parece ter vivido sua homossexualidade de forma bastante sublimada. Não temos fontes que permitam uma reconstrução precisa de sua vida dupla, como pôde ser feito para as três décadas anteriores.

De Albert Speer, diz-se que foi o "amor infeliz" de Hitler, mas a história por trás destas palavras é tudo menos transparente.[1] Naturalmente, existem depoimentos de testemunhas contemporâneas sugerindo que a relação entre o *Führer* e seu arquiteto-chefe transcendia o simples afeto. Para o escritor Günther Weisenborn, por exemplo, que observou ambos no verão de 1939 no salão da Casa dos

Hitler e seu "favorito", Albert Speer, em um momento de visível desavença. Foto feita no refúgio de Obersalzberg, provavelmente no verão de 1939.

Artistas, em Munique, "Speer dava a impressão de ser uma espécie de admirador, amante até" de Hitler, sendo que o ditador parecia especialmente dedicado a ele, tratando-o de forma diversa dos seus outros paladinos.[2]

O historiador Joachim Fest, o maior conhecedor da biografia de Speer, alerta contra conclusões muito generalizantes. "Quando, certa vez, falei com ele [Speer] sobre uma relação homoerótica com Hitler, ele reagiu irritado. Deve ter pensado que eu queria insinuar um relacionamento homossexual. Certamente, não era o caso. Mas acho que ele nunca resolveu esse assunto. Em suas memórias, não há o menor indício de que ele [...] tenha admitido essa característica de sua relação recíproca."[3] Fest se refere a uma "amizade masculina indubitavelmente homoerótica", em que Speer era o lado dominante, forte, e Hitler, o dependente, fraco. Ele insiste em dizer que o amigo predileto de Hitler "curiosamente não se deu conta deste elemento erótico".[4] Possivelmente, Hitler passou a ter mais cuidado para manifestar sua inclinação depois do bárbaro acerto de contas com Röhm. É possível, ainda, que Speer simplesmente se sentisse constrangido com a verdade. Assim, só resta especular de que forma e em que grau a relação entre Hitler e Speer era marcada pelo homoerotismo.

Uma coisa é certa: a grande carga emocional desta amizade custou caro a Hitler em termos políticos, e isto até a *Endkampf*, a luta final. Como ministro da Defesa, Speer contribuiu essencialmente para adiar a derrota total do regime que já se desenhava no horizonte.[5] Quando se atritou com o ditador por causa do chamado "comando Nero" – a ordem, dada em 1945, de deixar terra arrasada nas retiradas mesmo na própria Alemanha –, acabou voltando atrás depois de uma conversa a dois. De forma geral, Speer apoiou Hitler em sua obsessão – tão louca quanto criminosa – de ir até o fim. Nunca houve uma ruptura entre os dois, muito pelo contrário. Ainda no dia 19 de março de 1945, em seu penúltimo encontro, Hitler o presenteou com uma fotografia, assegurando "amizade eterna". Poucos dias antes do suicídio de Hitler, Speer – por motivos "românticos", como ele próprio disse – conseguiu furar o bloqueio até o *bunker*[6] do *Führer* no centro de Berlim para expressar sua lealdade pessoal ao ditador derrotado. Este gesto, bizarra mistura de submissão, despedida e prova de amor, teria provocado lágrimas em Hitler.[7] Tratava-se de mero jogo de cena, ou terá sido este o ponto final de uma relação homoerótica? Ambas as hipóteses são possíveis.

Este golpe de luz poderia significar o final de nossa interpretação, não tivéssemos que considerar outra relação que também assumiu contornos comprometedores nos anos 30 para terminar na primavera de 1945 em circunstâncias dramáticas, com a morte de ambos: a ligação de Hitler com uma mulher, Eva Braun.

Para adiantar o assunto: Eva Braun parece ter sido a única das mulheres de Hitler mais ou menos consciente do papel a desempenhar. Devia até ser talentosa, pois sempre sonhou ser atriz. Ela aprendeu a posar com seu primeiro patrão, Heinrich Hoffmann, fotógrafo particular de Hitler, e foi ele quem apresentou um ao outro por volta de 1930. Tudo indica que, antes da primeira tentativa de suicídio de Eva Braun, em 1932, Hitler não dava muita importância a esta ligação. Depois disto, quando não apenas a presenteou com uma mansão em Munique, mas também passou a ser mais atencioso com ela, voltou a fazer uso da fórmula patética de sua missão histórica para calar demandas da jovem de vinte anos de idade e para conter os anseios da noiva esperançosa.

Só mesmo em 1936, quando Hitler abriu um espaço cativo para Eva Braun em seu mundo de aparências, é que "Tschapperl", apelido de Braun, parece ter-se conformado com seu destino. É o que indicam suas conversas com o intérprete particular de Hitler, Eugen Dollmann. "'Ele é um santo', disse-me ela, 'a mera idéia de um contato físico, para ele, significaria macular a sua missão.'" Hitler costumava dizer a Eva Braun "que seu único amor era a Alemanha e que ceder, ainda que por um breve momento, destruiria a energia mítica de sua missão". Dollmann também diz que Eva Braun chegou a reclamar: "Sempre a missão, a missão, a missão, o sacrifício e a renúncia! Desta forma, criaremos um puro reino masculino. Claro que as pessoas pensam que a minha vida [ao lado de Hitler] transcorre de outra forma. Se soubessem como é..."[8] No mais tardar em 1938, ela deve ter-se dado conta do jogo de cena que era esperado dela. O fato de ter aceito o papel da "amante" – que até desempenhou razoavelmente bem – revela sua incapacidade de levar uma vida autônoma.

E Hitler? Seu relacionamento com Eva Braun parece ter sido a realização de um desejo longamente cultivado: um concubinato platônico. Com a jovem e bonita funcionária do ateliê fotográfico de Hoffmann, ele continuou o que tinha iniciado com Geli Raubal, com a diferença de que, desta vez, parecia querer esconder o jogo. No entanto, desde o início havia "confidentes" que cuidaram de espalhar o segredo. Era exatamente o que Hitler queria.

Esse relacionamento permitiu a Hitler aproximar-se um pouco mais da "normalidade". Passou a ter uma "namorada", que pertencia a ele, que se preocupava com ele, mantendo-se, no entanto, tão reservada e discreta quanto lhe convinha ser. Pode soar banal e trivial, mas, dessa forma, Hitler conseguia uma pausa para respirar. Neste sentido, o envolvimento pessoal com que Hitler tentava controlar seu microcosmo privado reflete o que acontecia no mundo da política: explorar os recursos de outrem em seu próprio benefício. Isto fica bastante claro na seguinte declaração: "Um homem deveria ser capaz de rotular as moças. A mulher não quer outra coisa."[9] A vitória que Hitler conseguiu ao aplicar este princípio numa mente tão simplória quanto a de Eva Braun pode não pesar muito no balanço de sua vida, mas é sintomática para a sua eterna dupla estratégia de dominar as outras pessoas através do fascínio e da submissão.

Num interrogatório depois da guerra, ao ser perguntado por que o *Führer* esperou para se casar com "*Fräulein* Braun", no *bunker* nas últimas horas de sua vida em vez de pensar nisto antes, Julius Schaub revela a estranha indefinição deste relacionamento. "Este era o jeito dele. Nós nos perguntávamos por que isto acontecia, mas não compreendíamos. Pois também éramos casados sem estar com as nossas mulheres. Ele tinha suas próprias idéias [...], não sei dizer mais do que isto." À indagação sobre quais teriam sido estas "idéias próprias" de Hitler, ele retorquiu: "Ele não explicava por quê. Nunca entrava em detalhes." "Ele a amava?" "Gostava dela." "O que o senhor quis dizer [...] em Munique com as palavras 'Ele gostava dela'. Ele a amava?" "Gostava dela."[10]

Herbert Döring, administrador do Obersalzberg, lembra-se de que a "relação transcorria tranqüilamente, com altos e baixos." Perguntado se a ligação era de natureza sexual, respondeu: "Não, não havia isto. Nunca! Nunca!"[11] Heinrich Hoffmann confirma: "Com tanta fofoca em torno de Hitler, forçosamente eu teria sabido de alguma coisa, ainda que fosse através das arrumadeiras."[12] Uma série de outros depoimentos fortalece essa suposição. Provavelmente Hitler nem era apaixonado por ela,[13] o que não está em contradição com o fato de Eva Braun desempenhar outro papel para efeitos externos.

Hans-Severus Ziegler deve estar certo ao falar do jeito "paternal" de Hitler com Eva Braun. "Ela era um 'cara bacana' de quem todos gostam, como dizem às vezes os homens de forma condescendente", diz Ziegler.[14] Só isto. Mas ela era um "cara" feminino, era o que importava. Esperava-se dela que ficasse perto de Hitler, assim como antes ele solicitara à sua sobrinha. Provavelmente, ela o fazia lembrar fortemente de Geli Raubal. Ambas tinham em comum o jeito despreocupado e o entusiasmo pelos esportes. Assim como Raubal, Braun era uma "criança selvagem". Um amigo de juventude de Eva Braun disse que ela tinha um "jeito de menino" e que nunca namorava. Gostava muito de se fantasiar, e seus papéis favoritos eram masculinos.[15] Ela também se esforçava por imitar a sobrinha de Hitler, até em detalhes como penteado e trajes.

Christa Braun, secretária particular de Hitler, achava que Eva Braun não tinha estofo para ser a companheira do *Führer*. "Mas ela me basta", dizia Hitler.[16] Aquela "meia legalização" de 1936 tranqüilizara Eva Braun. Ela chegou à conclusão de que a sua situação como "namorada" de Hitler tinha vantagens e desvantagens. "Imagine como é confortável para uma mulher nunca precisar ter ciúmes de outra", chegou a dizer a Dollmann num acesso de cinismo.[17] Na verdade, Eva Braun tinha sido ciumenta durante muito tempo e sofreu terrivelmente, como mostram as duas tentativas de suicídio. Mas em algum momento ela percebeu que esses ciúmes eram imaginários e começou a tentar fazer o melhor que pôde em sua situação. Deve ter tentado superar a tristeza de não se sentir verdadeiramente amada procurando as amigas. Aliás, Eva Braun utilizou todas as formas de compensação que estavam à sua disposição.

Hitler não deve ter ficado muito preocupado com isso. Contanto que Eva Braun mantivesse as aparências, fingindo ser sua amante, seu estilo de vida lhe era indiferente. Ela podia fazer o papel da criança mimada e encher os armários com jóias, belos vestidos e sapatos de Ferragamo. Assim, ela levava um tipo de vida dupla: Hitler não a amava de verdade, mas a recompensava com muitos presentes e deixava-a livre para se divertir como quisesse – menos com outros homens, pois isto o humilharia. Neste sentido, Eva Braun virou uma autêntica parceira do *Führer*: juntos, viviam a quimera de uma relação amorosa abnegada.

Em 1945, a "missão" de Hitler tinha fracassado. Mesmo assim, ele conseguiu extrair um lucro da relação. Ele queria que aquela miragem permanecesse mesmo depois da sua morte (o suicídio já estava planejado). Assim, aquela ligação que já durava mais de dez anos ainda ganhou os sacramentos de um "casamento" de verdade – o qual, obviamente, nunca foi consumado. Este casamento tardio não foi apenas uma recompensa para os fiéis serviços prestados por Eva Braun para manter o mito Hitler, mas ao mesmo tempo foi um elemento importante deste mesmo mito – uma última e genial mentira. Porque, desta forma, o *Führer* que virou marido acabou envolto por um halo de normalidade. Ou, como disse Hans Blüher: "O seu casamento *in extremis* foi uma espécie de volta à honra burguesa, aparecendo para nós como efeito final da tragicomédia que ele apresentou para o mundo."[18]

Até a "tomada do poder", a vida de Hitler foi marcada pela sua mania de perseguição. Em 1924, ele já achava que "meus inimigos políticos estão escarafunchando a minha vida até o tempo da minha juventude". Esta tarefa, segundo ele, era desempenhada por "salteadores", os quais de um "infame jeito judaico [...] metem o nariz até mesmo nas questões familiares mais íntimas e não param antes de seu instinto de farejador de trufas encontrar algum incidente destinado a liquidar de vez a infeliz vítima".[19]

Quando Hitler, em 1933, conseguiu se impor contra os detratores entre seus adversários políticos e, em 1934, contra os chantagistas entre seus próprios companheiros, a mania de perseguição transformou-se em megalomania. A partir de então, ele passou a trabalhar febrilmente na realização de seus planos de conquista do mundo e de extermínio racial. As conseqüências são conhecidas. Com isto, sua vida particular saiu do centro das atenções, mas também passou a ser mais protegida do que antes. A partir de 1936, o "muro" em torno de sua vida particular era quase perfeito, e, excetuando-se as provocações chantagistas de Lüdecke e Hanfstaengl, o ditador devia se sentir bastante seguro.

O desmoronamento do regime, que se aproximou na primavera de 1945, lançou Hitler de volta para o problema central de sua existência: a necessidade de dissimular e fingir. O suicídio e a ordem de que o seu corpo fosse cremado não resolveriam o problema. Para apagar os traços de sua vida pessoal, ele precisou destruir sistematicamente os documentos por ele confiscados, casar-se e desviar a atenção pública de si para a destruição inominável pela qual foi responsável – ele conseguiu apagar os traços de sua vida pessoal como nenhum ditador conseguiu fazer antes dele. Com isto, ele fugiu para a História – e retornou em forma de alerta. Mas esta não deve ser a última palavra. Se pudermos arrancar os segredos da vida de Hitler, devemos fazê-lo.

Notas

1 Comparar Joachim Fest, *Speer. Eine Biographie*, Berlim, 1999, especialmente p. 59. A citação é do chefe do escritório de Speer, Karl Maria Hettlage, citado em idem, p.153.

2 Günther Weisenborn, *Memorial*, Berlim, 1948, p. 205.

3 Fest em entrevista à rede de televisão ZDF, citado segundo o documentário *Hitlers unglückliche Liebe Albert Speer* (Alberto Speer, o amor infeliz de Hitler), de outubro de 1999.

4 Entrevista na revista semanal *Der Spiegel*, nº 19/2001.

5 Comparar os mais recentes resultados da pesquisa de Heinrich Schwendemann, *Frankfurter Allgemeine Zeitung* de 26/4/2000 (*Lebensläufer über verbrannter Erde*).

6 Trincheira subterrânea onde Hitler passou os últimos meses da guerra para se proteger de ataques aéreos a Berlim. Aí, ele e Eva Braun teriam se suicidado. (N.T.)

7 Ver detalhes em J. Fest, *Speer*, p. 360.

8 Eugenio Dollmann, *Roma Nazista*, Milão, 1949, p40 e seg.

9 Werner Jochmann (org.), *Adolf Hitler. Monologe im Führerhauptquartier 1941-1944*, Munique, 1980, p. 230.

10 Interrogatório de Julius Schaub em 12/3/1947, in: StA Nürnberg, KV-Interrogations p. 35.

11 Depoimento de Herbert Döring no documentário para TV *Die Frauen und Hitler, Erster Teil* (As mulheres e Hitler, parte I), dirigido por Thomas Hausner, Bayerischer Rundfunk, 2000, quando diz: "Digo-lhe abertamente. Naquela época – ninguém sabia – nós espionávamos para descobrir alguma coisa nas camas. Nunca aconteceu nada, durante todos aqueles anos. Posso garantir isto. Mas não quero dizer mais do que isto sobre este assunto particular."

12 Série de artigos *Heinrich Hoffmanns Erzählungen*, in: *Münchener Illustrierte*, nº 47 de 20/11/1954.

13 Ver Christa Schroeder, *Er war mein Chef*. Escritos deixados pela secretária de Adolf Hitler, org. por Anton Joachimsthaler, Munique, 1985, p.156; Nerin Erin Gun, *Eva Braun-Hitler. Leben und Schicksal*, Kiel 1994 (reedição), p. 203; John Mendelsohn (org.), *Covert Warfare*, vol. 14: *A Man Called A.H.*, Nova York/Londres 1989, p. 688.

14 Hans Severus Ziegler, *Adolf Hitler aus dem Erleben dargestellt*, Göttingen, 1964, p. 265 e seg.

15 Ver Gun, *Eva Hitler-Braun*, p. 32 e seg. e p. 46.

16 Cit. segundo Schroeder, *Chef*, p. 191.

17 Dollmann, *Roma nazista*, p. 42.

18 Hans Blüher, *Die Rede des Aristophanes. Prolegomena zu einer Soziologie des Menschengeschlechtes*, Hamburgo, 1966, p. 65.

19 Adolf Hitler, *Mein Kampf*, Munique, 1930 (3ª ed.), p. 6 e p. 93 e seg.

CONSIDERAÇÕES FINAIS

SOBRE A HISTÓRIA DE UM TABU

A homossexualidade de Hitler é um dos últimos temas da história política do século XX que continua sendo tabu. Por que a opinião pública não quer tomar conhecimento desta questão complexa e delicada, apesar dos tantos indícios que apontam para ela? Esta recusa, este estranho fenômeno da rejeição do discurso se arrasta do pós-guerra até os dias de hoje.

Em 1949, foram publicadas, na Itália, as memórias de Eugen Dollmann, sob o título nada sensacionalista de *Roma nazista.*[1] Não foi a reputação acadêmica deste historiador profissional que levou o editor a publicar essas memórias, mas seu conhecimento como um dos representantes mais influentes que o Terceiro Reich teve em Roma, de 1938 a 1945. Dollmann não foi apenas delegado pessoal de Himmler, foi também uma espécie de tradutor de confiança de Hitler, principalmente durante os encontros deste com Mussolini. Tinha muitas informações e estava disposto a transmitir grande parte do que sabia para a posteridade. Foi o que tornou seu livro um sucesso palpitante – mas só na Itália.

O crítico do *Corriere della Sera* qualificou Dollmann de "verdadeira eminência parda". Segundo ele, as memórias são um "valioso testemunho", e sua grande utilidade reside no fato de relatarem "a natureza externa e interna de personalidades conhecidas" através de "revelações perspicazes e comentários que atestam um profundo estudo psicológico".[2] Logo no primeiro capítulo, Dollmann se refere à homossexualidade de Hitler.[3] Sendo uma das poucas pessoas que conheciam explicitamente "o segredo mais delicado da vida de Hitler", sentiu-se obrigado a "revelar fatos fundamentais". No entanto, ele acrescenta, restringindo suas possibilidades: "Não podia ser minha a tarefa de iluminar o ditador nazista na enormidade de seus descaminhos durante a primeira metade de sua vida [...]. Se for o caso, esta missão cabe a outros conhecedores dos segredos íntimos do *Führer.*"[4] Os "conhecedores" na época ainda vivos, se é que conheceram o livro, devem ter recebido o desafio de Dollmann como uma ofensa, o que fortaleceu a convicção deles de desmentir estritamente seus segredos sobre

Hitler com "Fräulein Braun" na escadaria do Berghof, provavelmente poucos meses antes do obscuro casamento.

Hitler. Só mesmo Hans Blüher, o teórico da sexualidade mais influente até 1934 e que glorificava o homoerotismo, teve a coragem de mencionar o contexto homossexual da carreira de Hitler em 1949.[5]

No domínio das artes, foi Jean Genet quem voltou ao tema com o romance *Pompes Funèbres (Pompas Fúnebres)* em 1947.[6] De forma drástica, ele se refere a Hitler como "bicha". Genet usa o meio da provocação para desafiar a verdade sem meias palavras (foi esta a interpretação de Nicolaus Sombart, que morava em Paris na época).[7] Foi também o que percebeu Fritz von Unruh em seu romance *Der nie verlor* (Aquele que nunca perdeu), publicado em 1947.[8] O seu retrato de Hitler, fortemente sexualizado, não se baseia apenas em elementos ficcionais, mas também na própria vivência. Unruh fazia parte do grupo de amigos dos príncipes Oskar e August Wilhelm de Hohenzollern e sabia do que falava.[9] Embora o autor tenha pedido expressamente no epílogo que a voz do ditador, em sua obra, fosse compreendida como uma referência memorial, sua reconstrução poética do "verdadeiro" Hitler não desencadeou nenhuma controvérsia pública.[10] Se é que alguém lhe deu atenção, foi apenas para ironizá-lo.

Tudo isto é sintomático. O livro de Dollmann nunca foi traduzido para o alemão. O autor, que viveu até 1980, jamais foi questionado sobre o assunto. No entanto, sua interpretação poderia e deveria ter dado margem a outras investigações. Sua abordagem baseava-se justamente na repressão destes fatos, e o próprio *Führer* incomodava, sendo preciso ver-se livre dele. Por isso, quando em 1959 Erich Ebermayer publicou seu diário com novas referências à vida de Hitler, tampouco desencadeou qualquer tipo de debate.[11]

É preciso lembrar que muitos alemães simplesmente não conseguiam suportar a idéia de terem sido seguidores de um criminoso político que, além disso, ainda seria um "perverso", na acepção da moral sexual da época de Adenauer, logo após a Segunda Guerra. Este estigma ampliaria ainda mais a vergonha do fato – já por si só injustificável – de ter seguido Hitler, perpetuando a mácula para todo o sempre. Nesse sentido, a atitude de omissão total, de não querer tomar conhecimento, integra a psique nacional dos alemães do pós-guerra. Era como se todos resistissem coletivamente a novas investidas contra a identidade nacional. O tabu foi perenizado por uma sociedade de simpatizantes coniventes, o que revela que os alemães ainda não tinham desistido totalmente de sua crença no *Führer*. Assim, "apenas" se encontrava na biografia de Hitler aquilo que se *queria* saber: os motivos político-ideológicos e, na melhor das hipóteses, uma ou outra razão psicopatológica para a sua ascensão e queda. Convenientemente, a ciência da época não prezava sobremaneira a dimensão "pessoal" dos acontecimentos históricos. Certo, muita coisa mudou de lá para cá – mas engana-se quem pensa que este é o caso também da "homossexualidade de Hitler". Apesar de os textos de Dollmann e Ebermayer terem sido publicados há tanto tempo, entender Hitler à luz de suas relações é o que há de mais atual na pesquisa histórica.

A inclinação sexual de Hitler não é *a* chave para compreender sua vida, mas conhecê-la abre novas possibilidades interpretativas. Possibilidades estas que não minoram de forma alguma sua culpa e seus crimes, que não amenizam sua política, mas podem explicá-la parcialmente de forma mais precisa. Resumindo: a vida privada pode ser altamente política. Melhor evidência do que Hitler e a história de sua vida não deve haver.

Notas

1 Eugenio Dollmann, *Roma nazista* (Traduzido do alemão por Italo Zingarelli), Milão, 1949.

2 *Corriere della Sera* de 21/5/1950. A resenha foi publicada com o seguinte título: "Dollmann relata suas experiências italianas. A serviço de Hitler, foi mais poderoso do que este". Agradeço ao meu amigo René Ott pela tradução dos diversos trechos do italiano para o alemão.

3 Comparar Dollmann, *Roma nazista*, p. 30 e seg.

4 Ibid., p. 9 e seg.

5 Comparar Hans Blüher, *Die Rolle der Erotik in der männlichen Gesellschaft. Eine Theorie der menschlichen Staatsbildung nach Wesen und Wert*, Stutgart 1962 (reedição), p. 26 e seg. (Prefácio da edição de 1949). Blüher aprofundou e detalhou estas reflexões em seu texto publicado postumamente, *Die Rede des Aristophanes*, Hamburgo, 1966.

6 Comparar a primeira edição crítica desta obra publicada em diferentes versões: Jean Genet, obras, em volumes separados, vol. III: *Pompes Funèbres*, Gifkendorf, 2000. Ibid p. 368 e seg., com as observações finais sobre a história e a interpretação da obra.

7 Ver Nicolaus Sombart, *Pariser Lehrjahre 1951-1954*, Hamburgo, 1994, p. 279 e seg.

8 Este romance, terminado em 1944 nos EUA, foi publicado pela primeira vez em 1947 em Nova York com o título *The End Is Not Yet*. Em 1948, foi publicado pela editora Hallwag em Berna. Na edição alemã, os principais trechos sobre a homossexualidade de Hitler começam respectivamente nas páginas 434 e 446.

9 Comparar Karola Schulz, *Fast ein Revolutionär. Fritz von Unruh zwischen Exil und Emigration (1932-1962)*, Munique 1994, p. 23 e seg. e p. 64 e seg.

10 Ver Ulrich Rudolf Fröhlich, *Fritz von Unruhs Spätwerk*, *"Der nie verlor"*, Ann Arbor, 1980.

11 Erich Ebermayer, *Denn heute gehört uns Deutschland ... Persönliches und politisches Tagebuch*, Hamburgo/Viena, 1959, principalmente na página 331.

AGRADECIMENTOS

Sem a ajuda de Malte Ritter, eu não teria feito este livro. Entre todos os meus colaboradores, foi o que mais trabalhou, sempre de forma competente, cuidadosa e eficiente. Agradeço a Karsten Linne e a Hans-Rudolf Wahl por suas diversas contribuições. Os amigos Maja Lobinski-Demedts e René Ott subsidiaram-me mais de uma vez com suas críticas inteligentes. Existe outra forma de apoio, não menos importante do que o auxílio recebido pelos profissionais: as "conversas ao pé da lareira", durante as quais as principais idéias deste estudo foram ganhando formas cada vez mais concretas. Neste caso, foram principalmente Anne Tietjen e minha namorada Kristina Nanns-Eggers que ora confirmaram, ora me dissuadiram em meu raciocínio, ora me inspiraram ou me advertiram contra armadilhas. Como foi bom ter deixado fluir as idéias tão livremente diante delas! Não tenho palavras para elogiar o trabalho brilhante do meu leitor Gunnar Schmidt e a batalha que ele travou junto comigo em prol do texto. Em Nova York, Agnes Krup foi responsável pelo desafio crescente de editar um bom livro. Devo ao seu envolvimento extraordinário o fato de este trabalho ser publicado simultaneamente em oito línguas, podendo, desta forma, ser discutido por um público mais amplo. Entre os muitos colaboradores que atenderam às minhas solicitações em arquivos, bibliotecas e outras instalações gostaria de citar os seguintes nomes: Hauke Hirsinger, Edith Lienenlüke, Jayna Maleri, Jens Müller-Koppe e Michael Sohn. Obrigado.

LISTA DE ABREVIAÇÕES

BAB – Bundesarchiv Berlin (Arquivo Federal de Berlim)

BAB-DH – Bundesarchiv Zwischenarchiv Dahlwitz-Hoppegarten (Arquivo Federal Intermediário Dahlwitz-Hoppegarten)

BAK – Bundesarchiv Koblenz (Arquivo Federal de Koblenz)

BDC – Berlin Document Center

BSB – Bayerische Staatsbibliothek (Biblioteca Estadual da Baviera)

DAF – Deutsche Arbeitsfront (Frente Alemã do Trabalho)

DLA – Deutsches Literaturarchiv (Arquivo Alemão de Literatura)

GStA PK – Geheimes Staatsarchiv Preussischer Kulturbesitz (Arquivo Estatal Secreto – Patrimônio Cultural da Prússia)

HStA – (Bayerisches) Hauptstaatsarchiv (Arquivo Central Estadual da Baviera)

IfZ – Institut für Zeitgeschichte (Instituto para História Contemporânea)

NL – Nachlass (Espólio)

OÖLA Linz – Oberösterreichisches Landesarchiv Linz (Arquivo Estadual da Alta Áustria, Linz)

StA – Staatsarchiv (Arquivo do Estado)

StaBi – Staatsbibliothek (Biblioteca do Estado)

VfZ – Vierteljahreshefte für Zeitgeschichte (Cadernos Trimestrais para História Contemporânea)

PAA – Politisches Archiv des Auswärtigen Amtes (Arquivo Político do Ministério das Relações Exteriores)

CRÉDITOS DE FOTOS E ILUSTRAÇÕES

Capítulo 1

p. 35 - © Süddeutscher Verlag, serviço fotográfico, Munique
p. 35 - © Editora Leopold Stocker, Graz (Áustria)
p. 57 - © Marianne Koppler, Hobersdorf (Áustria)
p. 60 - © Scherl/Süddeutscher Verlag, serviço fotográfico, Munique

Ccapítulo 2

p. 77 - © AP/Süddeutscher Verlag, serviço fotográfico, Munique
p. 95 - Não foi possível localizar o detentor dos direitos autorais
p. 100 - © Scherl/Süddeutscher Verlag, serviço fotográfico, Munique

Capítulo 3

p. 118 - © Arquivo Federal da Alemanha, Koblenz
p. 118 - Não foi possível localizar o detentor dos direitos autorais
p. 127 - Não foi possível localizar o detentor dos direitos autorais
p. 136 - © Egon Hanfstaengl, Munique

Capítulo 4

p. 153 -© Arquivo fotográfico Heinrich Hoffmann, Biblioteca Estatal da Baviera, Munique
p. 158 -© Heinrich Hoffmann
p. 162 -© Heinrich Hoffmann
p. 166 -Não foi possível localizar o detentor dos direitos autorais
p. 175 -Não foi possível localizar o detentor dos direitos autorais
p. 177 -© Arquivo fotográfico Heinrich Hoffmann, Patrimônio Cultural da Prússia, Berlim
p. 184 -© DPA (Deutsche Presse-Agentur, Agência Noticiosa Alemã) Hamburgo

Capítulo 5

p. 197 - © Süddeutscher Verlag, serviço fotográfico, Munique
p. 219 - © Arquivo Federal da Alemanha, Koblenz
p. 229 - © Bertolt Brecht: Balada do pobre chefe de Estado-Maior, Fundação Arquivo da Academia das Artes, Arquivo Bertolt Brecht 1649/03, Berlim

Capítulo 6

p. 246 -© Museu Nacional Schiller-Arquivo Alemão de Literatura, Marbach
p. 257 -© Eta Jobst, Bayreuth (Alemanha)
p. 263 -© Biblioteca Estatal da Baviera – Munique

Capítulo 7

p. 281 -Não foi possível localizar o detentor dos direitos autorais
p. 287 -© Süddeutscher Verlag, serviço fotográfico, Munique
p. 316/317 - © Inventário NS 10 – Persönliche Adjutantur des Führers und Reichskanzlers, volume149 (folhas 185-188), Arquivo Federal da Alemanha, Koblenz
p. 319 -© Arquivo fotográfico Heinrich Hoffmann, Biblioteca Estatal da Baviera, Munique

Epílogo

p. 331 - Biblioteca Estatal da Baviera, Munique

Considerações finais

p. 340 - Ullstein - Bilderdienst

Este livro foi impresso na
LIS GRÁFICA E EDITORA LTDA.
Rua Felício Antonio Alves, 370 – Jd. Triunfo – Bonsucesso
CEP 07175-450 – Guarulhos – SP – Fone. (0xx11) 6436-1000
Fax.: (0xx11) 6436-1538 – E-Mail: lisgraf@uninet.com.br